19. Lewis White Beck: Kants „Kritik der praktischen Vernunft"
    Ein Kommentar. Ins Deuts'

20. Georg Heike, Hrsg.: Phor
    Aufsätze 1925 – 1957. Heer Universität Köln, Leitung: Ge   Göschel

21. Hubert Schleichert, Hrsg   r Kreis
    Ausgewählte Texte mit eine

22. Peter von Rüden, Hrsg.: L
    Möglichkeiten und Grenzen

23. Wolfgang Girke / Helmut Jachnow, Hrsg.: Sprache und Gesellschaft in der Sowjetunion
    31 Dokumente aus dem Russischen – ins Deutsche übersetzt und eingeleitet

24. Jürgen Link: Die Struktur des literarischen Symbols
    Theoretische Beiträge am Beispiel der späten Lyrik Brechts

25. Siegfried J. Schmidt, Hrsg.: Pragmatik / Pragmatics II
    Zur Grundlegung einer expliziten Pragmatik

26. Thomas Cramer / Horst Wenzel, Hrsg.: Literaturwissenschaft und Literaturgeschichte
    Ein Lesebuch zur Fachgeschichte der Germanistik

27. Reinhold Wolff, Hrsg.: Psychoanalytische Literaturkritik
    Mit Nachwort und Bibliographie

28. Frieder Busch / Renate Schmidt-von Bardeleben, Hrsg.: Amerikanische Erzählliteratur 1950 – 1970

29. Peter Hinst: Logische Propädeutik
    Eine Einführung in die deduktive Methode und logische Sprachanalyse

30. Jürgen Landwehr: Text und Fiktion
    Zu einigen literaturwissenschaftlichen und kommunikationstheoretischen Grundbegriffen

31. Erich Straßner, Hrsg.: Nachrichten
    Entwicklungen – Analysen – Erfahrungen

32. Achim Eschbach: Zeichen – Text – Bedeutung
    Bibliographie zu Theorie und Praxis der Semiotik

33. Georg Klaus: Rationalität – Integration – Information
    Entwicklungsgesetze der Wissenschaft in unserer Zeit

34. Peter Nusser, Hrsg.: Anzeigenwerbung
    Ein Reader für Studenten und Lehrer der deutschen Sprache und Literatur

35. Eckard König: Theorie der Erziehungswissenschaft
    Bd. I: Wissenschaftstheoretische Richtungen der Pädagogik

36. ders.: Bd. II: Normen und ihre Rechtfertigung

37. ders.: Bd. III: Die Erziehungswissenschaft als praktische Disziplin

38. Siegfried J. Schmidt: Literaturwissenschaft als argumentierende Wissenschaft
    Zur Grundlegung einer rationalen Literaturwissenschaft

39. Wolf Linder / Hubert Treiber, Hrsg.: **Verwaltungsreform als Ausbildungsreform**
Plädoyer für ein sozialwissenschaftliches Studium der Verwaltung

40. Theodor Harder: **Daten und Theorie**

41. Roland Girtler: **Rechtssoziologie – Thesen und Möglichkeiten**
Ein Grundkurs

42.

43. Lothar Eley: **Hegels Wissenschaft der Logik**
Leitfaden und Kommentar

44. Ulrich Fülleborn, Hrsg.: **Deutsche Prosagedichte des 20. Jahrhunderts**
Eine Textsammlung. Herausgegeben in Zusammenarbeit mit Klaus Peter Dencker

45. Rolf Breuer: **Die Kunst der Paradoxie**
Sinnsuche und Scheitern bei Samuel Beckett

46. Jutta Wermke, Hrsg.: **Comics und Religion**
Eine interdisziplinäre Diskussion

47. Hans H. Hiebel: **Dichtung – Theorie und Deutung**
Eine ästhetische Propädeutik

48. Arbeitsgruppe Bielefelder Soziologen: **Kommunikative Sozialforschung**
Alltagswissen und Alltagshandeln – Gemeindemachtforschung – Polizei – Politische Erwachsenenbildung

49. Wolfgang Preisendanz: **Wege des Realismus**
Zur Poetik und Erzählkunst im 19. Jahrhundert

50. Heinrich F. Plett, Hrsg.: **Rhetorik**
Kritische Positionen zum Stand der Forschung

51. Elgin Müller-Bollhagen, Hrsg.: **Sprachgeschichte**
Eine Einführung in ihre Probleme und Methoden für Germanisten

52. Wolfgang Viereck, Hrsg.: **Sprachliches Handeln – Soziales Verhalten**
Ein Reader zur Pragmalinguistik und Soziolinguistik

53. Willi Oelmüller, Hrsg.: **Wozu noch Geschichte?**

54. Heide Göttner / Joachim Jakobs: **Der logische Bau von Literaturtheorien**

55.

56. Karl G. Esselborn: **Gesellschaftskritische Literatur nach 1945**
Politische Resignation und konservative Kulturkritik, besonders am Beispiel Hans Erich Nossacks

57. Werner Faulstich / Ingeborg Faulstich: **Modelle der Filmanalyse**

58. Hermann Lindner: **Fabeln der Neuzeit**
England, Frankreich, Deutschland. Eine Lese- und Arbeitsbuch

59. Wolfram Mauser: **Hugo von Hofmannsthal**
Konfliktbewältigung und Werkstruktur. Eine psychosoziologische Interpretation

Jörg Zimmermann, Hrsg.

Sprache und Welterfahrung

1978

Wilhelm Fink Verlag München

ISBN 3-7705-1497-1

© 1978 Wilhelm Fink Verlag, München
Gesamtherstellung: St. Otto-Verlag, Bamberg

INHALT

Vorwort 7

Helmut *Fahrenbach*
Erfahrung und Sprache in philosophischer Reflexion . . . 19

Paul *Ricoeur*
Die Schrift als Problem der Literaturkritik und der philosophischen Hermeneutik 67

Gernot *Böhme*
Wissenschaftssprachen und die Verwissenschaftlichung der Erfahrung 89

Uwe *Pörksen*
Zur Wissenschaftssprache und Sprachauffassung bei Linné und Goethe 110

Utz *Maas*
Grammatik und Erfahrung 142

Helmut *Gipper*
Sprachliches Weltbild, wissenschaftliches Weltbild und ideologische Weltanschauung 160

Thomas *Luckmann*
Kommunikation und die Reflexivität der Sozialwissenschaften 177

Sebastian *Goeppert*
Sprachanalyse und Psychotherapie 192

Helmut *Rüßmann*
Sprache und Recht 209

Jörg *Zimmermann*
Ästhetische Erfahrung und die „Sprache der Natur" . . . 234

Tibor *Kneif*
Ist Musik eine Sprache? 257

Hans *Holländer*
Bilder als Texte, Texte und Bilder 269

Hans Robert *Jauß*
Ästhetische Erfahrung als Verjüngung des Vergangenen . . 301

Autorenverzeichnis 329

Namenregister 332

INHALT

Vorwort 7

Helmut Fahrenbach
Erfahrung und Sprache in philosophischer Reflexion ... 19

Paul Ricœur
Die Schrift als Problem der Literaturkritik und der philosophischen Hermeneutik ... 67

Gernot Böhme
Wissenschaftssprache und die Verwissenschaftlichung der Erfahrung ... 89

Uwe Pörksen
Zur Wissenschaftssprache und Sprachkultur bei Linné und Goethe ... 110

Utz Maas
Grammatik und Erfahrung ... 142

Helmut Gipper
Sprachliches Weltbild, wissenschaftliches Weltbild und ideologische Weltanschauung ... 160

Thomas Luckmann
Kommunikation und die Reflexivität der Sozialwissenschaften ... 177

Sebastian Goeppert
Sprachtheorie und Psychoanalyse ... 192

Hermann Strasser
Sprache und Kritik ... 209

Jörg Zimmermann
Ästhetische Erfahrung und die Sprache der Kunst ... 234

Tilbert A. Klei
Ist Musik eine Sprache? ... 257

Hans Holländer
»Bilder, die Texte, Texte und Bilder ... 279

Hans-Robert Jauss
Ästhetische Erfahrung als Verfassung des Vergangenen ... 301

Autorenverzeichnis ... 329
Namenregister ... 3??

VORWORT

Zum historischen Hintergrund der Fragestellung[1]

Das Problem — die Beziehung zwischen Sprache und Welterfahrung — ist im Grunde so alt wie das philosophische Denken selbst. Jedoch galt die Sprache bis zur Neuzeit fast ausschließlich als ein sekundäres Medium des Erkenntnis- und Erfahrungserwerbs; daher auch stand im Mittelpunkt der sprachphilosophischen Überlegungen die Frage, inwieweit die Sprache der Wirklichkeit bzw. ihrer Repräsentation durch Gedanken und Vorstellungen „entspricht". Unreflektiert blieb der Umstand, daß ein solcher Vergleich der Sprache mit ihren realen oder idealen Korrelaten die Verläßlichkeit des Instruments, das geprüft werden soll, schon voraussetzt. Die Folge war ein prinzipielles Mißtrauen gegenüber den „von außen" übernommenen historisch und sozial bestimmten Wortbedeutungen, ein Mißtrauen, das sich bis zur Sprachfeindlichkeit steigern konnte — zur Forderung, „den Vorhang von Worten wegzuziehen, um klar und rein den Erkenntnisbaum zu erblicken, dessen Frucht vortrefflich und unserer Hand erreichbar ist."[2]

Sprachskepsis prägt auch die Erkenntnistheorie des klassischen Rationalismus und Empirismus, die sich die Aufgabe stellt, die überlieferten „Meinungen" über die Welt als zunächst nur sprachlich gegebene und verstandene Bedeutungszusammenhänge grundsätzlich in Zweifel zu ziehen und durch eine Rekonstruktion ihrer Genese aus Vernunft und Erfahrung (Rationalismus) bzw. aus reiner Erfahrung (Empirismus) auf ihre Rechtmäßigkeit und Gültigkeit zu prüfen. Über die Angemessenheit der Wörter entscheidet letztlich der Vergleich mit außersprachlichen Begriffen und Vorstellungen. Sie erscheinen als das unwandelbare Fundament der Erkenntnis, die Wörter dagegen als vieldeutige und veränderliche Zeichen, die in metaphorischem Gebrauch zudem ein verhängnisvolles Eigenleben entfalten, das zur Bildung von Mythen und Fiktionen verleitet und ihnen einen Schein von Wahrheit

---

[1] Vgl. hierzu vor allem E. Coseriu: Die Geschichte der Sprachphilosophie, Teil I und II, Stuttgart 1969 und Tübingen 1972; K. O. Apel: Die Idee der Sprache in der Tradition des Humanismus von Dante bis Vico, Bonn 1963; A. Borgmann: Philosophy of Language — Historical Foundations and Contemporary Issues, Den Haag 1974.
[2] G. Berkeley: Prinzipien der menschlichen Erkenntnis (1710), dt. Ausgabe hrsg. v. A. Klemmt, Hamburg 1957, S. 23.

verleiht. Vor dem Hintergrund der Überzeugung, daß „die Wörter, die wir besitzen, jetzt ... fast nur unbestimmte Bedeutungen haben",[3] entwirft der Rationalismus das Modell einer „allgemeinen rationalen Sprache" — einer universalen Charakteristik und Kombinatorik (Leibniz) —, die als transparentes und neutrales Medium der Erkenntnis die Totalität der Welt zu repräsentieren und in eine umfassende Enzyklopädie des Wissens (mathesis universalis) einzuholen vermag.[4]

Hier deutet sich schon jene Reduktion der Frage nach dem Verhältnis von Sprache und Erfahrung auf die Frage nach dem sprachlichen Äquivalent wissenschaftlicher Erkenntnis an, wie sie am entschiedensten zu Beginn dieses Jahrhunderts vom logischen Empirismus vertreten worden ist. Condillacs sprachphilosophische Thesen antizipieren diese Entwicklung: Unter Berücksichtigung der Tatsache, daß die Entwicklung einer allgemeinen rationalen Sprache nur auf der Basis einer schon akzeptierten natürlichen Sprache möglich ist, postuliert Condillac, daß jede natürliche Sprache virtuell die Mittel in sich enthält, die zu einer adäquaten und verläßlichen Repräsentation der Wirklichkeit notwendig sind. Das Wesen der Sprache liegt in ihrer logisch-analytischen Struktur. „Jede Sprache ist eine analytische Methode, und jede analytische Methode ist eine Sprache."[5] Und da analytisches mit wissenschaftlichem Vorgehen identisch ist, „heißt eine Wissenschaft aufbauen also nichts anderes als eine Sprache schaffen, und eine Wissenschaft studieren nichts anderes als eine gut gebildete Sprache erlernen."[6] Vorbild der zur Wissenschaftssprache geläuterten natürlichen Sprache aber ist die „Sprache des Rechnens", wie sie erstmals Galilei als allgemeingültige Methode zur „Entzifferung des Buches der Natur" und damit zur wissenschaftlichen Bestimmung der Wirklichkeit empfohlen hatte.[7]

Dieser logisch-analytische Sprachbegriff gehört auch zu den stillschweigenden Voraussetzungen des Ansatzes von Kant, in dessen Rahmen der neuzeitliche Erfahrungsbegriff verbindlich formuliert und

---

[3] R. Descartes: Brief an Mersenne vom 20. 11. 1629.
[4] Vgl. hierzu M. Foucault: Die Ordnung der Dinge, Frankfurt 1971, Kap. 3, 4 und 5; J. Mittelstraß: Neuzeit und Aufklärung, Berlin 1970.
[5] E. Condillac: Die Logik oder die Anfänge der Kunst des Denkens. Die Sprache des Rechnens (1780, posthum erschienen 1798), dt. Ausgabe hrsg. v. G. Klaus, Berlin 1959, S. 119.
[6] a. a. O., S. 243 f.
[7] Vgl. hierzu E. Cassirer: Das Erkenntnisproblem, Bd. I Darmstadt 1974, S. 377 ff.

transzendental gerechtfertigt wird. Für Kant entfällt die Notwendigkeit, auch auf die *sprachlichen* Bedingungen der Möglichkeit von Erfahrung zu reflektieren, da er Sprache als nachträgliche „Mittheilung von Gedanken" versteht und annimmt, daß die „Grammatica universalis" aus einer „allgemeinen Gedankenlehre" folgen muß.[8] Durch den Bezug auf „empirische Verstandesurteile" wird die Welt als „Inbegriff aller Gegenstände der Erfahrung" jedoch indirekt zum Korrelat einer allgemeinen Wissenschaftssprache als Medium ihrer intersubjektiven Repräsentierbarkeit. Zwar versucht Kant auch die Gültigkeit moralischer und ästhetischer Urteile zu begründen, er schließt ihre Signifikate jedoch ausdrücklich aus dem Geltungsbereich seines Erfahrungsbegriffs aus. Daher bleibt auch dessen „subjektive" Komponente auf das abstrakte „Ich denke" im Sinne einer transzendentalen Einheit der Apperzeption beschränkt.

Diese restriktive Bestimmung des Erfahrungsbegriffs ist später oft als Mangel des Kantischen Ansatzes empfunden worden. In unserem Zusammenhang ist die Kritik von Walter Benjamin besonders aufschlußreich, weil sie sich explizit auf die wechselseitige Bezogenheit von Sprache und Welterfahrung beruft: Es gelte, einen „in der Reflexion auf das sprachliche Wesen der Erkenntnis gewonnenen Begriff von Philosophie" zu entwickeln, in dessen Rahmen auch jene Dimensionen der Erfahrung entfaltet werden könnten, die von Kant aus der theoretischen Begründung der „Kritik der reinen Vernunft" ausgeschlossen worden waren.[10]. Benjamins Hinwendung zum „eigentlichen Anruf der Sprache"[11] steht deutlich unter dem Eindruck eines poietisch-hermeneutischen Sprachbegriffs, wie er sich seit dem Humanismus herausgebildet hat, — nicht zuletzt als Antithese zum logisch-analytischen Sprachbegriff.[12]

Spekulativer Ausgangspunkt dieser sprachphilosophischen Tradition ist der Mythos vom welterzeugenden göttlichen Logos: Welterfahrung

---

[8] I. Kant: Nachlaß III, Bd. XVI der Berliner Akademie-Ausgabe, Reflexion Nr. 1620.
[9] I. Kant: Prolegomena 2. Teil § 16.
[10] W. Benjamin: Über das Programm der kommenden Philosophie, in: Angelus Novus — Ausgewählte Schriften 2, Frankfurt 1966, S. 38.
[11] W. Benjamin: Über Sprache überhaupt und über die Sprache des Menschen, a. a. O., S. 14.
[12] Vgl. hierzu J. Zimmermann: Sprachtheorie und Poetik, in: B. Schlieben-Lange (Hrsg.): Sprachtheorie, Hamburg 1975.

gilt daher in einem unmittelbaren Sinne als sprachbedingt und sprachvermittelt — Entzifferung des bedeutungshaften Wesens der Dinge als Produkt einer „semantischen Handlung Gottes"[13]. Diese spekulative Voraussetzung liegt auch noch Hamanns gegen Kant gerichteter These „Ohne Wort keine Vernunft — keine Welt" zugrunde. Die Überlegungen zum poietisch-hermeneutischen Sprachbegriff behalten jedoch auch unabhängig von einer derartigen theologischen Stützung ihre besondere Relevanz, da sie all jene Aspekte der Sprache positiv würdigen, die aus rationalistisch-empiristischer Perspektive eher kritisch beurteilt werden. Exemplarisch dafür ist die Einstellung zum metaphorischen Sprachgebrauch: Sieht die Philosophie der Aufklärung hier vor allem ein suggestives Spiel mit der „Magie der Wörter", durch das „die Welt in Unordnung gebracht wird",[14] so lenkt Vico den Blick auf die spezifische Leistung der Metaphorik als Ausdruck einer im Wesen der Sprache begründeten poietischen Funktion. So enthalten alle natürlichen Sprachen als archaisches Erbe phantasiegeschaffene Gattungsbegriffe, mit deren Hilfe der Mensch „aus sich selbst eine ganze Welt gemacht hat".[15] Metapher und Tropus bleiben auch nach der Verdrängung des mythologischen durch den wissenschaftlichen Weltbegriff legitime Mittel der Sprache in ihrem lebensweltlichen Gebrauch, wobei sich die Verschiedenheit der Sprachen nicht zuletzt darin zeigt, daß sie die Welt in semantischer Hinsicht „unter verschiedenen Gesichtspunkten" betrachten.[16] Die positive Einschätzung der Sprach-Vielfalt sowie der Mannigfaltigkeit sprachlicher Darstellungsformen, die auch eine entsprechende Berücksichtigung des historisch-sozialen Charakters der Sprache verlangt, ist ein allgemeines Kennzeichen „humanistischer" Sprachauffassung, deren Bedeutung für die moderne Hermeneutik vor allem von Apel betont worden ist.[17]

Die Analogie zwischen unbewußter kollektiver Poiesis, durch die sich „aus der Sprache eine dichterische Weltansicht gebiert, d. h. eine

---

[13] F. v. Baader: Sämtliche Werke, Leipzig 1851 ff., Bd. XI, S. 75. Zur naturphilosophischen Sprachspekulation vgl. Foucault, a. a. O. Kap. 2.
[14] C. A. Helvétius: Vom Menschen, seinen geistigen Fähigkeiten und seiner Erziehung (ca. 1760, posthum erschienen 1772), dt. Ausgabe hrsg. v. G. Mensching, Frankfurt 1972, S. 150.
[15] G. Vico: Die neue Wissenschaft über die gemeinschaftliche Natur der Völker (1744), dt. Ausgabe hrsg. v. E. Grassi, Reinbek bei Hamburg 1966, S. 79.
[16] a. a. O., S. 90 f.
[17] Apel, a. a. O., S. 275 ff.

solche, worin die Phantasie herrscht",[18] und individueller poietischer Tätigkeit steht im Mittelpunkt der romantischen Sprachreflexion: Als „Philosophie der Metapher" (A. W. Schlegel) bindet sie die Veränderung und Erweiterung unserer Welterfahrung an die Ausschöpfung des „symbolischen Prinzips", nach dem alles Symbol des anderen sein und alles von allem „bedeutet" werden kann, ohne daß sich ein prinzipielles Ende dieses Prozesses wechselseitiger Interpretation der Phänomene im Medium der Sprache absehen ließe.[19]

In engem Zusammenhang mit der Hervorhebung des bildhaft-anschaulichen und des poietisch-schöpferischen Charakters der Sprache stehen die antirationalistisch gestimmten Äußerungen zur expressiv-emotionalen Funktion der Sprache als eines „natürlichen" Mediums der Gefühle und Leidenschaften des Menschen. So verbindet sich Rousseau's gegen Descartes und dessen Anhänger gerichtete These „Exister pour nous, c'est sentir" mit der Idee einer „langue des passions", in der sich der „sinnliche Mensch" (l'homme sensuel) unmittelbar zum Ausdruck bringt.[20] Die Möglichkeit einer allseitigen emotionalen Identifikation mit der Natur und „mitfühlenden" Subjekten eröffnet überdies eine eigene Dimension der Welterfahrung, die im Rahmen des logisch-analytischen Sprachbegriffs überhaupt nicht thematisiert werden konnte.

Die Entwicklung des poietisch-hermeneutischen Sprachbegriffs kulminiert in dem umfassenden Ansatz Wilhelm von Humboldts, der auch die von der Romantik vernachlässigte lebenspraktische und handlungsorientierende Funktion der Sprache berücksichtigt,[21] wodurch der Be-

---

18 A. W. Schlegel: Kritische Schriften und Briefe, hrsg. v. E. Lohner, Stuttgart 1962 ff., Bd. II, S. 226.
19 Näheres dazu in meinem Beitrag „Ästhetische Erfahrung und die ‚Sprache der Natur'".
20 Vgl. hierzu G. Sauder: Empfindsamkeit, Bd. I, Stuttgart 1974, S. 90 ff. und S. 211 ff.
21 Das deutlichste Bekenntnis zum „praktischen" Charakter der Sprache findet sich später bei Marx im Zusammenhang mit seiner Auszeichnung einer Analyse der gesellschaftlichen Produktionsverhältnisse: „Die Sprache ist so alt wie das Bewußtsein — die Sprache *ist* das praktische, auch für andere Menschen existierende, also auch für mich selbst erst existierende wirkliche Bewußtsein, und die Sprache entsteht, wie das Bewußtsein, erst aus dem Bedürfnis, der Notdurft des Verkehrs mit anderen Menschen." (MEW Bd. , S. 30) Vgl. hierzu U. Erckenbrecht: Marx' materialistische Sprachtheorie, Kronberg 1973.

deutung der Alltagssprache als der letzten Bezugsebene aller erfahrungsbezogenen Kommunikationsprozesse zumindest im Prinzip Rechnung getragen wird. Humboldts Überlegungen zum erkenntnistheoretischen Status der Sprache begründen darüber hinaus die Möglichkeit, den mit dem logisch-analytischen Sprachbegriff verbundenen Erfahrungsbegriff Kants in einen „mehrdimensionalen" Begriff von Erfahrung zu transformieren, der sich am „welteröffnenden" Charakter der Sprache in der Vielfalt ihrer verschiedenen Funktionen orientiert. „Weltansicht" ist die Sprache nicht nur deshalb, weil sie „dem Umfange der Welt gleichkommen muß", sondern vor allem deshalb, weil „erst die Verwandlung, die sie unter den Gegenständen vornimmt, den Geist zur Einsicht des von dem Begriff der Welt unzertrennlichen Zusammenhanges fähig macht."[22] Auf der Grundlage dieser These entfaltet Humboldt eine Reihe von Fragestellungen, die auch heute noch zu den wesentlichen Problemen der sprachphilosophischen und sprachtheoretischen Diskussion gehören: Wie ist die Annahme einer jeder einzelnen Sprache „eigentümlichen" Weltansicht[23] mit der Forderung zu vereinbaren, daß die verschiedenen sprachlich möglichen Weltansichten nicht nur zueinander, sondern auch zur „Totalität alles Denkbaren" ins Verhältnis zu setzen sind? Wie läßt sich die Anerkennung des gesellschaftlichen Charakters der Sprache, durch den sie ein „unabhängiges äußeres, gegen den Menschen selbst Gewalt ausübendes Dasein" besitzt,[24] mit der Behauptung vermitteln, daß die Sprache als „Tätigkeit" erst im Individuum ihre „letzte Bestimmtheit" erhält und daß diese ihrerseits einen „eigenen Standpunkt der Weltansicht" reflektiert?[25] Wie ist die strukturelle Kennzeichnung der Sprache als eines „ungeheuren Gewebes", „in dem jeder Teil mit dem anderen und alle mit dem Ganzen in mehr oder weniger deutlich erkennbarem Zusammenhang stehen",[26] mit ihrer historischen Bestimmung verbunden, nach der „das Verhältnis der Vergangenheit zu der Gegenwart" in das „Tiefste" der Sprachbildung eingreift?[27] Für Humboldt ist Sprache eine Bedingung der Möglichkeit von Erfahrung, und zwar weder im

---

[22] W. v. Humboldt: Werke Bd. III, hrsg. v. A. Flitner und K. Giel, 3. Aufl. Darmstadt 1963, S. 224.
[23] a. a. O., S. 433 f.
[24] a. a. O., S. 429 und S. 392.
[25] a. a. O., S. 439 und S. 433 f.
[26] a. a. O., S. 446.
[27] a. a. O., S. 407.

formalen Sinne der rationalistisch-empiristischen Tradition von Condillac bis Wittgensteins „Tractatus" (als logische Isomorphie von Sprach- und Weltstruktur) noch im spekulativen Verständnis der Poiesis-Theoretiker von Vico bis zur Romantik (als ursprüngliche göttliche „Wortung des Seins"), sondern in erster Linie als eines lebensweltlichen Apriori aller Erfahrung, dem gemäß der Mensch „allein in der Sprache denkt, fühlt und lebt" und die Gegenstände „ausschließlich" so erfährt, „wie die Sprache sie ihm zuführt".[28] Solche Thesen antizipieren in ihrer Grundtendenz jene sprachhermeneutischen Ansätze der Gegenwart, die in der Reflexion des Verhältnisses von Sprache und Welterfahrung am entschiedensten den erkenntnistheoretischen Primat des lebensweltlich verankerten Sprachgebrauchs und Sinnverstehens vertreten.

Zu den einzelnen Beiträgen

Die im vorliegenden Band vereinigten Beiträge gehen auf eine Vortragsreihe des Studium Generale der Universität Freiburg zurück; sie wurden jedoch zum Teil beträchtlich überarbeitet und erweitert, um die gegenwärtige Diskussion des Themas möglichst detailliert dokumentieren zu können. Dabei beansprucht die Philosophie einen etwas größeren Raum als andere wissenschaftliche Disziplinen. Dieser Umstand läßt sich damit rechtfertigen, daß die mit der Konzentration auf die Sprachthematik verbundene Wende in der erkenntnistheoretischen und methodologischen Begründung des Wissens- und Erfahrungserwerbs zuerst von der Philosophie vollzogen worden ist und dort auch ihren pointiertesten Ausdruck gefunden hat: Sprache gilt als „Bedingung der Möglichkeit und Gültigkeit der Verständigung und Selbstverständigung und damit zugleich des begrifflichen Denkens, der gegenständlichen Erkenntnis und des sinnvollen Handelns"; die Philosophie müsse daher die „Reflexion auf die ‚Bedeutung' oder den ‚Sinn' von sprachlichen Ausdrücken" zum Ausgangspunkt ihrer Untersuchungen machen.[29] Die Konsequenzen dieser Wende für die Bestimmung des Verhältnisses von Sprache und Welterfahrung zeigen sich am deutlichsten

---

[28] a. a. O., S. 434.
[29] K. O. Apel: Transformation der Philosophie, Frankfurt 1973, Bd. II, S. 333.

bei Gadamer:³⁰ „Sein, das verstanden werden kann, ist Sprache."³¹ — „In der Sprache stellt sich die Welt selbst dar. Die sprachliche Welterfahrung ist ‚absolut'. Sie übersteigt alle Relativitäten von Seinssetzung, weil sie alles Ansichsein umfaßt, in welchen Beziehungen (Relativitäten) immer es sich zeigt. Die Sprachlichkeit unserer Welterfahrung ist vorgängig gegenüber allem, das als seiend erkannt und ausgesprochen wird. Der Grundbezug von Sprache und Welt bedeutet daher nicht, daß die Welt Gegenstand der Sprache werde. Was Gegenstand der Erkenntnis und der Aussage ist, ist vielmehr immer schon von dem Welthorizont der Sprache umschlossen. Die Sprachlichkeit der menschlichen Welterfahrung schließt nicht die Vergegenständlichung der Welt in sich. Dagegen gehört die Gegenständlichkeit, welche die Wissenschaft erkennt und durch die sie die ihr eigene Objektivität erhält, mit zu den Relativitäten, die von dem Weltbezug der Sprache umgriffen werden."³² Die Einsicht darin, daß die Welt für uns nur „ist", insofern sie „zur Sprache kommt",³³ soll das tief im Denken der Tradition und des Common Sense verwurzelte „Vorurteil" einer „außer aller Sprachlichkeit gelegenen ‚Welt an sich'"³⁴ beseitigen helfen. In deutlicher Anspielung auf Humboldt behauptet Gadamer schließlich, daß unser Begriff von „Welt" identisch sei mit der Mannigfaltigkeit sprachlicher „Ansichten", in denen sich die Welt unserer Erfahrung darbietet.³⁵

Der Mangel derartiger philosophischer Auszeichnungen der Sprache liegt in der kategorischen und abstrakten Form der Begründung, die jeden konkreten Einwand als einen solchen erscheinen läßt, der an der

---

[30] Analoge Konsequenzen lassen sich auch aus der späten Philosophie Wittgensteins ziehen: Dort legen die in „Lebensformen" eingebetteten „Sprachspiele" fest, was überhaupt als „Sinn" unserer Erfahrung artikuliert und verstanden werden kann. Daher läßt sich die Frage nach dem, „was es gibt", nur relativ zu einer schon akzeptierten sprachlichen „Darstellungsform" beantworten: „Welche Art von Gegenstand etwas ist, sagt die Grammatik." (Philosophische Untersuchungen Teil I, § 373). Vgl. hierzu J. Zimmermann: Wittgensteins sprachphilosophische Hermeneutik, Frankfurt 1975.
[31] H. G. Gadamer: Wahrheit und Methode, 2. Aufl. Tübingen 1965, S. 450.
[32] a. a. O., S. 426.
[33] a. a. O., S. 419.
[34] a. a. O., S. 423.
[35] a. a. O., S. 423.

„prinzipiellen" Relevanz der formulierten Einsicht vorbeigeht. Nach wie vor fehlt es an Erörterungen, die das Problem in seiner ganzen Vielschichtigkeit entfalten und es dadurch einer argumentativen Entscheidung näherbringen. Nachdem allgemeine Thesen wie die oben zitierten zur Genüge bekräftigt und bestritten worden sind, sollten sie nunmehr zum Gegenstand differenzierterer Analysen gemacht werden, die als Grundlage einer interdisziplinären Diskussion dienen könnten.

Eine solche Differenzierung ist Ziel der einleitenden Abhandlung von Helmut F a h r e n b a c h. So unterscheidet er zwischen den Ebenen der sprachlich vermittelten *Repräsentation,* der sprachlich bedingten *Konstitution* und der sprachlich-argumentativ begründeten *Geltung* von Erfahrungselementen. Erfahrung wird darüberhinaus nach verschiedenen „Arten" differenziert, diese werden wiederum zum „universalen Boden der Lebenswelt" in Beziehung gesetzt. Als spezifische Probleme erscheinen die Kriterien der Abgrenzung zwischen subjektiven und objektiven, individuellen und gesellschaftlichen, historisch-partikularen und strukturell-allgemeinen Momenten sprachlich artikulierter Erfahrung. Schließlich exponiert Fahrenbach die ideologiekritische Fragestellung nach den Gründen für die Blockierung und Deformation von Erfahrungsmöglichkeiten in bestimmten gesellschaftlichen Kontexten.

Die daran anschließenden Beiträge diskutieren einzelne Aspekte des Verhältnisses von Sprache und Welterfahrung, und zwar aus der Perspektive verschiedener wissenschaftlicher Disziplinen. Bezieht man die Ergebnisse auf die erwähnten übergreifenden Fragestellungen, so ergeben sich zwei wesentliche Konsequenzen:

1. Die Totalität menschlicher Welterfahrung umfaßt verschiedene Dimensionen, die wiederum durch verschiedene Bereiche bzw. Funktionen der Sprache erschlossen werden. Die einzelnen Erfahrungsdimensionen stehen in vielfältigen Beziehungen zueinander, deren spezifischer Charakter historisch veränderlich ist.

2. Die Totalität menschlicher Welterfahrung wird durch verschiedene sprachliche Medien repräsentiert; dabei bestimmt die Eigenart des jeweiligen Zeichensystems in entscheidendem Maße Form und Inhalt der mit seiner Hilfe artikulierten Erfahrung. Diese läßt sich daher auch nicht bruchlos aus ihrem ursprünglichen in ein anderes Medium übersetzen.

Zur ersten Konsequenz:

Als grundlegende Unterscheidung bietet sich hier diejenige zwischen *lebensweltlicher* und *wissenschaftlicher* Erfahrung an, wobei sich lebensweltlich fundierte Erfahrung wiederum in verschiedene Dimensionen wie z. B. alltäglich-pragmatische, moralisch-politische, ästhetische und religiöse Erfahrung differenzieren läßt.

Mit der Bedeutung der Sprache für die Konstitution der Lebenswelt beschäftigt sich vor allem der Beitrag von Thomas L u c k m a n n ; indem er den Erkenntnisanspruch der Sozialwissenschaften mit der Notwendigkeit eines reflexiven Bezugs auf lebensweltliche Erfahrung verknüpft, markiert er zugleich die entscheidende Differenz zum naturwissenschaftlichen Erfahrungsbegriff. Zwar lassen sich die in Gernot B ö h m e ' s Beitrag analysierten Merkmale der Herausbildung von Wissenschaftssprachen — nämlich Terminologisierung, Essentialisierung, Universalisierung und Theoretisierung des Gegenstandsbezugs — in allen wissenschaftlichen Disziplinen feststellen; die Loslösung von der Lebenswelt ist jedoch nur in den Naturwissenschaften so definitiv, daß man hier von einem „monologischen" Sprachspiel sprechen könnte.[36] Ein vor allem in der Gegenwart zu beobachtender Einfluß wissenschaftlicher auf lebensweltliche Erfahrung wird von Böhme als „Rücktransfer" von fachsprachlich formuliertem Wissen in die Umgangssprache bezeichnet.

Mit diesem Problem beschäftigen sich drei weitere Beiträge: Sebastian G o e p p e r t sieht die Eigenart der psychoanalytischen Kommunikationssituation u. a. darin begründet, daß hier der Patient aufgefordert wird, die durch die metapsychologische Terminologie vorgegebene und vom Analytiker benutzte Sprachregelung zu übernehmen, wodurch die in lebensweltlichen Begriffen artikulierte Erfahrung des Patienten so uminterpretiert wird, daß „neue Sichtweisen" der Lebensgeschichte eröffnet werden. Helmut R ü ß m a n n demonstriert am Beispiel des Gesetzesbindungspostulats, wie schwierig es ist, in der juristischen Praxis die dem Kontext lebensweltlicher Erfahrung zugehörige Beschreibung des Sachverhalts mit den gesetzlichen Tatbestandsvoraussetzungen so in Einklang zu bringen, daß die durch „Auslegung" der Gesetze bewirkte richterliche Entscheidung als eine logisch stimmige Prozedur aufgefaßt werden könnte. Aus ideologiekritischer

---

[36] Vgl. hierzu J. Habermas: Der Universalitätsanspruch der Hermeneutik, in: Hermeneutik und Ideologiekritik, Frankfurt 1971.

Perspektive analysiert Utz Maas den Einfluß wissenschaftlicher Terminologie auf umgangssprachlich artikulierte Erfahrung. Er betont die Abhängigkeit der in der Sprachwissenschaft gebräuchlichen grammatischen Kategorien von Bedingungen gesellschaftlicher Produktion und kommt zu dem Schluß, daß das herrschende logisch-formale Grammatikmodell Ausdruck einer kontemplativen Einstellung zum Sprachproblem ist, die dem praktisch-umweltbezogenen Charakter umgangssprachlicher Kommunikation nicht gerecht wird.

Zwei Beiträge erläutern an historischen Beispielen die Möglichkeit von Konflikten zwischen verschiedenen Formen der Welterfahrung: Helmut Gipper analysiert die Rolle sprachlich bedingter Sehweisen beim Kampf zwischen wissenschaftlicher und ideologischer Weltsicht im Falle der Herausbildung der neueren Astronomie seit Kopernikus. Uwe Pörksen weist nach, daß dem Gegensatz zwischen Linné's wissenschaftlich-taxonomischer und Goethe's ästhetisch-morphologischer Naturbetrachtung ein je verschiedenes Verhältnis zur Sprache als Mittel der Darstellung entspricht.

Zur zweiten Konsequenz:

Aus hermeneutischer Perspektive kommt der natürlichen Sprache insofern ein Sonderstatus zu, als sie das primäre Medium aller intersubjektiv kommunizierbaren lebensweltlichen Erfahrung darstellt. Dabei zeigt sich die Verschiedenheit der einzelnen Sprachen u. a. darin, daß sie die Welt jeweils anders gliedern und damit auch anders erfahren lassen.[37] Dieser Umstand wird vor allem von Helmut Gipper hervorgehoben. Der Beitrag von Paul Ricoeur konzentriert sich auf die Folgen, die der Übergang vom „Sprechen" zum „Schreiben", von der mündlichen zur schriftlichen Kommunikation, für das Weltverständnis des Menschen hat: Die Fixierung der Bedeutung löst die Abhängigkeit des Verstehens von der Hier-und-Jetzt-Situation und schafft damit die Voraussetzung für eine Überschreitung der unmittelbaren Wirklichkeit durch „Weltentwürfe", die als Momente des geschichtlichen Diskurses zur stetigen Neuinterpretation unserer Welterfahrung auffordern.

Die Beiträge zur Struktur ästhetischer Erfahrung beschäftigen sich u. a. mit der Eigenart der verschiedenen künstlerischen Darstellungsmedien. Jörg Zimmermann rekonstruiert die für die Ästhetik

---

[37] Vgl. hierzu E. Coseriu: Der Mensch und seine Sprache, in: Sprache — Strukturen und Funktionen, 2. Aufl. Tübingen 1971.

des siebzehnten und achtzehnten Jahrhunderts charakteristische Analogie zwischen „natürlicher Sprache", „Sprache der Kunst" und „Sprache der Natur", die in der Idee eines ursprünglichen Zusammenhangs von kreativer, ikonischer und emotionaler Funktion der Sprache begründet ist. Tibor K n e i f kommt in seiner Erörterung der Frage, ob Musik eine Sprache sei, zu der skeptischen Konsequenz, daß musikalische Zeichen weder feste Bedeutungen besitzen können noch imstande sind, durch syntaxartige Verknüpfung neue unvorhersehbare Bedeutungen zu erzeugen. Der Beitrag von Hans H o l l ä n d e r analysiert anhand von drei historischen Beispielen die Beziehungen zwischen Bild und Text; es zeigt sich, daß das zwischen beiden Darstellungsmedien bestehende Spannungsverhältnis nicht zugunsten einer Reduktion des Bild-Sinnes auf sprachliche Aussagen gelöst werden kann. Vielmehr beansprucht die bildnerische „Welterfindung" in ihrer anschaulichen Evidenz einen eigenständigen Bereich der Erfahrungsartikulation. Hans Robert J a u ß dokumentiert am Beispiel zweier moderner Bearbeitungen „klassischer" Stoffe eine Leistung ästhetischer Erfahrung, die zugleich die Differenz zwischen der Geschichtlichkeit der Dichtung und der Geschichtlichkeit der natürlichen Sprache kennzeichnet: die Möglichkeit verjüngender Rezeption als reflektierender Vermittlung von vergangenem und gegenwärtigem Text-Sinn. Durch diese dialogische Beziehung gelingt es ästhetischer Erfahrung, das Vergangene innovativ zu verändern und kritisch anzueignen.

Diese kurze Charakterisierung der einzelnen Beiträge sollte verdeutlichen, wie vielfältig die Aspekte sind, unter denen das Verhältnis von Sprache und Welterfahrung erörtert werden kann. Damit wird zugleich unterstrichen, daß sich die Relevanz einer erkenntnis- und methodenkritisch orientierten Sprachreflexion am überzeugendsten in interdisziplinärer Diskussion aufweisen läßt.

Helmut Fahrenbach

ERFAHRUNG UND SPRACHE
IN PHILOSOPHISCHER REFLEXION

1. *Einleitung in die Thematik*

Der Titel „Erfahrung und Sprache in philosophischer Reflexion" hat einen zweifachen Sinn. Er besagt 1. daß das Thema „Sprache und Welterfahrung" in eine philosophische Reflexion gezogen und d. h. (auf eine noch näher zu charakterisierende Weise) im Hinblick auf die mit ihm verknüpften allgemeinen und fundamentalen Probleme erörtert werden soll. Der Titel deutet 2. an, daß Erfahrung und Sprache nicht nur Gegenstand philosophischer Reflexion, sondern auch (vielleicht sogar konstitutive) Momente *in* ihr sind, die von der Philosophie als einem prinzipiell selbstreflektierten Denken thematisiert werden müssen. So könnte sich zeigen, daß die Thematik und ihre philosophische Behandlung sich wechselseitig fordern.

Dabei scheint zunächst der 2. Aspekt einleuchtender zu sein. Denn wie immer die philosophische Reflexion näher bestimmt werden mag, sie wird sich in irgendeinem Sinn auf vorgängige Erfahrung bzw. Erfahrungserkenntnis (lebensweltlicher oder wissenschaftlicher Art) als Ausgangsfeld der Reflexion beziehen müssen und sie wird eben dies nur im Medium der Sprache tun können. Insofern sind der Erfahrungs- und der Sprachbezug wesentliche Beziehungen der Reflexion. Andererseits ist philosophische Reflexion mit dem Tatbestand verknüpft, daß die faktische Welt- und Selbsterfahrung des Menschen, und sei sie auch wissenschaftlich abgesichert, nicht problemlos bleibt, sondern in eine Reflexion nötigt, die den Erkenntnisgehalt und die Bedeutung vielfältiger und divergierender Erfahrungen prüfen und bestimmen soll. Wenn das philosophische Fragen dergestalt zwar immer schon von Erfahrungen herkommt, sie aber zugleich reflexiv zum Problem macht, dann gehört das sprachlich vermittelte Verhältnis von Erfahrung und

Reflexion offenbar wesentlich zur Philosophie als geschichtlicher Möglichkeit des Menschen.

Die abendländische Philosophie hat denn auch seit ihren Anfängen das von ihr gesuchte und beanspruchte eigentliche Wissen durch seine kritische Unterscheidung und Beziehung zur Erfahrung bzw. zum erfahrungsbezogenen „Meinen" (doxa) bestimmt. Die Unterscheidung war umso strenger, je entschiedener die Selbständigkeit des philosophischen Denkens und seiner Probleme behauptet und je höher die methodischen Begründungs- bzw. Verifikationsforderungen an das philosophische Wissen gelegt wurden. Im Zuge der erkenntniskritischen Problemstellungen der neuzeitlichen Philosophie ist die Spannung zwischen Erfahrung und philosophischer Reflexion bis zum innerphilosophischen Gegensatz der „rationalistischen" und „empiristischen" Positionen verschärft worden. Und die neuzeitlichen Wissenschaften (der Natur) haben Methoden zur Gewinnung und Überprüfung von Erfahrungswissen ausgebildet, die sich von philosophischer Reflexion ebenso unterscheiden wie von lebensweltlicher Erfahrung. Obwohl das Verhältnis von philosophischer Reflexion und Erfahrung durch diese geschichtlichen Prozesse differenzierter, komplexer und spannungsvoller geworden ist, hat sich seine Dialektik gegen jede einseitige Entspannung (zugunsten reflexionsloser Erfahrung oder abstrakter Reflexion) auch geschichtlich immer wieder durchgesetzt und so das Problem des Verhältnisses, zumal im Ansatz der Philosophie, zwar mannigfach vorbestimmt, aber auch zugleich bis heute offen gehalten.

Unter problemgeschichtlichen und systematischen Gesichtspunkten kommt der Transzendentalphilosophie eine besondere Bedeutung für die Erörterung und Bestimmung des Verhältnisses von Erfahrung, Erfahrungswissenschaft und philosophischer Reflexion zu. Denn in ihr ist seit und durch Kant und Fichte (gegenüber der empiristischen Richtung) ein methodisch genuiner Begriff philosophischer Reflexion (auf die apriorischen Bedingungen der Möglichkeit und Gültigkeit von Erfahrungserkenntnis) vom Erfahrungsstandpunkt und Erfahrungswissen unterschieden und (gegenüber der rationalistischen Position) doch auch wieder mit Erfahrung bzw. (wissenschaftlicher) Erfahrungserkenntnis als dem eigentlichen Modus objektiver und allgemeingültiger Real-Erkenntnis wesentlich verknüpft worden.

Eine entsprechende Thematisierung des Sprachbezuges, zumal im Zusammenhang mit Erfahrung und Reflexion, ist allerdings in der klassischen Transzendentalphilosophie nicht erfolgt. Hier haben erst verschiedene Richtungen der Philosophie des 20. Jahrhunderts (insbesondere analytischer, hermeneutischer, aber auch transzendentalphilosophischer Herkunft) eine systematische Wendung eingeleitet, im Sinne einer Einholung des Sprachthemas auch in die transzendentalphilosophische Reflexion und Erkenntniskritik.[1] Dadurch ist es heute nicht nur möglich, sondern notwendig geworden, den Zusammenhang von Erfahrung, Sprache und (transzendentalphilosophischer) Reflexion systematisch zu erörtern. An die damit angedeutete Problem- und Diskussionslage schließen die folgenden Erörterungen des Zusammenhangs von Erfahrung und Sprache im Rahmen einer modifizierten transzendentalphilosophischen Reflexionsform an.

Ansatz und Perspektive einer solchen Problemstellung können freilich nicht einfach aus der bestehenden Problemlage erhoben und gerechtfertigt werden. Sie bedürfen vielmehr der systematischen Bestimmung und Begründung aus einem zugrundegelegten Begriff philosophischer Reflexion. Auf diese Notwendigkeit verweist auch der eingangs angedeutete zweifache Sinn des Titels dieses Beitrags. Denn sowohl die philosophische Hinsicht auf den Zusammenhang von Sprache und Erfahrung als Thema philosophischer Reflexion (1. Aspekt) als auch der Status von Erfahrung und Sprache als Momenten und Selbstbezügen reflexiven philosophischen Denkens (2. Aspekt) können nur vom Begriff philosophischer Reflexion her bestimmt und ausgewiesen werden.[2]

2. Bestimmung eines regulativen Begriffs philosophischer Reflexion[3]

Der im folgenden skizzierte regulative Begriff philosophischer Reflexion schließt an die in der Transzendentalphilosophie (seit Kant und Fichte) entwickelte Konzeption philosophischer Fragestellung an. Der Anschluß an die Transzendentalphilosophie kann heute freilich nicht die einfache Wiederholung einer ihrer „klassischen" Positionen (von Kant bis Husserl) bedeuten, sondern lediglich die Grundorientierung

---

[1] Vgl. Apel (1973), Fahrenbach (1970/71), Heintel (1972).
[2] Für die folgende Erörterung wird allerdings der 1. Aspekt im Vordergrund stehen, weil an ihm die Differenzen und sachlichen Beziehungen zwischen philosophischer und wissenschaftlicher Behandlung der Thematik am ehesten sichtbar werden; zum 2. Aspekt s. Apel (1973) Kuhlmann (1975), Fahrenbach (1975).
[3] Näheres zum Philosophiebegriff s. Fahrenbach (1975).

am Entwurf transzendentalphilosophischer Reflexion (auf die strukmenschlicher Erfahrung und Erkenntnis in theoretischer und praktischer Hinsicht); eine Reflexion, die bereits manche methodische Verturell-apriorischen Bedingungen der Möglichkeit und Gültigkeit änderung und thematische Erweiterung in Richtung auf historisch-gesellschaftliche, anthropologische und sprachliche Konstitutionsbedingungen möglicher Erfahrung und Erkenntnis erfahren hat.

Im Hinblick auf solche Modifikationen läßt sich der regulative Begriff philosophischer Reflexion durch folgende Grundbestimmungen kennzeichnen:

a) Das dem philosophischen Fragen motivierend und sinngebend zugrundeliegende Erkenntnis- bzw. *Reflexionsinteresse* ist keineswegs „rein theoretisch", sondern praktisch vermittelt, denn es ist im letztlich praktischen Vernunftinteresse des Menschen an Erkenntnis zum Zwecke seiner emanzipatorisch-praktisch relevanten Selbstverständigung und Handlungsorientierung in der Welt fundiert. Dafür ist Erfahrung im Sinne der Welt- und Selbsterfahrung des Menschen zwar eine unerläßliche Orientierungs- und Bewährungsebene für das, was der Fall ist. Aber sie kann weder kognitiv-theoretisch noch gar normativ-praktisch als zureichende Basis der Selbstverständigung und Handlungsorientierung des Menschen angesehen werden. Dies vor allem solange nicht, als die mannigfachen und z. T. divergierenden Erfahrungen bzw. Erfahrungsansprüche nicht geklärt und auf ihren Erkenntnisgehalt und Geltungsbereich hin kritisch reflektiert worden sind. Zu klären, was Erfahrenserkenntnis konstituiert und wie weit sie theoretisch und praktisch trägt, ist ein wesentliches Motiv gerade auch eines letztlich praxisbezogenen Erkenntnisinteresses. Der (kantische) Primat des praktischen Vernunftinteresses hebt die Notwendigkeit theoretischer Fragestellungen für die methodisch-systematisch begründete Einlösung des philosophischen Erkenntnisinteresses nicht auf. Die erkenntniskritische Frage: Was kann ich wissen? – in der es um den Aufweis der Bedingungen, Möglichkeiten und Grenzen objektiven und gültigen Wissens geht – ist vielmehr (auch für Kant) die theoretisch grundlegende, genuine und erste Frage philosophischer Reflexion, obwohl der Sinn der theoretischen Erkenntnis im Rahmen des letztlich praktischen Interesses der Vernunft bestimmt wird. Das praxisbezogene Reflexionsinteresse der Philosophie muß also hinsichtlich der thematischen Aspekte und methodischen Bedingungen seiner Einlösung näher bestimmt werden, wenn ein auch nur allgemein differenzierter Begriff philosophischer Reflexion umrissen werden soll.

b) Die durch erkenntnistheoretische Probleme und Begründungsfragen motivierte *Reflexionsthematik* der Philosophie betrifft in ihrer transzendentalphilosophischen Orientierung vor allem Aufweis, Erörterung und Bestimmung der konstitutiven Bedingungen möglicher Erfahrung und der Kriterien gültiger Erkenntnis in theoretischer und praktischer Hinsicht, d. h. der strukturellen und normativen Prinzipien menschlichen Erkennens und Handelns. Man kann diese erkenntniskritische Thematik (mit Apel und Habermas) in die einer Konstitutionstheorie der Erfahrungswelt und Lebenspraxis und die einer wahrheitstheoretischen Geltungsreflexion von Erkenntnisansprüchen gliedern.[4]

Die Konstitutionsthematik verlangt zunächst eine strukturell möglichst unreduzierte Analyse der konstitutiven Bedingungen und Strukturen menschlicher Welt- und Selbsterfahrung, d. h. des lebensweltlichen Bewußtseins nach seinen kognitiven und praktischen (interaktiven) Realitätsbezügen. Dieser Komplex umfaßt an Bewußtseinsmodi nicht nur das wahrnehmungs- und handlungsbedingte „Realitätsbewußtsein", sondern auch das phantasie- und praxisbezogene „Möglichkeitsbewußtsein" und an erfahrungskonstitutiven Faktoren leibbedingte Wahrnehmungsmuster, kognitive Schemata (Piaget), Interaktionsstrukturen und die sprachlich-kategorialen Mittel der Repräsentation, Interpretation, Kommunikation und Reflexion von Erfahrungen und Intentionen. Eine solche anthropologisch konkretisierte Konstitutionsanalyse der lebensweltlichen Erfahrung und Praxis hätte auf der Bezugsebene von Erfahrung, Handeln (Arbeit / Interaktion) und Sprache anzusetzen und die strukturellen und genetischen Beziehungen zwischen kognitiver, interaktiver und sprachlicher Kompetenz zu entwickeln.[4a] Aufgrund der zentralen Vermittlungsfunktion der Sprache für die Intelligibilität und Kommunizierbarkeit von Erfahrung und Handeln bzw. des für diese konstitutiven „Verstehens" könnte der gesamte Komplex als die Thematik einer den Zusammenhang von (erfahrungs- und handlungsbezogenem) Verstehen und Sprache reflektierenden „Sprach-Anthropologie" gefaßt werden.[5]

Wenngleich die (sprachanthropologische) Konstitutionsanalyse der Erfahrung für den erkenntnistheoretischen Ansatz einer transzendentalphilosophischen Problemstellung elementar und grundlegend ist,

---

[4] Vgl. Apel (1975), Habermas (1973).
[4a] S. Habermas (MS).
[5] Näheres s. Fahrenbach (1975) S. 53 ff.

muß sie auf die im engeren Sinne sprach- und erkenntniskritische Ebene der Geltungsreflexion von Erkenntnisansprüchen (vorwissenschaftlicher, wissenschaftlicher und philosophischer Art) überschritten werden, deren Kernstück heute eine auf die Logik theoretischer und praktischer Diskurse gestützte Diskurstheorie der Wahrheit sein könnte.[6] Der prinzipiell umfassende Charakter der philosophischen Geltungsreflexion auf die Voraussetzungen und Grenzen von Wissensansprüchen theoretischer oder praktischer Art erfordert allerdings eine Erweiterung bzw. Radikalisierung der (sprachkritischen) Erkenntniskritik in Richtung auf Gesellschaftstheorie und Ideologiekritik, sofern die immer auch mitbestimmenden historisch-faktischen Voraussetzungen und Begrenzungen möglicher Erfahrung und theoretisch und praktisch geltenden Wissens wesentlich von gesellschaftlichen Faktoren abhängen. Die Notwendigkeit einer Vermittlung der erkenntnis- und ideologiekritischen bzw. strukturellen und historischen Perspektiven ergibt sich überdies aus dem letztlich praktischen Erkenntnisinteresse der Philosophie. Zumal dann, wenn dieses auf die Praxisvermittlung bzw. das Praktischwerden der Philosophie (Marx) im Sinne emanzipatorisch relevanter Bewußtseins- und Realitätsveränderung zielt, deren praktisch-kritische Intention bei der gesellschaftlichen Praxis und im Kommunikationsmedium der Sprache ansetzen muß, wird auch eine über die erkenntniskritische Thematik (im engeren Sinn) hinausgreifende Verschränkung von gesellschaftsbezogener Sprach- und Ideologiekritik notwendig. Eine solche Notwendigkeit folgt zudem aus dem methodischen Anspruch der Philosophie auf prinzipielle Selbstreflexion.

c) Philosophie kann ihr Erkenntnisinteresse und die mit ihm verbundene Reflexionsthematik in der Form „begründeter Erkenntnis" theoretischer und praktischer Art nur auf eine methodisch reflektierte Weise realisieren. Dem Anspruch seiner methodischen Idee bzw. *Reflexionsform* nach ist Philosophieren ein hinsichtlich der Sinn- und Wahrheitsbedingungen prinzipiell selbstreflektiertes Denken. Denken und erfahrungsbezogenes Erkennen vollziehen sich jedoch wesentlich im „Medium" der Sprache bzw. als Rede, worin sie allererst objektiviert, mitgeteilt und kritisch reflektiert bzw. kommunikativ geprüft werden können, und zwar als wissenschaftliches, methodisches Denken/Erkennen in der Form begrifflich bestimmter, argumentativ

---

[6] S. Habermas (1973b).

entwickelter und hinsichtlich des Geltungssinnes und Wahrheitswertes ihrer Aussagen geprüfter bzw. prüfbarer Rede. Philosophie muß folglich (gerade auch als Meta- oder Prototheorie wissenschaftlicher Erkenntnis) die sprach-logischen Bedingungen und Kriterien wahrheitsfähigen Denkens thematisieren. Die Reflexionsform des Philosophierens und die universale Sprachvermitteltheit allen Denkens bedingen also die methodisch grundlegende Bedeutung der Sprachanalyse und Sprachkritik für die Selbstkonstitution der Philosophie und ihre Problemstellungen. Philosophie hat Sprache folglich nie bloß als „Objekt" zum Thema, sondern wesentlich immer auch als Medium und Bedingung des Philosophierens selbst (wie jeglichen Denkens). Erfahrungs- und Sprachbezug philosophischer Reflexion motivieren den methodischen Ansatz philosophischer Sprachanalyse als „linguistischer Phänomenologie" (Austin). Das praxisbezogene Erkenntnisinteresse der Philosophie und die universale Bedeutung ihres sinn- und geltungskritischen Reflexionsanspruchs verlangen allerdings ein thematisch möglichst weit gefaßtes, d. h. Theorie- und Praxisaspekte umgreifendes Bezugsfeld erkenntnis- und ideologiekritischer Reflexion.

Diese Grundbestimmungen des Philosophiebegriffs enthalten bereits die wesentlichen Gesichtspunkte einer philosophischen Sprach- und Erfahrungsreflexion.[7] Dabei wird der „konstitutionstheoretische" Aspekt einer transzendentalen Reflexion des Zusammenhangs von Sprache und Erfahrung vorerst im Vordergrund stehen müssen, sofern in ihm die allgemeinen und grundlegenden strukturellen Bedingungen möglicher Erfahrung und Erkenntnis thematisiert werden. Für diese Thematik ist zunächst der strukturelle Bezugsrahmen zu umreißen und zwar durch Angabe der anthropologischen Basisstrukturen, in deren Rahmen Erfahrung und Sprache (als anthropologische Phänomene) selbst stehen und gegeben sind. Nur so kann eine verkürzende Perspektive durch eine unangemessene Isolierung der speziellen Thematik „Sprache und Welterfahrung", die gerade für die Philosophie verhängnisvoll wäre, vermieden werden. Die Kennzeichnung der anthropologisch-strukturellen Grundbestimmungen und Bezüge kann hier freilich nur in thetischer Form erfolgen.

---

[7] Zur Sprachreflexion im Rahmen der Philosophie vgl. Fahrenbach (1977).

3. Aufriß des anthropologischen Bezugsrahmens der Thematik

a) *Anthropologische Basisbestimmungen* müssen, wenn sie die Selbsterfahrung menschlichen Daseins in strukturell-allgemeiner Weise erfassen sollen, dieses von vornherein als ein tätiges „In-der-Welt-sein" kennzeichnen, d. h. die Grundstrukturen und -faktoren der Lebenspraxis im Verhältnis Mensch-Welt (Umwelt) betreffen. Die damit gesetzten strukturellen Relationen und ihr Zusammenhang lassen sich am besten von der anthropologischen Basiskategorie des (verstehenden) *Sich-Verhaltens* des Menschen in und zu den Lebensverhältnissen aus fassen. Denn die anthropologische Grundbestimmung des Sich-*Verhaltens* besagt 1. (im allgemeinen Sinn) daß menschliches Dasein sich wesentlich in (übernommenen bzw. hergestellten) lebensweltlichen „Verhältnissen" und Situationen findet und vollzieht, die sich zunächst nach den empirisch elementaren Realitätsbezügen des Menschen zur Gesellschaft, zur (äußeren) Natur und zu sich selbst (und seiner „inneren Natur") differenzieren lassen. Der Begriff des (verstehenden) *Sich*-Verhaltens soll 2. die besondere Weise des menschlichen, tätigen Verhaltens zur Welt andeuten, nämlich als ein in seiner Intentionalität erhelltes, reflektiertes und (potentiell) selbstbestimmtes Verhalten – auch wo es de facto nach sozial eingespielten oder gar unbewußten Verhaltensmustern verläuft. Der Mensch existiert nicht einfach „in" oder umschlossen von Verhältnissen – wie andere Lebewesen im jeweils bestimmten (und relativ geschlossenen) Bezugssystem: Organismus – Umwelt –, sondern sein Verhalten zu Situationen und Verhältnissen vollzieht sich in einem diese immer auch übergreifenden und distanzierenden Verstehenshorizont und d. h. in einem Spielraum von Verhaltensmöglichkeiten und (u. U. überschreitenden) Intentionen. Aufgrund dessen schließt menschliches Verhalten – zumal angesichts von Konfliktlagen und Orientierungsproblemen – prinzipiell ein Selbstverhältnis und Selbstverständnis des Menschen als des *Sich*-Verhaltenden und d. h. sich in und zu seinem Verhalten Bestimmenden ein.[8]

---

[8] Zum Begriff des Verstehens s. S. 30 ff. – Die thetische Einführung der Struktur reflektierten Sich-Verhaltens als anthropologischer Basisbestimmung läßt sich durch ihren Nachweis in sonst sehr verschiedenen philosophischen Positionen abstützen. So etwa bei Marx und Kierkegaard: „wo ein Verhältnis existiert, da existiert es für mich, das Tier ,*verhält*' sich zu Nichts und überhaupt nicht. Für das Tier existiert sein Verhältnis zu ande-

Die spezifischen Strukturen der Vollzugsart menschlichen Sich-Verhaltens können freilich erst in einem differenzierten anthropologischen Bezugsrahmen geklärt und verständlich werden, der sowohl die grundlegenden Verhaltensweisen und Verhaltensdimensionen (bzw. die korrelativen Grundverhältnisse) als auch deren Zusammenhang (im verstehenden Verhalten) sehen läßt.

b) Eine erste *Differenzierung* kann mit Bezug auf die traditionelle Unterscheidung von *Erkennen* (Denken) und *Handeln* (bzw. primär theoretisch-kognitiver und primär praktisch-poietischer Einstellung) als intentional unterschiedlicher Verhaltensweisen im Weltverhältnis des Menschen vorgenommen werden. Diese Differenzierung ist allerdings nur insoweit sinnvoll als sie 1. nicht mit der Differenz „passiven" und „aktiven" Verhaltens identifiziert, sondern als eine Unterscheidung zwischen unterschiedlichen Weisen „tätigen" Verhaltens gefaßt wird, und sie 2. keine genetische oder strukturelle Trennung beinhaltet, die eine Verschränkung der Verhaltensdimensionen und ein Zusammenspiel der Verhaltensweisen ausschließen oder unverständlich machen würde. Unter diesen einschränkenden Bedingungen ist die Unterscheidung primär („theoretisch") kognitiv und primär praktisch (poietisch) orientierten Verhaltens zur Welt (zum Wirklichen und Möglichen) nicht nur berechtigt, sondern analytisch notwendig, gerade um die strukturellen und funktionalen Zusammenhänge klären zu können.

Die beiden Verhaltensdimensionen sind nach der jeweils dominanten intentionalen Struktur ihres Weltbezuges zu differenzieren. Zur Klasse der kognitiv gerichteten Verhaltensweisen zählen alle die Tätigkeiten, in denen bzw. durch die das, was ist, war oder sein kann zur Gegebenheit kommt und als solches erfaßt wird bzw. erkannt werden soll: also Akte des Wahrnehmens, Erlebens, Erfahrens – des Erinnerns, Vorstellens, Antizipierens und die explizit auf Erkenntnisgewinnung und -prüfung gerichteten methodischen Formen der Reflexion, des Denkens, der wissenschaftlichen Forschung, des Diskurses

---

ren nicht als Verhältnis" (Marx, Engels, Deutsche Ideologie, MEGA Bd 5, S. 20) – Kierkegaard: „Der Mensch (das „Selbst") ist ein Verhältnis – zwischen Unendlichkeit und Endlichkeit, Idealität und Realität u. a. – das sich zu sich selbst verhält" (Krankheit zum Tode, 1. Abschn. A). Der strukturelle Gehalt dieser Bestimmungen kehrt in ähnlichen Formulierungen von Heidegger, Jaspers, Sartre, aber auch in Plessners „exzentrischer Positionalität" wieder; vgl. Fahrenbach (1973).

usw. Demgegenüber umfaßt die Klasse der „Handlungen" bzw. der praktisch-poietischen Bezüge zur Welt alle die Verhaltensweisen, in denen die Reproduktion, Gestaltung und Veränderung der gesellschaftlichen Lebensverhältnisse intendiert und vollzogen werden – in Formen instrumentalen, sozialen (kommunikativen) und symbolischen (künstlerischen) Handelns und den Dimensionen der Praxis: Arbeit, (technisches) Herstellen, (poietisches) Darstellen, Interaktion (im institutionell verfaßten Handlungsfeld).

Die damit grob bezeichneten Grundrichtungen (und Fähigkeiten) menschlichen Verhaltens zur Welt, deren jeweilige Dominanz spezifische Verhaltensweisen bzw. „Lebensformen" prägt, bestimmen freilich nur in wechselseitiger Abhängigkeit und im Zusammenspiel die Eigenart des menschlichen Weltverhältnisses (vorausgesetzt, daß mit ihnen der anthropologische Bezugsrahmen schon hinreichend umrissen ist). Im Hinblick auf die wechselseitige Abhängigkeitsbeziehung der Verhaltensdimensionen muß allerdings, zumal unter genetischem Gesichtspunkt, die (gesellschaftliche) Lebenspraxis im weiten Sinn der produktiven Lebenstätigkeit als die basale und umgreifende Prozeßrealität des menschlichen Daseins angesehen werden, innerhalb deren sich Formen „reinen" theoretisch-kognitiven Verhaltens und reflexiver Einstellung (etwa in wissenschaftlicher Forschung, philosophischer Reflexion aber auch künstlerischer Darstellung) aus einem direkten Praxisbezug abheben und verselbständigen können, ohne doch ihren über Voraussetzungen und Rückwirkungen vermittelten Zusammenhang mit der Lebenspraxis ganz abzustreifen.

Bevor auf die strukturellen Zusammenhänge näher eingegangen werden kann, ist zu fragen, ob denn der anthropologische Bezugsrahmen bereits als zureichend bestimmt anzusehen ist, zumal die Stellung von ‚Erfahrung' und ‚Sprache' in dem bis jetzt umrissenen Rahmen noch nicht sichtbar geworden ist.

Was die *Erfahrung* betrifft, so ist sie allerdings in der Klasse der primär kognitiv orientierten Verhaltensweisen aufgezählt worden, und es kann wohl keine Frage sein, daß, unter den Bedingungen der vorgenommenen Differenzierung von intentional unterschiedlichen Verhaltensrichtungen, diese Zuordnung richtig ist. Die in diesem Zusammenhang sich stellende Frage ist vielmehr, was den Erfahrungsbezug unter den kognitiv gerichteten Verhaltensweisen spezifisch kennzeichnet, und welche Bedeutung ihm für das kognitive Weltverhältnis des Menschen im ganzen zukommt. Daß die Bedeutung der Erfahrung für die Gewinnung und Bewährung von Realitätserkenntnis hoch zu veranschlagen ist, läßt sich aus ihrer hohen Bewertung im alltäglichen Leben, in der Wissenschaft und auch in der Philosophie vermuten. Darum kann es durchaus sinnvoll sein, zumal auf einer zunächst phänomenologischen Ebene, das kognitive Weltverhältnis insgesamt unter den Titel der Erfahrung zu bringen und mit Handeln und Sprache zu korrelieren.[9] Diese Fragen (und auch die weitere nach dem Zusammenhang von Erfahrung und Handeln) können freilich erst nach einer Klärung des Erfahrungsbegriffs beantwortet werden.

Im Unterschied zur Erfahrung ist die *Sprache* bzw. Sprachfähigkeit bisher noch nicht als anthropologische Grundbestimmung oder Verhaltensdimension aufgeführt worden. Daß sie zu den Grundfähigkeiten und Spezifika menschlichen Verhaltens gehört, kann indessen nicht zweifelhaft sein. Allerdings stellen Erfahren/Erkennen und Handeln offenbar strukturell deutlicher abgehobene und in ihrem Weltbezug klarer bestimmbare Verhaltensdimensionen dar; während Sprache und Rede eher als ein Vermittlungs- und Verständigungsmedium erscheinen, in das jene Verhältnisse eingelassen sind, denn als eine von den kognitiven und praktischen Weltbezügen abhebbare eigene Weise des Verhaltens. Das deutet freilich auch an, daß Erfahrungen und Handlungen im „Medium" der Sprache ausdrückbar sein müssen und vielleicht wesentlich sprachlich vermittelt sind. Gegenüber dieser Verflechtung von Erkennen/Erfahren, Handeln und Sprache zeigt diese sich als dominante und selbständige Verhaltensdimension eigentlich erst auf einer erfahrungs- und handlungsdistanzierten Reflexions- und Diskursebene.

Es ist also sicher berechtigt, und dies wird sich im folgenden weiter erweisen, die Sprachfähigkeit als weitere Grundbestimmung menschlichen Verhaltens anzusetzen und den anthropologischen Bezugsrahmen nunmehr (mit Habermas) durch den Zusammenhang von Erfahren/Erkennen, Handeln/Interaktion, Sprache/Rede zu umreißen. Die genauere Bestimmung der Stellung des Sprachphänomens in diesem Rahmen erfordert allerdings neben einer (später erfolgenden) Klärung des anthropologisch zentralen Sprachbegriffs in besonderem Maße die Er-

---

[9] So ist Habermas in einigen Arbeiten verfahren, indem er – im Hinblick auf eine Konstitutionstheorie der Erfahrungswelt und eine Kommunikationstheorie der Gesellschaft – den anthropologischen Bezugsrahmen durch die Unterscheidung und Verschränkung von Erfahrung, Handeln und Sprache – bzw. später: kognitiver, interaktiver und sprachlicher Kompetenz – bestimmt hat; vgl. Habermas (1971), u. (MS).

örterung des strukturellen Zusammenhangs der Dimensionen menschlichen Verhaltens. Die Bezeichnung des Ansatzpunktes für eine solche Erörterung soll die Überlegungen zum anthropologischen Bezugsrahmen der speziellen Thematik abrunden.

c) Die notwendige Klärung der *Zusammenhänge* zwischen den grundlegenden Dimensionen und Fähigkeiten menschlichen Verhaltens wäre systematisch am ehesten zu erreichen, wenn die leicht aufweisbaren, aber zunächst äußerlich bleibenden Korrelationen von einem gemeinsamen Bezugspunkt her als ein struktureller Zusammenhang einsichtig gemacht werden könnten. Ein solcher Bezugspunkt ist im Rückgang auf die Bestimmung des Sich-Verhaltens als eines prinzipiell *verstehenden* Verhaltens zu gewinnen, sofern Erfahren, Handeln und Sprechen gleichermaßen durch ein sie selbst und ihr Bezugsfeld spezifisch erschließendes Verstehen geleitet und bedingt erscheinen. Und vielleicht hängt die besondere Vermittlungsstellung der Sprache für das kognitive und praktische Weltverhältnis mit ihrer spezifischen Bedeutung für die Konstitution der Verstehensdimension menschlichen Verhaltens überhaupt zusammen, so daß dem Verhältnis von „Verstehen und Sprache" über seine sprachimmanent konstitutive Bedeutung hinaus eine allgemeine anthropologisch-hermeneutische Funktion zukäme.

Wenn der Verstehensbegriff als anthropologisch grundlegende Kategorie gefaßt werden soll, dann muß er natürlich seiner Einschränkung auf einen Methodenbegriff der Geisteswissenschaften (und der damit verknüpften Opposition gegen den Erklärungsbegriff der Naturwissenschaften) enthoben werden; und vor allem kann diese Auffassung nicht selbst als fundamental gelten. Darum hatte schon Dilthey das Verstehen über die von ihm selbst thematisierte wissenschaftstheoretische bzw. methodologische Funktion hinaus als eine (mit Erleben, Ausdruck und Bedeutung verschränkte) „Kategorie des Lebens" gefaßt und diesen Zusammenhang als grundlegend auch für die Wissenschaften vom menschlichen Leben angesehen. Gleichwohl wurde erst von Heidegger (wennschon im Anschluß an Dilthey) das Verstehen bzw. Verstehendsein als Modus der wesenhaften „Erschlossenheit" des Da-seins und damit als zentrale (transzendental-hermeneutische) Bedingung der Seinsweise des Menschen herausgestellt. Und Sartre hat dann (in seinem zweiten philosophischen Hauptwerk, der „Kritik der dialektischen Vernunft") Verstehen als eine Grundbestimmung der Praxis für die Grundlegung einer strukturell-historischen Anthropologie in den Mittelpunkt gerückt (nachdem er seine Ontologie in „Sein und Nichts" zunächst am Bewußtseinsbegriff orientiert hatte). Damit ist der systematische Hintergrund des für die folgenden Erörterungen maßgebenden Verstehensbegriffs wenigstens angedeutet.

Der Begriff des Verstehens soll im folgenden also nicht nur eine besondere kognitive Einstellung oder (reflexive) Erkenntnisart kennzeichnen, sondern den allgemeinen Grundzug menschlicher Existenz, daß sie als Sich-verhalten in und zu den Daseinsverhältnissen und Existenzmöglichkeiten durch ein wie auch immer bestimmtes Sich-verstehen faktisch „erhellt" und auf Sinn-verstehen gerichtet ist. Verstehen als anthropologische Grundbestimmung liegt der Differenzierung zwischen „theoretischer", kognitiver Einstellung (im Erleben, Erfahren, Erkennen) und „praktischem" Verhalten (in instrumentellem und kommunikativem Handeln) voraus und zugrunde, denn diese Verhaltensarten sind selbst durch je spezifische Weisen des Verstehens (von „Gegebenem" bzw. Personen und zwecktätig Gewolltem, Intendiertem) geleitet und bestimmt. Das aber heißt, die kognitiven, interaktiven und sprachlichen Grundfähigkeiten des Menschen schließen in ihrem Vollzug ein sie selbst und ihr Bezugsfeld erhellendes Verstehen ein, das als faktisches zunächst ein „präreflexives", die Lebenspraxis je schon leitendes Daseinsverständnis ist [10], das sich aber (aufgrund der normativen Implikationen „sinnadäquaten" und weiterer Erfahrung und Reflexion ausgesetzten Verstehens) in einem Prozeß kritischer Fortbildung befindet.

Die wesentlichen strukturellen Bestimmungen des so situierten Verstehensphänomens lassen sich (im Anschluß an Heidegger und Sartre) folgendermaßen zusammenfassen. 1. Das elementare (lebenspraktische) Sich-verstehen des Menschen betrifft immer Weisen bzw. Möglichkeiten des „In-der-Welt-seins" (als der „Grundverfassung" des Daseins). Das Daseinsverständnis ist also Weltverständnis (im Sinne des Verstehens der gesellschaftlichen und der sach- bzw. naturhaften Dimension der Lebenswelt) und Selbstverständnis des Menschen (im Sinne des Sichverstehens in der Lebenswelt). 2. Verstehen ist wesentlich Sinnverste-

---

[10] Heidegger hat den Verstehensbegriff auf der Ebene der Lebenspraxis situiert und mit Bezug auf das elementare „Sich-verstehen auf etwas" auch als ein „Können" bestimmt und gegen jedes theoretisch gegenständliche Verhalten (Vorstellen) abgehoben; während Sartre dann radikaler das Verstehen mit der Intelligibilität der menschlichen Existenz als Praxis (d. h. der Erhelltheit des Situations- und Entwurfsbewußtseins im Überschreiten des Gegebenen) gleichsetzt und allem reflexiven Erkennen und Wissen zugrunde legt; vgl. Sartre (1964).

hen, d. h. es vollzieht sich in einem Verstehenshorizont, aus dem etwas (Situationen, Sachlagen, Personen in ihren Äußerungen, Handlungen) mit Bezug auf umgreifende und bedingende Sinnrelationen „als etwas" verständlich wird. 3. Der Sinnbezug des Verstehens vollzieht sich in einem jeweils vorgegebenen bzw. vorentworfenen Sinnhorizont, der den Charakter des faktisch erschließenden und begrenzenden Vorverständnisses hat. Das heißt, Verstehen ist je nur im Rahmen eines Vorverständnisses möglich. (Hier liegen die „apriorischen" Strukturen des Verstehens.) 4. Entwurfsstruktur und Sinnhorizont des Verstehens sind geschichtlich bedingt, sofern das Vorverständnis durch geschichtlich-gesellschaftlich jeweils bestimmte und sprachlich verfaßte Auslegungshorizonte geprägt wird und nur mit deren Veränderung selbst verändert werden kann. Diese nur sehr allgemeine strukturelle Charakterisierung wäre natürlich weiter zu differenzieren, hinsichtlich der Bezugsbereiche („Gegenstände"), Ebenen und Arten des Verstehens. Diese Aufgabe kann hier nicht weiter verfolgt werden.[11]

Ehe wir uns jedoch der eigentlichen Thematik des (über das Verstehen vermittelten) Zusammenhanges von Erfahrung und Sprache zuwenden können, müssen die dafür maßgebenden Begriffe der Erfahrung und der Sprache etwas näher erläutert werden.

4. *Erläuterungen zum Begriff der Erfahrung und der Sprache*

a) Die Frage, was der Ausdruck ‚*Erfahrung*' (als eine bestimmte Weise kognitiven Verhaltens) eigentlich besage, gerät alsbald vor Schwierigkeiten, die mit der vielfältigen Verwendung des Ausdrucks, zumal auf unterschiedlichen Ebenen, etwa „alltäglicher" und „wissenschaftlicher" Erfahrung, zusammenhängen. Man wird nicht nur Gadamers Bemerkung bestätigen müssen, daß „der Begriff der Erfahrung – so paradox es klingt – zu den unaufgeklärtesten Begriffen zu gehören scheint, die wir besitzen"[11a], sondern darüberhinaus finden, daß seine Aufklärung und Bestimmung aufgrund seines faktisch weiten Verwendungsspielraums schwierig bleibt. Im folgenden können darum auch nur einige allgemeine und wesentliche Bedeutungsmomente herausgehoben werden, die

---

[11] Vgl. dazu E. Coreth (1969), bes. 2. Kap.; Ulmer (1972) S. 106 ff.
[11a] Gadamer (1965) S. 329.

sich am alltäglichen Gebrauch des Ausdrucks aufzeigen und (rekonstruktiv) festlegen lassen.

In Wendungen wie: ich habe das selbst (immer wieder) erfahren – an oder mit etwas meine Erfahrungen gemacht, Erfahrungen gesammelt – dies ist ein erfahrener Arzt, Lehrer usw. – zeigt sich, daß der Ausdruck ‚Erfahrung' allgemein die im Umgang mit der (Lebens-) Welt selbst gewonnenen, angereicherten und auch bewährten realen Kenntnisse und Fähigkeiten bezeichnet bzw. ein „habitualisiertes" Wissen und Können. Die allgemeine Bedeutung von ‚Erfahrung' enthält folgende formale Momente: 1. den Objektbezug auf Gegenstände, Phänomene, Sachverhalte, die bzw. an denen etwas im Modus des „Gegebenen" zur Erfahrung kommt (das, was erfahren wird, das *Erfahrene*); 2. die bestimmte subjektive Verhaltens- und Vollzugsweise des eigenen Erwerbs und der (subjektiv-objektiven) Evidenz des Erfahrenen (das eigene *Erfahren* bzw. selbst Erfahrenhaben – gegenüber Ausgedachtem, Erschlossenem, Übernommenem); 3. das „Produkt" der in Vollzügen des Erfahrens gewonnenen, gesammelten *Erfahrung*, d. h. der gewonnenen Kenntnisse und ihrer Integration zu einem (mehr oder weniger konsistenten und objektivierten) Zusammenhang und Stand der durch wiederholte Erfahrungen bewährten Welt- und Menschenkenntnis; und 4. den „Prozeßcharakter" der Erfahrung, demgemäß der erreichte Stand der Welt- und Selbsterfahrung nicht als endgültig und abgeschlossen behauptet werden kann, sondern mit dem Leben selbst dem geschichtlichen und zukunftsoffenen Prozeß möglicher *neuer Erfahrungen* ausgesetzt bleibt und für eine Erweiterung oder Veränderung des Erfahrungsbewußtseins offen gehalten werden muß.

Während die Bestimmungen 1. und 2. strukturelle Elemente bzw. Korrelationen aktueller Erfahrungsvollzüge kennzeichnen, betreffen 3. und 4. das „Ganze" der Erfahrung (als „Produkt" gemachter Erfahrungen und „Lernprozeß" weiteren Erfahrens). Der Zusammenhang liegt darin, daß das Prozeßganze der Erfahrung (nach 3., 4.) sich inhaltlich aus Erfahrungsvollzügen (nach 1., 2.) aufbaut und diese in jenes integriert werden müssen, um nicht nur als vereinzelte Wahrnehmungen, sondern als (konsistente und bestätigte) allgemeine Erfahrungen gelten zu können. Die einzelnen Momente und ihr Verweisungszusammenhang sollen im folgenden noch etwas erläutert werden.

1. Unter den genannten strukturellen Bestimmungen muß (auf der phänomenalen Ebene des Erfahrungsbewußtseins selbst) zunächst der 1. (und dann auch 3.) Bestimmung, die den „objektiven Faktor", d. h.

den Bezug auf objektiv Gegebenes in aller Erfahrung zum Ausdruck bringt, eine gewisse Dominanz zugesprochen werden. Denn es kann berechtigterweise sicher nur dann und insoweit von Erfahrung die Rede sein, als in ihr „etwas" erfahren wird, das für den Erfahrenden objektiv und real zur Gegebenheit kommt. Sofern Erfahrung aber immer spezifische, besondere Erfahrung von oder mit etwas ist, impliziert sie nicht nur das Gegebensein von etwas überhaupt, sondern die inhaltlich bestimmte Gegebenheit von etwas. Aufgrund der objektiven Bestimmtheit des in einer Erfahrung Gegebenen, ,Erfahrenen', hat das Erfahrungsbewußtsein wesentlich den Charakter eines (bestimmten) Gegebenheits- oder Realitätsbewußtseins. Das Moment „bestimmter Gegebenheit" (bzw. „gegenständlicher Bestimmtheit") ist als struktureller Zug und Indikator aus keiner Erfahrung wegzudenken – und damit auch nicht das Element von „Rezeptivität" im Erfahren –, ohne sie als Realitäts-Erfahrung aufzuheben und die Grenzen zum Phantasierten, konstruktiv Erdachten oder Erschlossenen, das als solches nicht erfahren wird, zu verwischen. Das gilt, auch wenn das Moment der objektiven Gegebenheit nicht gegenständlich fixiert werden kann, sondern transitorischer Art ist, wie in reflexiver Erfahrung des Bewußtseins mit sich (Hegel) bzw. im Prozeß der Selbsterfahrung. Der Bezug auf objektiv Gegebenes und Bestimmtes in jeglicher Erfahrung wird hier **freilich zunächst nur als ein phänomenaler Zug des Erfahrungsbewußtseins** behauptet, der auch an der Semantik seiner Äußerungen ablesbar ist – „ich habe das so und so erfahren". Dagegen soll die mit dem Erfahrungsbewußtsein zumeist verknüpfte naive Auffassung „unmittelbarer Gegebenheit" der Sachen und reiner Rezeptivität des Erfahrens, sowie die für je bestimmte Erfahrungen bzw. ihre Äußerungen jeweils beanspruchte Allgemeingültigkeit bzw. bestimmte Objektivität nicht etwa schon als gerechtfertigt mitübernommen werden.

Der (aufgrund der Wahrnehmungspräsenz von Gegebenem) unmittelbar scheinende Realitätsbezug der Erfahrung und Realitätsgehalt des Erfahrenen hat zur Auszeichnung der Erfahrung als einer privilegierten „Quelle" und Bewährungsinstanz für die Realitätserkenntnis geführt. In einer weiten Fassung und Verwendung des Ausdrucks ,Erfahrung', die diesen freilich mit Wahrnehmung und Erleben nahezu zusammenfallen läßt, kann gesagt werden: nur was in irgendeiner Form erfahren wird, ist für uns wirklich, real, aber dies dann auch in einer „zwingenden" Weise; und nur was dergestalt zur Gegebenheit kommt, hat Charakter und Gehalt einer Erfahrung. Darum die Hochschätzung der Erfahrung für die Real-Erkenntnis, nicht nur bei Praktikern, Wissenschaftlern und Empiristen, sondern auch bei Idealisten (Kant, Fichte u. a.), trotz der divergierenden Erkenntnistheorien und der unterschiedlichen Beurteilung der Konstitution und auch des Geltungsbereichs der Erfahrungserkenntnis. Fichte, von dem man es wohl am wenigsten erwartet, „erklärt öffentlich": „Wir haben überhaupt nichts Wahres und Reelles, außer der Erfahrung, welche jedem zugänglich ist, nichts für das Leben außer dem System des gemeinen Verstandes"; „die Erfahrung ist es, die den ganzen Stoff des menschlichen Denkens bildet" [12]. Und die Transzendentalphilosophie will nicht etwa Erfahrung leugnen oder ersetzen, sondern durch kritische Reflexion auf „den Grund aller Erfahrung" erklären und den Geltungsanspruch der Erfahrungserkenntnis begründen und begrenzen.

2. Daß Erfahrung als ein ausgezeichneter Modus der Realitätserfassung bzw. der Gewinnung und Bewährung realer Welterkenntnis fungieren kann, läßt sich allerdings von ihrem „objektiven Faktor" her nicht zureichend fassen. Die Charakterisierung des Erfahrenen im Sinne objektiver Gegebenheitsweise schließt vielmehr schon die subjektive Dimension des „Erfahrens" als einer Weise kognitiven Verhaltens ein, selbst wenn dieses sich in bloßer „Rezeptivität" (oder „passiver Genesis", Husserl) gegenüber dem objektiv Gegebenen und seiner Einspiegelung ins Erfahrungsbewußtsein erschöpfen sollte.[13] Aber wie immer auch die Korrelation von objektivem und subjektivem Bezug in der Erfahrung bestimmt werden mag, daß Erfahrung wesentlich auch einen subjektiven, subjektbezogenen Faktor enthält, läßt sich nicht ignorieren. Ohne dessen strukturelle Beachtung wäre es nicht einmal möglich, die Erfahrung im Sinne des Erfahrens als eine bestimmte Weise kognitiven Verhaltens des Menschen zur Welt und zu sich selbst (zu dem, was ist) zu kennzeichnen und von anderen kognitiven Bezügen (nahestehender Art: Wahrnehmen, Erleben – entfernterer: konstruktives Denken, Reflektieren u. a.) oder von praktischen Verhaltensweisen (Herstellen, Handeln) abzuheben bzw. abzugrenzen. Darüberhinaus bedarf es der Hinsicht auf die subjektbezogene Verhaltensdimension, um innerhalb des Bereichs der Erfahrung zwischen verschiedenen Ebenen und Arten des Erfahrens und ihren korrelativen

---

[12] Fichte, Werke, Darmstadt 1962, Bd. II, 332; I 425.
[13] Die nähere Analyse bzw. die Reflexion auf die Bedingungen von Erfahrung wird freilich den Schein einer solchen naiven objektivistischen Auffassung enthüllen.

Gegenstandsbereichen (Bezugsfeldern) zu differenzieren. Eine solche, für die Phänomenologie der Erfahrung notwendige, Differenzierung muß zumindest immer auch auf die Differenzen und Variationen in subjektbedingten Dispositionen und Verhaltensmodi des Erfahrens rekurrieren. So läßt sich z. B. die Unterscheidung zwischen lebensweltlicher Alltags-Erfahrung, wissenschaftlicher Erfahrungserkenntnis und philosophischer Reflexions-Erfahrung als eine Unterscheidung von *Erfahrungsebenen*, die freilich nicht beziehungslos nebeneinander stehen, nur mit Bezug auf die unterschiedlichen Bedingungen bzw. Voraussetzungen im Subjekt der Erfahrung, d. h. seiner jeweiligen Erfahrungsstellung, seines methodischen Verhaltens, der aktivierten Dispositionen u. ä. verständlich machen und bestimmen, aber nicht über die Annahme vorgängig unterschiedener bzw. ursprünglich verschiedener Gegenstands- oder Erfahrungsbereiche. Die unterschiedlichen Erfahrungsbereiche und -aspekte werden vielmehr erst in bzw. mit der jeweiligen (lebenspraktischen, methodisch objektivierenden oder reflexiven) Erfahrungsstellung erschlossen und konstituiert. Ein analoger Rekurs auf die subjektiven Bedingungen des Erfahrens ist nötig, um verschiedene *Erfahrungsarten* zu unterscheiden. Denn um etwa sinnlich-gegenständliche und kommunikative Erfahrung in den Grunddimensionen gegenstandsbezogener Welterfahrung und reflexivkommunikativer Selbstserfahrung (und die vermittelten Weisen ästhetischer oder religiöser Erfahrung) voneinander abzuheben und differentiell zu bestimmen, ist es keineswegs ausreichend, die unterschiedlichen Gegenstands- oder Phänomenbereiche anzugeben, auf die sich diese Erfahrungsarten beziehen (was übrigens nur in strukturell sehr unterschiedlicher Weise möglich ist).[13a] Es bedarf vielmehr gleichermaßen des Rückgangs auf die einer Erfahrungsweise jeweils zugrundeliegenden (subjektiven) Verhaltensbedingungen dafür, daß und wie etwas in einer bestimmten Weise des Erfahrens zur Erfahrung kommen kann – oder aufgrund mangelnder Erfahrungsdisposition verschlossen bleibt. Die durch Welt- und Selbsterfahrung vermittelte ästhetische und religiöse Erfahrung etwa legen in besonderem Maße nahe, daß mit individuell variierenden Dispositionen für spezifische Erfahrungen (gleichsam Erfahrungsbereitschaften) gerechnet werden

---

[13a] Zu den verschiedenen Erfahrungsweisen a) kommunikativer b) ästhetischer c) religiöser Erfahrung, s. die Literaturangaben: zu a) Laing (1969), (1973) u. Habermas; zu b) Marcuse (1969), (1973); Jauß (1975); zu c) Krüger (1973); Halbfaß (1976); zum Ganzen vgl. auch Götz (1973).

muß — allerdings auch mit der Möglichkeit, sie zu entwickeln und zu erweitern. (Die Erweiterung und Veränderung des Erfahrungsbewußtseins spielt sich vielleicht vor allem im strukturellen Bereich der Erfahrungsdispositionen ab).

Der Hinweis auf die subjektive Verhaltensdimension des Erfahrens kann und soll freilich die Bedeutung des objektiven Faktors in der Erfahrung nicht mindern oder gar verdrängen; er verweist vielmehr auf der phänomenalen Ebene selbst auf die Korrelation von objektiver Erfahrungsgegebenheit (bzw. Objekt- oder Phänomenbereich) und subjektbezogenen Bedingungen des Erfahrens und damit auf den korrelativen Zusammenhang der bis jetzt bezeichneten Strukturmomente (1. und 2.) in jedem Erfahrungsvollzug.

3. Erfahrung besteht aber nicht schon in einzelnen Erfahrungsvollzügen bzw. Erfahrungen, die unverbunden nebeneinander stehen könnten. Das mag für Wahrnehmungen und Erlebnisse gelten, die als singuläre wohl den Stoff zur Erfahrung beitragen, aber nicht deren Struktur bilden, die im (möglichen) Zusammenhang der Erfahrungen zum „Ganzen" der Welt- und Selbsterfahrung des Menschen zutagetritt. Erst die Verknüpfung und der Zusammenschluß der wahrnehmungs- und erlebnisbezogenen einzelnen „Erfahrungen" zu objektiven und allgemeinen Kenntnissen und Erfahrungs-Urteilen bilden „die Erfahrung", die das in der Lebenswelt orientierende und an ihr bewährte bzw. zu bewährende Wissen und Können enthält. Der Blick (über die Korrelationsstruktur einzelner Erfahrungsvollzüge hinaus) auf die das Erfahrungsbewußtsein und Erfahrungswissen strukturierenden Zusammenhänge macht auch erst sichtbar, daß und wie Erfahrung als ein kognitives Grundverhältnis des Menschen zu dem, was (gegeben) ist, d. h. zur „Welt" und zu sich selbst verstanden werden muß, dessen objektives Bezugsfeld die allen zugängliche und gemeinsame „Erfahrungswelt" ist, mit bestimmten Strukturen, Gegebenheiten, Grundverhältnissen, aber auch mit gleichsam offenen Rändern und Horizonten. Der objektive und allgemeine Erfahrungszusammenhang, in dem die einzelnen, besonderen Erfahrungen zusammenstimmen müssen, um als objektiv und allgemein gelten zu können, verweist auf die „Lebenswelt" als den Welt- und Selbsterfahrung zusammenschließenden Weltbezug und Horizont aller Erfahrung.[14]

---

[14] Husserl hat mit Recht — im Zusammenhang mit der „Horizontstruktur" der Erfahrung — den Rückgang auf die „Welt der Erfahrung" als Rückgang auf die „Lebenswelt" vollzogen und die durch diesen Weltbezug er-

Der Lebensweltbezug als „Welt-Horizont" der (objektiven und allgemeinen) Erfahrungszusammenhänge und des Erfahrungsbewußtseins ist nun freilich nicht die Summe von Einzelerfahrungen von der Lebenswelt oder aus deren Verknüpfungen gleichsam zusammengesetzt. Er ist vielmehr als Erfahrungshorizont bzw. Horizont möglicher Erfahrung in und für jede faktische Erfahrung schon mitgesetzt bzw. vorgegeben; nicht nur als Hintergrundsgewißheit der seiend vorgegebenen Lebenswelt, als „universaler Boden" aller einzelnen Erfahrungen (Husserl), sondern auch als allgemeine Vorzeichnung und „Vorbekanntheit" der (raum-zeitlichen) Gegenstände möglicher Erfahrung überhaupt und der differentiellen „Typik" unterschiedlicher Gegenstands- und Erfahrungsbereiche (etwa Naturdinge, Personen u. a.). Es kann hier noch nicht um die nähere Bestimmung der Horizontstruktur der Erfahrung gehen, sondern lediglich um deren Feststellung und Kennzeichnung als einer Strukturbestimmung jeglicher Erfahrung und vor allem des objektiven und strukturell-allgemeinen Zusammenhangs der „Welterfahrung". Die strukturelle Feststellung und Kennzeichnung besagt, daß jede einzelne und besondere Erfahrung in einen (nach gewissen allgemeinen Zügen der Gegenstandstypik, der Auffassungsschemata u. a.) schon vorgeprägten und vorbekannten Verstehens-Horizont lebensweltlicher Erfahrung eingelassen ist und gleichsam eingezeichnet werden muß. Ein solcher Horizont des „Vorverständnisses" ist offenbar für jede Erfahrung mitgesetzt bzw. vorausgesetzt, um überhaupt besondere Erfahrungen machen, d. h. bestimmen und nach ihrer objektiven und allgemeinen Bedeutung im und für den Zusammenhang der Welt- und Selbsterfahrung des Menschen verstehen und beurteilen zu können. Diese Bedingungsverhältnisse möglicher Erfahrung genauer zu analysieren ist (auch nach Husserl) Thema der transzendentalen Konstitutionsanalyse.

4. Wenn alle besonderen Erfahrungen und Erfahrungszusammenhänge sich immer schon in einem vorstrukturierten Verstehenshorizont bilden und darin Objektivität (Weltbezug) und ihre konkret-allgemeine Gültigkeit haben, dann stellen sich zwei Fragen. 1. In welchem Sinne es dann ihrem Inhalt nach – wie man doch sagt – „persönliche" oder „individuelle" Erfahrungen geben könne, die zwar einen subjektiv evidenten Realitätsbezug implizieren, aber nur partikulare Objektivität und Geltung beanspruchen können. Und vor allem 2. wie

---

mögliche Erfahrung als „Welterfahrung" verstanden. Vgl. Husserl (1948) § 8 u. bes. § 10; Schütz/Luckmann (1975).

denn die geschichtliche Dynamik des Erfahrungsprozesses mit Bezug auf die Gewinnung „neuer" Erfahrung oder zumindest neuer Interpretation der Erfahrung möglich und zu verstehen sei. Beide Fragen decken sich zwar nicht, sie hängen aber im Hinblick auf die Dynamik der Welt- und Selbsterfahrung als eines immer auch offenen, unabgeschlossenen Prozesses zusammen.

Was zunächst die ihrem Inhalt und Geltungsbereich nach „individuellen" Erfahrungen angeht, so wird man den Objektivitätsbezug von Erfahrungen und den Grad ihrer Allgemeingültigkeit sicherlich ohnehin differentiell, d. h. in Anmessung an die verschiedenen Erfahrungsebenen und Erfahrungsarten (mit den jeweiligen Objektbereichen) bestimmen müssen und also *nicht* nach *einem* Schema der Ausweisung möglicher Objektivität und Allgemeinheit verfahren können. Selbsterfahrung und auch Erfahrung des „Anderen" z. B. haben zwar konkret-allgemeine Bezüge und sind durch interpersonelle Strukturen verknüpft, aber soweit sie inhaltlich Erfahrung von Individuellem darstellen, sind sie nur in begrenzter Hinsicht objektivierbar und nur in ihren strukturellen Zügen verallgemeinerungsfähig.[14a] Eine nicht so sehr im Inhalt als in der Erfahrungsweise begründete individualisierende Komponente ihrer Objektivität und Allgemeinheit zeigen ästhetische und religiöse Erfahrung. Wo aber die Berufung auf persönliche oder individuelle Erfahrungen mit Gegenständen und Gegebenheiten der Lebenswelt deren Objektivitäts- und Allgemeingültigkeitsanspruch garnicht mehr auf intersubjektive Bewährung bezieht oder beziehen kann und damit im Grunde preisgibt, mögen subjektive „Erlebnisse" (oder „Wahrnehmungen") vorliegen, aber (noch) nicht Erfahrungen, die nach ihrer Besonderheit im allgemeinen und objektiven Zusammenhang lebensweltlicher Erfahrung interpretierbar und verstehbar sein müssen.

Allerdings können vorerst subjektiv evidente „Erlebnisse", „Wahrnehmungen" und „Meinungen" aufgrund ihres gegenüber dem bisherigen (bewährten) Stand des Erfahrungswissens u. U. abweichenden und neuartigen Charakters und Gehalts eine kritische und innovatorische Funktion gewinnen, die alte Erfahrungszusammenhänge korrigiert und neue erschließt. Hier hat das für Erfahrungen (Erlebnisse) oft betonte Merkmal des Negativen, der „enttäuschten Erwartung" und damit des inhaltlich (informativ) Neuen gemachter Erfahrung seinen Ort.[15] Es gehört zum dynamischen Aspekt der Erfahrung als eines Pro-

---

[15] Vgl. Gadamer (1965²) S. 335 f.; Bollnow (1970) S. 130 f.

zesses (der Lebens- und Wissenschaftsgeschichte). In dieser Perspektive zeigt sich die Erfahrung im ganzen gegenüber den in 3. betonten allgemeinen und vorgängigen Horizontstrukturen als ein offener, jedenfalls unabgeschlossener Prozeß der Veränderung. Damit wird die „Geschichtlichkeit" der Welt- und Selbsterfahrung – die selbst eine reflexive Erfahrung (des Erfahrungsbewußtseins) darstellt – akzentuiert. Die geschichtliche Veränderung betrifft nicht nur die Erfahrungs-Inhalte (in dem Sinne, daß inhaltlich neue und andere Erfahrungen gemacht werden), sondern auch die Erfahrungsweisen, -dispositionen und Horizontstrukturen. Dies ist aber nicht als ein innerer Widerspruch zwischen Horizontstruktur (bzw. allgemeinen Vorbedingungen) und Geschichtlichkeit der Erfahrung anzusehen, sondern vielmehr als Hinweis auf die wechselseitige Beziehung von Vorstrukturiertheit jeder Erfahrung (also auch der neuen Erfahrung) und der geschichtlichen Geprägtheit und Veränderbarkeit auch der (ermöglichenden) Erfahrungshorizonte und -strukturen.[16] Die Veränderung der Erfahrungshorizonte und -strukturen vollzieht sich freilich nicht einfach angesichts des Aufkommens neuer, abweichender Erfahrungen, sondern aufgrund (u. U. dadurch ausgelöster) „reflexiver Erfahrung" mit bisherigem Erfahrungswissen, d. h. einer Reflexion des Erfahrungsbewußtseins auf seine maßgebenden, aber nun in Begrenzung sichtbaren Grundlagen und Horizonte.[17] Für die geschichtliche Dynamik des trotz aller Eingefahrenheiten prinzipiell offenen und nicht endgültig verfügbaren Erfahrungsprozesses hat über neue abweichende Erfahrungen (Erlebnisse) hinaus „erfinderische Phantasie" eine wesentliche innovatorische Bedeutung für neue Fragen und Intentionen. Durch sie, d. h. nicht zuletzt aufgrund der Agilität des Subjektes möglicher Erfahrung in seinem aktiven und reaktiven Verhalten, wird die Erweiterung und Veränderung der Welt- und Selbsterfahrung des Menschen bewirkt. Trotz der grundsätzlichen Bedeutung des geschichtlich-dyna-

---

[16] Eine ausgeführte Konstitutionsanalyse hätte zu klären, ob in diesem Zusammenhang von Geschichte und Struktur u. U. auch invariante anthropologische Strukturen als Bedingungen möglicher Erfahrung angenommen werden müssen. Zur Problematik s. Schaeffler (1973).

[17] Hegel hat in der „Phänomenologie des Geistes" die dialektische Bewegungsstruktur solcher „Erfahrungen des Bewußtseins" mit sich in seinem Gegenstandsbezug thematisiert, und die philosophische Hermeneutik hat sie als Grundzug der geschichtlichen Selbsterfahrung des Menschen kenntlich gemacht; s. Gadamer (1965²) S. 329 ff.; Picht (1958).

mischen Faktors im Erfahrungsprozeß gewinnen und bewähren die neuen „Erfahrungen" und Intentionen ihren verändernden kognitiven Gehalt und Wert erst mit ihrer Einbeziehung in den durch sie u. U. modifizierten bzw. erweiterten allgemeinen Horizont und objektiven Zusammenhang möglicher Erfahrung.

b) Die Erläuterung des für die Problemstellung relevanten Begriffs der *Sprache* kann darauf beschränkt werden, die Sprachebene zu bestimmen, die sich im anthropologischen Bezugsrahmen als phänomenal ursprünglich und systematisch grundlegend erweist. Dabei läßt sich freilich nicht verkennen, daß durch diese „sprach-anthropologische" Betrachtungsweise (wie durch andere Hinsichten auch) das Sprachphänomen in eine bestimmte Perspektive der Auffassung gerückt wird, die sich aber sachlich rechtfertigen läßt. 1. Als anthropologisch elementarer Realitätsmodus und phänomenologisch primäre Gegebenheitsweise der Sprache ist die *kommunikative Rede* anzusehen. Denn erst und streng genommen nur im bzw. als Sprechen ist Sprache als anthropologisches Phänomen gegeben und zwar sowohl in ihrer immanenten Strukturiertheit als auch in ihren funktionalen Bezügen. Darum muß im Sinne der sprachanthropologisch notwendigen Situierung des Sprachphänomens im Daseinsvollzug des Menschen der phänomenale Vorrang der Rede akzentuiert und ausgezeichnet werden. 2. Das Sprachphänomen wird (in sprachanthropologischer Perspektive) nicht primär oder gar nur in einen „theoretisch" oder kognitiv bestimmten Horizont gerückt – im Hinblick auf ihre Bedeutung für Wahrnehmen (sensorische Erfahrung), Vorstellen und (gegenständliches) Erkennen –, sondern in den umfassenderen Zusammenhang mit kommunikativen Prozessen und Strukturen, d. h. in den Bezugsrahmen lebensweltlicher Praxis; zumal Sprechen selbst als eine Form und ein Faktor kommunikativen Handelns auf Daseinssituationen und andere Handlungsweisen bezogen bzw. mit ihnen „verwoben" vorkommt. Das bedeutet aber andererseits auch, daß die Verständlichkeit der Rede bzw. ihr Sinn durch den Bezug auf die jeweiligen (vorausgesetzten oder thematisierten) Daseins- und Kommunikationssituationen bedingt ist. Die Auszeichnung der Rede als der kommunikations- und verständigungsrelevanten Realisationsform der Sprache kann dann auch die Auffassung motivieren, Sprache erreiche erst in der kommunikativen, dialogischen Weise des Sprechens, dem „Gespräch", ihre eigentliche Wirklichkeit.

Nun soll mit der sprach-anthropologisch notwendigen Auszeichnung der Rede keineswegs die nötige Aspektdifferenzierung einer wissenschaftlichen Analyse der Sprache auch als „Zeichensystem" negiert oder gar eine Entgegensetzung von „parole" und „langue" bzw. ein einseitiges Fundierungsverhältnis behauptet werden. Wohl aber wird gegen eine Isolierung oder Fundamentalisierung des Systemaspekts der Sprache und vor allem gegen einen darauf fixierten oder reduzierten sprachphilosophischen Ansatz, der gerade die Aspektisolierungen überholen und vermitteln müßte, Stellung genommen. Der sprachanthropologische Rückgang auf die Rede soll die primär gegebene, der Aspektdifferenzierung vorausliegende und sie umfassende Einheit des Sprachvollzuges in kommunikativen Sprechakten (Sprechhandlungen) erreichen, die freilich in sich form- und regelbestimmt sind, d. h. „Systemstrukturen" aufweisen. Sprache als „langue" müßte folglich, vom sprachanthropologischen Ansatz aus gesehen, wenn schon als System, dann als System der strukturellen Bedingungen, Schemata und Verfahrensregeln sprachlichen Handelns, d. h. in einem prinzipiell „pragmatischen" Bezugsrahmen aufgefaßt und bestimmt werden. Die für Sprechen als spezifisch form- und regelbestimmtes Handeln in der Tat konstitutiven Strukturen können allerdings nicht auf phonologische, syntaktische und semantische Formbestimmungen beschränkt werden, sondern müßten gerade auch „universalpragmatische" Konstitutionsbedingungen der Rede umfassen und sogar als systematische Basis ansetzen.[18]

5. *Reflexion des Zusammenhangs von Erfahrung und Sprache*

Nachdem der anthropologische Bezugsrahmen umrissen und die thematischen Leitbegriffe (philosophische Reflexion, Erfahrung, Sprache) bestimmt worden sind, kann nunmehr die (in 2. gekennzeichnete) transzendentalphilosophische Reflexion der Erfahrung bzw. des Zusammenhangs von Erfahrung und Sprache angesetzt und vollzogen werden. Das zentrale Thema dieser Reflexion sind die mit der Erfahrung bzw. Erfahrungserkenntnis verknüpften Konstitutions- und Geltungsprobleme, wobei das Schwergewicht im folgenden (auch hinsichtlich der Bedeutung der Sprache für diese Thematik) auf dem ersten Problemkomplex liegen wird. Beide Aspekte einer transzendentalen Erfahrungsreflexion sind im übrigen durch noch unklare bzw.

---

[18] Vgl. Searle (1971), Habermas (1976).

spannungsvolle Bezüge zwischen den strukturellen Momenten der Erfahrung motiviert: die Konstitutionsthematik durch die korrelative Beziehung zwischen objektivem und subjektivem Faktor (1. und 2. Moment) und die Geltungsproblematik durch die Spannung zwischen Objektivitäts- und Allgemeinheitsanspruch einerseits und Geschichtlichkeit der Erfahrung andererseits (3. und 4. Moment). Wenn aber bislang nur umschrieben wurde, was Erfahrung dem Erfahrungsbewußtsein nach „ist", bzw. zu sein beansprucht, so geht es nunmehr darum, zu klären, wie denn das Erfahrungsverhältnis des Menschen zur Welt möglich ist, d. h. welches seine konstitutiven Bedingungen sind, und wie der Erkenntnis- und Wahrheitswert von Erfahrungswissen zu beurteilen und seine Geltung auszuweisen seien.

Die Aufgabenstellung erfordert allerdings die ausdrückliche Rückbeziehung des bisher relativ isoliert betrachteten Erfahrungsphänomens in das verstehende Verhalten und den Bezugsrahmen von Erfahren / Erkennen, Handeln / Interaktion und Sprache / Rede. Da wir uns hier auf die Reflexion des Zusammenhangs von Erfahrung und Sprache konzentrieren müssen, können die Beziehungen zwischen Erfahrung und Handeln (wie auch die zwischen Handlung und Sprache) nur gestreift werden.

a) Schon früher sind Hinweise darauf gegeben worden, daß die Unterscheidung von *Erfahren* und *Handeln* nicht einfach mit der von „passivem" (reaktivem, rezeptivem) und „aktivem" Verhalten identifiziert werden darf, sondern als eine Differenzierung von intentional unterschiedlich gerichteten Weisen „tätigen Verhaltens" aufgefaßt werden muß, die keine strukturelle und genetische Trennung beinhaltet. Pragmatismus, genetische Psychologie und philosophische Anthropologie haben vielmehr gezeigt, daß der genetische und strukturelle Aufbau der Erfahrung (und schon der Wahrnehmung) im Zusammenhang mit elementaren Aktionen auf der sensumotorischen Ebene der Wechselwirkung zwischen Organismus und Umwelt erfolgt. Über die Koordination von Handlungen (bzw. Handlungsschemata und ihre „semiotisch" vermittelte Verinnerlichung) werden kognitive Schemata entwickelt, die eine erste (handlungslogische) Strukturierung von Wahrnehmungen und (über äußere Koordinationen) von Gegebenheiten im Wahrnehmungsfeld ermöglichen, auf denen die höherstufige Organisation der Erfahrung mit den Mitteln sprachlich-begrifflichen und „operativen" Denkens konstruktiv aufbaut (Piaget, Gehlen u. a.). Aber auch in strukturell-synchroner Hinsicht, d. h. für die ausgebildete kognitive Kompetenz gilt, daß Erfahrungen nie bloß rezeptiv (durch

Einspiegelung der Gegenstände) gewonnen, sondern aufgrund aktiven Verhaltens in Handlungszusammenhängen gemacht, überprüft und bewährt werden. Es ist darum durchaus berechtigt, ja notwendig, generell von „handlungsbezogenen Erfahrungen" zu sprechen – so wie andererseits natürlich Handlungen immer auch als erfahrungsgeleitet angesehen werden müssen.

Der generelle Handlungsbezug von Erfahrungen und d. h. die strukturelle und funktionale Verschränkung von Erfahren und Handeln, die freilich ihre unterschiedliche Verhaltensrichtung nicht aufhebt, müßte allerdings im Hinblick auf die verschiedenen Erfahrungsarten und Handlungstypen differentiell bestimmt werden. Denn natürlich liegen hier unterschiedliche Zusammenhänge zwischen spezifischen Erfahrungs- und Handlungsformen vor. Diese Thematik müssen wir aber auf sich beruhen lassen.[19]

Im folgenden müßte es vielmehr um die weiter gespannte Fragestellung gehen, ob Erfahrung und Handeln (und ihr Zusammenhang) jedenfalls in ihrer entwickelten Form nicht selbst nur in Verschränkung mit der Sprachfähigkeit des Menschen als Weisen verstehenden Verhaltens möglich sind. Diese Frage bzw. Annahme kann sich zunächst auf den phänomenal elementaren Tatbestand stützen, daß die Lebenspraxis und Lebenswelt des Menschen offenbar auf dem in der Regel verständlichen Zusammenspiel von Erfahrungen / Kognitionen, Handlungen / Interaktionen und kommunikativer Rede basieren, bzw. auf einer – auch für die Wissenschaften grundlegenden – Orientierungs- und Herstellungspraxis.[20] Die Klärung der sicher am wenigsten deutlichen Stellung der Spache in diesen Zusammenhängen ist die Thematik einer Sprach-Anthropologie, die mit Bezug auf die konstitutive Verstehensdimension der Verhaltensweisen auf das Bedingungsverhältnis von „Sprache und Verstehen" (in Erfahrung, Handlung und Rede) konzentriert werden kann.

Aus der Gesamtthematik einer Sprach-Anthropologie wird hier lediglich das Verhältnis von Erfahrung und Sprache unter philosophischen Gesichtspunkten reflektiert. Dies freilich nicht nur aufgrund der Bedeutung, die ihm im Rahmen einer sprachanthropologisch modifizierten transzendentalphilosophischen Reflexion zukommt, sondern weil es im Zusammenhang der Gesamtthematik am dringlichsten der

---

[19] Vgl. Habermas (1973a).
[20] S. Mittelstraß (1974).

Erhellung bedarf. Denn die Beziehung von Erfahrung und Sprache ist sicher weit weniger offensichtlich und geklärt als die von Handeln / Interaktion und Sprache, die über die offenkundige Bedeutung der Sprache / Rede für Interaktions- und Kommunikationsprozesse unmittelbar einsichtig erscheint. Darüber hinaus mag es als problematisch angesehen werden, ob im Unterschied zum Handeln und Reden, für die „Verstehen" sicher ein konstitutives Moment darstellt, dieses auch mit gleichem Recht für das Erfahren bzw. die Erfahrung geltend gemacht werden kann. Solche Bedenken mögen sich insbesondere auf die „sensorische Erfahrung" der äußeren Natur richten, deren elementarer Perzeptionsmodus die Wahrnehmung ist, während für kommunikative Erfahrung und reflexive Selbsterfahrung oder auch ästhetische und religiöse Erfahrung Sinnverstehen sicher wesentlich ist. Obwohl bei den Erläuterungen zum Erfahrungsbegriff darauf hingewiesen wurde, daß Erfahrungen einen strukturierten Verstehenshorizont voraussetzen, bedarf gerade dieser Aspekt der Konstitution von Erfahrung (und ihrer möglichen sprachlichen Bedingtheit) der weiteren Explikation. Das Thema „Erfahrung und Sprache" bezeichnet also einen besonderen Problemkomplex schon für den konstitutionstheoretischen, dann aber auch für den geltungskritischen Aspekt transzendentalphilosophischer Reflexion.

b) Die *konstitutionstheoretische* Fragestellung nach dem Verhältnis von Erfahrung und Sprache enthält eine mögliche Aufstufung, die in der Differenz der Frage nach der sprachlichen „Vermittlung" und / oder „Bedingtheit" der Erfahrung zum Ausdruck gebracht werden kann. Diese Differenz zeigt die Möglichkeit einer stärkeren oder schwächeren These bzw. Beantwortung der Fragestellung an. Ist von einer sprachlichen Vermittlung der Erfahrung (bzw. des erfahrungsbezogenen Verstehens) die Rede, dann wird lediglich ein Artikulationszusammenhang zwischen Erfahrung und Sprache behauptet, demgemäß Erfahrung im Sprechen (in der Rede) artikuliert, d. h. zum Ausdruck gebracht wird und dieser Artikulation (u. U. notwendig) bedarf. Die mögliche These von der sprachlichen Bedingtheit würde darüberhinaus einen Konstitutionszusammenhang behaupten in dem Sinn, daß Sprache / Rede als innere, konstitutive Bedingung der Möglichkeit von Erfahrung bzw. Verstehen aufgefaßt werden müßte. Es ist klar, daß erst diese zweite Möglichkeit die eigentliche transzendentale Relevanz der Sprache bedeuten und deren zentrale Stellung im Rahmen der transzendentalphilosophischen Reflexion begründen würde. Gleichwohl sind beide Möglichkeiten als wesentliche Aspekte der Problemstellung zu beachten und auf ihre Angemessenheit bzw. Notwendigkeit hin zu beurteilen.

Nun ist bereits der erste Aspekt, der den Artikulationszusammenhang von Erfahrung und Sprache betrifft, keineswegs als nebensächlich oder von geringer Bedeutung anzusehen, zumal dann nicht, wenn der Zusammenhang selbst als notwendig zu gelten hätte. Eben dies aber muß angenommen werden. Denn erst ausgesagte, d. h. sprachlich artikulierte Erfahrung ist also solche, d. h. in ihrem möglichen objektiven Gehalt faßlich und in ihrer Bedeutung verstehbar, und dies auch für den Erfahrenden selbst. Das Prinzip der Ausdrückbarkeit ist für Erfahrungen, deren Objektivitätsanspruch einen intersubjektiv nachvollziehbaren Realitätsbezug beinhaltet, konstitutiv. Dieses Prinzip fungiert darum auch als Bedingung intersubjektiver Prüfung, sofern sprachliche Ausdrückbarkeit zugleich Mitteilbarkeit bedeutet und damit erst die Möglichkeit einer intersubjektiven Bestätigung oder Bestreitung des Objektivitätsanspruchs eröffnet.

Methodisch bedeutet dieser Zusammenhang, daß behauptete Erfahrungen überhaupt nur und erst in der Form ihres sprachlichen Ausdrucks für eine Thematisierung (Analyse, Explikation, Interpretation, kritische Reflexion) zugänglich werden, so daß für die philosophische Reflexion nicht einfach Erfahrungen, sondern Erfahrungsaussagen das primär Gegebene darstellen. Daraus ergibt sich auch der methodische Vorrang des sprachanalytischen bzw. des „linguistisch-phänomenologischen" Ansatzes (Austin) gegenüber einem rein phänomenologischen bei den Gegebenheiten des Bewußtseins. Das Prinzip der sprachlichen Ausdrückbarkeit in dem hier gemeinten Sinn (das mit dem von Searle aufgestellten Prinzip, daß man alles was man meint, auch müsse sagen können, nicht identisch ist) schließt übrigens weder das Postulat einer in jedem Falle vollständigen noch endgültigen sprachlichen Ausdrückbarkeit von Erfahrungen ein. Es behauptet vielmehr eine zwar prinzipiell notwendige, aber auch interpretationsoffene Beziehung zwischen (objektivem) Erfahrungsgehalt und seiner sprachlichen Artikulation, die auch den Charakter korrekturfähiger Interpretation hat und sich nicht auf den des eindeutig adäquaten Ausdrucks reduzieren läßt. Das nach dem Artikulationsschema gedachte Verhältnis von Erfahrung und ihrem sprachlichen Ausdruck hält ja (trotz behaupteter Notwendigkeit des Zusammenhangs) die Unterschiedenheit bzw. Unterscheidbarkeit beider Relata (von jeweiliger Erfahrung und sprachlichem Ausdruck) fest und geht von einer irgendwie vorsprachlich gegebenen und von ihrem sprachlichen Ausdruck abhebbaren Erfahrung (Wahrnehmung) aus, für die sich dann auch die Frage ihrer „adäquaten" sprachlichen Formulierung stellen kann. Auf diese generelle Prämisse des Artikulationsschemas ist noch kritisch zurückzukommen. Vorerst halten wir uns auf der Ebene dieses Schemas, das auch weitgehend die traditionelle Auffassung des Verhältnisses von Denken, Vorstellen und Sprache bestimmt hat.

Die explikativ weiterführenden Fragen lauten: 1. *was* leistet die Sprache / Rede eigentlich als Ausdrucksmedium in der Artikulation von Erfahrung bzw. erfahrungsbezogenem Verstehen? 2. *wie*, d. h. aufgrund welcher Mittel (Strukturen) ist Sprache / Rede zu dieser Leistung in der Lage? und 3. welche Bedeutung muß der Sprache auf dieser Ebene für die Erfahrung zugesprochen werden? Die letzte Frage betrifft zugleich Berechtigung und Grenzen des Artikulationsschemas und den Übergang zum 2. (prinzipiellen) Aspekt der Konstitutionsthematik.

1. Die spezifische Leistung der Sprache / Rede als notwendiges Ausdrucksmedium von Erfahrung ist z. T. schon angedeutet worden. Die allgemeinste Kennzeichnung wäre: Sprache / Rede leisten mit ihren Mitteln die *Repräsentation* (Darstellung) von Erfahrung. Auf dieser Bestimmungsebene könnte die Konstitution der Erfahrung auf ein systematisches Zusammenspiel von sinnlicher Rezeption, Handeln und sprachlicher Repräsentation zurückgeführt werden.[20a] Der Ausdruck sprachliche „Repräsentation" gibt indessen noch keine hinreichend spezifische Kennzeichnung dessen, was im sprachlichen Ausdruck von Erfahrung eigentlich geschieht. Dies läßt sich in einer immer noch sehr allgemeinen, aber aufschlußreicheren Weise durch die Begriffe *Objektivation* und *Artikulation* bestimmen. Durch die sprachliche Fassung einer Erfahrung (in der Form deskriptiver Sätze bzw. konstativer Sprechakte) wird der objektive Bedeutungsgehalt einer Erfahrung auch für den Erfahrenden selbst objektiviert und artikuliert, d. h. differenziert, indem etwa durch singuläre Termini Gegenstände bezeichnet (identifiziert) und durch prädikative Ausdrücke charakterisiert (d. h. klassifiziert und unterschieden) werden. Auf diese Weise wird also in der (prädikativen) Satzform der Objektbezug einer Erfahrung (als das, *wovon* oder *womit* eine Erfahrung gewonnen oder gemacht worden ist) allererst objektiv bestimmt und ihr Sachgehalt (als das, *was* erfahren wurde) differenziert. Diese objektivierende und artikulierende Funktion sprachlicher Repräsentation (die natürlich

---

[20a] S. Habermas (1971) s.

nicht auf konstative Sprechakte oder deskriptive Sätze beschränkt ist) ermöglicht auch erst die *Kommunizierbarkeit* der Erfahrung und die Prüfung ihres Objektivitäts- und Allgemeinheitsanspruchs im Sinne ihrer intersubjektiven Gültigkeit. Denn da die Sprache selbst ein „öffentliches", intersubjektiv verbindliches Ausdrucksmedium ist, werden nur die in ihm ausdrückbaren und ausgedrückten Erfahrungen intersubjektiv zugänglich und hinsichtlich ihres (objektiven oder bloß subjektiven) Geltungsmodus bestimmbar. Humboldt hat diese Verhältnisse so formuliert, daß die Objektivität des Gedankens, die im einzelnen, subjektiven Denkakt lediglich gemeint ist, erst „vollendet" wird, wenn „dasselbe" von einem „anderen" gedacht und gesagt werden kann, weil dadurch die Objektivität als eine dem Subjekt gegenüber bestehende erscheint.[21] In diesem Sinn gibt es nur in der Sprache (und Sprachgemeinschaft), d. h. im intersubjektiven Medium sprachlicher Repräsentation und Vermittlung eine objektive und gemeinsame Erfahrungswelt und kommunikative Praxis. Auf diesen Zusammenhang zielt auch die Äußerung von Marx in der „Deutschen Ideologie" „... die Sprache ist das praktische, auch für andere Menschen existierende, also auch für mich selbst existierende wirkliche Bewußtsein".[22]

2. Die Frage, aufgrund welcher Strukturen und Mittel der Sprache ihre unter 1. angedeutete Leistung für die Objektivation, Artikulation und Kommunizierbarkeit der Welterfahrung ermöglicht wird, führt zunächst auf strukturelle Entsprechungen zwischen Strukturen der Rede und solchen der Erfahrung bzw. des (erfahrungs- und handlungsbezogenen) Verstehens. So korrespondiert die Grundstruktur der Rede als jemandes Sprechen – zu jemandem – über etwas (nach den Funktionsaspekten: Ausdruck, Darstellung, Mitteilung / Bühler oder: expressive, presentative, dynamic / Black) Grundrelationen des verstehenden Verhaltens zur Gesellschaft, Sachwelt (Natur) und zu sich selbst (sowie zur Sprache).[23] Aufgrund dieser Korrespondenzen können in der Rede die Grundverhältnisse der Erfahrung repräsentiert (d. h. objektiviert, artikuliert und mitgeteilt) werden. Daß diese Entspre-

---

[21] Dabei hat Humboldt insbesondere auch die Bedeutung der Sprache (und des „Zusammenhangs ihrer Teile") für die Erfassung des „Weltzusammenhangs" bzw. des Welthorizonts der Erfahrung hervorgehoben, so daß in der Sprache eine „*Welt*-Ansicht" gebildet wird, deren spezifischer Charakter durch die einzelne Sprache geprägt ist.

[22] MEGA Bd. 5, S. 20.

[23] S. Bühler (1969), Black (1973), Habermas (1976).

chungen zwischen Rede-, Erfahrungs- und Handlungsstrukturen bestehen, ist indessen sicher kein zufälliges „Passen" der sprachlichen Ausdrucksmittel (zu den Erfahrungs- und Handlungsstrukturen) – wie es auf der Ebene des Artikulations- bzw. Ausdrucksschemas scheinen könnte –, sondern ist in genetisch fundierten strukturell-funktionalen Korrelationen von Sprache und Lebensform begründet, die durch den gemeinsamen Grundzug der Intentionalität verstehenden Verhaltens im Erfahren, Handeln und Reden vermittelt sind.

Das „Vermögen" der Rede zur (objektivierenden und artikulierenden) Repräsentation und Kommunikation von Erfahrung gründet in der „symbolischen Funktion" ihrer Elemente, d. h. in der prinzipiellen Bedeutsamkeit von Sprach-Zeichen im Rahmen der Sprache / Rede als eines schematisierten Systems von „Zeige- und Verständigungshandlungen".[24] Die verstehens- und kommunikationsrelevante Bedeutsamkeit sprachlicher Zeichen manifestiert sich als das (in Sprechakten konkret bestimmte) „repräsentierende Verweisen" auf gemeintes Wirkliches, Mögliches, Fingiertes usw., denn die symbolische Funktion von Sprach-Zeichen ist wesentlich „korrelatbezogen". Diese konstitutive Bedeutsamkeit darf freilich nicht auf das „Bezeichnen" von Gegenständen reduziert oder generell nach diesem Beziehungsmuster einer gegenstandstheoretischen Bedeutungstheorie bzw. Referenzsemantik verstanden werden. Die Funktion: einen Gegenstand bezeichnen bzw. „für ihn stehen" ist nur eine unter anderen, die weder isoliert noch verallgemeinert werden kann, weil sie nur einer bestimmten Klasse von Ausdrücken (den singulären Termini, Namen) zukommt bzw. dem Referenz- oder Denotationssystem einer jeden Sprache zugehört. Mittels des Systems denotativer Ausdrücke werden Gegenstände der Erfahrung (für Prädikationen) bezeichnet, identifiziert – während das System der Personalpronomia und der Sprechakte kommunikative Beziehungen und Erfahrungen artikuliert und das der intentionalen Ausdrücke die Selbstdarstellung des Subjektes (der Subjektivität).[25]

Die angedeutete Darstellungsleistung der Sprache / Rede erfolgt jedoch aufgrund von sprachlichen Mitteln, die ihrerseits im Rahmen des (je bestimmten) funktional-strukturellen „Systems" einer Sprache bzw. der sprachlichen Bedeutungen bestimmt und verbunden sind. Auch wenn der Systemaspekt der Sprache gegenüber dem Sprachvoll-

---

[24] S. Kamlah/Lorenzen (1967).
[25] S. Habermas (MS). S. 40 ff.

zug der Rede nicht isoliert und als fundamental gesetzt werden darf, sind natürlich die sprachimmanenten Strukturen bzw. die Form- und Regelbestimmtheiten der Rede nicht zu leugnen. Dabei sollte der „Systemcharakter" der Sprache als der intersubjektiv geltende Komplex syntaktisch-semantischer und universal-pragmatischer Strukturen und Verfahrensregeln sprachlichen Handelns, d. h. der Rede in kommunikativer Situation und semantischer Relation bestimmt werden.

3. Wenn aber nur im Rahmen und aufgrund der eigenen Strukturiertheit der Sprache Erfahrungen und Intentionen auf eine objektiv bedeutsame und intersubjektiv verständliche Weise in der Rede zum Ausdruck gebracht werden können, dann stellt sich die Frage, ob das Verhältnis von Sprache und Erfahrung im Sinne bloßer Vermittlungs- und Ausdrucksleistung der Sprache adaequat bzw. zureichend zu bestimmen ist und nicht eher oder zumindest auch im Sinne ihrer konstitutiven Bedingungsfunktion für die Möglichkeit von Erfahrung gesehen werden müsse.

Die bisher leitende Auffassung des Verhältnisses von Erfahrung und Sprache war an dem Schema orientiert, daß in der Rede das bereits Erfahrene und Verstandene im Medium der Sprache „artikuliert" und in seinem objektiven und intersubjektiven Gehalt zum Ausdruck gebracht wird, und daß die Mittel der Sprache für diesen Ausdruck hinreichend prädisponiert und flexibel sind. Das Artikulationsschema lag auch weitgehend der traditionellen Semantiktheorie (und ihrem „referentiellen Bedeutungsmodell") zugrunde, in der die sprachlichen Grundzeichen, die Worte qua Namen als Bezeichnungen bewußtseinsmäßig vorgegebener Gegenstände bzw. Vorstellungen gefaßt wurden, und die Sprache (bzw. der Satz) dementsprechend als bezeichnender und mitteilender Ausdruck des Denkens. Das bedeutete systematisch natürlich auch die Sekundärdarstellung der Sprache und Sprachreflexion im Rahmen der ontologischen oder erkenntnistheoretischen Grundlagenthematik der Philosophie.[26] Selbst Heidegger, der einerseits die Gleichursprünglichkeit von Verstehen und Rede behauptet, hält sich andererseits doch im Rahmen des Artikulationsschemas, wenn er die Rede als „die Artikulation der Verständlichkeit des Verstandenen" bestimmt („Sein und Zeit", 161).

Nun kann das Artikulationsschema durchaus als partiell aufschlußreich für das Verhältnis von Erfahrung / Verstehen und Sprache gelten, sofern in der Rede (jedenfalls in konstativen Sprechakten, de-

---

[26] Zur sprachanalytischen Kritik dieser Tradition s. Tugendhat (1976).

skriptiven Sätzen) in der Tat immer auch Gegebenheiten und Verhältnisse der Erfahrung zum Ausdruck gebracht werden. Die Frage ist jedoch, welche Rolle dabei die sprachlichen Ausdrucksmittel selbst spielen. Darüber gibt das Artikulationsschema keine erhellende und zureichende Auskunft, weil die Eigenstrukturiertheit der Sprache und d. h. die das „Erfahrungsmaterial" möglicherweise prägende Funktion des „Ausdrucksmittels" selbst nicht reflektiert wird. Aufgrund seiner mangelnden Reflektiertheit und der damit verknüpften Ausblendung möglicherweise tieferreichender Funktionen der Sprache kann das Ausdrucks- oder Vermittlungsschema nicht als genereller und zureichender Interpretationsrahmen für die Erhellung des Zusammenhangs von Erfahrung bzw. Verstehen und Sprache fungieren. Es muß vielmehr auf eine Perspektive hin überschritten werden, die es gestattet, die u. U. fundamentalere Bedeutung der Sprache / Rede für Erfahrung und Verstehen (über ihre Artikulationsfunktion hinaus) in den Blick zu bringen. Für die Notwendigkeit dieses Überschritts sprechen nicht nur die immanenten Grenzen des Artikulations- und Vermittlungsschemas, sondern auch eine Reihe von sachlichen Nachweisen, die eine weiterreichende Bedeutung der Sprache für die Konstitution der menschlichen Erfahrungswelt und Praxis und das sie erschließende Verstehen sichtbar werden lassen (ohne daß dadurch die partielle Richtigkeit des Artikulationsschemas negiert werden müßte).

Die konstitutive Bedeutung der Sprache für Erfahrung, Handeln und das sie leitende Verstehen läßt sich auf verschiedenen Ebenen nachweisen und damit differentiell begründen.

1. auf der strukturell-funktionalen (und genetischen) Ebene einer sprachanthropologischen Konstitutionsanalyse zeigt sich (unbeschadet der genetischen Voraussetzungen der Sprachentwicklung) die Sprachbedingtheit der ausgebildeten Formen verstehenden Verhaltens im Erfahrungs- und Praxisbezug zur Welt. Denn erst mit der Sprachkompetenz und durch sie werden die Verfügbarkeit und Offenheit der menschlichen Weltorientierung, des voraussehenden Handelns und die Verständigungsbasis für Interaktionen gewonnen, die zu den Existenzbedingungen des Menschen als „weltoffenes" und gesellschaftlich handelndes Wesen gehören (Herder, Gehlen, Piaget, Mead u. a.). Das ist vielleicht an keinem Punkt so einsichtig zu machen, wie an dem der Sprachbedingtheit des für die menschliche Lebenspraxis konstitutiven Zukunftsbezuges. Denn erst aufgrund der intersubjektiv gültigen sprachlich-symbolischen Repräsentation auch von Nichtwirklichem, Abwesendem, bloß „Vorgestelltem" gewinnt der Mensch die für das

voraussehende Handelnkönnen notwendige Befreiung von der Jetztsituation und die Fähigkeit, sich auf eine intersubjektiv verständliche Weise im Medium sprachgeleiteter Vorstellung und Phantasie auf Mögliches, Seinkönnendes zu richten, d. h. es zu entwerfen, zu wünschen, zu hoffen, zu planen, vorauszusagen usw. und damit Zukünftiges zu antizipieren und in verändernder Praxis Gegebenes auf Mögliches hin real zu überschreiten. (Damit ist zunächst vornehmlich der konstitutive Zusammenhang von Handlungs- und Sprachfähigkeit akzentuiert, dem freilich aufgrund der elementaren Bedeutung des Handelns für den Aufbau der Grundverhältnisse menschlichen Daseins auch im Erfahrungsbezug zur Welt eine zentrale Bedeutung zukommt).

2. In der hermeneutisch-inhaltlichen und kommunikativen Perspektive ergibt eine die Eigenstrukturiertheit der Sprache beachtende Analyse, daß die in der Rede durch die „sprachlichen Bedeutungen" sich vollziehende „Artikulation" nicht nur eine Sprachvermitteltheit, sondern eine Sprachbedingtheit menschlicher Erfahrung und Kommunikation beinhaltet, weil und sofern die Mittel und Strukturen der Sprache keineswegs nur (wie es das Ausdrucksschema nahelegt) eine die Erfahrungs- und Handlungsverhältnisse verbalisierend nachbildende, sondern zumindest auch und sogar wesentlich eine vorstrukturierende und insofern konstitutive Bedeutung haben. Denn die (jeweilige) Sprache stellt das objektiv bedeutsame und intersubjektiv verbindliche Unterscheidungs- und Verständigungssystem zur Verfügung, durch dessen eigene Differenziertheit der kognitive Gehalt und kommunikative Sinn von Erfahrungen und Handlungsintentionen expliziert, d. h. kategorial strukturiert, ausgelegt und entsprechende Meinungen formuliert werden können und zwar mittels des jeweiligen „Systems" referentieller, prädikativer, relationaler, intentionaler u. a. Ausdrücke bzw. Aussageformen. Daß es sich dabei nicht nur oder einfach um die Bezeichnung und Nachzeichnung real vorgegebener (und vorsprachlich perzipierter) Fakten und Verhältnisse handelt, zeigt sich schon daran, daß die „sprachlichen Bedeutungen" Unterscheidungen einführen, für die keine empirisch eindeutigen Referenten vorgegeben sind, sondern die vielmehr Hinsichten auf die Realität und damit Erfahrungs-, Verstehens- und Interpretationsmöglichkeiten allererst eröffnen und vorzeichnen.

‚Freundschaft', ‚Solidarität' etwa haben eine objektive Bedeutung wie ‚Baum' und ‚Berg', aber sie beziehen sich nicht einfach auf eine vorfindbare Klasse von Gegenständen der Erfahrung, sondern bezeichnen vielmehr ideale Gesichtspunkte der Beurteilung und Kennzeichnung kommunikativer Erfahrung bzw. der Qualifikation von Verhaltensweisen, seien diese nun empirisch aufzeigbar oder nicht. Solche Unterschiede in der semantischen bzw. referentiellen Relation sprachlicher Bedeutungen zur (erfahrenen) Realität – die jeweils stärker im Sinne von Nachzeichnungs- oder Vorzeichnungsverhältnissen bestimmt sein können – dürfen jedoch nicht darüber hinwegtäuschen, daß, wenn eine Alternative bestünde, die semantische Relation der Sprache zur Welt generell im Sinne der Vorzeichnungsfunktion der „sprachlichen Bedeutungen" (d. h. der in ihnen vollziehbaren Unterscheidungen, Abgrenzungen und Beziehungen) für die Strukturierung der Erfahrung und die sprachliche Erschließung der Welt interpretiert werden müßte. Die Welterfahrung ist so differenziert wie das sprachliche System der Auffassungs- und Bestimmungsmöglichkeiten, innerhalb dessen Erfahrungen strukturiert und als bestimmte Erfahrung von etwas verstanden werden können. In diesem Sinne gilt prinzipiell Wittgensteins Satz: „die Grenzen meiner Sprache sind die Grenzen meiner Welt" (Tractatus) und auch meiner Welterfahrung. Die Frage ist nur, wo diese Grenzen liegen und ob es feste Grenzen sind (die, wie Wittgenstein im Tractatus meinte und später kritisierte, durch die Sprach-Logik gezogen werden); und ob es nicht – unbeschadet der vor-strukturierenden Bedeutung der Sprache für die Erfahrung – doch auch ein dynamisches Wechselverhältnis von neuer Erfahrung und Sprache (als eines Prozesses der Erzeugung sprachlicher Bedeutungen in semantischer Funktion) gibt.[26a] Darauf ist noch zurückzukommen.

E. Coseriu hat (im Anschluß an Humboldt) das Verhältnis von Sprache bzw. „sprachlicher Bedeutung" und Erfahrung zusammenfassend charakterisiert: „Die Bedeutung ist Gestaltung der menschlichen Erfahrung. Diese Gestaltung folgt aber keinen schon *vor* der Sprache gegebenen Abgrenzungen oder Scheidungslinien. Prinzipiell könnte die Gestaltung auch eine völlig andere sein, und in der Tat stellen verschiedene Sprachen verschiedene Bedeutungsgestaltungen dar. Somit sind die Einzelsprachen nicht als bloß materiell verschiedene Nomenklaturen für schon gebene Dinge zu interpretieren, sondern vielmehr als verschiedene Bedeutungsnetze, die die erfahrene Welt verschieden organisieren. Anders gesagt ist die Sprache nicht *Feststellung*, sondern *Festsetzung* von Grenzen innerhalb des Erfahrenen. Freilich bedeutet das nicht, daß die sprachliche Gestaltung einer physisch-objektiven oder natürlichen Abgrenzung nicht folgen kann: In

---

[26a] Zu diesem Aspekt s. Maas (1976).

Wirklichkeit *kann* die sprachliche Gestaltung objektiven Abgrenzungen entsprechen, aber sie *muß* es nicht".[27]

Schon diese wenigen Hinweise machen deutlich, daß das Erfahrung und Handeln leitende Verstehen, sofern es auch nur der sprachlichen Vermittlung bedarf – und das ist unzweifelhaft – durch deren eigene Strukturiertheit bedingt ist. Die Sprachbedingtheit der Welt- und Selbsterfahrung (wie auch des Handlungsverstehens) prägt sich vor allem in der Strukturierung des für mögliche Erfahrungen und Intentionen jeweils mitgesetzten Verstehenshorizontes durch die kognitiven und sprachlich-begrifflichen Schemata aus, in deren Rahmen besondere Erfahrungen mit Bezug auf Erfahrungszusammenhänge allein verstanden werden können (vgl. 4.a). Nicht nur, daß der objektive Sachgehalt von Erfahrungen (Wahrnehmungen, Erlebnissen) erst als sprachlich-begrifflich „interpretierter" im informativen und kommunikativen Aspekt verständlich wird, sondern, daß dafür ein sprachlich strukturierter Verstehens- und Interpretationshorizont vorausgesetzt ist, macht die konstitutive Sprachbedingtheit möglicher Erfahrung aus und erweist Sprache (Sprachfähigkeit) als eine Bedingung der Möglichkeit von Erfahrung. Die über die sprachliche Prägung des Vorverständnisses vermittelte Erschließungsfunktion der Sprache für die Welt- und Selbsterfahrung zeigt sich aber nicht nur auf der strukturell-formalen Ebene (der begrifflich-kategorialen Strukturierung des Erfahrungsbewußtseins), sondern auch im hermeneutisch-inhaltlichen Aspekt der geschichtlichen Bestimmtheit des Sinngehaltes sprachlicher Ausdrücke und damit der Auslegungsmittel des Weltverständnisses. (Darauf haben nach Humboldt insbesondere die hermeneutische Richtung der Sprachphilosophie, die „inhaltsbezogene Grammatik" und die „kontrastive Linguistik", Whorf u. a. hingewiesen). Es ist also berechtigt und notwendig, der Sprache (bzw. den Sprachen) eine faktisch apriorische („transzendentale") Funktion für die Strukturierung des die lebensweltliche Erfahrung und Praxis erschließenden und auslegenden Verstehens zuzusprechen.

Die konstitutive Bedeutung der Sprache für das Verstehen eignet ihr jedoch nicht „an sich" als isoliertem und statischem System apriorischer Formen möglicher Erfahrung und Erkenntnis, sondern der strukturierten Rede im dynamischen Zusammenhang mit handlungsbezogenen Erfahrungs- und kommunikativen Verstehensprozessen. Denn

---

[27] S. Coseriu (1970), S. 115.

nicht „die Sprache" ist wirklichkeitserschließend oder erkenntnisleistend, sondern das sprachlich strukturierte Verstehen und reflektierte Denken, das seinen Erfahrungs- und Wahrheitsbezug intersubjektiv zu bewähren hat. Darum ist es strukturell irreführend, den jeweiligen Sprachen bzw. dem „linguistischen Hintergrund" des Verstehens und Denkens (etwa im Sinne Whorfs) eine geschlossene „Weltansicht" zuzuordnen. Sie können vielmehr nur als der das Vorverständnis strukturierende, aber gegen Erfahrung und Reflexion offene Komplex struktureller und inhaltlicher (historischer) Bedingungen und Elemente der Welt- und Selbsterfahrung und ihrer Auslegung begriffen werden.

Die Verschränkung von verstehendem Verhalten und Sprache (im Sinne der Sprachkompetenz und des Sprachvollzuges) ist also zwar als strukturell konstitutiv, in ihrer konkreten Ausprägung jedoch zugleich als prozeßhaft offenes und variables Wechselverhältnis anzusehen. Das folgt vor allem auch aus der „dialektischen" Struktur der Sprachbedingtheit des Verstehens, die nicht nur Eröffnung und Erschließung, sondern auch Begrenzung (und d. h. Einschränkung und mögliche Beirrung) des Daseinsverständnisses bedeutet bzw. bedeuten kann. Darum muß das Implikationsverhältnis von Erfahrung, Handeln und Sprache zugleich als ein gegenseitig kritisches und korrektives verstanden werden, das für den geschichtlichen Prozeß der Erweiterung und Veränderung der sprachlichen Strukturierung des Vorverständnisses aufgrund neuer handlungsbezogener Erfahrungen und kommunikativer Probleme offengehalten werden muß. Freilich bleiben solche Veränderungen der Verstehenshorizonte ihrerseits mit einem Prozeß sprachlicher Klärung und Interpretation vermittelt, aber einem solchen, der notwendig in ein Reflexionsverhältnis von erfahrungs- und handlungsbezogenem Verstehen und Sprache / Rede führt. Diese Notwendigkeit ergibt sich auch aus dem normativen Element des Verstehensbegriffs selbst, denn alles Verstehen muß als Sinnverstehen gewissen intersubjektiven Adäquatheits- und Geltungskriterien entsprechen, wenn es seinem Anspruch auf Verständlichkeit und Wahrheit genügen will. Aus der Doppelseitigkeit (Dialektik) sprachbedingter Eröffnung und Beschränkung des Verstehens ergeben sich die Möglichkeiten einer primär die Erschließungsfunktion akzentuierenden „affirmativen" Sprachreflexion (wie sie zumeist für „hermeneutische" Positionen charakteristisch ist) oder einer primär die Verdeckungstendenz analysierenden „kritischen" Sprachanalyse (wie sie vor allem für die analytische Philosophie, aber auch für eine ideologiekritisch orientierte dialektische Sprachkritik kennzeichnend ist). Abgesehen von der Aufgabe einer philosophischen Sprachreflexion, beide Aspekte in ihrem Zusammenhang zu denken, folgt aus der Sachlage prinzipiell die Notwendigkeit einer erkenntniskritischen und weiterhin ideologiekritischen Reflexion auf die „Gültigkeit" sprachbedingten Erfahrungs- und Handlungsverstehens.

c) Der damit motivierte Übergang zur zweiten, *geltungstheoretischen Ebene* transzendentalphilosophischer Erfahrungs- und Sprachreflexion führt allerdings auf ein sehr komplexes Feld von Aufgaben und Problemen, das hier bestenfalls den Grundlinien nach umrissen werden kann. Ich werde darum nur die Hauptaspekte der erkenntniskritischen Geltungsreflexion kennzeichnen, um dann die zentrale Problematik an der bezeichneten Spannung zwischen den erschließenden und begrenzenden Momenten des sprachbedingten Erfahrungshorizontes und dem Prozeßcharakter von Erfahrung und Erkenntnis wenigstens noch zu exponieren.

Die erkenntniskritische Reflexion des Zusammenhangs von Erfahrung und Sprache betrifft die Prüfung und Bestimmung des objektiven Geltungs- bzw. Wahrheitsanspruchs (d. h. des Geltungsmodus und Geltungsbereichs) sprachlich bedingter und verfaßter Erfahrungserkenntnis. Während die Konstitutionsanalyse auf die strukturellen, insbesondere sprachlichen, Bedingungen der Möglichkeit von Erfahrung gerichtet war, stehen nunmehr die Bedingungen und Grenzen ihrer kognitiven Gültigkeit, d. h. ihr Erkenntnis- und Wahrheitswert und die Kriterien seiner Ausweisung („Verifikation") zur Erörterung.

Wie im Abschnitt über den Begriff philosophischer Reflexion (2.b) bereits ausgeführt worden ist, muß die erkenntniskritische Geltungsreflexion nach zwei Aspekten differenziert werden. Sie bezieht sich im *1. Aspekt* auf den Konstitutionszusammenhang von Erfahrung und Sprache (bzw. „Verstehen und Sprache") zurück, um die (sprachlichen) Bedingungen möglicher Erfahrung nach ihrer erschließenden und begrenzenden Erkenntnisbedeutung zu beurteilen. Sofern diese Reflexion die „sprachanthropologische" Konstitution der Erfahrung zur lebensweltlichen und phänomenologischen Voraussetzung hat, und sie gleichwohl zum Gegenstand der erkenntniskritischen Beurteilung macht, könnte sie freilich noch zu einer kritisch konzipierten und d. h. philosophischen Konstitutionstheorie der Erfahrung gerechnet werden. Die Konstitutionsanalyse möglicher Erfahrung kann allerdings die erkenntniskritische Reflexion auf deren Gültigkeit weder erübrigen noch ersetzen. Das zeigt sich auch daran, daß eine explizit erkenntniskritische Erfahrungsreflexion die ideologiekritische Perspektive einschließen muß, weil die Vorstrukturierung des Erfahrungshorizontes und die damit gegebenen kognitiven Möglichkeiten und Beschränkungen immer auch von geschichtlich-gesellschaftlichen Faktoren und Dispositionen geprägt sind.

Die im engeren Sinne sprachanalytische Perspektive der erkenntniskritischen Reflexion auf die erfahrungs- und verständigungskonstitutive Leistung der Sprache / Rede hat einen besonderen Bezugspunkt in der Beurteilung der Objektivitätsgeltung der „semantischen Relation" der Sprache (bzw. ihrer Referenz- und Darstellungsfunktion) und ihrer Bedeutung für die Konstitution von Gegenständen und Gegenstandsbereichen möglicher Erfahrung und darauf bezogener Aussagen. Damit ist freilich noch nichts darüber ausgemacht, ob diese semantische Relation von Sprache und Erfahrungswelt (die im propositionalen Bestandteil von Sprechakten zum Ausdruck kommt) sprachtheoretisch als eine isolierbare „semiotische Dimension" verstanden werden kann, gar im Sinne einer auf die Beziehung bzw. Zuordnung von Sprach-Zeichen und bezeichneten Gegenständen reduzierten Referenzsemantik oder nicht vielmehr nur in einem pragmatisch-kommunikativen Bezugsrahmen;[28] dies zumal dann, wenn es um die erkenntniskritische Beurteilung und Ausweisung ihrer Objektivitätsgeltung geht.

Der *2. Aspekt* der erkenntniskritischen Geltungsreflexion – der bestimmter als wahrheits- bzw. verifikationstheoretisch zu bezeichnen wäre – hebt sich stärker von der strukturellen Ebene der Konstitutionsthematik ab. Er betrifft die geltungskritische Analyse und Prüfung von (sprachlich verfaßten) Erkenntnisäußerungen nach Kriterien der möglichen Verifikation oder Falsifikation der in ihnen erhobenen Geltungsansprüche. Die verifikationstheoretische Geltungsreflexion ist methodisch explizit auf (wahrheitsfähige) sprachliche Äußerungen in Sprechakten (**Sätzen, Texten**) und deren normative und kommunikative Basis bezogen, d. h. auf die Kriterien einer sprach- und argumentationslogischen Prüfung von Erkenntnis- und Geltungsansprüchen, die in Behauptungen, Bewertungen, Geboten, Theorien, Argumentationen zum Ausdruck kommen bzw. impliziert sind. Sofern die in Frage stehende Wahrheit von Propositionen bzw. Theorien und die Gültigkeit / Richtigkeit von Handlungs- und Bewertungsnomen nur in einem argumentativ erzielbaren Konsens intersubjektiv ein-

---

[28] S. Habermas (1976), Schmidt (1973), Johnson (1976).

gelöst und bewährt werden können, müssen die Prinzipien der Geltungsreflexion bzw. die Kriterien möglicher Verifikation im Rahmen einer Konsensus- oder Diskurstheorie der Wahrheit bestimmt werden, deren differentielle Basis die Logik theoretischer und praktischer Diskurse darstellt.[29] (Ich verstehe die Diskurstheorie der Wahrheit, auf deren Boden Geltungsansprüche intersubjektiv geprüft, d. h. gerechtfertigt oder abgewiesen werden können, also primär als eine Verifikationstheorie). Auf der Ebene der geltungstheoretischen Reflexion ergibt sich auch erst eine zureichende Beziehung von Erkenntniskritik und Wissenschaftstheorie, sofern die Objektivität und die Geltung wissenschaftlicher Erfahrungserkenntnis sowohl auf strukturell-konstitutive Bedingungen lebensweltlicher Erfahrung als auch auf diskurslogische Verifikationskriterien bezogen ist, also auf beide Aspekte der transzendentalen bzw. erkenntniskritischen Reflexionsthematik.[30]

Den soeben umrissenen 2. Aspekt, die geltungskritische Reflexion, die im übrigen eng mit der methodologischen Funktion von Sprachkritik, Argumentationslogik und Diskurstheorie für Philosophie und Wissenschaft zusammenhängt,[31] müssen wir im folgenden auf sich beruhen lassen. Und von dem 1. Aspekt, der erkenntniskritischen Reflexion des Konstitutionszusammenhangs von Erfahrung und Sprache, soll zum Abschluß nur noch eine für das Erfahrungsthema zentrale Problematik exponiert werden, die schon verschiedentlich angedeutet wurde. Es ist die Problematik, die sich aus der kritischen Spannung zwischen der erschließenden und begrenzenden Funktion der den Erfahrungshorizont strukturierenden allgemeinen (sprachlichen) Bedingungen im Zusammenhang mit dem dynamisch-geschichtlichen Charak-

---

[29] S. Habermas (1973b).
[30] Der systematische Zusammenhang der beiden Ebenen (Konstitutionstheorie der Erfahrungswelt und erkenntniskritische Geltungsreflexion) ist allerdings bislang erst unzureichend geklärt. Habermas gibt den Hinweis, daß sie „über die Strukturen der sprachlichen Intersubjektivität in Verbindung ... stehen", nämlich über die „Doppelstruktur" der Rede, die den (propositionalen) Bezug auf Gegenstände und Sachverhalte der Erfahrung und den (illokutiven) Modus der aufgenommenen interpersonalen Beziehung (mit den implizierten Geltungsansprüchen) voneinander abhebt und verknüpft, s. Habermas (1973a) S. 389. Wesentliches zur Erörterung auch dieser Fragen bietet noch immer das umfassende sprachphilosophische Werk von Urban (1939).
[31] S. Abschnitt 2c) und Fahrenbach (1977).

ter der Erfahrung als eines Prozesses der Veränderung und Erweiterung von Erfahrungserkenntnis bzw. Erfahrungsinterpretation ergibt. Wenn die erkenntniskritische Beurteilung dieser Problematik an deren konkreter Bedeutung nicht vorbeizielen will, ist es allerdings erforderlich, auch die historisch-gesellschaftlichen Faktoren und Dispositionen, durch die reale Erfahrungen, Erfahrungsmöglichkeiten und Interpretationsmuster praktisch immer auch bedingt und begrenzt sind, in die (damit auch ideologiekritische) Perspektive der Reflexion einzubeziehen. Andererseits bedarf es gerade dann der Unterscheidung innerhalb des Kreises von Erfahrungsbedingungen zwischen strukturell-allgemeinen und (relativ) konstanten Bedingungen möglicher und gültiger Erfahrung und historisch besonderen und variablen (bzw. veränderbaren) Bedingungen wirklicher Erfahrung, auch wenn solche Unterscheidungen nicht absolut und für alle Erfahrungsarten in gleicher Weise getroffen bzw. „deduziert" werden können. Für die differentielle erkenntniskritische Beurteilung der prinzipiellen („transzendentalen") Bedingungen und Grenzen von Erfahrungserkenntnis und der möglichen Veränderung und Erweiterung der Erfahrungshorizonte sind solche Unterscheidungen notwendig. Dabei ist generell festzuhalten, daß *jeder* reale Erfahrungs- und Erkenntnisvollzug aufgrund seiner historisch-gesellschaftlichen Situierung immer auch unter spezifisch-faktischen Bedingungen und Einschränkungen steht, die den gesellschaftlich geprägten Bewußtseinsformen, Auffassungsweisen und Einstellungen bzw. dem „herrschenden Universum der Rede und des Verhaltens" (Marcuse) entstammen. In dieser Allgemeinheit gehört eine über die normativen Strukturen und das sprachliche Medium der gesellschaftlichen Verhältnisse vermittelte, geschichtlich-gesellschaftliche Bedingtheit des Verstehens zum Kreis der Bedingungen realer Erfahrung und Erfahrungsmöglichkeit überhaupt. Aber welches diese Bedingungen nach ihrer jeweils konkreten Bestimmtheit sind, das läßt sich nicht a priori ausmachen bzw. durch Reflexion auf die strukturell-allgemeinen Bedingungen von Erfahrung überhaupt rekonstruieren, sondern nur durch historisch-gesellschaftliche und ideologiekritische Analyse aufdecken.

Daran wird deutlich, daß es auch unter methodischen Gesichtspunkten sinnvoll, ja notwendig ist, den Kreis der historisch-faktischen Bedingungen und Begrenzungen wirklicher Erfahrung und des jeweils real bestimmten Erfahrungshorizontes von dem Kreis der strukturell-universalen Bedingungen und Grenzen der Möglichkeit und Gültigkeit von Erfahrung bzw. Erfahrungserkenntnis überhaupt zu unterscheiden, dem in der Tradition der Transzendentalphilosophie der Status „a priorischer", transzendentaler Erfahrungs- und Erkenntnisbedingungen zugesprochen wurde. Damit soll freilich weder die inhaltliche Bestimmung der Klasse transzendentaler Bedingungen und ihre Herleitung noch die Beschränkung der erkenntniskritischen Reflexion auf die so bestimmte transzendentale Thematik übernommen werden, sondern zunächst lediglich die mit der Problemstellung verbundene Notwendigkeit der Unterscheidung zwischen transzendental-allgemeinen Möglichkeitsbedingungen von Erfahrung überhaupt und den besonderen faktischen Bedingungen und Beschränkungen realer Erfahrung. Aber auch wenn man den transzendentalphilosophischen Reflexionshorizont verläßt, bleibt die Notwendigkeit, im Kreis der Erfahrungsbedingungen Unterscheidungen nach dem Grad ihrer Allgemeinheit, ihrer konstitutiven Funktion, ihrem Geltungsbereich usw. bis hin zu kontingenten Randbedingungen vorzunehmen, gerade wenn man das Verhältnis strukturell-allgemeiner (kategorialer) Erfahrungsbedingungen und der geschichtlich geprägten Dimension des Veränderungsprozesses von Erfahrung und Erfahrungsinterpretation klären will.

So wird man die umrissenen sprachanthropologischen Erfahrungsbedingungen im Hinblick auf die kategoriale Konstitution der Gegenstände bzw. Gegenstandsbereiche möglicher Erfahrung und darauf bezogener Aussagen näher spezifizieren müssen und dafür ebenfalls noch eine strukturell-allgemeine Geltung beanspruchen können. Habermas hat (mit Bezug auf Kant und Piaget) die kategorialen Grundbestimmungen der Gegenstandskonstitution, die zugleich Implikate sprachlicher Referenz und Prädikation darstellen, in den Grundzügen rekonstruiert.[32] Dabei zeigt sich, „... daß wir die Konstituierung von

---

[32] „Wenn wir die Syntax dieser Sprachen (der ‚Ding-Ereignis-Sprache' und der ‚intentionalen Sprache', H. F.) analysieren, stoßen wir auf Kategorien, die den Gegenstandsbereich möglicher Erfahrung vorgängig strukturieren. Um bestimmte Vormeinungen über Gegenstände der Erfahrung, die durch Erfahrungen enttäuscht werden können, zu bilden, müssen wir das, was Gegenstände möglicher Erfahrung überhaupt ausmachen, zuvor unterstellen: die allgemeinen Strukturen eines Objektbereichs. Wir supponieren unseren sensorischen Erfahrungen einen Objektbereich von bewegten Körpern, unseren kommunikativen Erfahrungen einen Objektbereich von sprechend und handelnd sich äußernden Subjekten (der mit dem Bereich wahrnehmbarer Gegenstände stets koordiniert ist). Objektbereiche stellen Systeme von Grundbegriffen dar, in denen mögliche Erfahrungen müssen

Gegenständen möglicher Erfahrung, vornehmen, indem wir kognitive Schemata wie Kausalität, Raum, Zeit und Substanz im Funktionskreis instrumentalen Handelns bzw. nach dem Modell reinen kommunikativen Handelns auf die Grammatik der entsprechenden empirischen Sprache abbilden";[33] es sind also „... mindestens die Grundbegriffe von Substanz, Raum, Zeit und Kausalität ... nötig, um ein Bezugssystem von Gegenständen möglicher Erfahrung zu determinieren".[34] Im Unterschied zu Kant behauptet Habermas eine „differentielle Schematisierung" (der „Anschauungsformen" und „Verstandeskategorien") „in Zusammenhängen instrumentalen *und* kommunikativen Handelns".

Die Beachtung differentieller Aspekte schon auf dieser strukturellallgemeinen Ebene ist gerade auch für die erkenntniskritische Reflexion wesentlich, um die Totalisierung bestimmter „objektivierender" (wenn auch grundlegender) Erfahrungsschemata – etwa der „sensorischen Erfahrung" der „äußeren Natur" gegenüber anderen Erfahrungsarten und -bereichen – zu verhindern, indem ihr Geltungsbereich differentiell bestimmt und begrenzt wird. Hier liegt auch ein Ansatzpunkt für die kritische Funktion der Philosophe mit Bezug auf die Bestimmung des Geltungsbereichs der Grundbegriffe und Standards bestimmter Erfahrungswissenschaften bzw. der wissenschaftlichen, methodisch bzw. experimentell hergestellten und kontrollierten Erfahrung überhaupt im Unterschied zu anderen Erfahrungsweisen. Auch ist anzunehmen, daß auf dieser Ebene der Konstitution von Gegen-

---

organisiert, als Meinungen auch müssen formuliert werden können. Im Falle der Organisation von Erfahrungen können wir uns die Grundbegriffe als kognitive Schemata, im Falle der Formulierung von Meinungen als semantische Kategorien vorstellen. Offenbar wird der Zusammenhang zwischen diesen beiden Ebenen der Erfahrung und der Sprache durch Handeln hergestellt, und zwar durch instrumentales oder durch kommunikatives Handeln. Das zeigt sich, wenn wir die Regeln untersuchen, nach denen wir Subjektausdrücke wie Namen und Kennzeichnungen anwenden, um Gegenstände zu identifizieren. Dabei stützen wir uns auf quantitative Ausdrücke (Zahlworte) und auf deiktische Ausdrücke des Raumes, der Zeit und der Substanz. Damit das sprachliche Denotationssystem im Erfahrungszusammenhang auch funktionieren kann, d. h. Identifikation von Gegenständen erlaubt, müssen wir bestimmte Operationen beherrschen" (nach Regeln der „Protophysik" und der „Universalpragmatik"), Habermas (1971), S. 207 f.

[33] Habermas (1971) S. 209.
[34] Habermas (1973a) S. 396.

standsbereichen möglicher Erfahrung „Veränderungen" in der Klasse der dafür grundlegenden semantischen Kategorien bzw. kognitiven Schemata nicht in ihrer „Ersetzung" durch andere bestehen können, sondern in einer Differenzierung bzw. differentiellen Interpretation ihrer Anwendung und gegebenenfalls der Eingrenzung ihrer konstitutiven Funktion für bestimmte Erfahrungsbereiche und einer entsprechenden Ergänzung durch weitere bereichsspezifische Kategorien. Die Grundkategorien konstituieren in differentieller Anwendung die beiden grundlegenden Realitätsbereiche der Welterfahrung (Natur und Gesellschaft) und bilden die Rahmenbedingungen der mit Bezug auf sie möglichen objektiven Erfahrungserkenntnis. Sie sind insofern grundlegend, als die weiteren, durchaus eigenstrukturierten, Erfahrungsdimensionen (der kommunikativ-praktischen Selbsterfahrung, der ästhetischen und der religiösen Erfahrung) direkt oder indirekt auf jene Realitätsbereiche der lebensweltlichen Erfahrung (in ihrer lebenspraktischen oder wissenschaftlichen Erfassung) bezogen sind.

Nun bezieht sich konkrete Erfahrung zwar immer auf bestimmte, konstituierte Realitätsbereiche und „Gegenstände", aber der Gehalt und das Thema der Erfahrung sind nicht eigentlich diese Gegenstände, sondern vielmehr das, was *an* oder *mit* ihnen erfahren wird bzw. in entsprechenden Aussagen als propositionaler Gehalt prädiziert werden kann, also Sachverhalte, Sachlagen. Diese inhaltliche Dimension der Erfahrung, d. h. das, als was bzw. wie „etwas" erfahren und verstanden wird, hat gewiß auch ihre Voraussetzungen und Strukturen, für die aber die kategoriale Konstitution der Gegenstände möglicher Erfahrung lediglich eine notwendige, jedoch keineswegs zureichende Bedingung darstellt. Die für die inhaltliche Dimension realer Erfahrung konstitutiven konkreteren Erfahrungsbedingungen sind vielmehr weitgehend mit den jeweils historisch-gesellschaftlich geprägten Strukturen der Welt- und Selbsterfahrung gegeben, deren prägende Kraft bis in die scheinbar elementar-natürliche Sphäre der sinnlichen Rezeption reicht. „Jenseits des physiologischen Bereichs entwickeln sich die Erfordernisse der Sensibilität als geschichtliche: die Objekte, die den Sinnen gegenüberstehen, von denen sie wahrgenommen werden, sind Produkte einer spezifischen Zivilisationsstufe und Gesellschaft; und die Sinne wiederum sind auf ihre Objekte hingeordnet. Diese historische Wechselbeziehung beeinflußt selbst die primären Sinneseindrücke: allen ihren Mitgliedern erlegt eine etablierte Gesellschaft dasselbe Medium der Wahrnehmung auf, und durch alle Unterschiede individueller und klassenmäßiger Perspektiven, Horizonte und Hintergründe hindurch liefert die Gesellschaft diesselbe allgemeine Erfahrungswelt".[35]

Trotz der faktischen Geltung und prägenden Kraft der über das Kommunikationsmedium der Sprache gesellschaftlich normierten und festgelegten Auffassungs- und Interpretationsweisen sind solche historisch-gesellschaftlich bedingten Horizontbegrenzungen möglicher und wirklicher Erfahrung als prinzipiell variabel und veränderbar anzusehen. Dies aufzudecken und damit die Dialektik der Erschliessungs- und Begrenzungsfunktion geschichtlich-gesellschaftlich bedingter Erfahrungs- und Verstehensstrukturen im Hinblick auf mögliche Veränderung ins Blickfeld zu rücken, ist Aufgabe einer ideologiekritisch-konkretisierten philosophischen Erfahrungs- und Sprachreflexion. Denn im Horizont der gesellschaftlich normierten Erfahrungs-, Verhaltens- und Interpretationsformen erscheint der historisch erreichte Stand der Welt- und Selbsterfahrung für das (unkritische) Erfahrungsbewußtsein als notwendig oder natürlich und wird so zu einem strukturellen „Pseudo-Apriori" (Habermas) möglicher Erfahrung überhaupt fixiert. Und das bedeutet, daß die Perspektive des unabgeschlossenen und im Grunde unabschließbaren Prozesses der Erweiterung und Veränderung der Erfahrung aus dem Bewußtsein, der Phantasie und der Realität verbannt und damit auch praktisch blockiert wird. Diese praktische Blockierung ist eine Folge der wechselseitigen Implikationen des Zusammenhangs von Erfahrung und Handeln unter den jeweils faktischen geschichtlich-gesellschaftlichen Bedingungen. Erfahrungen werden handlungsbezogen gewonnen (und vornehmlich die Selbsterfahrung des Menschen bildet sich in und an seiner lebensweltlichen und kommunikativen Praxis); aber die Enge oder Weite der Erfahrungshorizonte prägen das Möglichkeitsbewußtsein und die Handlungsphantasie des Menschen und dadurch sein Verhalten und Handeln. Die Begrenzungen der Erfahrungs-, Phantasie- und Handlungshorizonte beschränken insbesondere die Selbsterfahrung des Menschen in seiner Lebenswelt, weil deren Fortentwicklung von der Antizipation und tätigen Erprobung neuer Verhaltensmöglichkeiten, d. h. von praktischen Prozessen und Realisationen abhängt. Neue Selbsterfahrung, die im Zusammenhang mit kommunikativ-praktischer Welterfahrung gemacht wird, bedarf also des Überschreitens der gesellschaftlich verfestigten und eingeschränkten Verhaltens- und Erfah-

---

[35] Marcuse (1969) S. 60 f.; vgl. (1973) S. 76 f.; vgl. zu diesem Komplex weiter: Berger (1972), Berger/Luckmann 1969.

rungsmuster in Phantasie und Lebenspraxis. An dieser Möglichkeit, d. h. am Prozeß veränderter und verändernder Praxis hängen auch Fortgang und Veränderung der Welt- und Selbsterfahrung des Menschen im Sinne ihrer Erweiterung und der möglichen Gewinnung neuer (befreiender) Qualitäten.

In dieser Perspektive gewinnt die philosophische Erfahrungs- und Sprachreflexion über ihre analytisch-kritische Funktion hinaus eine mögliche emanzipatorisch-praktische Bedeutung. Denn sie hätte nicht nur das Pseudo-Apriori der durch die normativen und sprachlichen Strukturen gesellschaftlichen Bewußtseins vorgängig festgelegten (und „begründeten") Erfahrungs- und Handlungsschranken analytisch aufzudecken, sondern diese auch im Hinblick auf die durch sie verhinderten Erfahrungs- und Handlungsmöglichkeiten zu kritisieren, d. h. sie im Medium kritischer Reflexion und konkret-utopischer Phantasie zu überschreiten. Da, wie Marcuse betont hat, die ideologiekritische Analyse und Überschreitung des Zusammenhangs von restringierter Erfahrung und Praxis auch eine neue „Sprache der Befreiung"[36] erfordert, erweist sich der Zusammenhang von Erfahrung, Handeln und Sprache (bzw. sprachgeleiteter Phantasie) nicht nur in struktureller und gesellschaftskritischer, sondern auch in antizipatorischer Hinsicht als notwendig.

Erst indem Philosophie nicht nur die strukturell-allgemeinen, sondern auch die geschichtlich-praktischen Bedingungen „möglicher" Erfahrung reflektiert und vorausdenkt, würde sie auch in der erkenntniskritischen Erfahrungs- und Sprachreflexion ihrem emanzipatorisch-praktischen Erkenntnisinteresse gerecht werden.

Literaturhinweise (zitiert wird nach Autor und Erscheinungsjahr)

K. O. Apel: (1973) Transformation der Philosophie, 2 Bde., Frankfurt.
ders. (1976) Hrsg., Sprachpragmatik und Philosophie, Frankfurt. – Darin: Sprechakttheorie und transzendentale Sprachpragmatik zur Frage der ethischen Normen, bes. die Einleitung.
H. Berger: (1972) Erfahrung und Gesellschaftsform. Methodologische Probleme wissenschaftlicher Beobachtung, Stuttgart.
P. Berger / T. Luckmann: (1969) Die gesellschaftliche Konstruktion der Wirklichkeit, Frankfurt.
M. Black: (1973) Sprache (dtsch.), München.

---

[36] Marcuse (1969) S. 55 ff.; (1973) S. 95 f.

O. F. Bollnow: (1970) Philosophie der Erkenntnis, Stuttgart.
K. Bühler: (1969) Die Axiomatik der Sprachwissenschaften, Frankfurt.
N. Chomsky: (1970) Sprache und Geist, Frankfurt.
ders., (1973) Über Erkenntnis und Freiheit, Frankfurt.
E. Coreth: (1969) Grundfragen der Hermeneutik, Freiburg.
E. Coseriu: (1970) Sprache. 12 Aufsätze, Stuttgart.
H. Fahrenbach: (1970/71) Philosophie der Sprache, in: Theologische Rundschau 1970 Heft 4, 1971 Heft 2 und 3.
ders. (1973) „Mensch", in: Handbuch philosophischer Grundbegriffe, Bd. 3, München.
ders. (1975a) Zur Konzeption einer philosophischen Sprach-Anthropologie, in: Die Beziehung zwischen Arzt und Patient, Hrsg. S. Goeppert, München.
ders. (1975b) Zur Problemlage der Philosophie, Frankfurt.
ders. (1977) Sprachanalyse im Rahmen systematischer Philosophie, in: Stuttgarter Hegel-Kongreß 1975, (erscheint 1977).
H. G. Gadamer: (1965) Wahrheit und Methode, Tübingen (2. Aufl.).
A. Gehlen: (1974) Der Mensch, Frankfurt (10. Aufl.).
B. Götz: (1973) Erfahrung und Erziehung, Freiburg.
J. Habermas: (1973a) Erkenntnis und Interesse, Frankfurt (3. Aufl.).
ders. / N. Luhmann (1971) Theorie der Gesellschaft oder Sozialtechnologie, Frankfurt (bes. S. 101 ff. und 202 ff.).
ders. (1973b) Wahrheitstheorien, in: Wirklichkeit und Reflexion. W. Schulz zum 60. Geburtstag, Hrsg. H. Fahrenbach, Pfullingen.
ders. (1976) Was heißt Uniersalpragmatik? In: Apel (1976).
ders. (MS) Zur Entwicklung der Interaktionskompetenz, Manuskript MPI Starnberg.
H. Halbfaß: (1976) Religion, Stuttgart
E. Heintel: (1972) Einführung in die Sprachphilosophie, Darmstadt.
J. G. Herder: (1772/1966) Abhandlung über den Ursprung der Sprache (1772), Stuttgart 1966.
W. Humboldt: (1963) Schriften zur Sprachphilosophie, Werke Bd. III, Darmstadt.
E. Husserl: (1948) Erfahrung und Urteil. Untersuchungen zur Genealogie der Logik, Hrsg. L. Landgrebe, Hamburg.
ders., (1954) Die Krisis der europäischen Wissenschaften und die transzendentale Phänomenologie, in: Gesammelte Werke. Husserliana, Bd. IV, Den Haag.
H. R. Jauß: (1975) Negativität und Identifikation — Versuch zur Theorie der ästhetischen Erfahrung, in: Poetik und Hermeneutik Bd. VI, hg. v. H. Weinrich, München.
F. G. Johnson: (1976) Referenz und Intersubjektivität, Frankfurt.
W. Kamlah / P. Lorenzen: (1967) Logische Propädeutik, Mannheim.
G. Krüger: (1973) Religiöse und profane Welterfahrung, Frankfurt.
W. Kuhlmann: (1975) Reflexion und kommunikative Erfahrung, Frankfurt.

F. v. Kutschera: (1975) Sprachphilosophie, München (2. Aufl.).
R. D. Laing: (1969) Phänomenologie der Erfahrung, Frankfurt.
ders. (1973) Das Selbst und die Anderen, Köln (2. Aufl.).
A. Lorenzer: (1972) Zur Begründung einer materialistischen Sozialisationstheorie, Frankfurt.
U. Maas: (1976) Kann man Sprache lehren?, Frankfurt.
H. Marcuse: (1967) Der eindimensionale Mensch, Neuwied u. Berlin.
ders. (1969) Versuch über die Befreiung, Frankfurt.
ders. (1973) Konterrevolution und Revolte, Frankfurt.
G. H. Mead: (1968) Geist, Identität, Gesellschaft, Frankfurt.
ders. (1969) Philosophie der Sozialität, Frankfurt. Hrsg. H. Kellner
J. Mittelstraß: (1974) Erfahrung und Begründung, in: ders., Die Möglichkeit von Wissenschaft, Frankfurt.
J. Piaget / P. Inhelder: (1972) Die Psychologie des Kindes, Olten.
G. Picht: (1958) Die Erfahrung der Geschichte, Frankfurt.
H. Rombach: (1974) Erfahrung, Erkenntnis, Wissen, in: Wissenschaftstheorie II, Hrsg. H. R., Freiburg.
J. P. Sartre: (1964) Marxismus und Existentialismus, Reinbek.
R. Schaeffler: (1973) Einführung in die Geschichtsphilosophie, Darmstadt, bes. 215 ff.
A. Schaff: (1964) Sprache und Erkenntnis, Frankfurt und Wien.
S. J. Schmidt: (1973) Texttheorie, München.
A. Schütz, Th. Luckmann: (1975) Strukturen der Lebenswelt, Neuwied.
R. Searle: (1971) Sprechakte, Frankfurt.
E. Tugendhat: (1976) Vorlesungen zur Einführung in die sprachanalytische Philosophie, Frankfurt.
K. Ulmer: (1972) Philosophie der modernen Lebenswelt, Tübingen.
W. M. Urban: (1939) Language and Reality, London u. New York.
B. L. Whorf: (1963) Sprache, Denken, Wirklichkeit, Reinbek.

Paul Ricoeur

DIE SCHRIFT ALS PROBLEM DER LITERATURKRITIK
UND DER PHILOSOPHISCHEN HERMENEUTIK

In dem Maße, in dem Hermeneutik eine textorientierte Auslegung ist und Texte unter anderem Fälle geschriebener Sprache sind, ist keine Theorie der Interpretation denkbar, die nicht zugleich auch das Problem der Schrift und des Schreibens löst. Ziel meines Beitrages ist es deshalb, einerseits den Erweis zu liefern, daß die Bedingung der Möglichkeit des Überganges vom Sprechen zum Schreiben in der Diskursstruktur selbst beschlossen ist, und andererseits diese Art von intentionaler Veräußerlichung als Merkmal des Schreibens mit einem Kernproblem der Hermeneutik in Beziehung zu bringen: nämlich mit dem Problem der Distanzierung. Der eine Begriff der Äußerlichkeit, der im ersten Teil meiner Ausführungen eher operativ eingesetzt als kritisch beleuchtet werden soll, wird im zweiten Teil seinerseits problematisiert werden. Platos Kritik der Schrift als einer besonderen Art der Entfremdung setzt den Wendepunkt von der beschreibenden zur kritischen Behandlung der Veräußerlichung des Sprechens durch das Schreiben.

1. *Vom Reden zum Schreiben*

Was im Schreiben geschieht, ist die umfassende Manifestierung eines in der gesprochenen Sprache bloß virtuell vorhandenen Sachverhaltes, nämlich die Loslösung des „Gesagten" vom „Sagen".

Diese Loslösung des „Gesagten" vom „Sagen" ist impliziert in der dialektischen Struktur des Diskurses. Diese Struktur kann beschrieben werden als Dialektik von Ereignis und Bedeutung, genauer: als Dialektik von „Sagen" und „Gesagtem".

Die Ereignishaftigkeit des Diskurses kann anhand eines einfachen Vergleiches zwischen der feststehenden Codestruktur, die die Spielregeln jedweder gegebenen Sprache bestimmt, und der bloß zeitweiligen, vorübergehenden Existenz einer Botschaft veranschaulicht werden. Der Status der Zeitweiligkeit ist die Kehrseite jener anderen Tatsache, daß allein die Botschaft *aktuell*, der Code jedoch *virtuell* ist. Nur die diskreten und jeweils einmaligen Sprechakte aktualisieren den Code.

Aber dieses erste Kriterium würde eher vernebelnd wirken als unser Verständnis fördern und erweitern, wenn die „Instanz des Sprechens", wie Benveniste sagt, bloß dieses zeitweilige, vorübergehende Ereignis wäre. Die Wissenschaft würde dann mit Recht das Sprechen selbst unberücksichtigt lassen. Auch bliebe damit die ontologische Priorität des Diskurses ohne Folgen. Ein Sprechakt ist aber nicht nur zeitweilig existent, denn er kann identifiziert und als derselbe wiedererkannt werden, so daß wir dasselbe zu sagen oder in anderen Worten zu wiederholen imstande sind. Wir vermögen dasselbe sogar in einer anderen Sprache auszudrücken oder es von der einen in die andere Sprache zu übersetzen. Durch alle diese Verwandlungen hindurch bleibt eine Identität des Sprechaktes erhalten, die als Identität des „Aussagegehaltes", d. h. des „Gesagten als solchen" bezeichnet werden kann.

Deshalb müssen wir unser erstes Kriterium anders fassen und es auf eine dialektische Formel bringen, um so den Bezug zwischen Ereignis und Bedeutung als Wesensmerkmal des Diskurses herauszuheben.

Dies ist freilich nicht der Ort, um die innere Konstituierung des „Gesagten als solchen", die Rolle des Prädikates als Kern und Kriterium der kleinsten Diskurseinheit, des Satzes, die Verbindung von singulärer Identifizierung und universeller Prädizierung innerhalb ein und desselben Sprechaktes usw. bis in alle Einzelheiten hinein zu analysieren. Wir müssen uns auf die Aussage beschränken, daß diese innere Konstituierung den Schluß nahelegt, wonach der Diskurs nur ein zeitweiliges Ereignis ist, sondern darüber hinaus auch eine Struktur besitzt, die sich in diesem Falle auf dessen prädikativer Form gründet.

Das Sprechen ist deshalb die dialektische Einheit von Ereignis und Bedeutung innerhalb des Satzes. Diese Ereignishaftigkeit muß gegen alle Versuche einer Reduktion der Botschaft auf den Code in Schutz genommen werden. Jede Apologie des Sprechens als eines Ereignisses ist dann bedeutsam, wenn sie die notwendige Aktualisierung unserer Sprachkompetenzen in der Performanz sichtbar macht. Dieselbe Apologie aber kehrt sich zu einem Mißbrauch um, wenn sie diese Ereignishaftigkeit des Sprechens über die Problematik der Aktualisierung, in deren Rahmen sie ihren gültigen Ort hat, hinaus auf die Problematik des Verstehens erweitert. *Auch wenn das Sprechen jeweils in der Gestalt eines Ereignisses auftritt, so wird es dennoch als Bedeutung verstanden, und d. h. als ein Aussagegehalt, der als Synthese der Identifizierungs- und der Prädizierungsfunktion beschreibbar ist.*

Diese Dialektik von Ereignis und Bedeutung macht die Loslösung der Bedeutung vom Ereignis im Vollzug des Schreibens möglich. Jedoch ist diese Loslösung nicht so beschaffen, daß sie die Grundstruktur des Sprechens aufhebt. Die *semantische Autonomie* des Textes, die nun zum Vorschein kommt, untersteht weiterhin der Dialektik von Ereignis und Bedeutung. Mehr noch: wir können sagen, daß diese Dialektik erst im Schreiben völlig sichtbar und ausdrücklich wird. Das Schreiben ist die umfassende Manifestierung des Sprechens. Eine Auffassung, wie Jacques Derrida sie etwa vertritt, daß das Schreiben zwar anderen Ursprunges sei als das Sprechen, dies aber wegen unserer übertriebenen Aufmerksamkeit für letzteres nicht gesehen werde, erweist sich als unbegründet. Eine derartige Auffassung mißachtet nämlich die Begründung beider Aktualisierungsformen des Diskurses durch dessen dialektische Konstituierung.

Ich schlage vor, daß wir das von Roman Jakobson in seinem Artikel „Linguistik und Poetik" beschriebene Kommunikationsschema als didaktisches Modell nehmen. Jakobson setzt die sechs *Faktoren* des kommunikativen Sprechens – Sprecher, Hörer, Medium oder Kanal, Code, Situation und Botschaft – mit sechs *Funktionen* in Beziehung, wobei jede dieser Funktionen mit einem der Faktoren korreliert. Diese Funktionen werden *emotiv, conativ, phatisch, metalinguistisch, denotativ* und *poetisch* genannt. Mit Bezug auf diese Terminologie stellt sich nun die Frage nach dem Schreiben als eine solche nach den Veränderungen, Verwandlungen und Verformungen, die das Spiel und Gegenspiel dieser Faktoren und Funktionen dann mitmacht, wenn das Sprechen sich in Schriften niederschlägt.

A. *Botschaft und Medium: Fixierung*

Die markanteste Veränderung im Übergang vom Sprechen zum Schreiben betrifft den Bezug zwischen der Botschaft und deren Medium oder Kanal. Bei oberflächlicher Betrachtung scheint die Veränderung nur diesen Bezug anzugehen. Eine genauere Analyse aber zeigt, daß diese erste Veränderung in alle Richtungen hinein wirkt und sämtliche Faktoren bzw. Funktionen entscheidend berührt. Unsere Aufgabe wird es folglich sein, von dieser zentralen Veränderung auszugehen, um nach und nach deren periphere Auswirkungen ins Blickfeld zu rücken.

Das Problem des Schreibens als das der bloßen Veränderung des Mediums stellt sich nicht anders als die Frage nach der Fixierung des Diskurses in einem äußerlichen Träger – Stein, Papyrus oder Papier –, einem Träger also, der von der menschlichen Stimme verschieden ist. Dieses Einschreiben, dieses schriftliche Festhalten, das die Stelle des unmittelbaren stimmlichen, physiognomischen und gestischen Ausdrucks einnimmt, ist an sich schon eine herausragende Leistung der Kultur. Das menschliche Gesicht wird völlig unwichtig. Neue materielle „Zeichen" und „Merkmale" vermitteln die Botschaft. Diese Leistung der Kultur betrifft zuerst die Ereignishaftigkeit des Sprechens und in weiterer Folge auch die Bedeutung. Weil der Diskurs an eine zeitliche und gegenwärtige Sprechinstanz gebunden ist, kann er sich entweder wie eine Reihe von Sprechakten auflösen oder in der Gestalt der Schrift festgehalten werden. Und da das Ereignis einmal anfängt und ein Ende nimmt, gibt es überhaupt das Problem der Fixierung. Festhalten wollen wir aber nicht die Sprache als *langue*, sondern den Diskurs. Nur sekundär, gleichsam in Erweiterung dazu, fixieren wir schriftlich auch das Alphabet, den Wortschatz, die Grammatik, die ihrerseits allein zur Fixierung des Diskurses dienen. Das unzeitliche System tritt weder in Erscheinung noch verschwindet es, weil es sich schlechterdings nicht ereignet. Aber das Sprechen muß fixiert werden, denn als bloßes Ereignis geht es unter.

Freilich trifft diese undialektische Beschreibung des Fixierungsphänomens keineswegs den Kern des Einschreibungsvollzuges. Das Schreiben kann den Sprechakt bewahren, gerade weil es nicht das Sprachereignis fixiert, sondern das *Gesagte* dieses Sprechaktes, d. h. die für das Begriffspaar „Ereignis / Bedeutung" konstitutive intentionale Veräußerlichung. Was wir aufschreiben und durch die Schrift festhalten, ist das Noema des Sprechaktes oder dessen objektives Korrelat, d. h. die Bedeutung des Sprachereignisses, und nicht das Ereignis als solches. Dieses Einschreiben ist das Endziel des Diskurses, trotz der Gefahren, die wir im Anschluß an Plato im zweiten Teil unserer Ausführungen streifen werden. Nur wenn das *Sagen* zur *Aus-sage* geworden ist, hat sich der Diskurs im vollständigen Ausdruck seiner grundlegenden Dialektik erfüllt.

Ist mit der Problematik der Fixierung und des Einschreibens das Problem der Schrift erschöpft? Anders gesagt: läuft die Schrift einfach auf die Frage nach der Veränderung des Mediums hinaus, in deren

Verlauf die menschliche Stimme, das Gesicht, die Geste durch materielle „Zeichen" und „Merkmale" anderer Art ersetzt werden?

Betrachten wir die Vielfalt sozialer und politischer Veränderungen, die man auf die Erfindung der Schrift zurückführen mag, dann können wir annehmen, daß „Schreiben" mehr bedeutet als ein bloß materielles Fixieren. Es genügt, wenn wir uns hier einige dieser der mit der Fixierung eingetretenen hervorstechenden Leistungen vergegenwärtigen. Mit der Möglichkeit, über große Entfernungen Befehle ohne nennenswerte Sinnentstellungen zu übermitteln, mag die Entstehung der politischen Lenkung durch einen entfernten Staat in Beziehung gebracht werden. Diese politische Folge der Schrift ist aber nur eine unter vielen. Mit der schriftlichen Fixierung mathematischer Operationsregeln kann die Entstehung der Marktbeziehungen korreliert werden, und darum auch die Geburt der Ökonomie. Dem Aufbau von Archiven entspricht die Entstehung der Geschichte, und der Fixierung von Gesetzen als Kriterien für Entscheidungen, die unabhängig vom persönlichen Ermessen des Richters gefällt werden, die Entstehung von Justiz und von Rechtsnormen, usw. Eine derart große Spannweite von Wirkungen legt den Gedanken nahe, daß menschliches Sprechen durch schriftliche Fixierung nicht nur vor Zerstörungen bewahrt, sondern auch tiefgreifend in seiner kommunikativen Funktion modifizert wird.

Wir werden ermutigt, auf dieser gedanklichen Linie eine zweite Betrachtung anzustellen. Das Schreiben wirft ein spezifisches Problem auf, sobald es nicht mehr um die Fixierung eines ehedem gesprochenen Diskurses, um das Einschreiben der gesprochenen Sprache geht, sondern um das direkt schriftlich festgehaltene menschliche Denken, das der Vermittlung durch gesprochene Sprache entbehrt. Dann nimmt das Schreiben selbst die Stelle des Sprechens ein. Zwischen der Bedeutung des Diskurses und dem materiellen Medium entsteht eine Art von Kurzschluß. Dann haben wir es mit „Literatur" im ursprünglichen Wortsinn zu tun. Das Schicksal des Diskurses wird der *littera* und nicht mehr der *vox* überlassen.

Um das Ausmaß dieser Substituierung zu erfassen, ist es wohl am besten, wenn wir die verschiedenen Veränderungen der anderen Komponenten des Kommunikationsprozesses analysieren.

B. *Botschaft und Sprecher*

Der erste Bezug, der verändert wird, ist der von Botschaft und Sprechendem. Diese Veränderung ist in der Tat eine der beiden symmetrischen Transformationen, die die kommunikative Situation als ein Ganze angeht. Der Bezug „Botschaft / Sprecher" am einen Ende der kommunikativen Kette, und der Bezug „Botschaft / Hörer" am anderen Ende werden beide tiefgreifend modifiziert, wenn die „face-to-face"-Beziehung verdrängt und durch die viel komplexere Beziehung zwischen Schreiben und Lesen ersetzt wird. Letztere ergibt sich unmittelbar aus dem Festhalten des Diskurses in Gestalt der *littera*. Die Situation des Dialoges ist nunmehr durchbrochen. Der Bezug „Schreiben / Lesen" ist kein besonderer Fall des Bezuges „Sprechen / Hören" mehr.

Untersuchen wir diese Veränderung genauer, dann erkennen wir, daß der Rückbezug des Diskurses auf den Produzenten folgendermassen tangiert wird: beim Sprechen bezeichnet der Satz den Sprechenden anhand verschiedener Indikatoren der Subjektivität und der Person: Personalpronomen, die um das „Ich" herum zentriert sind, Raum- und Zeitadverbien, die im „Hier und Jetzt" gründen, Tempora, die zum „Indikativ Präsens" eine Beziehung haben, usw. Im gesprochenen Diskurs manifestiert sich dieser Rückbezug auf das sprechende Subjekt viel unmittelbarer, weil der Sprecher selbst zur Sprechsituation gehört. Er ist einfach da, im eigentlichen Sinne des *Da-seins*. Folglich überschneiden sich die subjektive Absicht des Sprechers und die Bedeutung des Diskurses derart, daß es auf dasselbe hinausläuft, ob man versteht, was der Sprecher oder was der Diskurs *meint*.

Die Zweideutigkeit des deutschen Wortes „meinen" und des englischen Terminus „to mean" bezeugt diese Überschneidung im Rahmen der Dialogsituation. Beim geschriebenen Diskurs jedoch stimmen Intention des Autors und Bedeutung des Textes nicht mehr überein. Diese Dissoziation der wörtlich aufzufassenden Textbedeutung und der subjektiven Absicht des Autors verleiht dem Begriff des „Einschreibens" jenseits der bloßen Fixierung eines ehedem gesprochenen Diskurses die volle Bedeutsamkeit. „Einschreiben" wird zum Synonym von „semantischer Autonomie des Textes, die aus der Trennung der subjektiven Absicht des Autors und der wörtlich aufzufassenden Textbedeutung resultiert, d. h. aus der Trennung zwischen dem, was der Autor *gemeint hat*, und dem, was der Text *meint*. Die Geschichte des Textes übersteigt den endlichen, vom Autor erlebten Horizont. Was der Text meint ist nun wichtiger als das, was der Autor bei der Niederschrift meinen wollte.

Der Begriff der semantischen Autonomie ist für die Hermeneutik von größter Bedeutung. Auslegung beginnt mit der semantischen Autonomie. Sie enthüllt die Entstehung dieser Autonomie innerhalb eines Feldes von Bedeutungen, die ihre Bindung an die Psychologie des Autors aufgehoben haben. Aus dieser Entpsychologisierung der Auslegung folgt aber nicht, daß der Begriff einer vom Autor gemeinten Bedeutung gegenstandslos würde. Auch hier neigt eine undialektische Auffassung des Bezuges von Ereignis und Bedeutung dazu, diese beiden Aspekte einander gegenüberzustellen. Dies führte jedoch entweder auf die „intentional fallacy" hinaus, um mit W. K. Wimsatt zu sprechen, d. h. auf die Ansicht, daß die Intention des Autors als einzig mögliches Kriterium der Textauslösung gelten müsse, oder andererseits auf die symmetrische, nicht weniger falsche Ansicht des absoluten Textes, d. h. auf eine Hypostasierung des Textes zu einer autorlosen Entität. Wie die „intentional fallacy" die semantische Autonomie außer Acht läßt, so vergißt die symmetrische irrige Auffassung, daß der Text ein Diskurs einer Person ist, in dem Jemand über etwas spricht. Es ist nicht möglich, diese Haupteigenschaft des Diskurses aufzuheben, ohne dabei den Text zu einem Naturgegenstand zu machen, d. h. zu einer Sache, die nicht vom Menschen stammt, sondern die wie Gestein im Sand gefunden wird.

Die semantische Autonomie des Textes macht den Bezug von Ereignis und Bedeutung komplexer, und in diesem Sinne weist sie ihn als dalektisch aus. Die vom Autor beabsichtigte Meinung wird zu einer texteigenen Dimension, in dem Maße, in dem der Autor für Rückfragen nicht zur Verfügung steht. Und wenn der Text auf Rückfragen keine Antwort erteilt, dann hat er keinen Sprecher mehr, sondern einen Autor. Die vom Autor anvisierte Bedeutung ist das dialektische Gegenstück zur wörtlich aufzufassenden Textbedeutung. Beide müssen in gegenseitiger Abhängigkeit gesehen werden. Die Begriffe „Autor" und „vom Autor intendierte Bedeutung" werfen ein hermeneutisches Problem auf, das gleichzeitig mit dem Problem der semantischen Autonomie entsteht.

C. *Botschaft und Hörer*

Am anderen Ende der Kommunikationskette ist der Bezug der Textbotschaft zum Leser nicht weniger komplex als der Bezug der Botschaft zum Autor. Während sich der gesprochene Diskurs an eine Person wendet, die von vornherein durch die Dialogsituation determiniert wird – der Diskurs richtet sich an ein Du, an eine zweite Person

–, ist der geschriebene Diskurs an einen unbekannten Leserkreis adressiert, und darüber hinaus potentiell an Alle, die des Lesens fähig sind. Diese Universalisierung der Hörerschaft ist eine der markantesten Folgen der Schrift. Sie kann durch ein Paradoxon formuliert werden: weil der Diskurs nunmehr an einen materiellen Träger festgemacht ist, wir er in dem Sinne geistiger, als er nicht mehr an die Enge der „face-to-face"-Situation gebunden bleibt.

Natürlich ist diese Universalität bloß potentiell angelegt. In Tat und Wahrheit wendet sich ein Buch nur an einen Teil des Publikums, und es erreicht seine Leser durch Medien, die ihrerseits sozialen Ausschluß- und Zulassungsregeln unterworfen sind. Anders gewendet: das Lesen ist ein soziales Phänomen, das in bestimmten Formen auftritt und gerade deshalb spezifischen Einschränkungen unterworfen ist. Dennoch, die Aussage, wonach ein Text an Alle des Lesens Kundigen sich wendet, sollte als Grenzfall jedweder Soziologie des Lesens im Auge behalten werden. Ein Werk schafft sich auch ein Publikum. In diesem Sinne erweitert es den Kreis der Kommunikation und etabliert sogar neue Kommunikationsbahnen. So ist die Anerkennung des Werkes durch ein Publikum unter diesem Gesichtspunkt ein unvorhersehbares Geschehen.

Einmal mehr verdeutlicht sich die Dialektik von Bedeutung und Ereignis in ihrer ganzen Fülle am Beispiel der Schrift. Der Diskurs als Diskurs zeigt sich in der Dialektik des sowohl univesellen wie auch zufälligen Adressaten. Einerseits ermöglicht die semantische Autonomie des Textes die Erweiterung der potentiellen Leserschaft. Der Text schafft sich so ein Publikum. Andererseits macht die Reaktion des Publikums den Text wichtig und deshalb auch bedeutsam. Darum sprechen Autoren, die sich um ihre Leserschaft nicht kümmern und auf ihr gegenwärtiges Publikum keine Rücksicht nehmen, von ihren Lesern als von einer geheimen, manchmal in eine neblige Zukunft hineinprojizierte Gemeinschaft. Es gehört zur Textbedeutung, einer unbeschränkten Anzahl von Lesern und deshalb auch einer unbeschränkten Anzahl von Deutungen zugänglich zu sein. So erweist sich die Möglichkeit vielfacher Ausdeutungen als die dialektische Kehrseite der semantischen Autonomie des Textes.

Nun folgt daraus, daß das Problem der Aneignung einer Textbedeutung ebenso paradox ist wie das Problem der Autorschaft. Das Recht des Lesers und die Berechtigung des Textes konvergieren in einer Auseinandersetzung, die die ganze Dynamik der Interpretation bedingt. Die Hermeneutik beginnt dort, wo der Dialog endet.

D. *Botschaft und Code*

Der Bezug „Botschaft / Code" ist für die Produktion von Sprache als Diskurs derart grundlegend, daß man von ihm behaupten kann, er bestimme den Diskurs *überhaupt*, sei es nun den gesprochenen oder den schriftlich festgehaltenen. Der Code, oder besser die phonologischen, lexikalischen und syntaktischen Code statten den Sprecher mit einer Fülle diskreter Einheiten und Kombinationsregeln aus, mit deren Hilfe er die elementarste Diskurseinheit – den Satz – produziert. Das Schreiben ändert an dieser fundamentalen Polarität von Botschaft und Code nichts. Wenn an dieser Polarität dennoch Änderungen festzustellen sind, dann nur mittelbar. Ich denke hierbei an die Funktion der literarischen Gattungen, die bei der Produktion eines Diskurses *als* Gedicht, *als* Erzählung oder *als* Essay eine Rolle spielen. Diese Funktion betrifft ohne Zweifel den Bezug von Code und Botschaft, da Gattungen ja Mittel zur Herstellung von „Diskursen als ..." sind. Bevor die Gattungen zu klassifikatorischen Kategorien der Literaturkritik erhoben werden, die die Orientierung im Bereich literarischer Erzeugnisse erleichtern sollen, und das heißt: bevor sie zu Artefakten der Literaturkritik gemacht werden, verhalten sie sich zum Diskurs wie die generative Grammatik zur Grammatikalität individueller Sätze. Unter diesem Blickwinkel können diese diskursiven Code neben die phonologischen, lexikalischen und syntaktischen gestellt werden, die Regeln für Diskurseinheiten, d. h. für Sätze sind. Nun stellt sich die Frage, inwiefern literarische Gattungen tatsächlich auch Code des Schreibens sind. Sie sind es nur indirekt, aber dennoch in einem entscheidenden Sinne.

Die literarischen Gattungen müssen gewisse Bedingungen erfüllen, die theoretisch auch ohne Berücksichtigung des Schreibens erfaßbar sind. Die Funktion dieser generativen Hilfsmittel ist es, die Produktion neuer Spracheinheiten zu ermöglichen, deren Umfang größer ist als der von Sätzen. Sie müssen also organische Ganzheiten hervorbringen, die sich auf eine Summe von Sätzen eben *nicht* reduzieren lassen. Ein Gedicht, eine Erzählung oder ein Essay beruht auf Kompositionsgesetzen, die von der Gegensätzlichkeit von Sprechen und Schreiben prinzipiell nicht berührt werden. Sie gründen auf der Anwendung dynamischer Formen auf Satzmengen, hinsichtlich derer der Unterschied zwischen gesprochener und geschriebener Sprache unwesentlich ist. Vielmehr scheinen sich diese dynamischen Formen spezifisch auf eine andere Dichotomie als auf die von Sprechen und Schreiben zu beziehen, nämlich auf die Anwendung von Kategorien auf den Diskurs, die aus dem Bereich der Praxis und der Arbeit abzuleiten sind. Die Sprache untersteht mithin Regeln einer Art von Kunstfertigkeit. Dies erlaubt es uns ja, von „Produktion" und von „Kunstwerken" zu sprechen, – und in Anlehnung daran auch von „Diskurswerken". Die generativen Hilfsmittel, die wir „literarische Gattungen" nennen, sind technische Regeln einer solchen Produktion. Der Stil eines Werkes ist nichts anderes als die individuelle Gestalt eines singulären Produkts oder Werkes. Der Autor ist hier nicht nur Sprecher, sondern auch Macher dieses seines Werkes.

Obwohl die Dichotomie von Theorie und Praxis nicht auf das Begriffpaar „Sprechen / Schreiben" zurückzuführen ist, spielt das Schreiben dennoch eine entscheidende Rolle gerade bei der Anwendung der Kategorien „Praxis", „Technik" und „Werk" auf den Diskurs selbst. Wir haben es dann mit einer Produktion zu tun, wenn eine Form auf irgendeinen Inhalt um dessen Gestaltung und Kontuierung willen angewandt wird. Und wenn der Diskurs in den Bereich der Produktion dringt, dann wird er auch wie ein Material behandelt, das geformt werden will. Hier nun wird die Rolle des Schreibens sichtbar. Das Geschriebene als materieller Träger, die semantische Autonomie des Textes hinsichtlich des Sprechers und des Hörers, sowie alle verwandten Züge der für die Schrift charakteristischen Äußerlichkeit wirken mit, die Sprache zu einer Angelegenheit einer spezifischen Kunstfertigkeit zu machen. Dank der Schrift wird ein Sprachwerk ebenso zu einem in sich beruhenden Ganzen wie etwa eine Skulptur. Nicht zufällig bezeichnet das Wort „Literatur" den Status der Sprache als einer geschriebenen (*littera*) und deren Verkörperung in Werken, die man literarischen Gattungen gemäß unterscheiden kann. Bei der Literatur scheint das Problem der schriftlichen Fixierung mit dem der Produktion zusammenzufallen. Dasselbe kann in Bezug auf den Textbegriff festgestellt werden, der die Bedingung schriftlicher Fixierung mit der Textur, die einem Werk durch die Produktionsregeln literarischen Schaffens aufgeprägt wird, in Verbindung bringt.

Dies also ist die Beziehung, die zwischen dem Schreiben und den besonderen Code besteht, die Diskurse hervorbringen. Diese Beziehung ist derart eng, daß wir zu sagen versucht sind, sogar gesprochene poetische oder erzählerische Kompositionen beruhten auf Vorgängen, die denjenigen des Schreibens äquivalent sind. Die Memorisierung von epischen Gedichten, lyrischen Gesängen, von Parabeln und Sprichwörtern, sowie deren ritualisierter Vortrag sind der Tendenz nach so angelegt, die Form zu fixieren oder sogar zu verfestigen, daß nun das Gedächtnis zum Träger der Schrift zu werden scheint. In diesem erweiterten Sinn der Fixierung fallen „Schreiben" und „Produktion von Diskurswerken gemäß den Regeln literarischer Komposition" beinahe zusammen, ohne damit schon identische Vorgänge zu sein.

E. *Botschaft und Denotation*

Wir haben die Analyse der komplexesten Veränderungen, die in der Funktionsweise des Diskurses im Übergang vom Sprechen zum Schreiben eintreten, auf den Schluß dieser Überlegungen verschoben. Diese Veränderungen beziehen sich auf die denotative Funktion des Diskurses innerhalb des von Roman Jakobson aufgestellten Kommunikationsschemas. Zwei Gründe sind für die Komplexität dieser Veränderungen verantwortlich. Zum einen ist der Unterschied zwischen Sinn und Denotation im Diskurs dialektisch vielschichtiger als der Bezug von Ereignis und Bedeutung, der für das Modell der Veräußerlichung als Bedingung der Möglichkeit von Schreiben kennzeichnend ist. Es handelt sich damit sozusagen um eine Dialektik zweiter Ordnung, in welcher sich die Bedeutung selbst als immanenter Sinn zu einer transzendenten Denotation veräußerlicht, so daß das Denken durch den Sinn hindurch auf verschiedene außersprachliche Gegenstände, Sachverhalte, Dinge, Tatsachen usw. gerichtet ist. Zum anderen müssen die meisten der zu betrachtenden Veränderungen der Denotation nicht auf das Schreiben als solches zurückgeführt werden, sondern auf das Schreiben als normale Vermittlung von Diskursmodi, wobei diese Diskursmodi die Literatur konstituieren. Einige dieser Veränderungen stammen sogar drekt aus Strategien, zu zu den dichterischen Gattungen gehören. Das schriftliche Fixieren ist dann bloß mittelbar für den neuen Zustand der Denotation verantwortlich.

Diesen Einschränkungen zum Trotz sei dennoch folgendes ausgeführt. Im gesprochenen Diskurs ist das letzte Kriterium der denotativen Spielbreite des Gesagten die Möglichkeit, auf die Sache zu zeigen als auf einen Bestandteil der von Sprecher und Hörer gemeinsam erfahrenen Situation. Diese Situation umgibt den Dialog; ihre Gegebenheiten können alle durch eine Geste oder durch einen anderen Zeigakt bestimmt werden. Oder sie können ostensiv durch den Diskurs selbst angezeigt werden, d. h. durch den indirekten Verweis von Indikatoren wie Demonstrativpronomen, Zeit- und Ortsadverbien und Tempora. Oder sie können schließlich so umfassend beschrieben werden, daß eine (und nur eine) Sache innerhalb des gemeinsamen Bezugssystems identifiziert wird. Tatsächlich fungieren die ostensiven Indikatoren und mehr noch die umfassenden Bechreibungen im gesprochenen und im geschriebenen Diskurs genau gleich. Sie ergeben singuläre Identifizierungen, und auf diese braucht nicht gezeigt zu werden, wenigstens nicht im Sinne einer gestischen Bewegung auf die entsprechende Sache. Dennoch beziehen sich singuläre Identifizierungen letztlich auf das durch die Dialogsituation bestimmte Hier und Jetzt. Es gibt keine Identifizierung, die nicht das, worüber wir sprechen, mit einer (und nur einer) Lage im raum-zeitlichen System in Zusammenhang bringt. Und es gibt kein System raum-zeitlicher Lagen ohne einen letzten Bezug zum situativen Hier und Jetzt. In diesem extremen Sinne gründen alle Bezüge der gesprochenen Sprache auf Zeigakten, die von der von Dialogpartnern gemeinsam wahrgenommenen Situation abhängig sind. Deshalb gelten alle Bezüge in der Dialogsituation auch nur im Rahmen dieser Situation.

Diese Rechtfertigung der Denotation in der dialogischen Situation wird durch das Schreiben erschüttert. Ostensive Indikatoren und umfassende Beschreibungen identifizieren weiterhin singuläre Gegebenheiten, aber zwischen der Identifizierung und dem deiktischen Vollzug kommt ein Bruch zum Vorschein. Das Nichtvorhandensein einer gemeinsamen Situation wegen der räumlichen und zeitlichen Distanz zwischen dem Schreibenden und dem Leser, ferner die Durchstreichung des absoluten Hier und Jetzt im Ersatz von Stimme, Gesicht und Leib des Sprechenden als absolutem Ursprung raum-zeitlicher Bezüge durch äußerliche Zeichenträger, und schließlich die semantische Autonomie des Textes, die sich nicht mehr mit der Anwesenheit des Schreibenden deckt, sondern einer unbestimmten Anzahl potentieller Leser zu beliebiger Zeit zugänglich ist, – alle diese Veränderungen an der zeitlichen Konstitution des Diskurses spiegeln sich in parallelen Veränderungen am ostensiven Charakter der Denotation wider.

Nun gibt es aber Texte, die die Bedingungen der ostensiven Denotation für ihre Leser bloß rekonstruieren. Briefe, Reiseberichte, geographische Beschreibungen, Tagebücher, historische Monographien und ganz allgemein deskriptive Feststellungen über die Realität vermitteln dem Leser ein Äquivalent der ostensiven Denotation im Modus des „Als ob ..." („als ob man dort gewesen wäre"), und dies dank der üblichen Vollzüge singulärer Identifizierung. Das Hier und Jetzt dieser Texte vermag stillschweigend auf das absolute Hier und Jetzt des

Lesers bezogen zu werden, dank des einen raum-zeitlichen Bezugssystems, dem letztlich sowoh der Schreibende wie auch der Leser anerkanntermaßen angehören.

Diese erste Erweiterung des denotativen Umfangs jenseits der engen Schranken der Dialogsituation hat weitreichende Folgen. Der Schrift ist es zu verdanken, daß der Mensch – und nur er – nicht nur eine Situation, sondern auch eine Welt besitzt. Diese Erweiterung ist ein zusätzliches Beispiel für die Folgen der Ersetzung des leiblichen Trägers von gesprochenen Diskursen durch materielle Merkmale. In dem Maße, in dem der Sinn des Textes nicht mehr von der mentalen Absicht bevormundet wird, löst er auch seine Denotation aus den Schranken des situativen Bezugsrahmens heraus. Für uns ist die Welt der Inbegriff von Bezügen, die durch den Text zugänglich werden, oder zumindest hier noch durch den beschreibenden Text. Deshalb können wir von der „Welt" der Griechen sprechen. Nicht daß wir uns die Situationen der in ihr Lebenden vorzustellen vermöchten; doch wir sind imstande, die Denotationen anhand von Berichten und Beschreibungen der Wirklichkeit zu bezeichnen.

Eine zweite Erweiterung des denotativen Umfangs ist viel schwieriger zu interpretieren. Sie fußt weniger auf der Schrift als solcher als vielmehr auf den öffentlich wahrnehmbaren und manchmal auch geheimen Strategien bestimmter Diskursformen. Deshalb betrifft diese Erweiterung die Literatur als Inbegriff von Schriftwerken im allgemeinen, – oder genauer: sie betrifft Schriftwerke als Vermittler von Literatur. Bei der Konstruktion seines Kommunikationsschemas bezieht Roman Jakobson die poetische Funktion – die in einem umfassenderen Sinne als einfach in dem von Dichtung zu verstehen ist – auf die Betonung der Botschaft um ihrer selbst willen zum Nachteil der Denotation. Wir haben diese Verdrängung der Denotation bereits antizipiert, als wir den poetischen Diskurs mit einer in sich ruhenden Skulptur verglichen. Die Kluft zwischen der situativen und der nichtsituativen Denotation, die bereits im „Als ob ..." von Denotationen der Beschreibungen beschlossen war, wird nun vollends unüberbrückbar. Dies kann an fiktiven Erzählungen ersehen werden, d. h. an solchen Erzählungen, die keine beschreibenden Berichte sind. Eine Erzählzeit, die durch besondere Zeitformen angezeigt wird, manifestiert sich in der Erzählung, ohne zu einem absoluten raum-zeitlichen Rahmen in Bezug zu stehen, das der ostensiven wie nicht-ostensiven Erzählung gemeinsam ist.

Heißt dies nun, daß die Verdrängung der Denotation im ostensiven wie im deskriptiven Sinne gleichgesetzt werden muß mit der vollständigen Aufhebung aller Denotationen? Keineswegs. Meine Auffassung geht dahin, daß der Diskurs nicht Nichts meinen kann. Und indem ich dies behaupte, bestreite ich das Recht jedweder Ideologie des absoluten Textes. Nur weniger, höchst ausgeklügelte und vergeistigte Texte wie etwa Mallarmés Gedichte entsprechen dem Ideal eines Textes ohne Denotation. Aber diese moderne Form der Dichtung ist ein Grenzfall und eine Ausnahme. Sie kann nicht den Schlüssel zu allen anderen Texten liefern, auch nicht zu poetischen Texten im Sinne Jakobsons, zu denen ja der Konzeption dieses Autors zufolge alle fiktiven (lyrischen oder prosaischen) Dichtungen zu zählen sind. So oder anders spricht die Poesie über die Welt, jedoch nicht deskriptiv. Wie Jakobson selbst nahelegt, wird die Denotation nicht aufgehoben, sondern verdoppelt. Die Verdrängung der ostensiven und deskriptiven Denotation schafft so erst die Macht der Denotation von Aspekten unseres In-der-Welt-Seins, die nicht direkt beschreibbar sind, auf die man aber Dank der denotativen Werte metaphorischer und ganz allgemein symbolischer Ausdrücke anspielen kann.

Deshalb müßten wir auch unseren Weltbegriff erweitern, um damit nicht nur den nicht-ostensiven, jedoch immer noch beschreibenden, sondern auch den nicht-ostensiven und nicht-beschreibenden Denotationen gerecht zu werden, d. h. den Denotationen poetischer Diktion. Dann hat der Terminus „Welt" die Bedeutung, die wir alle verstehen, wenn wir von einem Kind sagen, es sei „zur Welt gekommen". Für mich ist die Welt der Inbegriff der Denotationen, die in allen möglichen, sei es deskriptiven, sei es poetischen Texten verfügbar werden, die wir gelesen, verstanden und geliebt haben. Einen Text verstehen heißt, aus all den Prädikaten, die unsere Situation ausmachen, jene Bedeutungen interpolieren, die unsere *Umwelt* zu einer *Welt* machen. Diese Erweiterung unseres Daseinshorizontes erlaubt es uns, über die vom Text verfügbar gemachten Denotationen oder über die durch die denotativen Ansprüche der meisten Texte zugänglich werdende Welt zu sprechen.

In diesem Sinne hat Heidegger in seiner Analyse des „Verstehens" in „Sein und Zeit" mit Recht hervorgehoben, daß wir in einem Diskurs nicht zuerst eine andere Person verstehen, sondern einen Entwurf, den Umriß eines neuen In-der-Welt-Seins. Nur das Schreiben – freilich unter Berücksichtigung der beiden eingangs gemachten Einschränkungen – offenbart dieses Schicksal des Diskurses als eines Weltentwurfs, wenn die Schrift sich nicht nur von ihrem Autor und ihrem ursprünglichen Publikum, sondern auch von der Enge der dialogischen Situation loslöst.

2. Ein Plädoyer für die Schrift

Die vorangehende Analyse hat ihr Ziel erreicht. Sie hat gezeigt, wie die vollständige Manifestierung der Dialektik von Ereignis und Bedeutung einerseits, der intentionalen Veräußerlichung andererseits bereits im gesprochenen Diskurs, obzwar dort nur rudimentär, vorhanden ist. Dadurch aber, daß sie in den Vodergrund unserer Analysen gerückt wurde, hat sie einen Tatbestand problematisiert, der den Anschein der Selbstverständlichkeit haben mochte, solange er vorausgesetzt blieb. Läuft nun aber diese intentionale, in materiellen Zeichen sich niederschlagende Veräußerlichung nicht auf eine Art von Entfremdung hinaus?

Diese Frage ist so radikal, daß sie uns zur Anerkennung der Äusserlichkeit in einem überaus positiven Sinne zwingt, wobei die Äußerlichkeit dann nicht nur als ein Zufall der Kultur, als eine kontingente Bedingung von Sprechen und Denken, sondern als eine notwendige Bedingung des hermeneutischen Prozesses angesehen werden müßte. Nur eine Hermeneutik, die die Distanzierung produktiv einsetzt, kann das Paradoxon der intentionalen Veräußerlichung des Diskurses zu lösen imstande sein.

A. Wider die Schrift

Der Angriff auf die Schrift reicht weit in die Geschichte zurück. Er verbindet sich mit einem bestimmten Modell des Wissens, der Wissenschaft und der Weisheit, das von Plato dazu verwendet wird, die Äußerlichkeit als Gegenteil der wahren Erinnerung (Anamnesis) zu verdammen (*Phraedrus*, 274c–277a). Diesen Angriff führt Plato in der Gestalt eines Mythus durch, weil es die Philosophie hier mit einer Institution, einer Kunstfertigkeit und einer Macht zu tun hat, die in der dunklen Vergangenheit der Kultur entstanden und mit Egypten, der Wiege religiöser Weisheit, in Zusammenhang stehen. Thamus, der König von Theben, empfängt in seiner Stadt den Gott Theuth, der Zahl und Rechnung, die Meßkunst, die Sternkunde, Brett und Würfelspiel und auch die *grammata*, d. h. die Buchstaben erfunden hat. Über die Macht und den möglichen Nutzen seiner Erfindungen befragt, meint Theuth, daß die Kenntnis der Buchstaben die Ägypter weiser und gedächtnisreicher machen werde. Nein, antwortet der König, die Seelen werden eher vergessen, wenn sie fremden Zeichen vertrauen, statt sich innerlich und unmittelbar zu erinnern. Dieses *pharmakon* diene nur dem Erinnern, nicht der Anamnesis. Und was die Erziehung betrifft, würde diese Erfindung nicht zur Sache selbst, sondern zu deren Schein, nicht zur eigentlichen, sondern zur scheinbaren Weisheit führen.

Der Kommentar von Sokrates ist nicht weniger interessant. Das Schlimme an der Schrift sei, und darin sei sie der Malerei ähnlich, daß sie ihre Ausgeburten als lebend hinstelle. Aber diese würde schweigen, wenn man sie etwas frage. Schriften bezeichneten auch immer dasselbe, wenn man sie lernbegierig etwas über das Gesagte frage. Und abgesehen von dieser zwecklosen Gleichheit sei es gleichgültig, für wen sie verfaßt seien. Es spiele für sie keine Rolle, an wen sie sich richteten. Und wenn ein Streit ausbreche, oder wenn man sie ungerechterweise beschimpfe, bedürfen sie immer noch ihres Vaters Hilfe. Denn selbst seien sie sich zu schützen oder zu helfen nicht imstande.

Gemäß dieser harten Kritik und im Sinne der Apologie der wahren Erinnerung ist es das Prinzip der richtigen und echten, von Weisheit getragenen Rede, in der Seele desjenigen geschrieben zu werden, der seine Sache kenne, und zu wissen, an wen sie sich richte.

Dieser Angriff Platos auf die Schrift ist nicht das einzige Beispiel in unserer Kulturgeschichte. Rousseau und Bergson, obwohl aus anderen Gründen, führen die Hauptübel der Zivilisation auf die Schrift zurück. Für Rousseau bewahrte die Sprache, solange sie sich nur auf die Stimme abstützte, die Gegenwärtigkeit des Sprechenden zu sich selbst und zu den Anderen. Die Sprache war noch Ausdruck der Leidenschaft. Sie war Eloquenz, noch nicht Auslegung. Mit der Schrift setzte die Trennung, die Tyrannei und die Ungleichheit ein. Die Schrift selbst weiß nicht, an wen sie sich richtet, und sie verbirgt ihren Urheber. Sie entzweit die Menschen, wie das Eigentum Eigentümer entzweit. Die Tyrannei des Lexikons und der Grammatik ist nicht weniger schlimm als die Tyrannei der Tauschgesetze, die sich aus dem Geld ergeben. Statt des Gotteswortes herrscht das Gesetz der Gelehrten und der Priesterschaft. Die Teilung der Sprachgemeinschaft in Gruppen, die Zerstückelung des Landes, das analytische Denken und die Herrschaft des Dogmatismus entstanden alle durch die Schrift. Deshalb man ein Anklang an die Platonische Anamnesis aus dieser

Apologie der Stimme als Vermittlung des Sprechers zu sich selbst und als innere, distanzlose Beziehung zur Gemeinschaft herausgehört werden.

Bergson wirft unmittelbar das Problem des Prinzips der Äußerlichkeit auf, die das Eindringen der Räumlichkeit in die Zeitlichkeit und Kontinuität de Tones bezeugt. Das echte Wort taucht empor aus der „Anstrengung des Geistes", eine frühere Sprechabsicht in der Suche nach dem angemessenen Ausdruck zu erfüllen. Das geschriebene Wort als Niederschlag dieses Suchens aber ist des Bezugs zum Gefühl, zur Anstrengung und zur Dynamik des Denkens verlustig gegangen. Atem, Gesang und Rhythmus sind aufgehoben, wenn Figuren ihre Stelle einnehmen. Das geschriebene Wort verleitet und fasziniert. Es teilt und isoliert. Deshalb haben authentische Schaffende wie Sokrates und Jesus keine Schriften hinterlassen, und deshalb verzichtet die echte Mystik auf schriftlich Niedergelegtes und auf artikuliertes Denken.

Einmal mehr wird die phonische Leistung der Äußerlichkeit toter Inschriften gegenübergestellt, die sich selbst zu schützen nicht imstande sind.

B. *Schrift und Ikonizität*

Die Erwiderung auf solche Einwände muß ebenso radikal sein wie die Herausforderung. Eine Beschränkung auf die Beschreibung des Überganges vom Sprechen zum Schreiben genügt hier nicht mehr. Denn die Kritik fordert von uns, das zu rechtfertigen, was bis dahin als eine Selbstverständlichkeit erschien.

Eine beiläufig gemachte Bemerkung im *Phaedrus* gibt uns einen wichtigen Hinweis an die Hand. Die Schrift wird mit der Malerei verglichen, von deren Bilder gesagt wird, sie seien weniger wirklich als Lebewesen. Die Frage stellt sich nun, ob diese Theorie des *eikon*, das als Abglanz der Wirklichkeit aufgefaßt wird, nicht vielmehr eine Voraussetzung aller Kritik an der Vermittlung duch äußere Merkmale und Zeichen ist.

Wenn freilich gezeigt werden kann, daß die Malerei nicht diese scheinhafte Verdoppelung der Wirklichkeit ist, dann wird man damit zum Problem der Schrift selbst zurückkehren. Es müßte dann als ein besonderes Kapitel der allgemeinen Theorie der Ikonizität im Sinne von Dagognets Buch *Ecriture et Iconicité* behandelt werden.

Einmal abgesehen davon, daß sie vom Original jeweils nur einen Ausschnitt abbildet, könnte die bildnerische Tätigkeit umschrieben werden als eine „ikonische Vermehrung" (*augmentation iconique*), bei der die Malstrategie zum Beispiel darauf abzielt, die Realität auf der Grundlage eines beschränkten optischen Alphabets zu rekonstruieren. Diese Strategie der Reffung und der Verkleinerung reproduziert ein *Mehr*, indem sie gleichsam mit weniger umgeht. In diesem Sinne besteht der Haupteffekt der Malerei darin, der entropischen Tendenz alltäglichen Sehens, d. h. dem Schattenbild Platos, entgegenzuwirken und die Bedeutung der Welt dadurch zu erweitern, daß sie diese in das System ihrer Abkürzungen überträgt. Die Sättigungs- und Kulminationswirkung, die auf kleinem Raum innerhalb des Rahmens und auf der Oberfläche einer zweidimensionalen Leinwand erzielt wird, ist es, was unter „ikonischer Vermehrung" verstanden wird, im Gegensatz zur optischen Abnützung, die für alltägliches Sehen kennzeichnend ist. Während sich in der alltäglichen Wahrnehmung die Eigenschaften gegenseitig neutralisieren, sich verwischen und ihren Kontrast einbüßen, erreicht die Malerei – zumal seit der Erfindung der Ölmalerei durch Flämische Meister – das Gegenteil, gibt den Farben Leuchtkraft und bringt das Licht zur Darstellung, in welchem die Dinge aufleuchten. Die Geschichte der Maltechniken lehrt uns, daß diese bedeutsamen Wirkungen Folge der Entdeckung einer Aktivierung von Pigmenten waren, die mit Öl gemischt wurde. Die Auswahl aus dem, was wir vorhin das optische Alphabet des Malers nannten, erlaubt es diesem, die Farben vor Verbleichung zu bewahren und die Tiefenbrechung des Lichts unter dem bloßen Brechungseffekt auf der leuchtenden Leinwand seinem Bild einzuverleiben.

Weil der Kunstmaler ein neuartiges materielles Alphabet zu meistern imstande war – denn er trat in der Rolle des Chemikers, des Destillierers, des Lack- und Glasurfachmanns zugleich auf –, erwarb er die Möglichkeit, einen neuen Text der Wirklichkeit zu verfassen. Malerei bedeutete den Flämischen Meistern weder Reproduktion noch Produktion, sondern Metamorphose des Universums.

In dieser Hinsicht sind die Stich- und Radierungstechniken ebenso lehrreich. Während die Phorographie – zumal die der Amateure – alles aufnimmt und nichts heraushebt, kann die von Beaudelaire gepriesene Magie der Radierung Wesentliches zur Darstellung bringen, weil sie – ähnlich wie die Malerei, jedoch mit anderen Hilfsmitteln – auf der Erfindung eines Alphabets gründet, d. h. auf einer Menge minimaler Zeichen (Punkte, Striche und weiße Zwischenräume). Der

Impressionismus und die abstrakte Malerei streben vermehrt nach der Verbannung natürlichen Formen zugunsten einer konstruierten Mannigfaltigkeit elementarer Zeichen, deren Kombinationen mit dem alltäglichen Sehen rivalisieren. Mit der abstrakten Kunst erreicht die Malerei einen Punkt, der deswegen eine Verwandtschaft zur Wissenschaft aufweist, weil die abstrakte Kunst die perzeptiven Formen in Zweifel zieht, indem sie diese mit nicht-perzeptiven Strukturen in Beziehung bringt. Das graphische Einfangen des Universums wird auf hier durch die radikale Leugnung der Unmittelbarkeit gefördert. Die Kunst scheint nun nur noch zu produzieren, und nicht einmal mehr zu reproduzieren. Aber sie erreicht die Wirklichkeit auf der Ebene von deren Elementen, wie es der Gott im *Timaeus* tut. Der Kontruktivismus ist ein Grenzfall eines Vermehrungsprozesses, bei dem die offensichtliche Leugnung der Realität zu einer Bedingung der Glorifizierung des nicht-figurativen Wesens von Dingen wird. Ikonizität bedeutet dann Offenbarung einer Wirklichkeit, die wirklicher ist als die Realität.

Diese Theorie der Ikonizität als ästhetischer Vermehrung der Wirklichkeit gibt uns den Schlüssel zu einer entscheidenden Antwort auf Platos Kritik an der Schrift. Ikonizität ist ein Um-Schreiben der Realität. Das Schreiben im engeren Sinne ist dann ein besonderer Fall von Ikonizität. Das Einschreiben des Diskurses ist eine Transkription der Welt, und Transkription besagt *nicht* Verdoppelung, sondern Metamorphose.

Dieser positive Wert der materiellen Vermittlung durch geschriebene Zeichen mag sowohl im Falle der Schrift wie in demjenigen der Malerei der Erfindung von Notationssystem zugeschrieben werden, die analytische Eigenschaften aufweisen, nämlich Diskretion, zahlenmäßige Endlichkeit und Kombinationsvermögen. Das Überhandnehmen des phonetischen Alphabets in westlichen Kulturen und die scheinbare Unterordnung des Schreibens unter das Sprechen, die aus der Abhängigkeit der Buchstaben von Lauten resultiert, darf uns aber nicht die ganz andere Möglichkeit des Einschreibens mit Hilfe von Piktogrammen, Hieroglyphen und vor allem von Ideogrammen vergessen lassen. Dann diese stellen eine direkte Einschreibung der gedachten Bedeutung dar und können je nach Verschiedenheit der Idiome verschieden gelesen werden. Diese zweite Klasse von schriftlichen Fixierungsmöglichkeiten manifestiert einen universellen Charakter der Schrift; – in der phonetischen Schreibweise ist er auch vorhanden, wird hier jedoch durch die Abhängigkeit der Schrift von Lauten verdeckt.

Dieser universelle Charakter gründet auf der Raumstruktur nicht nur der Zeichenträger, sondern auch der Zeichen selbst, ihrer Formen, ihrer Stellung, ihres Abstandes zueinander, ihrer Abfolgeordnung und ihrer linearen Verteilung. Der Übergang vom Hören zum Lesen wird fundamental bedingt durch den Übergang von den zeitlichen Eigenschaften der Stimme zu den räumlichen Eigenschaften der geschriebenen Zeichen. Diese allgemeine Verräumlichung der Sprache vervollständigt sich mit der Entstehung der Druckerkunst. Die Visualisierung der Kultur beginnt mit der Entmachtung der Stimme in der unmittelbaren gegenseitigen Beziehung von Sprecher und Hörer. Gedruckte Texte erreichen den Menschen in der Einsamkeit, weit ab von den Zeremonien, die die Gemeinschaft zusammenhalten. Abstrakte Beziehungen und Telekommunikation im eigentlichen Sinne des Wortes verbinden die zerstreuten Mitglieder eines unsichtbaren Publikums.

Dies also sind die materiellen Instrumente der Ikonizität der Schrift und der Transkription von Wirklichkeit durch die schriftliche Fixierung des Diskurses auf äußerlichen Trägern.

3. Schrift und produktive Distanzierung

Wir haben uns für den letzten Schritt vorbereitet. Dieser Schritt führt uns zur Entdeckung, daß die letzte Rechtfertigung der Veräußerlichung des Diskurses im Prozeß der Deutung selbst zu finden ist.

Das Schreiben wird dann zu einem hermeneutischen Problem, wenn es auf dessen komplementären Pol, nämlich auf das Lesen, bezogen wird. Eine neue Dialektik entsteht: die Dialektik von Distanzierung und Aneignung. Unter „Aneignung" verstehe ich die Kehrseite der semantischen Autonomie, die den Text von seinem Autor loslöst. Aneignung heißt also, Fremdes zu Eigenem zu machen. Und weil ein allgemeines Bedürfnis besteht, Fremdes zu Eigenem zu machen, entsteht auch das allgemeine Problem der Distanzierung. Abstand ist dann nicht einfach eine Tatsache, eine Gegebenheit, lediglich die aktuell vorhandene räumliche und zeitliche Kluft zwischen uns selbst und der Entstehung dieses oder jenes Kunstwerkes oder Diskurses. Vielmehr ist „Abstand" ein dialektischer Tatbestand, das Prinzip einer Auseinandersetzung zwischen der Andersheit, die alle räumlichen und zeitlichen Distanzen zu einer kulturellen Entfremdung umformt, und der Selbstheit, dank der alles Verstehen auf eine Erweiterung der Selbstauslegung zielt. Distanzierung ist nicht ein quantitatives Phänomen; sie ist die dynamische Entsprechung unseres Bedürfnisses, unseres Interesses und unserer Anstrengung, die kulturelle Entfremdung zu überwinden. Schreiben und Lesen haben ihren Ort in dieser kulturellen Auseinandersetzung. Und das Lesen ist jenes *pharmakon*, dank dem die Bedeutung des Textes vor der Entfremdung durch Distanzierung bewahrt und in eine neue Nähe gebracht wird, – eine Nähe, die die kulturelle Distanz aufhebt und so die Andersheit in die Selbstheit hineinbringt.

Diese allgemeine Problematik wurzelt deutlich in der Geschichte des Denkens wie auch in unserer ontologischen Situation.

Geschichtlich gesehen ist die Frage, die herauszuarbeiten wir im Begriffe sind, die Neuformulierung eines Problems, das von der Aufklärung des 18. Jahrhunderts in Bezug auf die Klassische Philologie zum erstenmal aufgeworfen wurde: wie ist die Kultur der Antike trotz der kulturellen Distanz erneut zu aktualisieren? Die Deutsche Romantik dramatisierte dieses Problem, indem sie die Frage stellte, wie wir uns zu Zeitgenossen vergangener Genies machen könnten. Und allgemein gefaßt lautet die Frage: wie soll man schriftlich fixierte Ausdrücke des Lebens verwenden, um sich in ein fremdpsychisches Leben zu versetzen? Das Problem kommt nach dem Zusammenbruch des Hegelschen Anspruches, durch die Logik des absoluten Geistes die Geschichtlichkeit überwunden zu haben, nochmals zur Sprache. Wenn es keine Aneignung des vergangenen Kulturerbes als eines Ganzen, und d. h. jenseits dieser oder jener aspektuellen Einseitigkeiten, gibt, dann ist die Geschichtlichkeit von Vermittlung und Wiederaufnahme dieses Erbes nicht umgehbar. Und dann hat die Dialektik von Distanzierung und Aneignung angesichts des Nichtvorhandenseins eines absoluten Wissens das letzte Wort zu reden.

Diese Dialektik kann auch aufgefaßt werden als Dialektik der Tradition an sich, verstanden als Aneignung von historisch vermittelten Erbschaften der Kultur. Eine Tradition wirft solange kein philosophisches Problem auf, als wir in der Naivität der ersten Gewißheit leben. Tradition wird problematisch erst dann, wenn diese Naivität zerstört wird. Dann müssen wir die Bedeutung der Tradition im Erleben von Entfremdung und jenseits derselben wiedergewinnen. Und deshalb vollzieht sich die Aneignung der Vergangenheit in der endlosen Auseinandersetzung mit der Distanzierung. Auslegung, philosophisch verstanden, ist nichts anderes als der Versuch, Entfremdung und Distanzierung zu produktiven Kräften umzugestalten.

Vor dem Hintergrund der Dialektik von Distanzierung und Aneignung erhält der Bezug von Schreiben und Lesen seinen eigentlichen Sinn. Zugleich erscheinen damit auch die dialektischen Teilprozesse, die früher und in Anlehnung an Jakobsons Kommunikationsmodell beschrieben wurden, insgesamt als sinnvoll.

(Deutsch von Alexandre Métraux)

Gernot Böhme

WISSENSCHAFTSSPRACHEN UND DIE VERWISSENSCHAFTLICHUNG DER ERFAHRUNG

I. Einleitung

Wenn man heute über Wissenschaftssprachen spricht, so geht das kaum ohne längere Einleitung. Die wissenschaftliche Beschäftigung mit Wissenschaftssprachen ist noch so sehr in einem Anfangsstadium, daß jede Untersuchung sich neu ihren Gegenstand bestimmen muß. Das liegt teils daran, daß überhaupt, was getan ist, angesichts der Komplexität des Gegenstands gering ist, teils daran, daß noch nicht recht klar ist, unter welchem Gesichtspunkt Wissenschaftssprachen überhaupt interessant sind, d. h. die Problematisierung dieses Gegenstands ist noch nicht so weit gediehen, daß disziplinäre Zuständigkeiten sich deutlich abzeichneten.

Wenn nun auch hier wieder ein neuer Ansatz vorgeschlagen werden soll, so wird es gut sein, das Bisherige – wenigstens in den Hauptrichtungen – revue passieren zu lassen, um dabei auch anzudeuten, warum man diese Ansätze als unzulänglich empfinden kann. Obgleich – wie ich sagte – es bisher sehr wenige wissenschaftliche Arbeiten zum Thema Wissenschaftssprachen gibt, ist die Menge der Literatur, die man zu diesem Stichwort finden kann, erheblich. Der größte Teil dieser Literatur gehört zu einer Gattung, die ich hier zusammenfassend „Festreden" nennen möchte. Offenbar drängt die Sprache in den Vordergrund, wenn sich die Wissenschaft zeremoniell selbst thematisiert. Dann wird die Sprache der Wissenschaft als die Sprache der Wahrheit vorgestellt. Oder, wenn es um ein einzelnes Fach geht, werden Kuriositäten der Sprachgeschichte vorgekramt, um die historisch-kulturelle Würde auch technischer Disziplinen zu demonstrieren. Schließlich bie-

---

0 Dieser Vortrag wurde zuerst gehalten am 8. 7. 1975 im Studium Generale der Universität Freiburg. Er wurde für eine Diskussion im Forschungsseminar Soziologie der Gesamthochschule Duisburg überarbeitet.

tet es sich an, bei Vorträgen vor Laien gerade die Sprödigkeit von Wissenschaftssprachen zu thematisieren, um dann interpretierend und erklärend gleichzeitig den Abstand zu wahren.

Die wissenschaftlichen Beiträge zum Thema Wissenschaftssprachen fallen nun deutlich in zwei Klassen, je nach dem nämlich die Konstruktion von idealen Wissenschaftssprachen als das eigentliche Thema angesehen, oder vorfindliche Wissenschaftssprachen zum empirischen Gegenstand gemacht werden. Für die erste Klasse ist die Arbeit Rudolf Carnaps als Prototyp anzusehen. Carnap hat Wissenschaftssprachen als angewandte Logik aufgefaßt, bzw. herstellen wollen (Carnap 1958). Carnap baut zunächst eine formallogische Sprache auf, die er dann für die Einzelwissenschaften durch Definition bestimmter Grundterme und Einführung spezifischer Relationen als Axiome erweitert. Solche formallogischen Sprachen bedürfen immer der Interpretation, um auf ein bestimmtes Sachgebiet bezogen zu werden, d. h. sie bedürfen einer Semantik. Natürlich kann auch eine Semantik immer wieder formalisiert werden, dieser Prozeß bleibt aber stets unvollständig.[1] Die Umgangssprache[2] behält deshalb über die Semantik eine notwendige Funktion für die Wissenschaftssprachen: letzten Endes ist die Interpretation von Wissenschaftssprachen in der Umgangssprache zu leisten. Die Umgangssprache ist so im Verhältnis zur Wis-

---

[1] Von einem hermeneutischen Standpunkt aus beschäftigt sich mit dem Problem der Nichtobjektivierbarkeit der Semantik Böhme 1974b.
[2] Ich möchte hier am Terminus Umgangssprache festhalten, obgleich viele Autoren das Pendant zur Wissenschaftssprache lieber als Alltagssprache oder Gebrauchssprache bezeichnen. Daß Umgangssprache ein Terminus der Stilkunde ist, wie Janich 1975, 36, einwendet, braucht uns hier nicht zu kümmern. Der Ausdruck ‚Alltagssprache‘ scheint uns einen Gegensatz zur festlichen oder literarischen Sprache anzuzeigen, was ebenfalls beim Thema Wissenschaftssprache irrelevant ist. Gebrauchssprachen den Wissenschaftssprachen entgegenzusetzen widerspricht aber, wie man sehen wird, der erklärten Absicht unseres Ansatzes: *Wissenschaftssprachen sind Gebrauchsprachen.* Mit dem Ausdruck ‚Umgangssprache‘ wollen wir uns auf die im Grunde undefinierbare historisch gewachsene Totalität der benutzten Sprache beziehen, in der alle spezifischen Sprachverwendungen, sei es literarischer, technischer oder wissenschaftlicher Art, zusammenhängen. Wir wehren uns also gegen die aus bestimmten methodischen Gründen (Petöfi / Podlech / von Savigny 1975, 33) erhobene Forderung, wenn man von Wissenschaftssprache und Umgangssprache spreche, beide Termini wohl zu definieren: Die Umgangssprache ist ein diffuser Zusammenhang, definieren muß man das Spezifische, die Wissenschaftssprache.

senschaftssprache eine Metasprache. Der Gedanke einer idealen Wissenschaftssprache kann sich auf ein Faktum stützen, das man geradezu als Charakteristikum von Wissenschaftssprachen anführen könnte: nämlich ihre Übersetzbarkeit (Bloomfield, 1969). Im Unterschied zu anderen Sprachspezifikationen wie Dialekten, Argots, literarischer Sprache ist Wissenschaft – im Prinzip – übersetzbar. Wenn dies die Basis ist, auf die sich das Carnapsche Unternehmen stützt, dann wird zugleich klar, warum für ein auf die Sprache gerichtetes Interesse dieser Zugang zur Wissenschaftssprache so frustrierend ist. Denn ganz entgegen der Whorfschen These, daß die Grammatik unsere Gedanken formt (Whorf 1963, 11 f.) scheint das Wesen der Wissenschaft so gesehen gerade darin zu bestehen, sich von der Sprache zu emanzipieren. Die sprachliche Form von Wissenschaft ist letztenendes unwichtig, was zählt, sind die Begriffe und ihre Beziehungen. So zentrale sprachliche Phänomene wie Metaphorik und Analogie sind für die Wissenschaft nur vorübergehend, nur Vehikel, die sie hinter sich zu lassen hat.

Ein dem Carnapschen verwandtes Programm wird vonseiten der konstruktiven Wissenschaftstheorie unter dem Titel ,Orthosprache' verfolgt. Verwandt sind sie, insofern sie beide die Wissenschaftssprache als ideale Sprache gewinnen wollen, wobei der zentrale Punkt der Aufbau einer eindeutigen Terminologie ist. Anders ist das Verhältnis der konstruktiven Wissenschaftstheorie zur Umgangssprache. Sie wird nicht als eine Metasprache der Wissenschaftssprache verstanden, sie hat auch keine semantische Funktion für diese (Janich 1975, 43). Obgleich aber die Wissenschaften als Ausdifferenzierungen praktischen Handelns verstanden werden (Janich 1975, 37), so wird doch die Wissenschaftssprache nicht auf naturwüchsigem Weg aus der Umgangssprache gewonnen, sondern explizit und methodisch aufgebaut. Wissenschaftssprache qua Orthosprache ist deshalb auch scharf von Umgangssprache zu unterscheiden, nämlich gerade durch das Kriterium der Explizitheit von Definitionen und Sprachregeln (Janich 1975, 35). Die Absicht des Aufbaus der Orthosprache ist deshalb auch keinesfalls die einer Reproduktion der wirklichen Wissenschaftssprachen, sondern einer Kritik an diesen.

Empirische Untersuchungen über Wissenschaftssprachen liegen bisher kaum vor. Als ein Prototyp dessen, was hier zu erwarten ist, sei kurz die Arbeit von Myrna Gopnik, Linguistic structures in scientific texts (1972) skizziert. Gopnik geht von einem sample von Texten aus, die er den Proceedings of the Federation of American Societies for

Experimental Biology entnommen hat. Er stellt zunächst von diesen Texten Normalformen her, in denen er Auslassungen ergänzt, Verweise expliziert, Konjunktionen aufgelöst sind und gewisse Satztypen hergestellt (Einschlußsätze, Vergleichssätze, etc.). Er kann dann drei Typen von Texten ausmachen: controlled experiment hypotheses, verification, technique-descriptive (1972, 53 f.), bei denen dann noch Unterfälle zu unterscheiden sind. Diese Typen unterscheiden sich in ihrer linguistischen Textform. Textformen entstehen aus gewissen Satztypen und ihrer charakteristischen Folge. Zum Beispiel sieht ein Text, der ein kontrolliertes Experiment wiedergibt, so aus: Es wurden gewisse Gegenstände in gewisser Weise behandelt. Dann wurde an ihnen etwas Bestimmtes gemessen. Daraus ergaben sich Werte, die als signifikant zu bezeichnen sind. Die Ergebnisse dieses Versuches lassen die folgenden Schlüsse zu (1972, 74 f.).

Zunächst muß man es natürlich als erfreuliche Tatsache verzeichnen, daß sich innerhalb eines sampels von 250 Texten drei so klare Texttypen ausmachen lassen.[3] Andererseits ist das Enttäuschende auch dieser Untersuchung nicht zu übersehen. Zunächst ist bereits im Sinne von Gopniks eigener Absicht sein Resultat unbefriedigend. Sein Unternehmen zielte nämlich darauf, ein Instrument für storage und retrival von wissenschaftlichen Texten zu entwickeln, das besser ist als die Auswahl von charakteristischen Sätzen, bzw. die Abzählung von charakteristischen Worten. Gopniks Verfahren, Texte auf Normalformen zu bringen, ist so aufwendig und erfordert so viel Sachkenntnis, daß man ebensogut Fachleute abstracts von den Texten herstellen lassen könnte. Darüberhinaus sind seine Ergebnisse aber auch als solche enttäuschend, denn er bekommt als Texttypen sowohl in ihrer inneren Gestalt als auch in ihrer Zahl für diesen Publikationsbereich gerade nur das heraus, was man sich ohnehin denken konnte, bzw. was man gelegentlich in „Anleitungen zur Abfassung wissenschaftlicher Arbeiten" finden kann. Methodisch wäre es dann schon interessanter gewesen, aus der Kenntnis des Sachgebietes theoretisch die möglichen Textformen zu konstruieren und dann die entsprechenden Hypothesen am Material zu überprüfen. Vor allem aber scheint die bloße Frage nach der Möglichkeit der Textverarbeitung die Natur von Wissenschaftssprachen empirisch nur sehr partiell aufzuschließen.

---

[3] Gopnik wendet mit einigem Recht seine Erkenntnisse dahingehend normativ, daß er den einen Text, den er nicht unterbringen konnte, als „nichtwissenschaftlich" ausschied.

Wenn unsere Sympathie auch eher den empirischen unter den beiden Typen der wissenschaftlichen Beschäftigung mit Wissenschaftssprachen gilt, so glauben wir doch, daß bisher auch hier noch nicht die richtigen Fragen gestellt worden sind. Wir wollen deshalb im folgenden einen anderen Ansatz vortragen und diesen in drei etwas längeren Bemerkungen vorbereiten.

1. Die Alternative zwischen idealer Konstruktion und empirischer Untersuchung von Wissenschaftssprachen ist falsch gestellt. Wissenschaft ist als ein perennierendes Provisorium anzusehen: neuzeitliche Wissenschaft ist nicht ein Zusammenhang von Ideen oder Propositionen, neuzeitliche Wissenschaft ist Forschung. Deshalb sind die „nicht-idealen" Elemente innerhalb der Wissenschaftssprache essentiell. Nur eine fertige Wissenschaft könnte sich im Glasperlenspiel einer idealen Sprache darstellen. Für die werdende Wissenschaft, die Forschung, ist die heuristische Funktion sprachlicher Mittel unverzichtbar. Partikularität und unvollständige Übersetzbarkeit faktischer Wissenschaft ist Ausdruck und Folge der regionalen, d. h. also etwa kulturspezifisch bestimmten Problemsituationen: Wissenschaft bleibt immer ein bißchen Philosophie. Eindeutigkeit, Übersetzbarkeit, Logizität sind aber gleichwohl Ideale der Wissenschaft. D. h. aber nicht, daß man sie a priori, d. h. die Wissenschaften begründend, erzwingen könnte. Sie haben vielmehr die Funktion von Regulativen, die dem historischen Prozeß der Ausdifferenzierung von Wissenschaftssprachen seine Richtung weisen.[4]

2. Wissenschaftssprachen sind in der Tat als empirische Phänomene anzusehen, nämlich als die Sprachen, die Wissenschaftler wirklich verwenden. Freilich stellt sich dann sogleich die Frage, wann und wo sie sie verwenden, bzw. welcher Teil ihres Sprachverhaltens der Wissenschaftssprache zuzurechnen ist. Dazu ist offenbar nicht zu rechnen, was sie im familiären Alltag äußern, sondern vielmehr, was in den Zusammenhang ihrer Arbeit, nämlich der Forschung, gehört: Laborgespräche, Konferenzen, Veröffentlichungen. Wenn man die Gesamtheit dieser Äußerungen als das empirische Phänomen der Wissenschaftssprache bezeichnet, so ist sofort klar, daß eine scharfe Abgrenzung gegen „Umgangssprache" nicht möglich ist. Vielmehr handelt es sich bei diesen Äußerungen um die Umgangssprache, die in bestimmter

---

[4] Diese Werte der Wissenschaft dürfen allerdings auch nicht für sich betrachtet werden, sondern verlangen eine Rechtfertigung aus den „Zielen der Wissenschaft."

Weise modifiziert oder – besser gesagt – spezifiziert ist. Auch der Mathematiker, der Biologe, der Anglist schreiben deutsch, sie bedienen sich ihrer fundamentalen linguistischen Kompetenz, nur ist ihre Sprache teilweise gegenüber anderen Verwendungszusammenhängen spezifisch verarmt, teilweise spezifisch erweitert, die Terminologie ist verschärft, die Strukturen treten knochiger heraus. Die Umgangssprache ist damit nicht mehr die Metasprache der formalen Sprache, sondern diese ist vielmehr eingelassen in die Umgangssprache. Die Umgangssprache ist aber auch nicht mehr eine Art Parasprache, die man neben der Wissenschaftssprache verwendet, soweit dies bequem und unschädlich ist (Lorenzen / Schwemmer, 1973, 18 f.).

Eine Wissenschaftssprache ist die Sprache, die Forscher in ihrem Arbeitszusammenhang wirklich benutzen. Wissenschaft wird kooperativ im Zusammenhang gewisser sozialer Gruppierungen, nämlich der scientific communities, vorangetrieben. Die Wissenschaftssprachen sind im allgemeinen die spezifischen Fachsprachen solcher Wissenschaftlergemeinschaften. Es ist deshalb nötig, was Wissenschaftssprachen sind, zunächst weiter nach sozio-linguistischen Kategorien zu bestimmen. Als solche bieten sich an Dialekt, Code und Register (Hasan 1973). Ein sozialer Dialekt liegt dann vor, wenn die Korrelation der Sprachspezifität mit der sozialen Gruppierung eine bloß zufällige ist, wie z. B. durch das Zusammenwohnen in gewissen Regionen. Von Code redet man bei einer Korrelation der Sprachmodifikation mit dem Typ der sozialen Rolle. Codes charakterisieren deshalb mehr den Sprecher als die kommunikative Situation. Deshalb kommen weder Dialekt noch Code als nähere Bestimmung der Natur von Wissenschaftssprachen in Frage. Dagegen scheint es richtig zu sein, Wissenschaftssprachen als Register aufzufassen. Als Register sind solche Variationen der zugrundeliegenden linguistischen Struktur zu bezeichnen, die sich – allgemeingesprochen – nach den Bedingungen der kommunikativen Situation spezifizieren. Als solche werden genannt: subject-matter of discourse, situation-type of discourse, participant roles within discourse, mode of discourse, medium of discourse.

Danach kann man wohl sagen, daß Wissenschaftssprachen ein Register der Umgangssprachen sind, die sich nach dem Gegenstand des Diskurses (subject matter) spezifizieren.[5]

---

[5] Unter „Register" fallen natürlich auch andere Fachsprachen, insbesondere technische, wie z. B. die Rechtssprache (Podlech, 1975). Eine Fachsprache ist aber nicht schon jeder mit einem Sachbereich oder Tätigkeitsfeld zu-

Zusammenfassend kann man also sagen: Wissenschaftssprachen sind Spezifikationen der Umgangssprache, sie stellen Register dar, die gegenüber jeweils spezifischen Adressaten (scientific communities) in sachbezogener Kommunikation zur Anwendung kommen.

3. Um die Besonderheiten der Wissenschaftssprache zu erfassen, darf man sie nicht als ein bloßes Kommunikationsinstrument behandeln, sondern muß vielmehr den wissenschaftlichen Diskurs[6] zum Thema machen. Das bedeutet nach den traditionellen Unterscheidungen der Semiotik, daß man neben der semantischen und syntaktischen Ebene auch die pragmatische mit berücksichtigen muß. Darüberhinaus aber ist eine weitere Dimension zu berücksichtigen, die von der Semiotik her nicht in den Blick kommen kann, nämlich die Dimension der Wirkungen des Sprechens, der Hinblick auf das, was man sprechend tut. Diese Dimension könnte man – der griechischen Unterscheidung von Poiesis und Praxis folgend – die poietische nennen.

Wissenschaftliche Kommunikation vollzieht sich in Behauptungen, Erklärungen, Prognosen, sie ist nicht nur ein Informationsaustausch. Vielmehr vollzieht sich im wissenschaftlichen Diskurs der kollektive Prozeß des wissenschaftlichen Begreifens. Deshalb ist die wissenschaftliche Sprache als Diskurs nicht bloß ein Medium der Kommunikation, sondern der Ort, an dem sich ein wesentlicher Teil wissenschaftlicher Arbeit vollzieht, der kollektive Darstellungsraum der Wissenschaft. Wissenschaftliche Äußerungen sind die Fortsetzung eines in der spezifischen Wissenschaftssprache verfaßten Diskurses, in dem sich ein kollektives Verständnis des Gegenstandes und eine kollektive Problemsituation ausdrücken.

---

sammenhängender Jargon, wie von Savigny 1975, 30 unterstellt (Fachsprache der Zeitungsleser, Autofahrer, Fußballzuschauer usw.). Dafür ist eine soziale Existenz des Faches notwendig, und das bedeutet eben für die Sprache eine soziale Normierung und damit auch Sanktion des Sprachverhaltens. Auf der anderen Seite muß man sicherlich technische Fachsprachen noch von wissenschaftlichen unterscheiden können. Siehe dazu unten.

6 Der Diskursansatz, der wissenschaftstheoretische mit wissenschaftssoziologischen Bestimmungen der Wissenschaft verbindet, ist entwickelt in Böhme 1974a und 1975.

II. Die Bedeutung der Ausdifferenzierung der Umgangssprache zur Wissenschaftssprache

Nach diesen drei Bemerkungen wird unsere Bestimmung von Wissenschaftssprache als ausdifferenzierter Umgangssprache [7] einiges an Plastizität gewonnen haben. Eine scharfe Trennung zwischen Wissenschaftssprache und Umgangssprache ist nie zu machen. Wissenschaftssprachen sind die Umgangssprache in einer spezifischen Verwendung, sie basieren auf deren linguistischer Grundstruktur und deren Vokabular. Die Richtung ihrer Ausdifferenzierung aus der Umgangssprache ist durch die Überlegungen zu idealen Wissenschaftssprachen richtig angegeben: die Ausdifferenzierung geschieht in Richtung auf eine eindeutige und explizit eingeführte Terminologie, auf Logizität, auf Isolierung des propositionalen Gehaltes der Äußerungen hin. Diese Ausdifferenzierung geschieht innerhalb von Diskursgemeinschaften (scientific communities) und ist bestimmt durch die Kommunikation über einen spezifischen Gegenstand.

Auf der Basis dieser Erläuterungen können wir uns nun unserem eigentlichen Thema zuwenden, nämlich nach der Bedeutung dieses

---

[7] Einen dem unseren verwandten Versuch, aus der Dichotomie von empirischer und idealer Wissenschaftssprache herauszukommen, hat E. Ströker 1974 unternommen. Ihr Versuch leidet aber unter der direkten Verbindung beider Standpunkte: Ist ihr Wissenschaftssprache die Alltagssprache der Wissenschaftler, so behandelt sie doch weiterhin die traditionellen Probleme der Wissenschaftstheorie (Metrisierung, Operationalisierung von Begriffen, Observable vs. theoretische Begriffe etc.) als Sprachprobleme. Diese sind aber in erster Linie Probleme des kognitiven Gehaltes des Gesprochenen. Natürlich sind gewisse Aspekte dieser Probleme auch sprachlich greifbar, bzw. schlagen sich bestimmte Entwicklungen der Sprache in kognitiven Strukturen nieder (wie wir es unten für die Theoretisierungstendenz zeigen), aber zunächst muß jedenfalls die Identifizierung von Analyse der Wissenschaftssprache und Wissenschaftstheorie aufgegeben werden. – Dann verschwindet auch der Widerspruch, in den E. Ströker gerät, indem sie zunächst Fachsprachen durch ausdrückliche Normierung (244) definiert, dann aber mit dem Faktum rechnen muß, daß bei Wissenschaftssprachen die Normierungen gewöhnlich nicht explizit vorliegen (252). Soziolinguistisch kann man ein Sprachverhalten als normiert bezeichnen, auch ohne daß diese Normierungen explizit vorliegen, weil das Sprachverhalten entsprechend sanktioniert wird. Bei einer rein wissenschaftstheoretischen Auffassung von Wissenschaftssprachen entgeht man dem Dilemma nicht.

sprachlichen Ausdifferenzierungsprozesses für die Verwissenschaftlichung der Erfahrung zu fragen. Der Zusammenhang von Wissenschaftssprachen mit der Verwissenschaftlichung der Erfahrung hat zwei Seiten, je nach dem, welche Richtung des Prozesses der Verwissenschaftlichung in den Blickpunkt des Interesses rückt. Man kann nämlich 1. danach fragen, wie sich die Erfahrung und damit die Gegenstände der Erfahrung ändern, wenn Wissenschaftssprachen entstehen. Man kann 2. danach fragen, was geschieht, wenn die Ergebnisse wissenschaftlicher Erfahrung im Gewand der Wissenschaftssprachen oder irgendwie übersetzt wiederum in den Bereich lebensweltlicher Erfahrung zurücktransferiert werden. Wir werden uns in diesem Vortrag im wesentlichen nur mit der ersten Fragestellung beschäftigen, lediglich zum Abschluß sollen noch einige Fragen und Vermutungen zum zweiten Komplex geäußert werden. Die Frage nach der Bedeutung der Ausbildung von Wissenschaftssprachen für die Veränderung der Erfahrung zur wissenschaftlichen Erfahrung soll nun in drei Abschnitten gestellt werden. Diese entsprechen 1. den Veränderungen auf der semantisch-syntaktischen Ebene, 2. den Veränderungen auf der pragmatischen Ebene und 3. den Veränderungen in der Gegenstandsbehandlung, also der Ebene, die wir oben als die poietische bezeichnet haben.

1. *Semantische und syntaktische Ebene*

Diese Ebenen sind die zugänglichsten und auffälligsten. Man hat im allgemeinen die Ausbildung von Wissenschaftssprache als einen Prozeß verstanden, der gerade auf diesen Ebenen stattfindet, oder sogar eingeschränkter: nur auf der semantischen Ebene, nämlich als Terminologisierung. Nach dem bisher Gesagten dürfte klar sein, daß es unzulänglich ist, Wissenschaftssprachen allein durch die Existenz fester und expliziter Terminologie zu bestimmen, darüberhinaus ist es empirisch falsch.

Immerhin ist die Terminologisierung der Sprache ein bedeutsamer Schritt, häufig der, der ein Erkenntnisunternehmen überhaupt erst „in den sicheren Gang einer Wissenschaft" gebracht hat. Dieser Schritt besteht in der Einführung fester Termini, deren Verwendung innerhalb des wissenschaftlichen Diskurses verbindlich wird, und deren Bedeutung eindeutig und durch explizite Definitionen eingeführt ist. Was bedeutet dieser Schritt nun für die Verwissenschaftlichung der Erfahrung? Man kann diese Wirkung 1. als eine Essentialisierung bezeichnen: mit der Einführung fester wissenschaftlicher Termini werden in der diffusen Menge möglicher Eigenschaften eines Gegenstandes einige als die wesentlichen ausgezeichnet. So wurde etwa aus der diffusen Menge von Eigenschaften, wie Geschmack, ähnliches Aussehen, Herkunft usw., die eine Familie von Stoffen als Salze vereinigten, durch terminologische Festlegung die eine Eigenschaft der Verbindung aus Kation und Anion als die wesentliche herausgehoben. Zum 2. vollzieht sich durch die Terminologisierung in der Wissenschaftssprache eine Universalisierung der Erfahrung. Die Partikularität der lebensweltlichen Erfahrung, d. h. ihre Abhängigkeit vom kulturellen und regionalen Zusammenhang drückt sich gewöhnlich auch in der Sprache aus, in der diese Erfahrungen formuliert werden. Im Übergang zur wissenschaftlichen Erfahrung müssen solche Partikularitäten überwunden werden. Als ein Beispiel für diesen Prozeß mag die Einführung der Terminologie in der Botanik dienen. So hatten die Pflanzen vor der Einführung einer festen biologischen Terminologie in der Regel regionale Namen. Man ging deshalb zur lateinischen Terminologie über und brachte dann auf dieser Basis durch Zusatzbezeichnungen die möglichen regionalen Unterschiede einer Gattung zum Ausdruck.[8]

Schon die Entwicklungen innerhalb der Terminologie zeigen, daß die spezifischen Ausprägungen einer Wissenschaftssprache nicht nur auf der semantischen Ebene liegen. So enthält etwa die Chemie in ihrer Nomenklatur ein System von Namensregeln, die man als eine innere Grammatik der Namen bezeichnen könnte. Nach diesen Regeln werden die Namen für die spezifischen Stoffe so gebildet, daß man aus den Namen im wesentlichen die Zugehörigkeit der Stoffe zu bestimmten Gruppen und Reihen und ihre Zusammensetzung erkennen kann. In die chemischen Namen eines Stoffes geht also eine große Menge von chemischem Wissen ein. Dieses Wissen wird im Namen gewissermaßen festgeschrieben, die Verwendung dieser Namen impliziert die Akzeptation dieses Wissens und stellt es instrumental zur Verfügung. Man kann also davon sprechen, daß durch die Ausbildung einer Syntax der Namen eine Kanonisierung von Wissen geschieht.

Schon innerhalb der Terminologie vollzieht sich also u. U. die Ausbildung einer für die Wissenschaftssprache typischen Syntax. Darüberhinaus ist natürlich klar, daß auf der Basis eindeutig definierter Be-

---

[8] Zu den genannten Beispielen s. Crosland 1962.

griffe und fester Termini die formale Logik eine strenge Anwendung finden kann, das macht die Logizität der Wissenschaftssprachen aus. Ob aber noch weitere Veränderungen syntaktischer Art, d. h. also etwa der grammatischen Strukturen der Sprache stattfindet, würde man zunächst bezweifeln. Nun haben aber die oben erwähnten Untersuchungen von Gopnik schon gezeigt, in welcher Richtung man hier zu fragen hat: es ist nicht unbedingt die Ausbildung neuer syntaktischer Strukturen zu erwarten, sondern eine spezifische Einschränkung der auf der Basis der grundlegenden linguistischen Struktur möglichen, so daß – wie bei den Textformen – auch bestimmte typische Satzformen sich häufen und standardisiert zur Anwendung kommen. Dies ist nun in der Tat durch eine Untersuchung von Taylor 1968 gezeigt worden. Taylor hat anhand eines chemischen Lehrbuches zwei für die chemische Sprache typische Satzformen ausmachen können, die er lokativ und attributiv nennt. Lokative Sätze betreffen die raumzeitliche Existenz von Stoffen und das, was mit ihnen geschieht, attributive Sätze ihre Eigenschaften. Man sieht an dieser Erläuterung schon, was die Ausdifferenzierung der Wissenschaftssprache hier nur bedeuten kann: nämlich die Einschränkung der linguistischen Möglichkeiten auf nur einige wenige.

2. Ebene der Pragmatik

Von einer pragmatischen Ebene der Sprache kann man nur dann reden, wenn man sie im Diskurs betrachtet. Die Pragmatik betrifft nicht so sehr den Inhalt und die grammatische Form des Gesagten, vielmehr die kommunikative Beziehung, die durch eine Äußerung hergestellt wird. Natürlich kann sich diese kommunikative Beziehung auch im Inhalt und der grammatischen Form des Gesagten niederschlagen. Vom Standpunkt der Pragmatik wird also die Sprache als etwas betrachtet, was zwischen kommunikativen Partnern geäußert wird. Die pragmatischen Unterschiede sind durchweg solche der Äußerungsformen: es gibt in der Umgangssprache Mitteilungen, Befehle, Fragen, Behauptungen, Versprechungen, Wahrnehmungen und noch viele mehr.

Zur Ausbildung des wissenschaftlichen Diskurses und damit der Wissenschaftssprache in ihrer pragmatischen Ebene gehört es nun, daß die Äußerungsformen eingeschränkt werden. So etwas wie Warnungen, Versprechungen, Bitten kommt fast gar nicht vor, dagegen heben sich Behauptung, Mitteilung, Erwägung als typische Äußerungsformen wissenschaftlicher Kommunikation heraus. In dieser Einschränkung möglicher Äußerungsformen kommt zum Ausdruck, daß sich der Diskurs beim Entstehen des wissenschaftlichen Diskurses zum theoretischen Diskurs spezifiziert. Der theoretische Diskurs ist dadurch gekennzeichnet, daß er von unmittelbaren Handlungszwängen entlastet ist und daß es in ihm wesentlich um die Klärung von Ansprüchen auf Wahrheit geht.[9] Das Thema wissenschaftlicher Diskurse liegt damit in der Regel quasi auf einer Metaebene: es werden nicht, wie im lebensweltlichen Diskurs, einfach Fragen gestellt, Befehle ausgesprochen, Sachverhalte beschrieben, sondern es wird behauptet, gefragt, bestritten, daß etwas der Fall sei. Man kann das auch so ausdrücken: es geht im wissenschaftlichen Diskurs nicht um Sachverhalte, sondern um Tatsachen. Sprachlich drückt sich das so aus, daß im wissenschaftlichen Diskurs sich Kontainersätze häufen (Gopnik, 1972): „Wir haben gemessen, daß ...", „ich behaupte, daß ...", „ich bezweifle, daß ..." sind Wendungen, die in wissenschaftlichen Zusammenhängen gehäuft auftreten.

Die Entstehung des wissenschaftlichen Diskurses aus dem allgemeinen Diskurs ist die Entstehung des theoretischen Diskurses. Die Bedeutung dieses Prozesses für die Erfahrung besteht darin, daß die Erfahrung unter Rechtfertigungszwang gerät. Nicht mehr, was man irgendwie gesehen oder erlebt hat, kann als Erfahrung gelten, vielmehr sind Normen zu berücksichtigen, unter denen man etwas als Tatsache behaupten kann. Darüberhinaus sind Bedingungen der Relevanz von Äußerungen zu beachten, die sich aus dem Stand des bisherigen Diskurses herleiten. Schließlich muß man sich bei der Rechtfertigung seiner Behauptungen auf ein bestimmtes Arsenal von Argumenten stützen, die innerhalb einer Diskursgemeinschaft (scientific community) anerkannt sind.

3. *Poietische Ebene*

Daß über Dinge zu reden eine Beziehung zu Dingen darstellt, mag abstrakt zugestanden werden. Daß aber, indem man über die Dinge redet, mit den Dingen selbst etwas geschieht, ist wohl eine sehr problematische Behauptung. Plausibel mag sie erscheinen in den Gegenstandsbereichen, wo die Gegenstände des Redens nicht naturwissen-

---

[9] S. dazu Habermas 1973.

schaftlicher, sondern sozialwissenschaftlicher Art sind: im Bereich des Sozialen stiftet Sprechen soziale Verhältnisse, deshalb ändert man auch die Verhältnisse, wenn man über sie in bestimmter Weise redet. Die Behauptung, daß über die Dinge zu reden eine bestimmte Wirkung auf die Dinge hat, ist aber allgemeiner gemeint, und nur so läßt sich die Einführung einer poetischen Ebene der Sprache rechtfertigen. Der Sinn dieser Behauptung muß durch eine Erinnerung an Kant erläutert werden. Kant hat gezeigt, daß die Formen, in denen wir über Gegenstände urteilen, zugleich Bestimmung davon sind, in welcher Weise für uns etwas überhaupt Gegenstand sein kann. Die Behauptung ist auf der Ebene der Sprache zu wiederholen: die Art und Weise, wie wir über Gegenstände sprechen, bedingt, was diese Gegenstände für uns überhaupt sein können.[10] Nun läßt die Umgangssprache ihrer Natur nach jeden Gegenstandsbezug zu, genauer: im lebensweltlichen Reden über die Dinge ist ihre Erscheinungsweise diffus. Dagegen zeichnet sich das wissenschaftliche Reden über Gegenstände durch spezifische Formen aus, durch die darüber entschieden wird, was jeweils der Gegenstand einer speziellen Wissenschaft sein kann, in welcher Weise er jeweils thematisiert wird.

Diese Spezifizierung des Sprechens über Gegenstände, die für die Wissenschaften charakteristisch ist, findet sich aber bereits in mehr oder weniger ausgeprägter Form in bestimmten technischen Diskursen. Allgemein kann man sagen, daß die Ausbildung von Techniken, d. h. die Normierung und Routinisierung von Praxis zwischen Lebenswelt und Wissenschaft ein verbindendes Glied darstellt. Deshalb soll jetzt zunächst am Beispiel eines technischen Diskurses gezeigt werden, welche konstitutive Bedeutung die Formen der Rede für die thematisierten Gegenstände haben. Das Beispiel ist Untersuchungen über die juristische Sprache entnommen (Podlech 1975). Podlech zeigt in der genannten Arbeit, wie ein lebensweltlicher Sachverhalt durch Auswahl, Stilisierung, Ausblendung von Gesichtspunkten überhaupt erst zu einem juristischen wird. „Die rechtliche Beurteilung eines Sachverhalts blendet die Wertungen der Beteiligten aus oder berücksichtigt sie (vom Standpunkt der Beteiligten aus zufällig) aus anderen Gründen, als die Beteiligten diese Wertungen vertreten" (1975, 170). Diese Stilisierung des lebensweltlichen Sachverhaltes konstituiert das, was man einen

---

[10] Die Beziehung zu Kant ist näher ausgeführt in Böhme 1975, Abschnitt 4, „Diskursive Gegenstandskonstitution".

juristischen *Tatbestand* nennt. Der Tatbestand hat nicht die Einheit eines lebensweltlichen Ereignisses, sondern er wird vielmehr in seinem Zusammenhang durch den Rechtsgesichtspunkt konstituiert. „Es wird also nicht mehr behauptet, daß der Tatbestand seine Einheit durch den Sachverhalt als einem Teilgebiet der realen räumlich-zeitlichen Welt erhalte, sondern durch einen rechtlichen Gesichtspunkt, der an eine ein solches Teilgebiet beschreibende Sachverhaltsbeschreibung herangetragen wird" (1975, 172).

Nun kann man für unseren Zusammenhang natürlich fragen, ob die sprachliche Form für diesen Prozeß der Herausbildung eines Tatbestandes aus einem lebensweltlichen Sachverhalt von Bedeutung ist. Dieses wird nun durch die Untersuchung von Podlech bestätigt. Für ihn gilt es als wichtige Einsicht der juristischen Methodenlehre „daß Gegenstand rechtlicher Überlegungen nie Sachverhalte sind, sondern sprachlich gefaßte Beschreibungen von Sachverhalten" (1975, 171). Podlech formuliert das in einer etwas schwachen Form, indem er den Rechtsgesichtspunkt als einen Auswahloperator bezeichnet, der aus möglichen Sachverhaltsbeschreibungen eine als den Tatbestand seligiert (1975, 173 f.). Genauer besehen handelt es sich aber bei der Konstruktion eines Tatbestandes um eine solche Stilisierung des Sachverhaltes, daß er mit *juristischen* Termini beschreibbar ist. Die Formulierung eines Sachverhaltes in juristischer Sprache hat deshalb eine konstitutive Bedeutung. Daß die juristische Formulierung eines Sachverhaltes als Tatbestand nicht nur ein Auswahlakt ist, kommt auch darin zum Ausdruck, daß die juristische Formulierung nicht voll in eine umgangssprachliche übersetzt werden kann.[11] Podlech kann nun sogar für die Notwendigkeit der fachsprachlichen Formulierung von Sachverhalten in diesem Fall Gründe angeben. Der erste Grund leitet sich aus dem Universalitätsanspruch des Rechtes her. Um die Konsistenz von Teilcodifizierungen von Recht herzustellen ist eine juristische Fachsprache notwendig. Der zweite Grund ist wohl noch schwerwiegender. Er leitet sich selbst aus einem Rechtsprinzip her, nämlich aus dem Rechtsverweigerungsverbot. Der Staat ist verpflichtet, jeden Streit zu entscheiden, der rechtlich formulierbar ist. Um diese Verpflichtung

---

[11] Die Gründe, die Podlech dafür angibt, sind, daß eine intensionale Ersetzung der Fachtermini durch umgangssprachliche Definitionen an dem Totalzusammenhang des Rechtsgebäudes scheitert (1975, 183), die extensionale, nämlich durch Aufzählung der Handlungsfolgen, an der Unabgeschlossenheit der Menge möglicher Rechtsgesichtspunkte.

zu operationalisieren, muß es also für die Formulierung von Sachverhalten, durch die sie als rechtlich relevant ausgewiesen werden sollen, einen Kanon geben.

Nach diesem Beispiel aus einer technischen Sprache nun zu einer allgemeinen Wirkung wissenschaftlichen Sprechens über Gegenstände. Die Behauptung ist, daß durch die Herausbildung wissenschaftlichen Redens die Gegenstände theoretisiert werden. Der Grund dafür ist eine ziemlich allgemeine Eigenschaft der Sprache, nämlich ihre analytisch-synthetische Leistung.

Der Ursprung der Theoretisierung des Gegenstandes ist bereits mit der Terminologisierung gegeben. Sobald terminologisch über Gegenstände gesprochen wird, wird ihre diffuse Einheit in eine Mannigfaltigkeit von Eigenschaften, Merkmalen, Daten usw. aufgelöst. Wissenschaftliches Sprechen über Gegenstände bedeutet deshalb im ersten Schritt den Verlust der Einheit des Gegenstandes. Wissenschaftlicher Erfahrung gegeben ist zunächst nur eine spezifische und distinkte Mannigfaltigkeit von Daten.

Auf der anderen Seite ist durch die Art, wie über das empirisch Gegebene wissenschaftlich gesprochen wird, im allgemeinen seine mögliche Einheit schon vorgezeichnet. Sehr deutlich ist dies, wenn die sprachliche Analyse des Gegebenen sich in Paar-Begriffen vollzieht, etwa im Paar Ding-Eigenschaft, Substanz-Akzidenz, Person-Akt, Vorgang-Ereignis. Die Einheit des Gegenstandes ist in der Beziehung dieser Begriffe bereits vorgezeichnet, wissenschaftlich wird sie dann explizit behauptet. Diese Behauptung der Einheit des Gegenstandes ist der Ursprung der Theorienbildung. Mag auch lebensweltlich die Einheit des untersuchten Gegenstandes stets diffus gegeben sein und als solche auch nicht verlorengehen, so muß die behauptete Einheit des wissenschaftlich gegebenen distinkten Mannigfaltigen begründet werden. Diese Begründungen werden durch Theorien gegeben.

Um dies hier etwas abstrakt Formulierte etwas plastischer zu machen, noch ein paar Beispiele: so ist etwa, was im Satz „Paul stiehlt" ausgedrückt wird, lebensweltlich unmittelbar als Einheit gegeben: ein stehlender oder ein diebischer Paul. Im Rahmen der Psychologie aber wird diese diffuse Einheit aufgelöst, indem man von Akten spricht und von Personen. Die Einheit von Akt und Person wird natürlich behauptet, sie kann aber nur begründet werden, wenn man eine Theorie hat, die beides explizit verbindet, z. B. eine Motivationstheorie. – Um noch ein anderes Beispiel zu nehmen, in dem sich die analytische Leistung wissenschaftlicher Sprache nicht in den genannten vertrauten

Paarbegriffen vollzieht: In der Ausbildung einer wissenschaftlichen Wärmelehre war die zentrale Differenzierungsleistung die Trennung zweier Begriffe von Wärme, nämlich Temperatur und Wärmemenge. Die Schwierigkeit dieses Prozesses der Verwissenschaftlichung hat ihre Ursache gerade darin, daß in der lebensweltlichen Erfahrung das in diesen Begriff Intendierte diffus ineinanderspielt. So hat man z. B. lange geglaubt, daß die Temperatur einfach die vorhandene Wärmemenge mißt. Nachdem man einmal diese beiden Wärmebegriffe hat deutlich trennen können, ergab sich natürlich sofort die Notwendigkeit einer Theorie, um die Einheit der Wärmephänomene zu wahren. Diese Theorie wurde von Black als Theorie der latenten Wärme und spezifischen Wärmekapazitäten gegeben.

Wichtig ist nun, daß die Einheit des wissenschaftlichen Gegenstandes theoretisch hergestellt wird, daß sie selbst nicht empirisch gegeben ist. Vielmehr ist ja die zunächst sinnlich diffus gegebene Einheit des Gegenstandes durch die Verwissenschaftlichung verlorengegangen. Wissenschaftlicher Empirie ist stets nur die distinkte Mannigfaltigkeit der Daten gegeben. Von hier aus läßt sich verstehen, warum in der Wissenschaft stets das Sinnliche durch das Nicht-sinnliche erklärt wird. Außerdem zeichnet sich die Möglichkeit ab, eine andere Begründung für die Notwendigkeit theoretischer Begriffe zu geben, als das bisher üblich ist. Die Einheit des wissenschaftlichen Gegenstandes muß argumentativ begründet werden. Diese Begründungen müssen aus dem größeren Zusammenhang von kulturell bedingten Naturentwürfen und Erklärungsidealen genommen werden.[12]

Zusammenfassend läßt sich über die Bedeutung der Ausbildung von Wissenschaftssprachen für die Verwissenschaftlichung der Erfahrung folgendes sagen. Allgemein ist die Ausbildung spezifischen Sprechens

---

[12] Zur erfahrungskonstitutiven Bedeutung der Sprache s. auch von Kutschera 1971, der sich aber – ausgehend von Sapir, Whorf, v. Humboldt mit den natürlichen Sprachen beschäftigt. Er versteht diese Bedeutung von der Artikulationsleistung der Sprache her (327), also von der analytischen, nicht der synthetischen Funktion der Sprache, wie es hier geschehen ist. Deshalb kann er die Bedeutung der Sprache für die Erfahrung auf der lexikalischen Ebene auch viel besser als auf der grammatischen Ebene rechtfertigen. Wichtig ist, daß er hervorhebt, daß nur bei einem pragmatischen Ansatz, nicht einem realistischen, sich die erfahrungskonstitutive Leistung der Sprache verstehen läßt (332). Dem entspricht bei uns das Hinzunehmen der poietischen Ebene, d. h. die Überwindung der rein semiotischen Sprachtheorie.

zugleich die Spezifizierung der Erfahrung: der Normierung des Sprechens entspricht die Normierung der Zugangsarten zum Gegenstand. Zweitens bedeutet die Ausbildung von Wissenschaftssprachen eine Akkumulation und Kanonisierung wissenschaftlichen Wissens. Wissenschaftliches Reden wie wissenschaftliche Erfahrung sind voraussetzungsreich. Der Anhäufung von Präsuppositionen in der wissenschaftlichen Sprache entspricht die Anhäufung wissenschaftlicher Erfahrung, vor der sich jede weitere vollzieht. Drittens gerät Erfahrung im Rahmen wissenschaftlichen Redens unter Rechtfertigungszwang. Viertens hat die wissenschaftliche Sprache für den wissenschaftlichen Gegenstand eine konstitutive Bedeutung: die Formen der Einheit des wissenschaftlichen Gegenstandes müssen diskursiv begründet werden.

III. *Rückwirkungen wissenschaftlichen Wissens auf die Lebenswelt*

Wissenschaften entstehen durch Differenzierungsprozesse aus Handlungszusammenhängen der Lebenswelt, Wissenschaftssprachen entstehen durch Differenzierung aus der Umgangssprache. In diesen Prozessen vollzieht sich eine Verwissenschaftlichung der Erfahrung und des Gegenstandes der Erfahrung. Es bleibt nun zu fragen, ob umgekehrt, nachdem einmal wissenschaftliches Wissen entstanden ist, die entsprechenden Lebensbereiche selbst verwissenschaftlicht werden. Es bleibt also zu fragen nach den Rückwirkungen der Wissenschaft auf lebensweltliche Zusammenhänge.

Mit der Entstehung von Fachsprachen etablieren sich Fachgemeinschaften. Das bedeutet, daß nicht jedermann bei dem mitwirken kann, was in diesen Fachgemeinschaften sich vollzieht, nämlich Forschung; das bedeutet auch, daß nicht jedermann zu den Resultaten dieser Forschung Zugang hat. Die Zugangsschranken sind solche der Verständlichkeit, der Präsuppositionen und der Relevanz: Um am Diskurs der Fachgemeinschaft beteiligt zu sein, muß man die Fachsprache verstehen, man muß gewisse inhaltliche Voraussetzungen der Fachgemeinschaft teilen, man muß die interne Problemkonstellation kennen, um sich selbst relevant äußern zu können, bzw. die Bedeutung der Äußerungen anderer zu verstehen. Diese erheblichen Zugangsschranken zum fachlichen Wissen etablieren sozial die Rolle des Fachmanns gegenüber der Laienwelt. Das lebensweltliche Wissen wird durch die Existenz des Fachwissens disqualifiziert, der Laie wird dadurch quasi entmündigt, er kann seine Sache nicht mehr selbst führen. Dies wird bereits deutlich an unserem Beispiel einer technischen Sprache, nämlich der juristischen.

Trotz der erheblichen Schranken zwischen Fachwelt und Laienwelt findet ein Rücktransfer wissenschaftlichen Wissens statt. Man kann sogar sagen, daß das Autoritätsgefälle diesen Rücktransfer erzwingt. Er ist aber mit außerordentlichen Problemen verbunden. Diese beginnen bereits mit dem Problem der Übersetzbarkeit von Fachsprachen. Nach übereinstimmender Meinung der Forscher, die sich mit dieser Frage befaßt haben, sind Fachsprachen, insbesondere Wissenschaftssprachen nicht voll in die Umgangssprache übersetzbar.[13] Der Grund ist vor allem darin zu sehen, daß Termini der Fachsprache nicht bloß auf der Basis der Umgangssprache definiert werden, sondern zum Teil unabhängig im fachlichen Zusammenhang neu entstehen. Ferner hängt es mit dem theoretischen Charakter der Wissenschaftssprache zusammen: die Bedeutung theoretischer Begriffe kann eben nicht voll durch Operationalisierung, d. h. Umsetzung in empirisch Zugängliches, ausgeschöpft werden.

Der Rücktransfer wissenschaftlichen Wissens in die Praxiszusammenhänge der Lebenswelt wird deshalb immer unvollständig bleiben. Unvollständig aber auch deshalb, weil das Wissen der Wissenschaft unabhängig von der internen Problemkonstellation transferiert wird. Das bedeutet eine Dogmatisierung wissenschaftlichen Wissens in der Lebenswelt. Wissenschaftliches Wissen wird in die Lebenswelt ohne die wissenschaftlichen Begründungen und ohne die Problematisierungen transferiert. Was in der Wissenschaft noch hypothetischen Charakter hat oder vielleicht sogar auf Dauer haben muß, erscheint in der Lebenswelt als unerschütterliches Faktum. Diese Dogmatisierung des Wissens zusammen mit der sozialen Autorität des Fachmanns bringt es mit sich, daß wissenschaftliches Wissen in der Lebenswelt durchaus repressiven Charakter annehmen kann. Dies insbesondere dort, wo es keine klaren Grenzen zwischen Laien und Fachmann, wie zwischen Arzt und Patient gibt, sondern jeder je nach Grad seiner Nähe zur Wissenschaft, bzw. nach Grad seiner Bildung an dem autoritativen Charakter wissenschaftlichen Wissens partizipiert. Dies trifft insbesondere für soziologisches, pädagogisches und psychologisches Wissen zu.

Natürlich stellt sich die Frage, wie weit der Rücktransfer wissenschaftlichen Wissens überhaupt möglich ist, und ob dadurch auch die

---

[13] S. Petöfi / Podlech / v. Savigny 1975.

unmittelbare Erfahrung verändert wird. Es könnte ja sein, daß gerade durch die soziale Etablierung einer Fachgemeinschaft die unmittelbare Erfahrung sich stets neben der wissenschaftlichen Erfahrung erhalten könnte. Daß aber in der Tat auch die lebensweltliche Erfahrung nach der Herausbildung wissenschaftlicher Erfahrung verändert wird, läßt sich bereits an naturwissenschaftlichen Beispielen zeigen. Es würde z. B. heute niemand mehr ‚leicht' und ‚schwer' in dem Sinne als Gegenbegriffe verstehen, daß es eben leichte Körper gibt, die nicht schwer sind, und schwere, die nicht leicht sind. Leicht und schwer werden als Ausdrücke verstanden, die ein Mehr oder Weniger des Gewichtes bezeichnen. Demgegenüber war die klassische lebensweltliche Erfahrung, wie sie etwa in der Naturphilosophie des Aristoteles ausgedrückt ist, daß diese Begriffe in einem direkten Gegensatz stehen: leichte Körper streben nach oben, schwere Körper streben nach unten. Reste dieser Vorstellungen sind selbst in der Wissenschaft bis ins 18. Jahrhundert hinein zu finden. Es ist erst die universelle Vergleichbarkeit der natürlichen Körper, wie sie durch Newtons Mechanik etabliert wurde, die diese traditionelle lebensweltliche Erfahrung disqualifizierte. In vielen Bereichen wird die lebensweltliche Erfahrung verdrängt, weil sie letztlich gegenüber der wissenschaftlichen nicht entscheidend ist, bzw. lebensweltliche Zusammenhänge werden von vornherein so eingerichtet, daß sie wissenschaftlichen oder technischen Kategorien entsprechen. Für ersteres ist etwa die Temperaturmessung beim Krankheitsgeschehen ein Beispiel: Fieber hat man nicht, weil man sich so und so fühlt, sondern weil die Temperatur über 37.0 Grad gestiegen ist. Für letzteres dürfte die Bedeutung der Rechtspraxis für ökonomisches und administratives Verhalten ein Beispiel sein: hier werden die Verhältnisse nach Möglichkeit von vornherein so eingerichtet, daß sie rechtlich definierbar oder rechtlich vielleicht gerade ungreifbar sind.

Solche Bemerkungen sind natürlich hier nur als Vermutungen zu verstehen, der Rücktransfer wissenschaftlichen Wissens in die Lebenswelt erfordert explizite Forschungen. Natürlich ist für solche der erste Schritt, daß zunächst einmal geklärt wird, in welcher Richtung lebensweltliche Erfahrung verändert wird, wenn sie zu wissenschaftlicher Erfahrung wird. Diese Richtung ist in diesem Vortrag als Richtung auf Distinktheit, Entqualifizierung, Entsinnlichung angegeben worden. Danach stellt sich die Frage, wieweit wissenschaftliches Wissen eigentlich das lebensweltliche ersetzen kann. Bleibt neben der wissenschaftlichen Verfassung der Phänomene immer auch ein anders geartetes lebensweltliches erhalten? Dies scheint im Bereich der Naturphänomene weitgehend nicht der Fall zu sein. Das Interesse an Naturphänomenen ist – abgesehen von ästhetisch-romantischen Bedürfnissen – weitgehend ein technisches. Die technische Produktion der Natur ist ja gerade das, was die Naturwissenschaft leistet. Dies mag anders sein im Bereich der Sozialwissenschaften. Hier könnte es sein, daß neben den distinkten wissenschaftlichen Kriterien auch stets ein Interesse am diffusen lebensweltlichen Phänomen erhalten bleibt. Als Beispiel mag dafür die Diskrepanz zwischen Intelligenzquotienten und dem diffusen Phänomen der Intelligenz, das für die lebensweltlichen Phänomene relevant ist, gelten.

Ferner ist zu fragen, wieweit die unmittelbare Erfahrung überhaupt eine konstante ist. Es könnte doch sein, daß im Laufe der Zeit wissenschaftliches Wissen so vollständig in lebensweltliches transferiert wird, daß, was sich uns als unmittelbare Erfahrung darstellt, durch die Sedimente vergangener Theorien bestimmt ist.[14] Es könnte aber ebensogut sein, daß neben diesen zweifellos vorhandenen Kultursedimenten anthropologische Invarianten unmittelbarer Erfahrung existieren.

Schließlich stellt sich auch immer das Problem der Anwendbarkeit wissenschaftlichen Wissens, d. h. seiner Relevanz für den praktischen Zusammenhang der Lebenswelt. Wissenschaftliche Erfahrung muß notwendig unter festen isolierten Bedingungen stattfinden. Sie bezieht sich auf reproduzierbare spezifische Phänomene und wird unter einem theoretischen Fragehorizont gewonnen. Dies kann bedeuten, daß in lebensweltlichen Verhältnissen, die sich praktisch nicht nach der Wohldefiniertheit wissenschaftlicher Erfahrungsgewinnung gestalten lassen, die Anwendung wissenschaftlichen Wissens verfehlt, in manchen Fällen verfrüht, in manchen Fällen täuschend sein kann. Wo die Bedingungen der Anwendbarkeit von Wissenschaft unbekannt sind, kann Wissenschaft selbst in die Rolle von Ideologie gedrängt werden.

Literaturverzeichnis

Bloomfield, L., 1969, Linguistic Aspects of Science. In: Int. Enc. of Unified Science, Vol. I, No. 4 (1939), London: Univ. of Chicago Press, 10. Aufl. 1969.

Böhme, G. 1974a, Die soziale Bedeutung kognitiver Strukturen. In: Soziale Welt 25 (1974), 188–208.

---

[14] Dies behauptet Essler 1970, 46.

- 1974b, Information und Verständigung. In: E. v. Weizsäcker (Hrsg.) Offene Systeme I, Stuttgart: Klett 1974, 17-34.
- 1975, Die Ausdifferenzierung wissenschaftlicher Diskurse. In: Kölner Zeitschrift für Soziologie, Sozialpsychologie, Sonderheft ‚Wissenschaftssoziologie' (Hrs. v. J. König, N. Stehr), 1975, 231-253.

Carnap, R., 1958, Introduction to Symbolic Logic and its Applications, New York: Dover 1958.

Crosland, M. P., 1962, Historical studies in the language of chemistry, London: Heinemann 1962.

Gopnik, M., 1972, Linguistic structures in scientific texts, The Hague, Paris, Mouton 1972.

Essler, W. K., Wissenschaftstheorie I, Freiburg, München: Alber 1970.

Habermas, J., 1973, Wahrheitstheorien, in: Festschrift für W. Schultz, Pfullingen: Neske 1973.

Hasan, R., 1973, Code register and social dialect, in: B. Bernstein (ed.) Class, Codes and Control. London, Boston: Routledge and Kegan Paul 1973, 252-292.

Janich, P., 1975, Die methodische Abhängigkeit der Fachsprachen von der Umgangssprache, in: J. S. Petöfi, A. Podlech, E. v. Savigny (Hrsg.) Fachsprache – Umgangssprache, Kronberg/Ts.: Scriptor 1975, 33-54.

Kutschera v. F., 1971, Sprachphilosophie, München: Fink 1971.

Lorenzen, P., O. Schwemmer, 1973, Konstruktive Logik, Ethik und Wissenschaftstheorie, Mannheim: B I, 1973.

Petöfi, J. S., A. Podlech, E. v. Savigny (Hrsg.), Fachsprache – Umgangssprache, Kronberg/Ts.: Scriptor 1975.

Podlech, A., 1975, Die juristische Fachsprache und die Umgangssprache, in: J. S. Petöfi, A. Podlech, E. v. Savigny (Hrsg.) Fachsprache – Umgangssprache, Kronberg/Ts.: Scriptor 1975, 161-190.

Savigny, v. E., 1975, Inwiefern ist die Umgangssprache grundlegend für die Fachsprache? in: J. S. Petöfi, S. Podlech, E. v. Savigny (Hrsg.), Fachsprache – Umgangssprache, Kronberg/Ts.: Scriptor 1975, 1-32.

Ströker, E., 1974, Das Problem der Sprache in den exakten Wissenschaften, in: J. Simon (Hrsg.): Aspekte und Probleme der Sprachphilosophie, Freiburg/München: Alber 1974, 231-282.

Taylor, G. Language and learning: Deep structure in a chemical text. Dissertation submitted for the degree of M. Litt., Dept. of Applied Linguistics, Univ. of Edinburgh. Edinburgh: Mai 1968.

Whorf, B. J., 1963, Sprache, Denken, Wirklichkeit. Beiträge zur Metalinguistik und Sprachphilosophie, Reinbeck: Rowohlt 1963.

Uwe Pörksen

ZUR WISSENSCHAFTSSPRACHE UND SPRACHAUFFASSUNG BEI LINNÉ UND GOETHE

„Laß zwei Studierende, der eine ein Systematicus, der andere ein Empiricus, mit einer ausgezeichneten botanischen Bibliothek in einen Garten voller ausländischer und unbekannter Pflanzen kommen: während der erstere durch Ablesung der Fruktifikationsbuchstaben die Pflanzen leicht in Klasse, Ordnung und Gattung aufstellt und dann nur einige Arten zu unterscheiden hat, so ist der letztere gezwungen, alle Bücher durchzublättern, alle Beschreibungen durchzulesen und mit vieler Mühe alle Abbildungen zu prüfen, eine Sicherheit, welche Pflanze er vor sich hat, erhält er aber doch nicht, wenn nicht durch Zufall." Mit diesen Worten illustriert Linné in der Vorrede zu den ‚Genera plantarum' (1737) den Nutzen seines Systems der Pflanzen.[1]

Goethe besucht am 17. April 1787 den öffentlichen Garten von Palermo und notiert:

„Im Angesicht so vielerlei neuen und erneuten Gebildes fiel mir die alte Grille wieder ein: ob ich nicht unter dieser Schar die Urpflanze entdecken könnte? Eine solche muß es denn doch geben! Woran würde ich sonst erkennen, daß dieses oder jenes Gebilde eine Pflanze sei, wenn sie nicht alle nach einem Muster gebildet wären.

Ich bemühte mich zu untersuchen, worin denn die vielen abweichenden Gestalten voneinander unterschieden seien. Und ich fand sie immer mehr ähnlich als verschieden, und wollte ich meine botanische Terminologie anbringen, so ging das wohl, aber es fruchtete nicht, es machte mich unruhig, ohne daß es mir weiter half."[2]

---

* Erweiterte Fassung eines Vortrags, der am 9. Juni 1975 im Rahmen des „Studium Generale" in Freiburg gehalten wurde.
[1] Linné, Genera plantarum (1737), Vorrede § 29; zitiert nach Lindman (1909), S. 53.
[2] Italienische Reise, Zweiter Teil, unter „Palermo, Dienstag, den 17. April".

Die beiden Botaniker haben einen gemeinsamen Ausgangspunkt: sie suchen der Unzahl und Vielgestaltigkeit der Pflanzen Herr zu werden, sich in dem vielgestaltigen Garten der Welt zurecht zu finden. Der Weg, den sie einschlagen, ist aber entgegengesetzt:

Linné zieht den Weg der Analyse vor, der Einteilung und Benennung der Pflanzen.

Goethe geht den Weg der Synthese. Er bemerkt zuerst die Ähnlichkeit der Pflanzen, und er sucht die Urpflanze, nach deren Muster alle anderen gebildet sind.

Zwar bemüht auch er sich, die Unterschiede zu untersuchen. Er kennt Linné, hat ihn in Weimar gründlich studiert. Aber der Versuch, sich mit Hilfe des Linnéschen Leitfadens zurecht zu finden und seine Terminologie anzuwenden, bringt ihn in Verlegenheit: „Es machte mich unruhig, ohne daß es mir weiterhalf."

Der Gedanke, daß die verwirrende Vielfalt der Phänomene eine Art Ordnung verlangt, wird von beiden Forschern wiederholt ausgesprochen. Er kehrt überhaupt in der Naturwissenschaft des 18. Jahrhunderts wieder. Gegenüber der Mannigfaltigkeit der Phänomene gab es aber zwei gegensätzliche, einander ergänzende Ordnungsverfahren:

auf der einen Seite das Sammeln der Einzelphänomene, ihre Benennung und Beschreibung, ihre Rubrizierung nach Unter- und Obergruppen: Klassifikation und Systematik also;

auf der anderen Seite die Entlastung von der Fülle des Materials zugunsten des Blicks auf Verwandtschaft und Ähnlichkeit der Phänomene, auf ihre gemeinschaftliche Grundstruktur. Das erste war mehr die Sache Linnés, das zweite überwiegend die Sache Goethes.

Die beiden verschiedenen Verfahren bedingen eine unterschiedliche Sprache und Form der Darstellung. Davon soll im folgenden die Rede sein, zuerst von Linné, d. h. von einem kleinen Ausschnitt seines Riesenwerks, und von seiner Sprache, (wenn ich mir das als ein von der Sprachwissenschaft herkommender Laie erlauben darf).

Linnés Hauptwerk, das ‚Systema Naturae', erschien zum ersten Mal 1735. In dieser ersten Auflage war es ein großformatiges Heft von elf Folioseiten. Wir haben ein Exemplar in unserer Freiburger Bibliothek. Das Werk hat den Titel: ‚Caroli Linnaei, Doctoris Medicinae Systema Naturae, sive Regna Tria Naturae systematice proposita per Classes Ordines, Genera & Species'. Sein Inhalt sind Bemerkungen zu den drei Naturreichen und drei doppelseitige Tafeln, auf denen die Einteilung dieser drei Reiche tabellenartig dargestellt ist.

Die Bemerkungen sind lapidar formulierte kanonische Leitsätze, in denen Linné Grundsätze seiner Methode oder allgemeingültige naturwissenschaftliche Sachverhalte in Gesetzesform ausspricht. Als Fundament der Naturwissenschaft betrachtet er hier die Einteilung und Benennung der Objekte. ‚Divisio' und ‚Denominatio' werden das Fundament unserer Wissenschaft sein, schreibt er und: das richtige Rubrizieren, Unterscheiden und Benennen ist das Kennzeichen des Naturwissenschaftlers.[3]

Linnés Bild von der Natur ist hier noch ganz statisch.[4] Er ist von einer Konstanz der Arten seit Beginn der Schöpfung überzeugt und führt sie auf den Schöpfer zurück.[5] Auch die Gattungen sind Teil der natürlichen Ordnung: „Genus omne est naturale, in ipso primordio tale creatum."[6] In den ‚Ordnungen' und ‚Klassen' sieht er dagegen Erzeugnisse der ‚Kunst'[7], und ist nicht der Ansicht, ein ‚natürliches' System konstruiert zu haben.

Das methodische Mittel der Einteilung ist die Definiton. Die Definition der klassischen Logik legt das Wesen des Gegenstandes eines Begriffs fest „durch Angabe der nächst höheren Gattung (genus proximum) und des artbildenden Unterschiedes (differentia specifica), wobei der letztere die Gattung determiniert."[8] Die Systematik Linnés beruht durchgehend, von der Kennzeichnung der einzelnen Stein-, Pflanzen- oder Tierart bis zu derjenigen eines ganzen Reiches der Natur, auf diesem Abstraktionsverfahren, das einen Gegenstand als besondere Art des nächsthöheren Allgemeinen, einer Gattung, bestimmt.

Das umfassendste Allgemeine, die Natur, wird in drei Reiche unterteilt. Die Reiche, zwischen denen Linné offenbar feste Grenzen sieht, werden durch Merkmale definiert, die sich von Stufe zu Stufe summieren, so daß im Pflanzenreich das Mineralreich, im Tier das Mineral- und Pflanzenreich ‚aufgehoben' ist. Linné definiert in der Nachfolge des Aristoteles: „Die Steine wachsen. Die Pflanzen wachsen und leben. Die Tiere wachsen, leben und fühlen."[9]

---

[3] Linné (1735), Observationes in Regna III Naturae, 10–12.
[4] Vgl. Meyer-Abich (1970), S. 35 f.
[5] Linné (1735), a. a. O., 1, 4.
[6] Linné (1735), Observationes in Regnum Vegetabile, 14.
[7] Burckhardt / Erhard (1921) I, S. 87.
[8] Brockhaus Enzyklopädie 4 (1968), s. „Definition"; vgl. Kamlah / Lorenzen (1967) S. 79; vgl. Ballauf (1954), S. 299.
[9] Linné (1735), Observationes in Regna III Naturae 15; vgl. Burckhard/ Erhard (1921) I, S. 87 f.

Die Tafeln, auf denen Linné eine Übersicht über seine Einteilung der Naturreiche gibt, tragen die Balkenüberschrift: CAROLI LINNAEI REGNUM MINERALE bzw. REGNUM VEGETABILE und REGNUM ANIMALE. Das Schema der Aufteilung ist in den drei Reichen gleich, nur die Dichte der Linien unterschiedlich. Die gesamte Tafel ist eingeteilt in Spalten für die ‚Klassen' eines Reichs; die Spalten sind unterteilt in Kästchen für die ‚Ordnungen'; und diese haben wieder weitere Unterabteilungen für die ‚Gattungen' und ‚Arten'.

Linnés Klassifikationspyramide läßt sich als Diagramm folgendermaßen darstellen:[10]

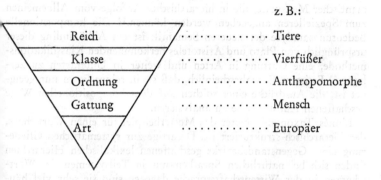

Umfassendster Begriff ist das ‚Reich', z. B. der Tiere, die nächstumfassende Gruppe ist zusammengefaßt als ‚Klasse', z. B. der Vierfüßer oder Säugetiere usw. Grund für diese zusammenfassenden Termini sind gemeinsame sicht- und zählbare Merkmale: die Vierfüßer haben die Zahl der Füße, die Anthropomorphen zusätzlich die Zahl der vorderen Schneidezähne, die Europäer obendrein die weiße Haut gemeinsam.

Für die Begriffsleiter, wie sie auf den Tafeln mit den sukzessiv kleiner werdenden Rubriken anschaulich wird, gilt die aus der Klassenlogik bekannte Beziehung der ‚Inklusion' des jeweils spezifischeren Ausdrucks in dem allgemeineren. Der übergeordnete Ausdruck umfaßt jeweils die größere Gruppe von Objekten als die untergeordneten. ‚Reich' ist der umfassendste Begriff, er hat auf der anderen Seite den am wenigsten spezifischen Inhalt. Auf jeder niederen Stufe der Begriffsleiter wird der Umfang der in den Unterbegriffen erfaßten Ob-

---

[10] Vgl. Asimov (1968), S. 37.

jekte kleiner und die Zahl der Ähnlichkeiten, der gemeinsamen Merkmale größer. ‚Art' hat den kleinsten Umfang und den reichsten Inhalt. Hier gilt der aus der traditionellen Logik bekannte Satz der Reziprozität von Inhalt (Intension) und Umfang (Extension) des Begriffs: „Je größer die Extension eines Ausdrucks, desto geringer seine Intension und umgekehrt."[11]

Die Auffassung eines Begriffsinhalts als Addition bzw. Subtraktion von Merkmalen deckt sich mit Auffassungen in der neueren aus der Transformationsgrammatik entwickelten Semantik. Der Inhalt eines Linnéschen Begriffs ist zusammengesetzt, addiert aus einer Anzahl semantischer Merkmale, die in hierarchischer Abfolge vom Allgemeinen zum Spezielleren angegeben werden können.[12] Die kompositionelle Bedeutungsanalyse der neueren Semantik ist ein Abkömmling dieser ursprünglich von Plato und Aristoteles herkommenden Klassifikationsmethode, eine Gattung in Arten und weiter in Unterarten zu zerlegen.[13] Es ist m. E. wahrscheinlich, daß sie in reiner Form nur geeignet ist, die Ausdrücke einer solchen auf dem kompositionellen Wege geschaffenen Kunstsprache zu analysieren.

Linnés Taxonomie bietet das Musterbeispiel für einen Wortschatz, der hierarchisch strukturiert ist. Derartige zur systematischen Gliederung eines Gegenstandsbezirks geschaffenen lexikalischen Hierarchien finden sich bei natürlichen Sprachen nur in Teilsystemen des Wortschatzes, in der Wissenschaftssprache dagegen sind sie sehr viel häufiger, und es ist kein Zufall, daß in der auf dem Klassifikationsprinzip aufbauenden Semantik immer wieder auf Beispiele aus den taxonomischen Systemen der Naturwissenschaften hingewiesen wird.

Definitive Leitsätze und rubrizierende Übersichtstafeln sind also ein erstes Kennzeichen von Linnés System der Natur – die Übersichtstafeln beruhen auf einer für alle Reiche der Natur gültigen Begriffsleiter. (Linné hatte überhaupt eine Leidenschaft zu klassifizieren. So teilte er z. B. auch die Botaniker ein – diesmal unter Verwendung der militärischen Rangleiter. Er setzte sich selbst als General an die Spitze, dann folgt als Generalmajor Jussi aus Paris, unter den Obersten stehen die Namen Haller und Gesner, das Schlußlicht bildet der Feldwebel Siegesbeck.[14])

---

[11] Lyons (1971), S. 464.
[12] Vgl. Lyons (1971), S. 482 ff., Hundsnurscher (1970).
[13] Vgl. z. B. Lyons (1971), S. 483.
[14] Vgl. Goerke (1966), S. 126 f.

Ein weiteres Kapitel ist die von Linné geschaffene Terminologie und Nomenklatur. Er hatte eine besondere Vorliebe für die Ordnung des Pflanzenreiches. Seine Einteilung der Pflanzen beruht auf einer Analyse ihrer Fortpflanzungsorgane, man spricht daher auch jetzt noch von dem Sexualsystem Linnés. Die Organe der Blüte und Frucht waren nach ihm unterscheidbar im Hinblick auf ihre Zahl, Form, Lage und relative Größe. Diese Attribute der Blütenorgane sind, auf den verschiedenen Stufen, der „Schlüssel" (Clavis) seiner Einteilung.

Er gliedert das Pflanzenreich, auf der obersten Stufe seiner Taxonomie, in 24 Klassen. Deren Benennung erfolgt nach der Zahl und Beschaffenheit der Staubfäden. Zwitterblütige Pflanzen mit einem freien Staubfaden von unbestimmter Länge heißen Monandria, d. h. „Einmännige", aus griechisch μόνος und άνής. Zwitterblütige Pflanzen mit zwei Staubfäden von unbestimmter Länge heißen Diandria, d. h. Zweimännige. Es folgen die Klassen der Triandria, der Tetrandria usw. Der 20. Klasse gehören Pflanzen an, bei denen die Staubfäden mit den Griffeln verwachsen sind, sie heißen Gynandria, „Weibmännige". So entsteht, auf der Basis einer künstlichen systematischen Einteilung, eine künstliche, systematische Nomenklatur. Für die Einteilung der Klassen in Ordnungen und der Ordnungen in Gattungen sind dann die Zahl und Beschaffenheit weiterer Blütenteile maßgebend.

Die Voraussetzung für die Schaffung eines solchen Pflanzensystems war, daß Linné die Pflanzen- und speziell die Blütenteile exakt unterschied und benannte. – Wilhelm Troll bemerkt dazu: „Zunächst unterschied er die wesentlichen Teile der Pflanzen durch bezeichnende Kunstausdrücke: Wurzel, Stamm, Stengel, Blatt, Kelch, Krone (Corolla), Staubgefäß, Fruchtknoten (Pistill), Frucht und Samen, und gab charakteristischen Formen, in denen sie erscheinen, besondere Benennungen, unterschied an ihnen auch Einzelteile, wie am Staubgefäß: Staubfaden, Pollensack (Anthere) und Pollen, oder am Pistill: Fruchtknoten, Griffel und Narbe. Auf Grund dieser Nomenklatur war erst eine präzise Diagnostik möglich, d. h. knappe Beschreibungen der einzelnen Pflanzenarten, die gestatteten, aus ihnen wieder eine Pflanze zu erkennen, oder, wie man sagt, zu ‚bestimmen', ihr den von den Botanikern festgestellten Namen zuzuordnen." [15] Die detaillierte, präzise Kunstsprache ermöglichte also erst die exakte Einteilung und Beschreibung der Pflanzenarten.

---

[15] Troll (1926), S. 41.

Von der größten Bedeutung war Linnés Einführung der binären Nomenklatur. Aus den Pflanzennamen waren z. B., angesichts der wachsenden Zahl der bekannten Arten, zunehmend längere Beschreibungen geworden. Die Art der Benennung war oft inkonsequent und undurchsichtig; es war zu vielen Synonyma gekommen.[16] Die rote Johannisbeere hieß bei einem Vorgänger Linnés „Grossularia, multiplici acino: seu non spinosa hortensis rubra, seu Ribes officinarium". Linné gab ihr den Namen „Ribes rubrum."[17] Seit Linné werden die Pflanzenarten durch zwei lateinische Namen bezeichnet, von denen der erste die Zugehörigkeit zu einer Gattung und der zweite, meist in Form eines Eigenschaftswortes, die Art bezeichnet: Viola tricolor, Viola mirabilis usw.

Mit der Aufgabe, eine einheitliche und praktikable Nomenklatur zu schaffen, beschäftigte Linné sich sehr eingehend. In der „Philosophia botanica" von 1751 formulierte er dazu allgemeine Grundsätze. Sie sind zugleich ein Beispiel seines wissenschaftlichen Stils. Dieser ist – in Zusammenhang der systematischen Arbeiten – lapidar, prägnant und faßlich, definitiv. Er schreibt z. B.:

213 Pflanzen, die der gleichen Gattung angehören, sind mit dem gleichen Gattungsnamen zu bezeichnen.

214 Pflanzen, die dagegen verschiedenen Gattungen angehören, sind durch unterschiedliche Gattungsnamen zu bezeichnen.

218 Wer eine neue Gattung feststellt, ist auch gehalten, ihr einen Namen beizulegen.

221 Gattungsnamen, die aus zwei Wörtern bestehen, sind aus der Botanischen Republik zu verbannen.

228 Gattungsnamen, die ähnlich lauten, geben Anlaß zur Verwirrung.

229 Gattungsnamen, die ihren Ursprung nicht in der griechischen oder lateinischen Sprache haben, sind zurückzuweisen.

256 Vollständig benannt ist eine Pflanze, wenn sie mit dem Gattungs- und dem Artnamen ausgestattet ist.

257 Der Artname unterscheidet eine Pflanze von allen übrigen Pflanzen einer Gattung.[18]

Linné ersetzte jeweils die seiner Meinung nach unbrauchbaren Na-

---

[16] Ballauf (1954), S. 302.
[17] Goerke (1966), S. 115, 117.
[18] Linné (1751), Philosophia botanica, Kap. VII. Nomina und Kap. VIII. Differentiae.

men durch neue. Das erste Glied des Namens bezeichnet, wie erwähnt, die Zusammengehörigkeit der Arten, das zweite ihre Verschiedenheit („differentia"). Linnés Bezeichnung der Arten schließt sich also logisch an sein System an: Sie beruht auf der Methode der Definition per „genus proximum et differentiam specificam".

„Diese Form der ‚binären Nomenklatur' ist seit dieser Zeit beibehalten worden und hat den Biologen für die Lebensformen eine internationale Sprache geschaffen, die ein nicht anzugebendes Ausmaß von sonst zu erwartenden Verwirrungen von vornherein beseitigt hat", schreibt Asimov.[19]

Linnés Methode zur Beherrschung der vorwiegend statisch aufgefaßten Natur, die Einteilung und Benennung, findet ihren adäquaten Niederschlag in dem geschilderten Darstellungstypus des „Systema Naturae". Dazu gehören eine vom Allgemeineren zum Spezielleren voranschreitende Gliederung des Ganzen, kanonische Leitsätze und lapidare Definitionen, eine hierarchisch aufgebaute Terminologie, Tafeln, in denen die Beziehung der sukzessiven Inklusion anschaulich wird, sehr viel Nomenklatur, Kupfer, auf denen zum Beispiel die Merkmale, die als Schlüssel zur Einteilung in „Klassen" oder „Ordnungen" dienen, schematisch nebeneinandergestellt sind.[20]

Linné schrieb in einer postum veröffentlichten Aufzeichnung: „Wenn man Autoren vor und nach Linnés Reformation liest, findet man eine ganz verschiedene Sprache."[21]

Die neue präzise Kunstsprache und Methode ermöglichte erst eine immense Ausweitung des Wissens. Sie wurde zum Suchgerät, das von zahlreichen Schülern leicht und sicher gehandhabt werden konnte. „Nun ist alle Welt besessen, auf dem Gebiet der Botanik zu schreiben, jetzt können sie ohne Mühe vorankommen, gemäß meiner Methode; mir gelingt es nicht, so schnell zu lesen, wie sie herausbringen; alles muß ich dann in mein System einfügen", schrieb Linné in einem Brief aus dem Jahre 1762,[22] und ein späterer Historiker der Naturwissenschaften charakterisiert seine Wirkung: „Mit seinem Natursystem schuf er ein praktisches Hilfsmittel, das ermöglichte, und die Lust weckte, neuen Zuwachs an Arten beizubringen. Glückliche, praktische Folgen

---

[19] Asimov (1968), S. 37 f.
[20] Vgl. z. B. den „Schlüssel" von Linnés Einteilung der Pflanzen in 24 Klassen in „Systema Naturae" von 1735.
[21] Zitiert nach Lindman (1909), S. 101.
[22] 6. Okt. 1762; zitiert nach Goerke (1966), S. 117.

davon waren die allgemeine Beschäftigung Gebildeter mit Naturgeschichte, Abtrennung des naturwissenschaftlichen Studiums vom medizinischen, Aussendung von Expeditionen zum Zwecke der Erforschung von Flora und Fauna, und endlich ein durch gemeinsame Namengebung erleichterter Verkehr der Gelehrten untereinander." [23]

Linnés „Systema Natuae" wurde ständig erweitert und neu aufgelegt. Die 10. Auflage wurde noch von ihm selbst besorgt – sie umfaßte drei starke Bände über die Steine, Pflanzen und Tiere. Das Beispiel Linné zeigt zugleich den Übergang der Wissenschaftssprache vom Latein zur Volkssprache. 1773 erschien in Nürnberg eine deutsche Übersetzung und Bearbeitung der 12. lateinischen Ausgabe Linnés von Müller; sie umfaßt 8 Bände. Eine 13. und letzte Ausgabe von Gmelin, die 1788–1793 in Leipzig erschien, umfaßt 10 Bände.[24]

Zu den Gebildeten, die sich im späten 18. Jahrhundert unter dem Einfluß Linnés mit Naturkunde beschäftigten, gehörte auch Goethe. Linné hatte für ihn die Bedeutung eines großen Lehrers und Antipoden. In der Geschichte seines botanischen Studiums, die 1817 in dem ersten Morphologischen Heft erschien, heißt es aber doch ein wenig überraschend: „Vorläufig aber will ich bekennen, daß nach Shakespeare und Spinoza auf mich die größte Wirkung von Linné ausgegangen und zwar gerade durch den Widerspruch zu welchem er mich aufforderte. Denn indem ich sein scharfes, geistreiches Absondern, seine treffenden, zweckmäßigen, oft aber willkürlichen Gesetze in mich aufzunehmen versuchte, ging in meinem Innern ein Zwiespalt vor: das was er mit Gewalt auseinander zu halten versuchte, mußte, nach dem innersten Bedürfnis meines Wesens, zur Vereinigung anstreben." [25]

Die Stelle erinnert an den Besuch im botanischen Garten in Palermo. Goethes Naturwissenschaft entwickelt sich hiernach aus der Aporie, in die ihn Linnés System versetzte. Auf eine so prinzipielle Bedeutung Linnés wird in der Forschung, speziell auch in den Arbeiten zur Erkenntnislehre Goethes, sehr viel weniger eingegangen, als nach seiner Selbstdeutung zu erwarten wäre.[26]

---

[23] Burckhardt / Erhard (1921), S. 89.
[24] Dannemann (1903), Bd. II, S. 280.
[25] Goethes Schriften zur Naturwissenschaft (Leopoldina; zitiert als LA), Abt. I, Bd. 9, S. 16.
[26] Die Arbeiten von Weinhandl zur „Metaphysik Goethes" (1932), von Schmitz „zu Goethes Altersdenken" (1959) und von Eichhorn zu „Idee

In jüngerer Zeit hat Kleinschnieder den Versuch unternommen, „Goethe aus der Rolle des großen Außenseiters und Antagonisten der Wissenschaftsgeschichte herauszulösen", und ist dabei besonders auf sein Verhältnis zu Linné eingegangen.[27] So richtig das Ziel scheint, Goethes Naturwissenschaft historisch zu sehen, Kleinschnieder fällt dabei in das gegenteilige Extrem. Er betrachtet Goethe als weitgehend geprägt und abhängig von Linné und verkennt, da er ihn linnéisch interpretiert, fast ganz das Eigentümliche an Goethes naturwissenschaftlicher Begriffsbildung.

Goethes Verhältnis zu Linné ist bestimmt durch eine tiefreichende Verwandtschaft und Gegnerschaft, durch Parallelität und Antithetik der Bestrebungen. Das ist z. B. daran zu erkennen, daß Goethe Denk- und Sprachformen Linnés aufnimmt und umbildet und daß er seine Sprache und seine Formen der Darstellung als Gegentyp zu Linné versteht und konzipiert. Das gilt besonders für Goethes Arbeiten zur Botanik.

Die Vielzahl und Vielgestaltigkeit der Phänomene ist hier auch für ihn Anlaß zu der Bemühung, eine Übersicht zu gewinnen.[28] Er findet den ‚Schlüssel' zur Ordnung aber nicht in einer auf der Analyse der Fortpflanzungsorgane beruhenden Klassifikation, sondern in der Vorstellung von einer der Phänomenvielfalt zugrundeliegenden einheitlichen Struktur. Die Idee der Einheit in der Mannigfaltigkeit ist der Kern der Äußerungen während der Italienischen Reise, in denen er zuerst seine Entdeckungen mitteilt.[29] Goethe findet – vermutlich in bewußter Kontrastierung zu Linnés ‚clavis' als Einteilungsprinzip – einen neuen ‚Schlüssel', der das Geheimnis der Natur aufschließt. Es ist der alte Schlüssel der Alchemisten – auch bei seiner Entdeckung des Zwischenkieferknochens spielte Goethe auf die Alchemie an[30] –, der

---

und Erfahrung im Spätwerk Goethes" (1971) gehen z. B. nicht auf Linné ein. Vgl. dagegen Hinweise bzw. Ausführungen bei Troll (1926). S. 40–54, Leisegang (1932), S. 51 ff., Koch (1967), S. 107, Larson (1967), S. 590 ff., Kuhn (1971), S. 162 f., Jaszi (1973), S. 91 f.

[27] Kleinschnieder (1971), S. 11; Teil 1, 4. Kapitel, u. ö.
[28] Vgl. LA I, 9, S. 20 f.; LA I, 10, S. 319.
[29] Palermo, 17. April 1787; Segesta, 20. April 1787; Neapel, 17. Mai 1787; Rom: Bericht Juli 1787.
[30] Am 27. März 1784 an Herder: „Ich habe gefunden – weder Gold noch Silber, aber was mir eine unsägliche Freude macht – das os intermaxillare am Menschen!" – Vgl. auch den Begriff des „Schlüssels" in der Eingangs-

hier eine aufgeklärte Verwendung erhält. Die Idee einer inneren Identität aller Pflanzenarten (‚Urpflanze') und aller Teile innerhalb der Pflanze (‚Alles ist Blatt') wird der Schlüssel zum gesamten Reich der Pflanzen. „Ferner muß ich dir vertrauen, daß ich dem Geheimnis der Pflanzenzeugung und Organisation ganz nahe bin, und daß es das einfachste ist, was nur gedacht werden kann." „Die Urpflanze wird das wunderlichste Geschöpf von der Welt, um welches mich die Natur selbst beneiden soll. Mit diesem Modell und dem Schlüssel dazu kann man alsdann noch Pflanzen ins Unendliche erfinden, die konsequent sein müssen ..." (17. Mai 1787 an Herder).

Der ‚Versuch die Metamorphose der Pflanzen zu erklären' entstand nach der Rückkehr aus Italien im Winter 1789.

Im folgenden soll näher von der Form dieses Aufsatzes die Rede sein:
1. von Goethes Verhältnis zur Terminologie,
2. von seiner Ersetzung des prägnanten Ausdrucks durch Synonymenreihung,
3. von seiner Abwandlung der Linnéschen Methode der Definition und
4. von der Gliederung des Aufsatzes.

1. Zur Terminologie und Nomenklatur

Goethes Gegenstand ist ein bewegliches, sich gestaltendes und umgestaltendes Kontinuum. Die Pflanzenarten erscheinen als Variationen eines Typus und die Teile des Typus von den Keimblättern bis zum Samen als verschiedene Ausprägungen eines Organs. Der Aufsatz will den ‚Typus' der Pflanzen als genetisches gegliedertes Kontinuum darstellen. Daraus ergibt sich, daß, im Gegensatz zu den systematischen Werken Linnés und auch zu Goethes Aufstellung eines osteologischen Typus der Tiere, hier die Terminologie sehr zurücktreten wird. Denn deren Wesen ist die Unterscheidung und Abgrenzung; Goethe beab-

---

szene des Faust, in der Kritik an der Alchemie zum Ausdruck kommt: „Ihr Instrumente freilich spottet mein / Mit Rad und Kämmen, Walz und Bügel: / Ich stand am Tor, ihr solltet Schlüssel sein; / Zwar euer Bart ist kraus, doch hebt ihr nicht die Riegel." Vs. 668 ff. Vgl. dann die Bedeutung des „Schlüssels", der Faust den Eingang zum Reich der „Mütter" und der „Bilder aller Kreatur" ermöglicht, Vs. 6257 ff.

sichtigt aber eine Darstellung der Übergänge zwischen den Pflanzenteilen als Beweis ihrer inneren Identität.

Der wissenschaftliche Apparat ist klein gehalten. Wo Goethe auf Pflanzenarten als Beispiele hinweist, nicht allzu häufig, nennt er sie in der Regel mit ihrem gelehrten Namen. Im übrigen hat er – allerdings nicht ganz durchgängig – die Tendenz, die wissenschaftlichen Bezeichnungen, die zu einem Spezialwortschatz gehören, so z. B. den Namen ‚Kotyledonen‘, einzuführen und zu erklären (§ 16). Die Termini ‚Anastomose‘ und ‚Prolepsis‘ werden unvermittelt gebraucht, aber in einem Kontext von Umschreibungen, in dem sich ihr Inhalt von selbst erklärt (§§ 25, 36, 62, 109). Die Teile der Pflanzen, speziell der Blüte, sind in der Regel mit ihrem deutschsprachigen Namen bezeichnet – wir haben es mit einer weitgehend von der Gemeinsprache her erfaßbaren Arbeit zu tun.

Goethe bestätigt einerseits die in der Botanik seiner Zeit übliche Einteilung der Pflanzen und übernimmt ihre Unterscheidung in Samenblätter, Stengelblätter usw. Auf der anderen Seite erfordert die Natur des Gegenstandes, seiner primär synthetisierenden Absicht nach, eine bewegliche Sprache, und er kritisiert in Ansätzen die herrschende Nomenklatur, erweitert festgewordene Begriffe und formuliert sie neu.

Schon darin, daß er Terminologie und Nomenklatur sparsam verwendet, liegt wohl eine indirekte Kritik. Denn diese können durch die in ihnen konventionalisierte Einteilung den Blick auf die innere Einheit und Übergänglichkeit des Gegenstandsbereichs verstellen und ‚höhere Gesichtspunkte der Betrachtung‘ erschweren. So heißt es z. B. im Nachlaß: „Sey es erlaubt zu sagen, daß gerade jene ... mit bewundernswürdiger Genauigkeit durchgeführte Wortbeschreibung der Pflanze nach allen ihren Teilen ... manchen Botaniker abhält, zur Idee zu gelangen. Denn da er, um zu beschreiben, das Organ fassen muß, wie es ist ... so wird alles Wandelbare stationär, das Fließende starr und dagegen das gesetzlich Fortschreitende sprunghaft, so daß endlich das aus sich selbst heraussteigende Leben als etwas Zusammengesetztes betrachtet wird."[31]

Die Nomenklatur kann sich auch im konkreten Einzelfall als ein allzu definitiver Raster verselbständigen. An einer Stelle spricht Goethe von den „glockenförmigen oder sogenannten einblättrigen Kelchen" – genetisch betrachtet sind sie zusammengesetzt (§ 36). Oder

---

[31] Goethes Werke, Sophienausgabe (– im folgenden zitiert als WA), Abt. II, Bd. 13, S. 58.

er spricht von den „sogenannten Nektarien" und definiert sie als „schwankende Bildungen", „Zwischenwerkzeuge", die „obgleich ihre Bildung höchst verschieden ist, sich dennoch meist unter einem Begriff vereinigen lassen: daß es *langsame Übergänge von den Kronenblättern zu den Staubgefäßen seien*" (§ 51).

Goethe lobt, listigerweise, den „Scharfsinn" Linnés an dieser Stelle, wo Linné gerade nicht nur der sinnlich faßbaren Verschiedenheit bei der Klassifikation gefolgt ist: „Die meisten jener verschieden gebildeten Organe, welche Linné mit dem Namen Nektarien bezeichnet, lassen sich unter diesen Begriff vereinigen; und wir finden auch hier Gelegenheit, den großen Scharfsinn des außerordentlichen Mannes zu bewundern, der, ohne sich die Bestimmung dieser Teile ganz deutlich zu machen, sich auf eine Ahnung verließ und sehr verschieden scheinende Organe mit einem Namen zu belegen wagte" (§ 52). Es ist an sich nicht gerade Linnés Art, verschieden scheinende Organe mit einem Namen zu belegen.

2. Zur Synonymenvariation

Im einzelnen folgt Goethe anschaulich beschreibend dem Stufengang der Metamorphose der Pflanze vom Samen bis zum neuen Samen und stützt sich auf zahlreiche Einzelbeispiele. Die Sprache, in der er den Vorgang des allmählichen Gestaltwandels, der Vermannigfaltigung des Einen beschreibt, ist außerordentlich variabel: „Bildung", „Umbildung", „Ausbildung", „Modifikation", „modifizieren", „sich verändern", „sich verwandeln", „Umwandlung", „Übergang", sich einer anderen Gestalt „nähern", „sich heranbilden an", „sukzessive höchste Vermannigfaltigung", „Stufenfolge des Pflanzenwachstums", „sukzessive Entwicklung", „sukzessive Ausbildung", „unaufhaltsame Umwandlung", „Schritte der Natur", „fortschreitende Wirkung der Natur". Statt eines einzigen definitiven Begriffs verwendet er eine Reihe bedeutungsähnlicher Wörter.[32] Wie erklärt sich dieser Variationsstil?

---

[32] In vergleichbarer Weise variiert Goethe den Ausdruck, wo er den Gedanken eines „Typus", eines gemeinsamen Bauplans, der Tiere konzipiert. In seinen Aufsätzen zur vergleichenden Anatomie verwendet er außer „Typus" (der Tiere) die Ausdrücke „allgemeines Bild", „Vergleichungskanon", „Muster", „Maßstab", „allgemeines Schema", „Urbild", „Norm", „Kanon", „Gesetz"; LA I, 9, S. 121, 199.

Die verwendeten Wörter sind keine reinen Synonyme. Aber reine Synonymie ist nach Ullmann ohnehin „äußerst selten" und Gauger definiert geradezu: „*Synonyme* sind Wörter mit ähnlichem Inhalt, d. h. Wörter, die etwas Ähnliches oder etwas Identisches mit bloß aspektuellem Unterschied bezeichnen."[33]

In unserem Text wird an den Wörtern, die sich jeweils auf denselben ‚Gegenstand' beziehen, und in sehr ähnlichen, nahezu vertauschbaren Kontexten stehen, eine Reihe ähnlicher Bedeutungsaspekte aktualisiert. Die variierenden Ausdrücke determinieren und verdeutlichen einander zudem wechselseitig – Goethe nähert sich in ihnen von verschiedenen Seiten dem gemeinten begrifflichen Inhalt. Zusammen entwerfen sie den Begriff oder vielmehr die Vorstellung der ‚Metamorphose'. Die verschiedenen Ausdrücke stützen und verdeutlichen einander also, zugleich wird aber durch das Variieren jeder einzelne relativiert, als nicht endgültig abgelöst, ergänzt. Dadurch bleibt der Begriffsinhalt zugleich unbestimmt, offen. Der Eindruck eines vagen, die Sache offenhaltenden Sprechens entsteht. Die Sprache wird als Annäherungsinstrument sichtbar und relativiert. Der einzelne Ausdruck wirkt fixierend und verführt zum Wortrealismus, zum Identifizieren von Wort und Sache. Das Variieren des u. U. auch metaphorischen Ausdrucks, des Aspekts, schafft ‚Sprachbewußtsein', d. h. das Bewußtsein der Unterschiedenheit von Wort und Sache. Dieses Bewußtsein, daß Wort und Sache auseinander zu halten sind und das Wort als Träger einer ‚Vorstellung' nur einen begrenzten Erfassungsversuch darstellt, ist eine Voraussetzung von Goethes Denken und der wohl wichtigste Bestandteil seiner Erkenntnis- und Sprachtheorie. Die Praxis der Synonymenvariation ist ihr häufigster Ausdruck.

Peter Hartmann hat in seiner Abhandlung ‚Das Wort als Name' zwei Begriffe geprägt, die besonders geeignet sind, Goethes Absichten zu verdeutlichen. Er nennt den ‚Namen' abstraktiv; jedes Benennen ist ein Ausleseverfahren. Name, Begriff, Gegenstand entstehen alle drei als Uniformierung aus einem vielheitlichen Erscheinungssubstrat. Sie leisten eine Vereinheitlichung und arbeiten immer selektiv, abstraktiv, sind „immer ‚anders'" und „auch immer ‚weniger'" als die Erscheinungen. Man richtet sich beim Benennen „explizit auf *weniger als der Wahrnehmungshorizont ‚latent' als Mitgegebenes enthält.*" Hartmann bezieht sich auf den Begriff der „Selektion" bei Cassirer und den der

---

[33] Ullmann (1967), S. 111; Gauger (1972), NR 83, S. 436.

„pointierenden Abstraktion" bei Husserl.[34] Diese ‚Abstraktivität' des Namens, die ihn grundsätzlich, von personellen Eigennamen abgesehen, einem Typischen, einer Klasse zugeordnet sein läßt, bedeutet nun gleichzeitig, daß dasjenige, worauf er sich bezieht, variieren kann. Unter einem Namen lassen sich verschiedene Sachen gruppieren und andererseits verschiedene Namen um eine Sache. Das Letztere bezeichnet Hartmann als ‚Namenbündelung' und stellt es in einem Schema folgendermaßen dar:

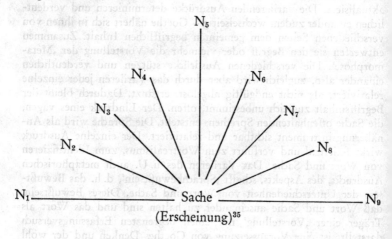

Hartmann meint hier nicht, daß die verschiedenen Namen die gleiche Bedeutung haben. Sein Modell der Namenbündelung beruht gerade auf der Unterscheidung zwischen ‚Bedeutung' und ‚Gegenstand', wie

---

[34] Hartmann (1958), Das Wort als Name, S. 43, 46–49.
[35] Hartmann, a.a.O., S. 52; **Gerhard Neumann** hat in seinen Untersuchungen zu Goethes Aphoristik (1972) sehr anregend und überzeugend dargestellt, daß den Aphorismengruppen Goethes eine wiederkehrende Ordnungsform zugrundeliegt, die als Erkenntnisinstrument dient, daß die Ordnungsform also zugleich Erkenntnisform ist. Er beschreibt sie als Verfahren der Einkreisung. Eine Reihe von Aphorismen, jede eine Einheit für sich, wird um einen thematischen Kern herumbewegt. Das zunächst unbekannte Zentrum wird in Annäherungen von verschiedenen Seiten aus erkundet. Diese Form der Aphorismengruppen hat ein Analogon im kleinen in Goethes Synonymenvariation.

sie Husserl formulierte,[36] und wie sie in der neueren Semantik als Unterscheidung zwischen ‚Sinn' und ‚Referenz' wiederkehrt.[37] Die verschiedenen Namen geben demselben Gegenstand eine jeweils unterschiedliche Deutung. Hartmann beschreibt die Leistung der ‚Namenbündelung' als „Gruppierung von Nuancen-Nennern."

Es leuchtet ein, wenn Gauger die Leistung der Synonyme mit Hilfe des Hartmannschen Modells der Namenbündelung beschreibt und ihre eigentliche Leistung darin sieht, Dinge, die nicht eindeutig umreißbar sind, durch eine „fortgesetzte Interpretation" zu verdeutlichen. Gauger macht zugleich darauf aufmerksam, daß das Variieren von Synonymen die Spontaneität der Darstellung erhöht: „Die einzelnen Synonyme tun doch gleichsam so, als faßten sie jeweils ein neues, noch unentdecktes ‚Ding' ins Auge."[38]

Goethe spricht den Gedanken, die Abstraktivität des Namens und seine perspektivische Enge durch Synonymenvariation zu hintergehen, in der Farbenlehre selbst aus. Er geht hier verschiedene Arten von Metaphorik, in denen man von den Farben sprechen kann, durch und schreibt dann:

„753 Könnte man sich jedoch aller dieser Arten der Vorstellung und des Ausdrucks mit Bewußtsein bedienen und in einer mannigfaltigen Sprache seine Betrachtungen über Naturphänomene überliefern, hielte man sich von Einseitigkeit frei und faßte einen lebendigen Sinn in einen lebendigen Ausdruck, so ließe sich manches Erfreuliche mitteilen.

754 Jedoch wie schwer ist es, das Zeichen nicht an die Stelle der Sache zu setzen, das Wesen immer lebendig vor sich zu haben und es nicht durch das Wort zu töten."[39]

Der Wechsel des Ausdrucks, durch den die Metamorphose der Pflanzen dargestellt wird, hat übrigens keine Ungenauigkeit zur Folge.

---

[36] Husserl (1901), S. 46 ff.: „Jeder Ausdruck besagt nicht nur etwas, sondern er sagt auch über etwas; er hat nicht nur seine Bedeutung, sondern er bezieht sich auch auf irgendwelche Gegenstände..." „Die Notwendigkeit der Unterscheidung zwischen Bedeutung (Inhalt) und Gegenstand wird klar, wenn wir uns durch Vergleichung von Beispielen überzeugen, daß mehrere Ausdrücke dieselbe Bedeutung, aber verschiedene Gegenstände, und wieder daß sie verschiedene Bedeutungen, aber denselben Gegenstand haben können." „Zwei Namen können verschiedenes bedeuten, aber dasselbe nennen."

[37] Lyons (1971), S. 434 ff.
[38] Gauger (1972), Synonyme, S. 51 f.
[39] LA I, 4, S. 221 f.

Die verschiedenen Wörter ‚Übergang', ‚Modifikation', ‚sich verändern', ‚Umwandlung' usw. haben in ihrem jeweiligen Kontext einen genauen Sinn und Goethe sucht den an jedem Ort der Darstellung geeignetsten treffenden Ausdruck: „Mit mehrerer Aufmerksamkeit haben wir den schon angeführten Fall zu beobachten, wo der Übergang zum Blütenstande *langsam* vorgeht, die Stengelblätter nach und nach sich zusammenziehen, sich verändern und sich sachte in den Kelch gleichsam einschleichen" (§ 35).

Der allgemeine Gedanke der Metamorphose wird durch eine individualisierende Abbildung der sukzessiven Umgestaltungsvorgänge anschaulich gemacht.

3. Zur Denkform der Definition

Zu der definitiven Begriffssprache Linnés ist Goethes Synonymenvariation ein Gegenstück. Sie ist u. a. ein Grund für den gemeinsprachlichen Charakter von Goethes Aufsatz. Dieser gemeinsprachliche Charakter hängt auch mit seinem Verfahren der Abstraktion zusammen, von dem jetzt die Rede sein soll. Goethe ersetzt den benennenden Ausdruck oft durch den erklärenden. Die sogenannten ‚Kotyledonen' führt er ein durch den Begriff „erste Organe des oberen Wachstums der Pflanze", „diese ersten Organe". Die Kotyledonen werden von der nächsthöheren Abstraktionsstufe aus begriffen als Teile eines organischen Ganzen und in diesem Ganzen als die ‚ersten' Teile näher bestimmt. D. h. Goethe verwendet hier die klassische Methode der Definition per genus proximum et differentiam specificam.

Es ist ein Kennzeichen der Metamorphose der Pflanzen, daß Goethe diese typische Denkform Linnés in seinem Sinn abwandelt. Die Nektarien nennt er „schwankende Bildungen", „Zwischenwerkzeuge", „langsame Übergänge von den Kronenblättern zu den Staubgefäßen".

Öfter erweitert er den üblichen Umfang eines Wortes, dehnt ihn aus auf ein angrenzendes verwandtes Phänomen und läßt nun beide als Differenzierungen einer übergeordneten „Gattung" erscheinen. Im Nachlaß nennt er die Zwiebel „eine Knospe unter der Erde", die Palme „eine ungeheure Staude". In der Metamorphose der Pflanzen rücken Wachstum und Zeugung nahe zusammen, die Begattung ist eine spezielle Form des Wachstums (§ 69).

In Parallele dazu erweitert Goethe den Begriff der ‚Fortpflanzung'.

In einem neueren Lexikon wird der Terminus definiert: „Unter Fortpflanzung verstehen wir den Vorgang durch den ein, zeitlich stets begrenztes, Individuum sein Leben über einen *Keim* in einem gleichartigen Tochterindividuum fortsetzt."[40] Goethe bezeichnet dagegen das gesamte Leben der Pflanzen als ‚Fortpflanzung' und unterscheidet innerhalb dieses erweiterten Begriffs zwischen den Unterarten der sukzessiven Fortpflanzung (Wachstum) und der simultanen Fortpflanzung (Vermehrung) (§ 114). „Diese sprossende, nach und nach sich zeigende Kraft ist mit jener, welche auf einmal eine große Fortpflanzung entwickelt, auf das genaueste verwandt" (§ 113).

In diesen Zusammenhang gehört auch, daß Goethe, wenn er Kotyledonen, Stengelblätter, Kelch, Krone, Staubwerkzeuge, Nektarien, Griffel, Frucht, Samen charakterisiert, nicht kategoriale, sondern relationale Merkmale bevorzugt. Er nennt sie ‚Pflanzenteile' oder noch häufiger ‚Organe'. In beiden Begriffen ist die ‚Teil-von-Relation' enthalten. ‚Organ' ist dabei noch weiter spezifiziert: Organe sind identisch als Teile eines organischen Ganzen.

Auch die *Unterschiede* zwischen den Organen werden durch relationale Merkmale ausgedrückt. Sie unterscheiden sich durch eine von unten nach oben aufsteigende graduelle Verfeinerung, die unteren sind relativ ‚roh', die oberen zunehmend ‚fein'. Diese Begriffe bezeichnen ein graduelles Verhältnis zu einem normalen Erwartungswert, der durch den Vergleich der Pflanzenteile gesetzt wird. Das Gleiche gilt für das Merkmal der ‚Ausdehnung' bzw. ‚Zusammenziehung'. Es ist der allgemeinste und bedeutsamste Nenner, auf den Goethe den Unterschied der Pflanzenteile bringt. Jenes ursprünglich identische Organ erscheint abwechselnd als ausgedehnt und zusammengezogen. In allen diesen Merkmalen kommt jeweils ein Bezug zum Ganzen der Pflanze zum Ausdruck.

Nicht nur die Antonyme ‚roh' und ‚fein', ‚ausgedehnt' und ‚zusammengezogen' bezeichnen relative Werte auf einer gleitenden Skala – Goethe bedient sich in der Metamorphose der Pflanzen überhaupt sehr oft solcher Ausdrücke, die einen Grad, ein fast, beinahe, ein mehr oder weniger, nicht mehr und noch nicht bezeichnen. Der Komparativ ermöglicht den von Goethe angestrebten Ausdruck eines fliessenden Wachstums.[41]

---

[40] Strugger / Härtel (1970), S. 95.
[41] In einem Seminar über diesen Themenkreis machte Herr stud. phil. Stötzler besonders auf diesen Punkt aufmerksam.

Ein besonderes Kapitel ist der Begriff der Blatthaftigkeit der Pflanzenorgane. Goethe verwendet auch diesen Begriff auf der höheren Abstraktionsebene – er meint nicht in jedem Fall die tatsächliche Blattgestalt, nicht das an sich kategoriale Merkmal der Blatthaftigkeit, sondern öfter eine verborgene, ursprüngliche Blatthaftigkeit, die nur mehr oder weniger sichtbar ist und nur erkennbar ist durch den Vergleich zahlreicher verschiedener Pflanzen, bei denen sich dann einzelne Beispiele aus dem jeweiligen Spektrum der lagegleichen Organe tatsächlich der Blattgestalt nähern. Die Blatthaftigkeit ist also auch ein relationales Merkmal – gefaßt in Beziehung zu dem übrigen Vergleichsmaterial. In einer Notiz während der Italienischen Reise schreibt Goethe in Form der Definition: „Alles ist Blatt, und durch diese Einfachheit wird die größte Mannigfaltigkeit möglich. Ein Blatt, das nur Feuchtigkeit unter der Erde einsaugt, nennen wir Wurzel; ein Blatt, das in der Feuchtigkeit ausgedent wird, pp. Zwiebel ...."[42] Im Nachlaß nennt Goethe diesen Begriff des Blattes einen ‚transzendellen Begriff' gegenüber dem ‚Trivialbegriff'.[43] Er berührt hier das beinah verzweiflungsvolle Problem der sprachlichen Mitteilung. In der Metamorphose der Pflanzen bringt er zahlreiche Hinweise auf die blatthafte oder blattähnliche oder latent blatthafte Gestalt der pflanzlichen Organe, verzichtet aber darauf, einen Terminus für diesen Begriff zu erfinden. Zu seinen gemeinsamen Unterbegriffen, den Kohyponymen ‚Samenblätter', ... ‚Frucht', ‚Same', fehlt ein superordinierter Ausdruck, der ihre gemeinsamen Merkmale (Teil) (Organ) (verborgene oder sichtbare Blatthaftigkeit) bezeichnen könnte – der Wortschatz hat hier eine Generalisierungslücke. Diese Lücke besteht normalerweise und für die übliche Anschauung nicht. Sie kann nur von einer tiefer eindringenden Betrachtung, von einer ‚höheren Ansicht', wie Goethe später schreibt, einer anderen Abstraktionsstufe aus wahrgenommen werden. Die genetische Auffassung der Pflanzenteile stößt an eine Grenze der konventionellen Umgangssprache: „Es versteht sich hier von selbst, daß wir ein allgemeines Wort haben müßten, wodurch wir dieses in so verschiedene Gestalten metamorphosierte Organ bezeichnen, und alle Erscheinungen seiner Gestalt damit vergleichen könnten: gegenwärtig müssen wir uns damit begnügen, daß wir uns gewöhnen, die Erscheinungen vorwärts und rück-

---

[42] WA II, 7, S. 282 f.
[43] LA I, 10, S. 52.

wärts gegeneinander zu halten. Denn wir können ebensogut sagen: ein Staubwerkzeug sei ein zusammengezogenes Blumenblatt, als wir von dem Blumenblatte sagen können: es sei ein Staubgefäß im Zustande der Ausdehnung; ein Kelchblatt sei ein zusammengezogenes, einem gewissen Grad der Verfeinerung sich näherndes Stengelblatt, als wir von einem Stengelblatt sagen können, es sei ein durch Zudringen roher Säfte ausgedehntes Kelchblatt" (§ 120). Goethe erweitert abwechselnd die Ausdrücke ‚Staubwerkzeug' und ‚Blumenblatt', ‚Kelchblatt' und ‚Stengelblatt' zu übergeordneten Gattungsbegriffen; er schließt also die Lücke im Wortschatz mit Hilfe der Denkform der Definition.

Sein Verfahren ist das der definierenden Prädikation.[44] Die einzelnen Teile werden zuerst in ihrer Zusammengehörigkeit als identische oder verwandte Teile eines Ganzen und erst dann in ihrer wechselseitigen Verschiedenheit erfaßt. Der Sprachgebrauch ist erklärend, nicht benennend. Er besteht hier nicht in der Anwendung eines bekannten Fachvokabulars oder der Schaffung eines neuen, sondern es handelt sich um eine den Einzelgegenstand von den allgemeineren Kategorien der Gemeinsprache her durchdenkende und erschließende durchsichtige variierende Sprache. Die allgemeine, generische Durcharbeitung des Speziellen ist ihr Charakteristikum.

Goethe neigt außerdem zu allgemeinen Formeln, z. B. denen von der Identität der ‚Teile', ihrer ‚Metamorphose', ‚Ausdehnung und Zusammenziehung', ‚Steigerung'. Dies sind Grundformeln seiner Naturwissenschaft – bzw. nach ihm, der Natur selbst. Er vergleicht sie an einer Stelle mit algebraischen Formeln (§ 102). Es ist freilich charakteristisch, daß er derartige erklärende Überblicksformeln in der Darstellung eher ausspart. Den Terminus ‚Metamorphose' führt er in der Einleitung ein (§§ 1–8) und verwendet ihn dann erst wieder beiläufig am Schluß (§ 120). Das Resultat soll nicht in einer Überblicksformel, die in dem von Peter Hartmann entwickelten Sinn notwendig abstraktiv, pointierend, verengend wäre, halbhaft sein, sondern sich durch die Gesamtdarstellung anbieten. Man vergleiche einen Brief an Lavater vom 14. 11. 81: „Auf unserer Zeichenakademie habe ich mir diesen Winter vorgenommen mit den Lehrern und Schülern den Knochenbau des menschlichen Körpers durchzugehen ... Dabey habe ich mir vorgenommen, das Wort Phisiognomik und Phisiognomie gar nicht zu brauchen, vielmehr die Überzeugung davon durch die ganze Reihe des Vortrages einem jeden einleuchten zu lassen."

---

[44] Vgl. Goethes Verwendung von „prädizieren", § 121.

Nach der logischen Begriffsbildung, wie wir sie bei Linné beobachtet haben, müßte ein Begriff, der alle Pflanzen umfaßt, einen unspezifischen Inhalt, eine geringe Zahl gemeinsamer inhaltlicher Merkmale haben. Diese Regel, je allgemeiner, um so abstrakter, leerer, scheint Goethe nicht zulassen zu wollen, er ist bemüht, dem Begriff eines ‚Typus' aller Pflanzen und ihrer ‚Metamorphose' die Fülle der inhaltlichen Besonderungen, die er übergreift, zu erhalten, versucht also das logisch „Unmögliche", den Satz der umgekehrten Proportionalität von Begriffsumfang und -inhalt zu sprengen. Das Problem stellt sich ihm deshalb so, weil er zugleich mit dem allgemeinen Begriff die Anschauung des in ihm gemeinten differenzierten Inhalts vermitteln will.

Wir haben vorhin angedeutet, wie Goethe die pointierende Abstraktion des Einzelworts durch Synonymenvariation zu hintergehen versucht. Das wichtigere Mittel in seinem ‚Versuch die Metamorphose der Pflanzen zu erklären' ist die Gliederung des Aufsatzes.

4. Gliederung

Der Aufsatz besteht aus 123 Abschnitten (Paragraphen), die in eine Einleitung und 18 Kapitel gegliedert sind. Die Einleitung nimmt in Kurzform den Inhalt des ganzen Aufsatzes vorweg. Die Kapitel folgen den Stufen des Wachstums der einjährigen Pflanzen: I Von den Samenblättern. II Ausbildung der Stengelblätter von Knoten zu Knoten. III Übergang zum Blütenstande. IV Bildung des Kelches usw. Kapitel XII; ‚Rückblick und Übergang' beginnt: „84 Und so wären wir der Natur auf ihren Schritten so bedachtsam als möglich gefolgt ...". Es folgen einige retardierende Kapitel, ähnlich wie es nach Goethe unregelmäßige und rückschreitende Metamorphosen gibt (§ 7), und wie die ‚Einleitung' – dem Samen analog – den Inhalt des Folgenden vorwegnimmt, so bietet die ‚Wiederholung' am Schluß die Frucht des Ganzen und den Keim „zu weiteren Bemerkungen und Schlüssen" (§ 112).

Mit anderen Worten: die Abfolge der Darstellung ist ein Abbild des Wachstums der Pflanzen mit ihren einzelnen Stationen. Die Kapitel entsprechen zeitlichen Epochen in der Pflanzenentwicklung. Zwischen der Form der Darstellung und ihrem Inhalt besteht eine durchgehende Analogie. Sie wird in der Weise durchgeführt, daß bis in den einzelnen Paragraphen die ‚richtige', „der Natur auf ihren Schritten" folgende Reihenfolge eingehalten wird. Die Kapitel sind geschlossene, durch kunstvolle Übergänge geschaffene Einheiten, die Paragraphen inhaltlich abgegrenzte Untereinheiten. Jeder Satz hat einen eigenen Inhalt. Von der Großgliederung in vorwegnehmende Einleitung, Darstellung und Wiederholung am Schluß über die Abfolge der Kapitel, ihrer Paragraphen und einzelnen Sätze folgt Goethe der in Gestalt eines Typus aufgefaßten Metamorphose der Pflanzen in der Natur. Aus dem systematischen Vergleich, auf dem der Aufsatz beruht, ist entsprechend der Idee des Ganzen eine genetische Darstellung geworden, in der sich die Genese der Pflanzen vom Samen bis zur Frucht spiegelt und wiederholt. Die Darstellung erscheint als Mimesis der Natur.

Karl Bühler, der dem Gedanken einer Abbildungsfunktion der Sprache kritisch gegenübersteht, weil sie gegenüber der Wirklichkeit ein ‚Feldsystem' eigener, überwiegend nichtanaloger Struktur darstellt, erwähnt doch die Möglichkeit, mimetische Qualitäten der Sprache auszunutzen und nennt als Beispiel die berühmte Sequenz „veni, vidi, vici". Er spricht von Abbildung als „Wiedergabe durch Feldwerte", von einer „Relationstreue" der Wiedergabe. Feste Assoziationsketten in der Sprache wie z. B. die allen bekannte Alphabetkette oder die Zahlenreihe können als „Ordner" des Darzustellenden eine teilweise Abbildungsfunktion erfüllen.[45] Wenn Goethe den osteologischen Typus der Tiere in der Weise „aufstellt", daß er es von „vorn nach hinten", vom Schädel über den Rumpf bis zu den Gliedern „zusammenbaut" und dabei die Teile und Unterabteilungen durch das kleine und große Alphabet und die Zahlenreihe bezeichnet,[46] oder wenn er in den römisch numerierten Kapiteln und den arabisch durchgezählten Paragraphen seiner Metamorphose der Pflanzen dem realen Wachstum der Pflanzen und seiner Gliederung folgt, so wird die Darstellung zu einem naturanalogen Feldsystem, in dem das einzelne Teil, wie in der Natur, seinen systematischen, „richtigen" Ort hat. Bei Goethe steht hinter der Form der Metamorphose der Pflanzen ein Systemgedanke. Diese Form ist nicht in einem vordergründigen Sinn didaktisch gemeint, sondern als Erkenntnis- und Anschauungsinstrument.

In den Morphologischen Heften, die Goethe seit 1817 erscheinen ließ, wurde der Aufsatz wieder abgedruckt inmitten einer lockeren Reihe von Aufsätzen, die sich alle um ein Thema drehen: um den Konflikt zwischen den beiden gegensätzlichen wissenschaftlichen Ver-

---

[45] Bühler (1965), S. 176, 189 ff.
[46] LA I, 9, S. 130 ff.

fahrensweisen der Analyse und Synthese und ihre Vermittlung durch eine naturgemäße Darstellung.

Der Gegensatz wird auch formuliert als Kluft zwischen Idee und Erfahrung: „Daß nun das, was der Idee nach gleich ist, in der Erfahrung entweder als gleich, oder als ähnlich, ja sogar als völlig ungleich und unähnlich erscheinen kann, darin besteht eigentlich das bewegliche Leben der Natur, das wir in unseren Blättern zu entwerfen gedenken." [47]

Zum Begriff der ‚Idee' gibt es eine aufschlußreiche Stelle in den Paralipomena zur Farbenlehre. Es heißt dort, daß „Welt und Mensch rein zusammentreffe", könne „nur im höheren Sinne in der Idee geschehen". „Da die Idee selbst das Notwendigste ist, so deutet sie auch sogleich was außer ihr, in ihr, wie man will, daß Notwendigste sey.

Das erste ist so notwendig wie das letzte und das mittlere, und in der Idee trifft alles wieder zusammen.

Aber uns, die wir an die Zeit gebunden sind, die wir das, was wir als eins ... erkennen, in der Succession als ein Vieles behandeln müssen, wird durch die Idee ein Leitfaden gereicht, daß wir, wir mögen uns an dieser Stelle befinden wo wir wollen, uns an den Anfang und an das Ende finden können." [48]

Die ‚Metamorphose der Pflanzen' macht den besagten Eindruck der Notwendigkeit. Eine Idee ist konsequent durch alle Epochen des Pflanzen-Wachstums durchgeführt. In der Darstellung treffen Idee und Empirie, Abstraktion und vielfältige Anschauung als gleichzeitige Elemente aufeinander und sind zusammengewirkt. Goethe operiert zugleich empirisch, systematisch und genetisch. Das empirisch Vorgefundene wird systematisch verglichen und in eine Reihe gebracht, die unter dem Begriff der Metamorphose dieses empirisch einzelne, die Beispiele aus der Pflanzenwelt, ordnet, und zwar so, daß die zeitliche Reihe, in der sie auftreten, ihrem systematischen Ort, der ihnen der Idee der Pflanzenmetamorphose nach zukommt, genau entspricht, so daß man sich tatsächlich von jeder Stelle aus „an den Anfang und an das Ende finden könnte". Durch die „naturgemäße" Gliederung wird der Aufsatz zu einem Feldsystem, in dem mit jeder Stelle zugleich ein Ort im Ganzen bezeichnet ist.

---

[47] LA I, 9, S. 9.
[48] WA II, 5 II, S. 259.

In dem Aufsatz ‚Bedenken und Ergebung', der im zweiten Morphologischen Heft erschien, sieht Goethe in der Verfahrensweise des Webers ein Gleichnis dafür, wie der Konflikt zwischen Idee und Erfahrung zu lösen sei. Er deutet hier, so scheint es, an, daß er die ‚Metamorphose der Pflanzen' in diesem Sinn als Gewebe aufgefaßt und ihre Form als Antityp zu der Darstellungsform Linnés verstanden hat. Er spricht in diesem Aufsatz speziell von einem zeitlichen Aspekt des Verhältnisses zwischen Idee und Erfahrung, einer Inkongruenz in dem Subjekt des Forschers. In ihm stehen zwei Erfassungsweisen zueinander im Widerspruch, von denen die eine, die Idee, unabhängig von der Zeit vorkommt, die andere, die Erfahrung, an das Nacheinander der Wahrnehmung gebunden ist. Idee und Erfahrung sind daher schwer zu verbinden: „eine Naturwirkung, die wir der Idee gemäß als simultan und sukzessiv zugleich denken sollen, scheint uns in eine Art Wahnsinn zu versetzen. Der Verstand kann nicht vereinigt denken was die Sinnlichkeit ihm gesondert überlieferte, und so bleibt der Widerstreit zwischen Aufgefaßtem und Ideiertem immerfort unaufgelöst.

Deshalb wir uns denn billig zu einiger Befriedigung in die Sphäre der Dichtkunst flüchten und ein altes Liedchen mit einiger Abwechselung erneuern:

> So schauet mit bescheidnem Blick
> Der ewigen Weberin Meisterstück.
> Wie ein Tritt tausend Fäden regt
> Die Schifflein hinüber herüber schießen,
> Die Fäden sich begegnend fließen,
> Ein Schlag tausend Verbindungen schlägt.
> Das hat sie nicht zusammengebettet,
> Sie hats von Ewigkeit angezettelt;
> Damit der ewige Meistermann
> Getrost den Einschlag werfen kann."[49]

Der Gattungswechsel von der Philosophie in die Dichtung besagt: Der Konflikt zwischen Idee und Erfahrung läßt sich in der „Sphäre der Dichtkunst" lösen.[50] Sie ist das geeignete Instrument zur gleichzeitigen Darstellung dessen, was Idee und Erfahrung auffassen, zu ihrer Vermittlung. Und die Art, wie sie zwischen beiden vermittelt, ist in dem ‚Liedchen' inhaltlich ausgesprochen: durch Nachahmung der Natur („So schauet mit bescheidnem Blick"). Diese verfährt nach Art des Webers, der mit einem Tritt und Schlag ein vielartiges Muster hervorbringt. Der Dichter als ‚Weber' — Goethe be-

---

[49] LA I, 9, S. 99 f.
[50] Vgl. in „Problem und Erwiderung" die Formulierung der Schwierigkeit, den Verwandlungs- und den Beharrungstrieb in der Natur „zugleich" darzustellen, „welches unmöglich scheint. Vielleicht retten wir uns nicht aus dieser Verlegenheit als abermals durch ein künstliches Verfahren." LA I, 9, S. 296.

diente sich, wenn er inkognito reiste, gerne dieses seinen Vorfahren (Textor) entlehnten Namens – ist der adäquate Interpret der Natur. Seine Darstellung ist ein die Natur imitierendes Gewebe, in dem Idee und Erfahrung Zettel und Einschlag bilden, so wie in der Natur selbst Einheit und Vielfalt die analogen das Muster wirkenden Elemente sind.

Der Anfang des ‚Liedchens' („So schauet mit bescheidnem Blick / Der ewigen Weberin Meisterstück") spielt an auf einen Abschnitt in dem vorausgegangenen Aufsatz ‚Geschichte meines botanischen Studiums'. Goethe hat sich hier zunächst von seinem Antipoden Linné abgegrenzt. Er sieht ihn als Gesetzgeber, als Staatsgründer, der nicht die Natur und das Bedürfnis der Bürger, sondern die Aufgabe ihrer Bändigung im Auge hat, der von Haus aus grenzenlose Wesen gewaltsam zusammenhält. Dann heißt es: „Da konnte mir denn ein ruhiger, bescheidener Blick sogleich die Einsicht gewähren, daß ein ganzes Leben erforderlich sei, um die unendlich freie Lebenstätigkeit eines einzigen Naturreichs zu ordnen, gesetzt auch ein eingeborenes Talent berechtige, begeistere hierzu. Dabei fühlte ich aber, daß für mich noch ein anderer Weg sein möchte, analog meinem übrigen Lebensgange. Die Erscheinung des Wandelns und Umwandelns organischer Geschöpfe hatten mich mächtig ergriffen, Einbildungskraft und Natur schienen miteinander zu wetteifern, wer verwegener und konsequenter zu verfahren wisse."[51]

Der Dichter erscheint als Rivale der Natur, seine konsequent verfahrende Einbildungskraft als Analogon ihrer Produktionsweise.[52]

Das Liedchen selbst steht ursprünglich im Faust, und zwar in der Schüler-Szene (Vs. 1908 ff.). Mephisto rät dem Schüler das Collegium Logicum zu besuchen:

> ‚Da wird der Geist Euch wohl dressiert,
> In Spanische Stiefeln eingeschnürt,
> Daß er bedächtiger fortan
> Hinschleiche die Gedankenbahn . . .'

Dagegen setzt Goethe schon hier das Gleichnis vom Weber:

> ‚Zwar ists mit der Gedankenfabrik
> Wie mit einem Webermeisterstück,
> Wo Ein Tritt tausend Fäden regt,
> Die Schifflein herüber- hinüberschießen . . .'

Die Schüler allerdings preisen das Verfahren des Philosophen, der systematisch vom ersten zum zweiten und dann zum dritten und vierten vorangeht. – Die Stelle ist schon im ‚Urfaust' (von 1775/76) vollständig vorhanden. Goethe bezieht sie jetzt aber offenbar auf sein Verhältnis zur logischen Systematik Linnés.

---

[51] LA I, 9, S. 20 f.
[52] Vgl. den Brief an Herder vom 17. Mai 1787, siehe oben S. 120.

„*Natürlich* System, ein widersprechender Ausdruck. Die Natur hat kein System, sie hat, sie ist Leben und Folge aus einem unbekannten Zentrum, zu einer nicht erkennbaren Grenze."[53] Die verschiedenen Darstellungsmittel Goethes konvergieren in dem Ziel, einen abstrahierten ‚Typus' der Pflanzen als in sich übergängliche und nach außen variable Grundstruktur, als Paradox einer beweglichen Form[54], vorzustellen und dadurch die Pflanzenwelt zu erklären.

Er hatte die Neigung, wissenschaftliche Denkformen und methodisches Verhalten charakterologisch zu begründen. In dem Analytiker und Synthetiker sah er grundlegende Möglichkeiten des Menschen – sie kristallisierten sich für ihn auf den einzelnen Wissensgebieten in gegensätzlichen Forscherpersönlichkeiten, Forschertypen. Dorothea Kuhn hat diese in Jahrzehnten sich entwickelnde und klärende Auffassung Goethes dargestellt und sehr glücklich als „ethische Typologie" bezeichnet.[55]

In der Linie gegensätzlicher wissenschaftlicher Verfahrensweisen erscheint ihm Linné rückblickend als der grundsätzliche wissenschaftliche Antipode der morphologischen Methode. Der Gegensatz ist nicht einfach der zwischen Analyse und Synthese, sondern zwischen einem primär analytischen Verfahren, das zu einer willkürlichen, künstlichen Synthese seine Zuflucht nimmt, und einem primär synthetischen Verfahren, das die Einzelheiten in einer naturgemäßen Synthese zusammengreift. Goethe setzt sich an der zitierten Stelle in den Morphologischen Heften in ungewohnt scharfen Worten von ihm ab und charakterisiert ihn durch die Begriffe ‚Terminologie', ‚Kunstgebäude', ‚absondern', ‚treffende, zweckmäßige, oft aber willkürliche Gesetze', ‚mit Gewalt auseinanderhalten', ‚System'.[56] Dabei hat er zusammen mit dem unterschiedlichen Erkenntnisverhalten besonders das gegensätzliche Sprachverhalten im Auge.

In der Geschichte der botanischen Studien von 1831 ist der Gegensatz zu Linné zurückhaltender ausgesprochen. Er wird, die eigene Position relativierend, zurückgeführt auf den Gegensatz zwischen einer

---

[53] LA I, 9, S. 295.
[54] Antinomien als Anstoß zur Denkbewegung Goethes und die Bemühung um ihre Vermittlung sind von Neumann a.a.O. sehr aufschlußreich untersucht worden. – Man wird auf das zu erwartende Goethe-Buch Gerhart Baumanns auch in dieser Hinsicht gespannt sein dürfen.
[55] Kuhn (1967), S. 134 ff.; vgl. auch Kleinschnieder (1971).
[56] LA I, 9, S. 16; vgl. S. 11, 19.

ursprünglich dichterischen Konstitution und der Systematik der Wissenschaft, zwischen dem unterschiedlichen Verhältnis des Dichters und Wissenschaftlers zur Sprache. Erst an zweiter Stelle nennt Goethe hier die „Versatilität der Organe" als Grund seines Widerspruchs: „Soll ich nun über jene Zustände mit Bewußtsein deutlich werden, so denke man mich als einen gebornen Dichter, der seine Worte, seine Ausdrücke unmittelbar an den jedesmaligen Gegenständen zu bilden trachtet, um ihnen einigermaßen genug zu tun. Ein solcher sollte nun eine fertige Terminologie ins Gedächtnis aufnehmen, eine gewisse Anzahl Wörter und Beiwörter bereit haben, damit er, wenn ihm irgendeine Gestalt vorkäme, eine geschickte Auswahl treffend, sie zu charakteristischer Bezeichnung anzuwenden und zu ordnen wisse. Dergleichen Behandlung erschien mir immer als eine Art von Mosaik, wo man einen fertigen Stift neben den andern setzt, um aus tausend Einzelheiten endlich den Schein eines Bildes hervor zu bringen; und war mir die Forderung in diesem Sinne gewissermaßen widerlich. Sah ich nun aber auch die Notwendigkeit dieses Verfahrens ein, welches dahin zweckte, sich durch Worte, nach allgemeiner Übereinkunft, über gewisse äußerliche Vorkommenheiten der Pflanzen zu verständigen und alle schwer zu leistenden und oft unsichere Pflanzenbildungen entbehren zu können; so fand ich doch bei der versuchten genauen Anwendung die Hauptschwierigkeit in der Versatilität der Organe."[57] Den gegensätzlichen Erkenntnistypen entsprechen also nach Goethe gegensätzliche Sprachverhaltenstypen. An dieser Stelle werden sie als Gegensatz zwischen dem dichterischen, individualisierenden und abbildenden, subjektiven, spontanen Sprachtyp und dem wissenschaftlichen, klassifizierenden und systematischen, objektiven, konventionellen Sprachtyp beschrieben. Man könnte auch sagen, es ist der Gegensatz zwischen einer definitiven Sprache und einer beweglichen Sprache, einem Vertrauen in das Einzelwort und den präzis definierten Terminus und einem Zweifel am Einzelwort, der zu den Versuchen führt, die ‚pointierende Abstraktion' des Einzelwortes zu hintergehen.

Vielleicht ist dieser Gegensatz am besten faßbar, wenn man sich fragt, welche Grundfunktionen der Sprache von den beiden Autoren überwiegend wahrgenommen werden. Wir können, Bühler-Kainz-Jakobson folgend und erweiternd, acht solcher Basisfunktionen der Sprache unterscheiden:

die Funktionen 1. der Darstellung und Unterscheidung, 2. der (aus-

---

[57] LA I, 10, S. 331.

gesprochenen oder unausgesprochenen) Gliederung, 3. der fragenden oder hypothetischen Erweiterung des gegebenen Horizonts, 4. der Metasprache (d. h. der Verständigung über den Sprachgebrauch durch Definitionen oder Paraphrasen), 5. des Ausdrucks, 6. des Appells, 7. des Kontakts, 8. der poetischen Form.[58]

In einem heutigen naturwissenschaftlichen Text dominieren (in der Regel) wohl die ersten vier, die Funktionen der sachlichen Darstellung und Unterscheidung, der Gliederung des Dargebotenen, der Erweiterung des gegebenen Horizonts und der Verständigung über den Sprachgebrauch (Metasprache), während die poetische Funktion und die Kontaktfunktion zurückzutreten scheinen und das sprachliche Ausdrucks- und Appellverhalten möglichst vermieden werden.

Eine solche spezifische Auswahl ist auch für die Sprache Linnés charakteristisch – d. h. für den Ausschnitt der Arbeiten, von denen wir gesprochen haben. Sie ist gekennzeichnet durch sachliche, objektive Darstellung und durch in einer umfangreichen Nomenklatur verfestigte Unterscheidungen, durch systematische, vom Allgemeinen zum Spezielleren vorangehende Gliederung, durch lapidare Definitionen. Das hypothetische Moment scheint demgegenüber zurückzutreten, und expressives oder appellierendes Sprachverhalten kommt am ehesten in biblischen Mottos zum Ausdruck, die Linné seinen systematischen Arbeiten voranstellt. Seine Sprache beruht also auf strenger Selektion.

Für Goethes Naturwissenschaftssprache ist bezeichnend, daß er sämtliche Sprachfunktionen wahrnimmt und die typisch wissenschaftlichen auf eigentümliche Weise:

Er war gegenüber der wissenschaftlichen Terminologie und Nomenklatur an sich nicht kritisch eingestellt, im Gegenteil: er sah in der Analyse, dem *Unterscheiden* ein der Synthese gleichwertiges und gleichnotwendiges wissenschaftliches Verfahren und würdigt an zahlreichen Stellen seines naturwissenschaftlichen Werks, auch in den Arbeiten zur Botanik, die bis „ins Einzelnste dringende" unterscheidende und benennende Fachsprache, sucht sie zu erweitern und zu verbessern.[59] Der Anteil des wissenschaftlichen Fachvokabulars an seinem Gesamtwortschatz scheint sehr groß zu sein – dieses interessante Teilgebiet seines Wortschatzes ist m. W. bisher noch nicht untersucht worden.

Andrerseits schreibt er im allgemeinen sehr wenig terminologisch –

---

[58] Bühler (1965), S. 28 ff.; Kainz (1954), S. 486, 495 ff.; vgl. Brinkmann (1971), S. 379; Jakobson (1964).
[59] LA I, 10, S. 282; vgl. S. 43 ff.

das gilt aus den oben angeführten Gründen speziell für die Metamorphose der Pflanzen. Hier dominiert die Form der gemeinsprachlichen sachlichen *Darstellung*. Aber wir sahen, daß in der Art der Gesamtgliederung und der individualisierenden Ausführung von Details eine Idee der Mimesis wirksam wird, die auch diese vorwiegend didaktische Arbeit in die Nähe der Dichtung rückt.

Der *Gliederung* kommt bei Goethe eine erhöhte Bedeutung zu; sie ermöglicht, das Hauptziel zu erreichen, nämlich die Einheit des Unterschiedenen synchron zu erfassen. Goethe bedient sich nicht der systematischen Methode, sondern der ‚genetischen‘, die Gegenstände in einer ‚naturgemäßen‘ Reihe entwickelnden.

Da es ihm auf eine „Wiederholung" der natürlichen Welt vor dem inneren Auge des Lesers ankommt, hat das Wie der Darstellung, die *poetische Funktion*, eine erstrangige Bedeutung. Die mimetische Form vermittelt die im Betrachter und in der Natur liegenden Antinomien und wird zu einem wesentlichen Instrument für die anschauende Erkenntnis.

Ein verhaltenes oder direktes *Ausdrucksverhalten* des Dichters läßt sich an vielen Stellen des naturwissenschaftlichen Werks beobachten. Die Form der autobiographischen Erzählung, die Goethe z. B. in den Morphologischen Heften entwickelt, eignet sich besonders zu einer subjektiven Brechung der naturwissenschaftlichen Einsichten.

Ein *Appellverhalten* des Autors ist durchaus vorhanden, es drückt sich aber eher indirekt aus: u. a. in der gemeinsprachlich erklärenden schönen Form der Darstellung; sie resultiert aus einer Gleichsetzung von Erkenntnis und Bildung.

Auch der *Kontakt* mit dem Leser ist ein implizites Element der Goetheschen Darstellung. Ein Kontaktmoment liegt z. B. in der für ihn charakteristischen hypothetischen, offenlassenden, immer neu ansetzenden Sprechweise; alles hypothetische Sprechen ist dialogisch, fordert den Partner dazu heraus, gewissere Lösungen und Antworten zu finden.

Diese Funktion der *fragenden Erweiterung des gegebenen Horizonts* findet sich in verschiedener Hinsicht: 1. als Bewußtsein der perspektivischen Gebundenheit jedes Ausdrucks von Erkenntnis; die Erkenntnis- und Sprachskepsis scheint eine größere Gegenstandsnähe zu ermöglichen; 2. sucht Goethe in dem Wechsel des Ausdrucks, im Perspektivenwechsel also und in der Perspektivenbündelung, den Gegenstand einzukreisen und durch Vielseitigkeit der Ansätze den Aspektreichtum des Objekts einzuholen.

Metasprachliches schließlich ist außerordentlich häufig. Es hängt mit Goethes Sprachbewußtsein zusammen, daß er sich an keiner Stelle das Verständnis der Sache durch das Wort und die mit ihm verbundene Vorstellung vorschreiben oder ersetzen lassen will. Ständig ersetzt er das benennende Wort durch das erklärende. Linnés Methode der Definition kehrt bei ihm als Denkform, meist in der Form der Paraphrase, wieder. Der Umgang mit definierten Begriffen als Bausteinen einer abstrakten Darstellung fehlt dagegen in den naturwissenschaftlichen Arbeiten Goethes; es bleibt ein anschauungsgebundenes, im Gedanken der Abbildung verharrendes, vielleicht in ihm befangenes Denken.

Linné schrieb vorwiegend Latein, die Sprache der gelehrten Zunft und eines Kreises von Gebildeten, sein Sprachverhalten ist vergleichsweise streng selektiv, das des analysierenden Systematikers. Goethe schreibt deutsch und dabei weitgehend gemeinsprachlich, sein Sprachverhalten ist universell. Er hinterließ das Muster einer in seiner Zeit kommunikablen Sprache, in der es gelungen war, weit auseinanderliegende Gebiete der Wissenschaft in *einem Stil* auszuarbeiten, ohne daß die gewissenhafte Genauigkeit der Mitteilung darunter zu leiden scheint.

Ich möchte nicht versuchen, den historischen Gegensatz einfach auf die Gegenwart zu übertragen. Aber es scheint doch möglich, die beiden Erkenntnistypen und die ihnen zugeordneten sprachlichen Formen – mutatis mutandis – in der Gegenwart wiederzufinden, z. T. sogar in der Sprachwissenschaft.

Es ist keine Frage, welchem Sprachtyp die Zukunft gehört hat. Seit Linné und Goethe sind immense Wissensgebiete durch engmaschig verzweigte terminologische Systeme erschlossen worden. Die Sprachen der einzelnen Fächer haben sich auseinander entwickelt zu standardisierten Sondersprachen, deren Entfernung von der Gemeinsprache ständig zunimmt. Die wissenschaftlichen Terminologien sind ins Unermeßliche gewachsen. In dieser Situation ist der gegenläufige Denk- und Sprachtyp, der die disparaten Wissensgebiete gemeinsprachlich erschließt und sie zugänglich macht, um so notwendiger und nützlicher.

Literaturverzeichnis

Asimov, J. (1968): Geschichte der Biologie. Fischer Bücherei. Frankfurt/M.
Ballauf, Th. (1954): Die Wissenschaft vom Leben. Eine Geschichte der Biologie. Band I. Vom Altertum bis zur Romantik. Freiburg / München.

Brinkmann, H. (1971): Die deutsche Sprache. Gestalt und Leistung. 2. Auflage. Düsseldorf.

Bühler, K. (1965): Sprachtheorie. Die Darstellungsfunktion der Sprache. 2. unveränderte Auflage. Stuttgart.

Burckhardt, R. / Erhard, H. (1921): Geschichte der Zoologie und ihrer wissenschaftlichen Probleme. Teil I und II. Berlin und Leipzig. 2. Auflage. Sammlung Göschen.

Dannemann, F. (1903): Grundriß einer Geschichte der Naturwissenschaften. II. Band. Die Entwicklung der Naturwissenschaften. Leipzig.

Gauger, H. M. (1972): Die Wörter und ihr Kontext. In: Neue Rundschau 83. S. 432–450.

Gauger, H. M. (1972): Zum Problem der Synonyme. Tübingen. Tübinger Beiträge zur Linguistik 9.

Goerke, H. (1966): Karl von Linné. Arzt – Naturforscher – Systematiker. Stuttgart.

LA Goethes Schriften zur Naturwissenschaft (Leopoldina) Abt. I Texte, Abt. II Ergänzungen und Erläuterungen. Weimar 1947 ff.

WA Goethes Werke. Sophienausgabe. Abt. I Werke, Abt. II Naturwissenschaftliche Schriften, Abt. III Tagebücher, Abt. IV Briefe. (Tagebuch- und Briefstellen finden sich in den Abteilungen III und IV chronologisch geordnet).

Hartmann, P. (1958): Das Wort als Name. Struktur, Konstitution und Leistung der benennenden Bestimmung. Köln und Opladen. Wissenschaftliche Abhandlungen der Arbeitsgemeinschaft für Forschung des Landes Nordrhein-Westfalen. Band 6.

Hundsnurscher, F. (1970): Neuere Methoden der Semantik. Eine Einführung anhand deutscher Beispiele. Germanistische Arbeitshefte. Tübingen.

Husserl, E. (1901): Logische Untersuchungen. 2. Teil: Untersuchungen zur Phänomenologie und Theorie der Erkenntnis. Halle.

Jakobson, R. (1964): Linguistics and Poetics. In: Style in Language. Hrsg. Th. A. Sebeok. 2. Auflage. Cambridge (Mass.). S. 350–377.

Jaszi, A. (1973): Entzweiung und Vereinigung. Goethes symbolische Weltanschauung. Unter Mitarbeit von Michael Mann. Poesie und Wissenschaft 24. Heidelberg.

Kainz, F. (1954): Psychologie der Sprache. Band 3. Stuttgart.

Kamlah, W. / Lorenzen, P. (1967): Logische Propädeutik. Mannheim.

Kleinschnieder, M. (1971): Goethes Naturstudien. Wissenschaftstheoretische und geschichtliche Untersuchungen. Bonn.

Koch, F. (1967): Goethes Gedankenform. Berlin.

Kuhn, D. (1967): Empirische und ideelle Wirklichkeit. Studien über Goethes Kritik des französischen Akademiestreits. Neue Hefte zur Morphologie 5. Graz / Wien / Köln.

Kuhn, D. (1971): Über den Grund von Goethes Beschäftigung mit der Natur und ihrer wissenschaftlichen Erkenntnis. In: Jahrbuch der deutschen Schillergesellschaft 15. S. 158–173.
Larson, J. L. (1967): Goethe and Linnaeus. In: Journal of the history of ideas 28. S. 590–596.
Leisegang, H. (1932): Goethes Denken. Leipzig.
Lindman, C. A. M. (1909): Carl von Linné als botanischer Forscher und Schriftsteller. In: Carl von Linnés Bedeutung als Naturforscher und Arzt. Hrsg. von Königl. Schwedischen Akademie der Wissenschaften. Jena.
Linné, C. von (1735): Caroli Linnaei, Doctoris Medicinae, Systema Naturae Sive Regna Tria Naturae systematice proposita per Classes, Ordines, Genera & Species. Lugduni Batavorum.
Linné, C. von (1751): Philosophia Botanica in qua explicantur Fundamenta Botanica cum Definitionibus Partium, Exemplis, Terminorum, Observationibus Rariorum, Adiectis Figuris Aeneis. Vindobonae.
Lyons, J. (1971): Einführung in die moderne Linguistik. München.
Meyer-Abich, A. (1970): Die Vollendung der Morphologie Goethes durch Alexander von Humboldt. Ein Beitrag zur Naturwissenschaft der Goethezeit. Göttingen.
Neumann, G. (1972): Ideenparadiese. Untersuchungen zur Aphoristik von Lichtenberg, Novalis, Friedrich Schlegel und Goethe. München 1976.
Schmitz, H. (1959): Goethes Altersdenken im problemgeschichtlichen Zusammenhang. Bonn.
Strugger, S. / Härtel, O. (1970): Biologie I (Botanik). Frankfurt/M. Fischer Bücherei. Das Fischer-Lexikon. Erstausgabe 1962.
Troll, W. (1926): Goethes morphologische Schriften. Ausgewählt und eingeleitet von W. Troll. Jena.
Ullmann, S. de (1967): Grundzüge der Semantik. Deutsche Fassung von Susanne Koopmann. Berlin.
Weinhandl, F. (1932): Die Metaphysik Goethes. Berlin.

Utz Maas

GRAMMATIK UND ERFAHRUNG

Auf den ersten Blick scheint es selbstverständlich, daß sich ein Sprachwissenschaftler zu dem Problem Grammatik und Erfahrung äußert. Aber – warum soll ausgerechnet der spezialisierte Sprachwissenschaftler eine interessante Antwort auf die Frage nach dem Zusammenhang von Grammatik und Erfahrung geben können? Schließlich steht seine Arbeit nicht am Anfang der Beschäftigung mit dieser Frage, sondern er arbeitet selbst schon mit Vorstellungen von Sprache und Grammatik, die aus einem, seiner Disziplin vorgängigen Reflexionsbereich stammen. Die wirklich interessanten Fragen gehen dem Tätigkeitsbereich der Spezialdisziplin Sprachwissenschaft voraus; sie richten sich nicht zuletzt auf die Bedingungen für deren Spezialisierung zu einer Einzeldisziplin. Daher können diese Überlegungen nicht mit sprachwissenschaftlichen Prämissen angegangen werden; vielmehr wird es nicht zuletzt darum gehen, gerade diese Prämissen selbst zu problematisieren.

Sieht man in einer Darstellung der Entwicklung der Sprachwissenschaft nach, so beginnt diese (als moderne Wissenschaft) mit dem 19. Jahrhundert. Ihre Entwicklung setzt also zu dem Zeitpunkt ein, als die bürgerliche Gesellschaft sich ungehemmt entfaltete – nicht zuletzt dank der Freisetzung des wissenschaftlichen Potentials der gesellschaftlichen Produktivkräfte. Stellen wir also die Frage nach der Grammatik an die kompetente (oder sich als kompetent ausgebende) Sprachwissenschaft, so müssen wir – um deren ev. Antwort beurteilen zu können – uns vorab klar machen, was diese als bürgerliche Wissenschaft charakterisiert.

Über einen ausgezeichneten Schlüssel zu dieser Frage verfügen wir in Daniel Defoes „Robinson Crusoe", sowohl ein Zeugnis für das Selbstverständnis der sich entfaltenden bürgerlichen Wissenschaft wie ein bemerkenswertes Dokument bürgerlicher Ironie. Defoe stellt uns seinen Robinson nämlich als Prototypen eines bürgerlichen Sozialwissenschaftlers vor, der sich in protokollierter Selbsterfahrung anschickt, die Bedingungen menschlicher Reproduktion am Punkte 0 zu erforschen. Allenfalls die Tatsache, daß er öfters auf die göttliche Vorsehung zurückgreift, weist ihn noch als einen Menschen des 18. und nicht des 19. und 20. Jhd. aus.

Die Naivität seines vorgeblichen Neuanfangs ergibt sich nicht nur durch die materielle Ausrüstung, die er vom Schiffswrack gerettet hat, und die die Entwicklung der gesellschaftlichen Arbeit bis zum 18. Jhd. in sich enthält, sie entlarvt sich auch in seinen Deutungen. So vermerkt er z. B. in seinem Tagebuch, nachdem er ein Stück hartes Holz gefunden hat:

I worked it effectually by little and little into the form of a shovel or spade, the handle exactly shaped like ours in England, only that the broad part having no iron shod upon it at bottom ... (ed. A. Ross, London: Penguin 1965, S. 90)

(Ich bearbeitete es so, daß es nach und nach die Form einer Schaufel oder eines Spatens erhielt, wobei der Griff genauso gebildet war wie bei uns in England, nur der breite Teil unten hatte keinen Eisenbeschlag ...)

Was ein Spaten ist, also die ganze Entdeckung des Ackerbaus, das hat er im Kopf, darüber hinaus sogar auch die spezielle ästhetische Form, die ihm die englische Handwerkertradition gegeben hat.

Karl Marx hat in Robinsons Tagebuch, dieser Ansamlung von Protokollsätzen, denn auch das Urbild bürgerlicher Wissenschaft gesehen, die er mit dem Ausdruck „Robinsonaden" gekennzeichnet hat. Diese Charakterisierung der bürgerlichen Wissenschaft wird vielleicht noch deutlicher, wenn wir deren modernes Selbstverständnis heranziehen, wie es sich in der seit 50 Jahren nun auch als eigener Disziplin betriebenen Wissenschaftstheorie darstellt. Die ungebrochene Mystifizierung der „rohen" Beobachtungen, eben als einer Ansammlung von Protokollsätzen wie in Robinsons Tagebuch, bestimmte ja deren frühe Phase (Wiener Kreis). Theoretische, also explizit wissenschaftliche Arbeit begriff man dort sogar einmal einfach als syntaktische Analyse der Beobachtungssprache. Auch wenn diese Position heute als „naiv" angesehen und durch einen komplizierten theoretischen Apparat abgelöst ist (wo man ausdrücklich der Beobachtungssprache eine andere Theoriesprache gegenüberstellt), so ändert das doch nichts an dem affirmativen Ausgehen von den rohen Beobachtungsdaten bei dieser Richtung – der sog. „linguistic turn" besteht, allen feineren Unterschieden der einzelnen Schulen zum Trotz, im Vergessen, daß Beobachtungen in einer historischen Situation *produziert* werden, er verschleiert die Frage nach dem Wie dieser Produktion, insbesondere die Frage danach, welche Erfahrungen, Deutungen, in sie eingehen.

Andererseits ist diese Haltung aber auch nicht mehr bei allen Vertretern bürgerlicher Wissenschaft ungebrochen. Schließlich hat auch einer der Initiatoren des „linguistic turn", Ludwig Wittgenstein, gerade diese kontemplative Haltung der Sprachanalyse gegenüber radikal kritisiert. Schon in seinen „Philosophischen Untersuchungen" hatte Wittgenstein den syntaktischen Sprachbegriff, der an der äußerlichen Zeichenstruktur festgemacht ist und für diese Regeln definiert, dadurch zerstört, daß er auf die Übereinstimmung in der Lebenspraxis als der Basis für die Übereinstimmung in der Sprache verwiesen hat. In seinem Spätwerk „Über Gewißheit" entwickelt er aber über seine aporetische Argumentation zum Regelbegriff hinaus auch einen alternativen Grammatikbegriff.

Grammatik faßt er hier nicht als etwas anderes als die Sprache, etwa als ein in einer anderen „Sprache" formuliertes Regelsystem *über* die Sprache auf, sondern er begreift Grammatik als den Teil der Sprache (als die Menge von Sätzen in ihr), die Produkt der Reflexion auf die Lebensform sind: es sind die Sätze, in denen man nicht nicht-übereinstimmen kann, um sich verständigen zu können. Grammatik als Basis der Sprache enthält so aber alle die möglichen Sätze, die für sich geäußert unsinnig sind – weil sie nicht bestritten werden können (was ja ein Kriterium für Sinnhaftigkeit ist). Zur Grammatik gehören diese Sätze in dem Sinne, daß sie von allen sinnvoll zu äußernden Sätzen vorausgesetzt werden – aber selbst nicht sinnvoll geäußert werden können (würden sie sinnvoll geäußert, würden sie die Sätze der Grammatik voraussetzen, also selbst nicht welche sein).

Das Interessante an dieser Konzeption zeigt sich bei Wittgensteins Überlegungen zur Veränderung von Lebensformen – also auch zur Veränderung der Grammatiken (bzw. zum Aufeinanderprallen von verschiedenen Lebensformen). Wittgenstein entwickelt hier die Bindung der Grammatik an die Lebenspraxis nicht als theoretisches, sondern als praktisches Problem: Grammatiken bewähren sich als Deutungen bei der Bewältigung der Natur – und im Sinne dieser Aufgabe können sie sich auch ändern.

Ich kann hier das recht schwierige Grammatikkonzept Wittgensteins nicht weiter erörtern. Worauf ich damit nur hinweisen wollte war, daß in der Tradition bürgerlicher Wissenschaft (in der Wittgenstein ja durchaus bleibt) die Betrachtungsweise, die Sprache verdinglicht, nicht unproblematisiert geblieben ist. Einer vorgeblich außerhalb der Praxis stehenden Reflexion (Meta-meta-usw. ... -Sprache, handlungsfreier Diskurs u. dgl.) wird bereits ein Konzept gegenübergestellt, das gerade auf den notwendigen Zusammenhang von Sprache bzw. Grammatik und Erfahrung verweist.

Die von Wittgenstein kritisierte kontemplative Haltung ist die Robinsons: der Glaube daran, daß die Bedingungen des Handelns an diesem selbst abgelesen werden können, ohne zu berücksichtigen, daß das Handeln selbst, seine Bedingungen, gesellschaftlich produziert sind, daß schon seine Wahrnehmung ein Bewußtsein voraussetzt, das Produkt und Niederschlag gesellschaftlich akkumulierter Erfahrung ist. Diese Kritik gilt der gesamten Wissenschaft – und sie ist in der Nachfolge Wittgensteins, z. B. bei Paul Feyerabend, ja auch weiterentwickelt worden; sie gilt aber insbesondere für die Sprachwissenschaft.

Als bürgerliche Wissenschaft erweist sich die herrschende Sprachwissenschaft schon in ihrem Grammatikbegriff: Grammatik ist demnach in der Sprache einfach da – wie der Motor in einem Auto, heißt es in einer jüngst dazu erschienenen Arbeit; man braucht bloß genau genug hinzusehen, um ihre Regelmäßigkeiten zu entdecken – und man kann vergessen, daß man in dieser Sprache sprechen können muß (d. h. die Situationen produzieren können muß, in denen man sich so verständigen kann), um diese Regelmäßigkeiten überhaupt erst wahrnehmen zu können. Wie oft genug betont, ist eine solche kontemplative Haltung Ausdruck der erfolgreichen Einpassung in eine Gesellschaftsform, in der die Beziehungen der Menschen untereinander nur noch indirekt über die toten Produkte ihrer Arbeit, nicht aber direkt über ihre lebendige Tätigkeit vermittelt sind.

Damit haben wir zwar eine erste Klärung bei der Frage nach dem Verhältnis von Grammatik und Erfahrung erreicht: lassen wir uns erst auf die üblichen grammatiktheoretischen Robinsonaden ein, können wir diese Frage gar nicht erst stellen. Um weiterzukommen, müssen wir den herrschenden Grammatikbegriff zuerst einmal gründlich destruieren. Andererseits hilft uns auch der pauschale Verweis auf die Kritik der bürgerlichen Ideologie nicht schon sehr viel weiter. Als nächstes müssen wir also die ideologiekritische Frage konkreter fassen.

Der Kritik verfällt ja nicht einfach eine bestimmte Deutung von Sprache – ebenso wie Robinson nicht deswegen zu kritisieren ist, weil er in einem bestimmt gewachsenen Holzknüppel schon gleich den möglichen Spaten wahrnimmt, wie ihn die Handwerker seiner Zeit in England anfertigten. Die Kritik richtet sich darauf, daß er diese Deutung für *natürlich* hält, daß sie abgelöst wird von der spezifischen historischen Situation, in der er sie nur produzieren kann. Die kritische Frage zielt darauf: wie kommt es dazu, daß solche spezifischen Deutungen natürlich werden?

Kritische Fragen sind immer praktische Fragen – als kritisch erweisen sie sich dadurch, daß ihre Antworten ein Kriterium beim Handeln, in der Praxis abgeben. Und daß unsere Frage nach dem Zusammenhang von Sprache und Erfahrung auch in diesem Sinne eine kritische ist, zeigt nicht zuletzt das Problem des Sprachunterrichts. Hier zunächst nur die These: in dem Maße, wie der hier kritisierte Sprach- / Grammatikbegriff natürlich wird, seine besonderen Produktionsbedingungen unsichtbar werden (seit Marx braucht man dafür den Ausdruck „Fetischisierung"), in diesem Maße werden insbesondere Lehrer immunisiert gegenüber den Problemen ihrer Schüler, für die ein solches Verständnis noch alles andere als selbstverständlich ist. Diese praktische Wendung unserer Frage nach dem Zusammenhang von Sprache und Erfahrung, das Kriterium des Sprachunterrichts, soll im weiteren Richtlinie der Überlegungen bleiben.

Zu sagen, daß eine bestimmte Vorstellung historisch produziert ist, heißt negativ gefaßt soviel wie: unter historisch anderen Bedingungen werden andere Vorstellungen produziert. Versuchen wir nun aber, die hier vorgebrachte These vom spezifisch bürgerlichen Sprachbegriff anhand der einschlägigen Wissenschaftsgeschichte zu überprüfen, so finden wir sie dort scheinbar widerlegt. Die hier als bürgerlich apostrophierte Auffassung von Sprache und Grammatik: grob gesagt die Auffassung, nach der Sprachen als Mengen von Sätzen charakterisierbar sind, ohne daß dazu die darin materialisierten Erfahrungen bzw. Situationsdeutungen berücksichtigt werden müssen, eine solche Auffassung tritt nicht erst seit dem 18. Jhd. auf. Man kann vielmehr sagen, daß dieser Sprachbegriff sich überall dort findet, wo Sprachreflexion systematisch organisiert, also wissenschaftlich betrieben worden ist, z. B. bei den Indern um die Mitte des Jahrtausends vor 0, in der Scholastik des europäischen Mittelalters usw. Die herrschende Geschichtsschreibung ist hier eindeutig. Es ist aber eine gute Methode, in dem Attribut *herrschend* im statistischen Sinne den Ausdruck von Herrschaftsverhältnissen zu vermuten. Und so waren ja tatsächlich in vorbürgerlichen Gesellschaften immer auch die, die Grammatikreflexion betrieben, an der Herrschaft beteiligt, gleich ob als Priesterkasten wie am alten Indien und im christlichen Mittelalter, oder auch als Laien wie die feudalen Trobadors der mittelalterlichen Provence.

Diese Vermutung eines Zusammenhangs von kontemplativer Haltung zum Sprachproblem und gesellschaftlicher Privilegierung erfährt zudem eine schlagkräftige Bestätigung in der Sprachreflexion der Beherrschten – von der man in der gängigen Geschichtsschreibung allerdings nur sehr wenig liest. Nun ist das auch so eine Sache: systematische Sprachreflexion ist bis zu einem gewissen Grade ein Luxus, sie setzt in jedem Fall voraus, daß man nicht dauernd an das Lebensnotwendige denken muß. In dieser Situation befanden sich bis zur bürgerlichen Gesellschaft aber nur sehr wenige Menschen. So findet sich denn die Reflexion des Volkes in der Regel nicht in der positiven Fassung eines theoretischen Systems (was sollte ihm das auch schon nützen?), sondern als beißende Kritik an dem gelehrten Humbug der Pfaffen und Professoren. Vereinzelt, da wo die Konkurrenz privilegierter Gruppen so heftig wurde, daß eine von ihnen das Volk für sich gewinnen mußte (oder auch die Volksschichten in ihrer Kritik so radikalisiert, daß sie in die bestehenden Herrschaftsverhältnisse nur um den Preis integriert werden konnten, daß man ihren Vorstellungen wenigstens teilweise zur artikulierten Geltung verhalf), da finden sich in der Geschichte auch Zeugnisse systematisch entfalteter Volkskritik. So in der buddhistischen Kritik an dem formalen Grammatiktreiben der Brahmanen (in einigen indischen Sprachen ist das Wort für Brahmane synonym mit Grammatiker) und bei den mittelalterlichen Sekten und ihrer Funktionalisierung durch die Franziskaner mit ihrer Kritik an dem gelehrten scholastischen Nonsens vor allem ihrer Gegner, der Dominikaner (die – bemerkenswert genug – zugleich Träger der Inquisition waren).

Gemeinsam war dieser Kritik der emphatische Hinweis darauf, daß in dergleichen Grammatiktreiben von Sprachreflexion nicht die Rede sein konnte, weil man es dort gar nicht mit Sprache, also mit Äußerungen, Verständigungsproblemen u. dgl. zu tun hatte, sondern nur mit Kombinationen ritualisierter Formelemente – bei den Brahmanen solchen der Liturgie, bei den Scholastikern solchen der logischen Kalküle (die aber auch in der Sprache der Liturgie abgefaßt waren).

Mit der Weiterentwicklung der handwerklichen Produktionsweise wurden aber zunehmend auch für die mittelbaren Subjekte dieser Kritik die materiellen Voraussetzungen geschaffen, sich selbst zu artikulieren: die Rolle von bestimmten Handwerksberufen, etwa den Schustern, bei der Entwicklung der Sektenbewegung, dieser frühen Organisationsform von Volkswissenschaft, ist bekannt. Die hervorragendsten Zeugnisse frühbürgerlicher Sprachreflexion finden sich aber in der volkstümlichen Literatur: vom Ulenspiegel bis zu Rabelais – aufgegriffen wurde diese Tradition schließlich im klassischen Drama, etwa bei Molière.

Die glänzende Karikatur scholastischer Pseudowissenschaft beim Ulenspiegel steht der jetzt modischen Kritik an der kontemplativen Borniertheit von Linguistik und Soziologie (Handlungstheorie, Ethnomethodologie usw.) um nichts nach: schließlich setzt solche Karikatur eine mindest ebenbürtige Reflexion voraus.

Ulenspiegel nimmt die Leute beim Wort – eben weil sie vorgeben, sich eindeutig auszudrücken, zeigt er ihnen, daß dieses Bemühen illusorisch ist. So ist es ihm recht, wenn die Wirtin auf seine ausdrücklichen Fragen hin, ihm umständlich klar macht, bei ihr esse man „um Geld" – er tut's denn auch, und verlangt von ihr hinterher den angegebenen Betrag. Alle die, die von der ersten Lehre nicht genug haben, wie einige der geplagten Meister, die ihn einstellen, müssen zu ihrem nicht unbeträchtlichen Schaden erfahren, daß alle weiteren Präzisierungsversuche genauso vergeblich sind – eine eindeutige Ausdrucksweise gibt es da nicht, wo die Situationsdeutung verschieden ist; und eine gemeinsame Situationsdeutung kann man verbal nicht herstellen (Garfinkel hätte bei Ulenspiegel in die Lehre gehen können).

Im übrigen beschränkt sich die sprachliche Reflexion in diesen Schwänken keineswegs nur auf Syntax und Semantik – auch die pragmatische Analyse wird scharfsinnig beherrscht. Ich kann nur empfehlen eine Geschichte wie die von den 12 Blinden, denen Ulenspiegel vorgibt, 12 Gulden zu geben (die 71. Histori), einmal unter dem Gesichtspunkt zu lesen, wie er eine notwendig paradoxe Situation schafft, indem er die Erwartungserwartungen seiner Mitmenschen subtil einplant (nur ein neues Wort für diese ist vom symbolischen Interaktionismus erfunden worden). Gerade in dem hier angedeuteten Kontext ist die Ulenspiegel-Lektüre aufschlußreich: nimmt hier das bürgerlichgewitzte Volk doch besonders die Heuchelei der gelehrten Pfaffen aufs Korn – so wenn etwa Ulenspiegel in der 87. Histori vom Häfenzerschlagen einen Bischof gerade dadurch übers Ohr haut, daß er realistisch dessen Erwartungshaltung gegenüber Magie in sein Handeln einbezieht. Nach diesem Exkurs aber wieder zurück zum Thema.

Hinsichtlich der mittelalterlichen Sprachauffassung gilt es noch einen Topos der herrschenden Geschichtsschreibung zu zerpflücken. Die bisher vorgebrachte Kritik findet sich dort zum Teil auch – insoweit es sich nämlich um die Bindung von Sprach- bzw. Grammatikreflexion an die heiligen Sprachen (Sanskrit, Latein usw. – also alles

Sprachen, die nicht mehr gesprochen wurden) handelt, und von daher das Geschäft der Sprachreflexion allein den Priestern zukam. Daher legt man dann einen großen Nachdruck auf die mit dem Hochmittelalter einsetzende Beschäftigung mit der Muttersprache – in der Provence schon seit dem 11. Jhd.

Aber darin liegt eine recht oberflächliche Redeweise, die Muttersprache nur negativ in Bezug auf das (entsprechend dem christlich-römischen Reich) universalistische Latein bestimmt. *Muttersprache*, das soll doch wohl heißen: die Form, in der Erfahrung im Umgang mit anderen gemacht, vermittelt ist; die Bewußtseinsform, in der die persönliche Identität in Differenz zu anderen Personen erworben wird, in der man gemeinsame und verschiedene Erfahrungen im gemeinsamen Handeln mit anderen Personen austauschen lernt. Einmal ganz abgesehen davon, daß die hier so genannten Muttersprachen nicht die Sprachen des Volkes sind – sie sind auch sicher nicht die Sprachen, in der z. B. die angehenden Trobadors, die Kinder provenzalischer Feudalherren, sich mit ihren Ammen verständigten. Nicht umsonst stehen ja neben den frühesten Zeugnissen nichtlateinischer Dichtkunst im Mittelalter gleichzeitig auch grammatische Traktate – von den provenzalischen „Razos de trobar" bis zu Dantes „De vulgari eloquentia" handelt es sich hier um Poetiken im ursprünglichsten Sinne: Um eine Ansammlung von *Produktionsregeln* für die Herstellung von Texten, nicht aber um Reflexion auf Umgangssprache. Und so versteht es sich fast von selbst, daß der Sprachbegriff der Laiengrammatiker mit dem der Pfaffen identisch ist: beiden geht es ja effektiv um das Gleiche, um Produktionssysteme für Kunstprodukte.

Nun soll hier selbstverständlich nicht bestritten werden, daß in dieser Abkehr vom Latein sich auf ideologischem Gebiet die bürgerliche Revolution bereits ankündigt. Aber in diesen Schritt darf doch nicht zuviel hineingelegt werden – bis zur bürgerlichen Gesellschaft ist es noch sehr weit. Die Abkehr vom Latein beruhte vor allem auf Rivalitäten im feudalen Herrschaftssytem – insbesondere bei den selbstbewußten reichen provenzalischen Feudalherren, die sich aus der Vorherrschaft des Reiches, die über die römische Kirche vermittelt war, lösen wollten. Völkische Elemente, auch solche der Sekten, kamen ihnen dabei zupaß – u. a. entsprachen sie auch besser ihrem freizügigeren Sexualleben. Aber Sprachreflexion blieb für sie wie für die indischen Brahmanen Teil und Ausdruck ihrer parasitären Lebensform; sie war Teil einer Reflexion, die kontemplativ auf die Aneignung des gesellschaftlichen Reichtums gerichtet war und die gefährliche

Reflexion auf die Frage, wer denn wie ihre Lebensmittel produzierte, vermeiden mußte. Der kontemplative Grammatikbegriff ist so selbstverständlicher Teil eines schönen Treibens in verkünstelter Lebensform – er trägt dazu bei, die Angst vor den radikalen Fragen zu verdecken, er hilft, das schlechte gesellschaftliche Gewissen einzulullen.

Um zu einem anderen Grammatikbegriff zu kommen, bedarf es eines anderen gesellschaftlichen Standpunktes. Die Frage nach dem Zusammenhang von persönlicher Identität und deren Produziertheit durch den sozialen Verkehr, damit die Frage nach dem vom sozialen Verkehr vorgegebenen Zusammenhang von Identitätsfindung und Identitätsvermittlung, stellt sich letztlich nur denen, die objektiv an den radikalen Anfang geworfen sind, sie stellt sich nur in der Situation der Ausgebeuteten.

(An dieser Stelle sind vielleicht zwei Anmerkungen nötig: Damit ist nicht gesagt, daß dieser Standpunkt nicht verallgemeinerbar sei – das ist er sehr wohl im praktischen Bündnis mit den Ausgebeuteten. Schließlich muß man noch von der radikalen Analyse dieser Frage deren nachträgliches *scheinbares* Aufgreifen in der bürgerlichen Wissenschaft unterscheiden).

Mit dem bewußt werdenden gesellschaftlichen Standpunkt der Ausgebeuteten ist eine notwendige Bedingung für die Entwicklung eines anderen Grammatikverständnisses angegeben – aber keine hinreichende. Die Selbstverständlichkeit bestimmter materieller Voraussetzungen wie, daß man nicht vor Hunger unfähig ist, an anderes als Eßbares zu denken, habe ich schon genannt – insofern darf man hier nicht in eine radikalisierte Verelendungstheorie verfallen (schließlich waren es auch meist Intellektuelle, oft niedere Geistliche, die, im Bündnis mit den Ausgebeuteten, die Reflexion von deren Standpunkt aus vorwärts trieben). Das Geschäft der Reflexion setzt eine gewisse Schulung voraus – diese Bedingung hängt mit der vorgenannten eng zusammen, fällt aber nicht mit ihr zusammen. Auch wenn die Reflexionsform nicht die der herrschenden Schule ist, so wird sie vorwiegend doch in Auseinandersetzung mit dieser erworben (indem die schulische Abstraktionsform gegen den Strich gebürstet wird). Eine große Rolle in dieser Entwicklung spielen die Gewerbeschulen, die die fortschrittlichen Handwerker schon früh im Mittelalter einzurichten begannen. *Der* Katalysator für die sich bewußt werdende Volksreflexion war aber sicher das allgemeine Schulsystem, wie es vor allem seit dem Volksschulprojekt der französischen Revolution institutionalisiert wurde.

Die vielfachen Vermittlungsschritte bleiben noch zu untersuchen. Aber es ist sicher eine gute Hypothese, daß der pfäffische Sprachbegriff in seiner Absurdität offenbar werden mußte, wenn man dem gemeinen Mann dergleichen Robinsonaden verordnete – jedenfalls da, wo diese Verordnungen mit Sanktionen verbunden waren, wie bei der Sprachpolitik aller bürgerlichen Nationalstaaten seit der französischen Revolution. Für die bürgerlichen Technokraten in den Ministerien bzw. der Verwaltung ging es wie für die vorbürgerlichen Pfaffen und Minnesänger um die Definition eindeutiger Texte – eine Definition, die am besten über die genaue Angabe von Produktionssystemen für deren Abfassung zu leisten war. Etwas unterschied sie allerdings: Brahmanen und Minnedichter verfuhren so gewissermaßen „unschuldig", in Übereinstimmung mit ihrer *besonderen* Lebensform bzw. gesellschaftlichen Position. Die Frage nach der Allgemeingültigkeit ihrer Reflexion kam bei ihnen nicht vor – nur insofern hielten sie ihren Sprachbegriff für *natürlich* – eben natürlich für sie selbst. Die bürgerlichen Technokraten aber propagierten diesen besonderen Sprachbegriff als allgemeinen, sie rekurrierten ausdrücklich auf *die Natur der Sache* – hier die Natur *der* Sprache. Konfrontiert mit dieser Zumutung und im Widerstand dagegen entfaltete sich die Volksreflexion – d. h. im Widerstand gegen die verschiedensten Formen von administrativen Eingriffen, die die vorbürgerlichen Lebensformen etwa der dörflichen Produktionsgemeinschaften zerstörten, wovon die staatlichen Volksschulen (im Gegensatz zu den in die Dorfgemeinschaft integrierten Katechismusschulen der Kirche) ja nur ein Teil waren.

Seit den heftigen Auseinandersetzungen um die bürgerliche Sprachpolitik in der französischen Revolution bestimmt die Frage nach dem Zusammenhang von Sprache und Erfahrung vor allem auch die Auseinandersetzungen in der Arbeiterbewegung (meist unter dem Stichwort „Nationalitätenfrage" abgehandelt) – zentral war sie sowohl in der I. wie in der II. Internationalen. Ein zentrals Problem ist sie noch heute in den Arbeiterorganisationen geblieben, die eine starke anarchosyndikalistische Tradition haben (etwa in Spanien und in Frankreich). Anarchistische Richtungen haben in der spanischen Revolution entsprechende Vorstellungen auch schon einmal – in schöner Naivität – zu einem Gestaltungsfaktor gesellschaftlicher Wirklichkeit gemacht.

Chronologisch gesehen tritt der gewissermaßen ursprüngliche, weil nicht-verdinglichte, nicht-pervertierte Sprachbegriff also keineswegs zuerst auf. Die Voraussetzungen für die ihm entsprechenden Bewußtseinsleistungen sind vielmehr erst mit der bürgerlichen Gesellschaft gegeben – in Widerstand gegen deren Ideologie er entfaltet wird. Dieser Zusammenhang muß allerdings einer ideengeschichtlichen Betrachtungsweise entgehen.

Aber auch mit diesem zweiten Durchgang unserer Überlegung ist die Rekonstruktion des Natürlichwerdens eines besonderen Sprach- bzw. Grammatikbegriffs noch nicht hinreichend gelungen – wir sind wieder nur an die Organisationsweise von Klassengesellschaften als Quelle der Realabstraktion von aller in Sprache eingehender Erfahrung verwiesen. In der angegebenen Konkretisierung können wir unsere Frage immer noch nicht beantworten: Wieso geht ein Lehrer von dieser Einstellung zur Sprache aus, wenn er mit seinen Schülern Grammatikunterricht treibt?

Um diese Frage zu beantworten, müssen wir noch den Zusammenhang der allgemeinen Bestimmungen der bürgerlichen Gesellschaft mit den subjektiven Bestimmungen, spez. den grammatischen Kategorien, herstellen. Allgemein gesprochen hebt die bürgerliche Gesellschaft (tendenziell) alle Besonderheiten im gesellschaftlichen Verkehr auf, sie vermittelt jedes ihrer Elemente mit jedem anderen, sie vergesellschaftet also ihre Elemente. Das kann man an materiellen Fakten, etwa am Aufbau eines gleichmäßigen Verkehrsnetzes, ablesen, das die lokal relativ abgeschlossenen früheren Verkehrseinheiten auflöst, das gilt aber auch für die Kategorien der Erfahrung, die von ihrem besonderen Traditionszusammenhang abgelöst und durch *allgemeine* ersetzt werden.

Das möchte ich wenigstens an einem Beispiel verdeutlichen: den zeitbezüglichen Kategorien. Gerade hier sind bei bisherigen Darstellungen Robinsonaden die Regel. In der *Darstellung* operieren diese in der Regel schon mit einem Zeitbegriff, wie er erst mit einer sehr entwickelten Stufe der gesellschaftlichen Produktion auftreten kann: als *natürliche* Kategorie wird hier Zeit als geometrische, homogenisierte Dimension verstanden. Um die Besonderheiten dieses Zeitverständnisses wenigstens anzudeuten: Zeit als Dimension verstanden enthält unter anderem so etwas wie Zukunft als Gegensatz zur Vergangenheit – und ein solches Zeitverständnis widerspricht z. B. einem *zyklischen* Zeitverständnis, wie es sich etwa in der Magie ausdrückt, für die jedes Ereignis wiederholbar (auch vorweg wiederholbar!) ist, und bei dem andererseits die Zeit bei einem bestimmten Punkt aufhört, bei einem mythischen Urpunkt, etwa der Schöpfung. Zeit als geometrische Dimension entspricht so, bzw. entsteht als Erfahrungskategorie erst mit einer Produktionsweise, die auf Planung aufbaut, wo der Mensch bzw. seine Aktivität den Rhythmus der Reproduktion zu bestimmen beginnt.

Vorausgesetzt wird in den gängigen Darstellungen im allgemeinen auch eine Metrik, eine Messung der Zeit in gleichmäßigen Intervallen – wie man es seit Aristoteles ausdrückt: Zeit kommt von Zählen. Das aber setzt eine hoch entwickelte Produktionsweise mit Arbeitsinstrumenten, die einen konstantperiodischen Ablauf haben, voraus – und dieser Aspekt des modernen Zeitbegriffs ist ja auch bei uns bis heute nicht verallgemeinert: Wir erfahren die Tage im Winter immer noch kürzer als im Sommer, und wenn ich sage *auf eine Minute* (oder auch: *auf ein Bier*), dann meint das etwas ganz anderes (auch „objektiv" gemessen), wenn es sich um einen Schwatz handelt, oder darum, daß der andere in dieser Zeit eine schwere Last halten soll.

Zunächst einmal sind diese Zeitbestimmungen – und darum geht es mit dem Hinweis auf Robinsonaden ja – *gesellschaftliche* Kategorien, nicht natürliche, die unabhägig von der spezifischen Gesellschaftsform, in der sie verallgemeinert sind, betrachtet werden können. Und das nicht nur in dem trivialen Sinn, daß alle Erfahrungskategorien als solche – *formell* – gesellschaftliche sind, sie sind es auch ihrem Inhalt nach, *reell* also. Zeit als Dimension verstanden, löst sie von dem zeitlich bestimmten Erfahrungsinhalt ab – dieser wird jetzt *in* der Zeit erfahren, die als objektiv vorgegeben erscheint, quasi als Hülse, die nur noch sekundär mit Inhalt gefüllt wird. Anders gesagt: Statt Zeit mit Erfahrungsinhalten, etwa der Leistung einer bestimmten Aufgabe, zu messen, wie wir das auch noch manchmal tun, vgl. eben solche Bemerkungen wie *gehen wir auf ein Bier rein?*, wird Erfahrung jetzt durch ein bestimmtes abstraktes Maß, die Zeit, gemessen, vgl. *Sie haben genau fünf Minuten Zeit sich zu unterhalten.*

Die Überwindung der anschauenden Haltung der Erfahrung gegenüber, wie sie sich in dem nicht-geometrischen Zeitbegriff „primitiver", vor allem nicht-ackerbauender Gesellschaften findet, ist eine Leistung der gesellschaftlichen Arbeit, der aktiven Aneignung der Natur. Sie setzt voraus bzw. fällt zusammen damit, daß der Mensch der Natur gegenübertritt, sie kontrolliert, ihren Ablauf also auch als prinzipiell reversibel betrachtet. Bei der anschauenden Haltung empfindet sich der Mensch als Teil der Natur, sein Verhalten als Teil von deren Rhythmus, den er durchaus als periodisch (also zeitlich strukturiert) erfährt. Bewußtes Handeln wird hier darauf ausgerichtet, den Rhythmus der Natur einfühlend zu erfassen, um ihm zu entsprechen. Selbstverständlich kann man auch bei einer solchen Haltung von Zeit, von Vergangenheit und Zukunft sprechen – man muß dabei nur klarstellen, daß diese Vorstellungen dann von den unsrigen völlig verschieden sind: Vergangenes hat seinen Status in einer solchen zyklischen Auffassung insbesondere dadurch, daß es die Ereignisse in der Zukunft festlegt (als seine Wiederholungen) – Zukunft ist dann etwas ganz anderes als unsere Vorstellung von einer abstrakten Progression ins Unendliche.

Auf ein spezielles Problem mit der historischen Genese des modernen Zeitbegriffs kann ich hier nur kurz verweisen: Zeit als abstrakte *Form* der Erfahrung ist die Negation des Erfahrungs*inhaltes* – der Gegensatz von Form und Inhalt entsteht hier erst. Die Allgemeinheit der Zeitbestimmung durch die Negation aller inhaltlichen Besonderheiten, die Vergesellschaftung *dieser* Bestimmung im Gegensatz zu dem Festheften der Zeitbestimmung an dem je besonderen Erfahrenen, geschieht durch ihre Vermittlung über Totes – durch ihre Bindung an den Maschinentakt, speziell die Uhr. Die Verallgemeinerung dieses Zeitbegriffs ist daher an die bürgerliche Gesellschaft, an die Subsumption der Gesellschaft unters Kapital gebunden.

Hier muß jetzt allerdings noch deutlicher gemacht werden, was es mit dem Problem der Verallgemeinerung auf sich hat. Entscheidend ist nicht, wann eine Idee zuerst aufkam bzw. wann eine bestimmte Apparatur erfunden wurde (obwohl das auch nicht vom Himmel fällt, sondern seinerseits an bestimmte gesellschaftliche, also verallgemeinerte Bedingungen gebunden ist). Entscheidend ist, wann sie bestimmend wurde für die gesellschaftliche Erfahrung, d. h. wann sie notwendig mit der Teilhabe am gesellschaftlichen Verkehr erworben werden muß – und wann sie sich so auch als notwendige Bestimmung an der Äußerung, als grammatische Kategorie also, niederschlägt.

So war es ein langer Entwicklungsweg von der Einführung der Maschinerie bis zur Unterwerfung der lebendigen Arbeit unter ihren Takt – und damit zur Verallgemeinerung des modernen Zeitbegriffs, den Marx einmal knapp als Ökonomisierung der Arbeit aufgefaßt hat, Ergebnis der nicht nur formellen Subsumption der menschlichen Arbeit unter die Maschinerie (wo der Mensch die Maschinerie benutzt), sondern ihrer reellen Subsumption, wo die menschliche Tätigkeit als Fortsetzung von Maschinenfunktionen erscheint – und wo so „die Poren des Arbeitstages geschlossen" (Marx), die Möglichkeiten zur Abpressung von Mehrarbeit ausgeschöpft werden. Das geschieht erst mit dem 19. Jhd. – und man weiß um die dramatischen Konflikte dabei, auch um die ideologischen Faktoren, die an die Verallgemeinerung von Uhren gebunden waren, spez. auch die Rolle, die „kapitalistische" Sekten wie die Methodisten dabei gespielt haben, die in dieser Disziplinierung der Subjektivität ein gottgefälliges Werk sahen. Andererseits war das Akzeptieren dieser ideologischen Bestimmungen, also die effektive Verallgemeinerung dieses Zeitbegriffs auch die Voraussetzung dafür, daß die Arbeiterbewegung sich als historisches Subjekt konstituieren und ihre ersten Erfolge erringen konnte: etwa den 10 und dann den 8 Stunden Tag – was eine Kategorisierung ihrer Erfahrung in abstrakten Zeitbestimmungen voraussetzt (Zeugnisse noch aus der zweiten Hälfte des 19. Jhd. schildern beredt genug, wie wenig die Arbeiter in ihrer Mehrheit dergleichen Probleme damals überhaupt als die ihren begriffen).

Das Moment der Vergesellschaftung wird sehr deutlich auch bei *dem* ideologischen Ausdruck des modernen Zeitbegriffs, dem Zins. Die üblichen Darstellungen, die man zu diesem Thema findet, leisten sich schöne Robinsonaden, wenn sie diesen Begriff als einheitlichen quer durch die Geschichte gebrauchen. Zins setzt aber Kapital voraus, das sich selbst verwertet – und das wiederum eine Produktionsweise, die auf der entwickelten Maschinerie aufbaut, in der (Privat-) Kapital sich darstellt. Unser moderner Zeitbegriff ist nichts anderes als die Dimension, in der Kapital sich verwertet – und Zins ist der Durchschnittswert für diese Verwertung. In vorbürgerlichen Gesellschaften mit ihren zueinander unvermittelten autonomen Produktionsbereichen machen dergleichen Begriffe einfach keinen Sinn.

So finden sich zwar Vorformen von Zins, etwa der Risikozuschlag bei Seehandelsdarlehen im antiken Griechenland, aber diese sind nicht an so etwas wie gesellschaftlichen Durchschnittsprofit gebunden, sondern sind abhängig von dem je speziellen Abschluß eines Handelskontraktes. Es handelt sich dabei also nicht um eine ökonomische Kategorie, der zugrundeliegende Zeitbegriff ist eben nicht der der Ökonomisierung der Arbeit. Das zeigt sich auch an den Bezeichnungen für Darlehenszuschläge in früheren Gesellschaften, die man gewöhnlich mit „Zins" übersetzt findet. So ist etwa in einigen alten semitischen Sprachen das Wort für „Zins" identisch mit dem für Kalb – was eine einfache Erklärung findet. Reichtum akkumulierte man in Form von Rindern, die man wiederum – etwa zur Ernte – auslieh. Wenn sich dieser Besitz in dieser Zeit vermehrte, dann gehörte auch der Zuwachs dem Besitzer des Muttertieres. Der Zuwachs ist hier *natürlich*, nicht gesellschaftlich bestimmt: ob er eintritt, hängt von weitgehend unkontrollierbaren Faktoren ab, und ebenso ist seine Beschaffenheit zufällig. Fälligkeit der Schulden, Leihfrist wie auch die Art des Zuwachses sind vorgegeben von der natürlichen Periodizität – der zugrundeliegende Zeitbegriff ist der anschauende. Von einer inhaltlich gesellschaftlich (ökonomisch) bestimmten Kategorie wie bei Zeit und Zins im modernen Sinne kann hier nicht die Rede sein.

Mit diesen andeutenden Ausführungen wollte ich wenigstens illustrieren, wie man sich die Abhängigkeit der Erfahrungskategorien (und damit der grammatischen Kategorien) von den Bedingungen der gesellschaftlichen Produktion zu denken hat. Um wenigstens eine Bemerkung explizit zu *grammatischen Kategorien* zu machen: Eine solche ist *Tempus*; Tempus finden wir in so gut wie allen Handbüchern in irgendeiner Weise durch den oben als „modern" charakterisierten Zeitbegriff bestimmt. Daß dieser Tempusbegriff kein Universale ist, sollte nach dem Gesagten deutlich sein.

Nun handelt es sich hier nicht nur um ein Problem der vergleichenden Sprachforschung. Eine so komplexe Erfahrungs- und grammatische Kategorie wie unser Zeit- / Tempusbegriff muß vom Kind erst angeeignet werden – und auch hier gilt in gewisser Weise, daß jede Ontogenese eine Rekapitulation der Phylogenese ist. Nun weiß man inzwischen recht gut, daß dieser Aneignungsprozeß erst sehr spät abgeschlossen ist. Zwar sind (quasi definitionsgemäß) Bestimmungen der bürgerlichen Verkehrsform wie ihr Zeitbegriff verallgemeinert, d. h. nicht auf bestimmte Bereiche wie etwa den Arbeitsplatz in der Fabrik eingegrenzt; zwar kommt das Kind dauernd mit diesen Bestimmungen in Berührung, ev. sogar schon pränatal, wenn man an den vom Rhythmus am Arbeitsplatz abhängigen Lebensrhythmus der Mutter denkt, aber die Aneignung dieses Zeitbegriffs kann ja nicht passiv geschehen. Der abstrakte Zeitbegriff resultiert ja aus der Überwindung der anschauenden, also passiven Haltung, er liegt gerade in der Ablösung der Kategorisierung der Erfahrung von deren Inhalt dadurch, daß dieser Inhalt in Bezug auf die eigene Aktivität gesehen wird – was insbesondere seinen Ablauf in der Zeit reversibel macht und so überhaupt erst die Perspektive einer Zeit*dimension* ermöglicht. Durch die psychologische Forschung wissen wir recht gut, daß diese Stufe der Organisation der eigenen Tätigkeit und die entsprechende abstrakte Kategorisierung der Erfahrung bei Kindern in unserem Kulturkreis erst im Alter von 7–9 Jahren eintritt. (Ich beziehe mich hier auf Piagets Forschungen, die offensichtlich mit Mittelschichtkindern durchgeführt wurden; angesichts deren besonderer intellektuellabstrakter Förderung ist bei Unterschichtkindern ein im Sinne dieser Ausführungen noch negativeres Resultat zu erwarten).*

---

* An dieser Stelle kann vielleicht ein konkretes Beispiel zugleich diesen Punkt wie auch die oben angedeutete Wittgensteinsche Grammatikkonzeption deutlicher machen. Nehmen wir an, Franz-Josef sagt zu Emma *Warte hier eben mal zwei Minuten* und verschwindet dann hinter einer Haustür. Nach einiger Zeit kommt er zurück, und Emma wirft ihm vor *Du hast gesagt, es soll zwei Minuten dauern jetzt habe ich hier zehn Minuten gewartet!* Emmas Äußerung ist sicher sinnvoll – über sie entsteht jetzt ja wahrscheinlich auch eine Auseinandersetzung mit Franz-Josef (der sie vielleicht bestreitet: *Stimmt ja nicht – das waren höchstens vier Minuten*), sie stellt also keinen grammatischen Satz im Wittgensteinschen Sinne dar. Zu ihrer Grammatik gehört aber u. a. der „grammatische Satz" *Zehn Minuten zu warten ist mehr als zwei Minuten zu warten* – würde dieser Satz nicht vorausgesetzt, könnte der von Emma erhobene Vorwurf keiner sein. Andererseits handelt es sich um einen grammatischen Satz, da wohl keiner (bei uns!) auf die Idee kommen würde, über diesen Satz zu argumentieren – täte er das, setzte er sich dem Vorwurf aus, nicht ganz normal zu sein (oder ein Wissenschaftler bzw. Philosoph, was, wie Wittgenstein immer wieder betont hat, auf dasselbe hinauskommt).
Der Satz reflektiert also ein bestimmtes Moment unserer Lebensform – und wird mit der erfolgreichen Sozialisation in diese gelernt. Für ein Kleinkind ist er alles andere als grammatisch, d. h. seine Äußerung keineswegs sinnlos; für es handelt es sich vielmehr um einen Erfahrungssatz, dessen Bedeutung es durch die Sanktionen der Erwachsenen oft schmerzlich lernen muß. Dasselbe gilt aber auch etwa für Fellachen in Nordafrika, die keine Uhrzeit kennen (daran ändern auch die ev. von Arbeitsemigranten als Geschenke nachhause geschickten und dekorativ an der Wand aufgehängten Uhren nichts). Die Familie der Sätze, die aus der Axiomatik der Zeitmetrik ableitbar sind, ist bei ihnen nicht grammatisch, vielmehr stoßen sie auf sie ev. als Ausdruck von Erfahrungstatsachen, wenn sie etwa beim Handel mit der technischen Zivilisation zusammenstoßen – und dann scheitern (oder wenn sie öffentliche Verkehrsmittel benutzen – soweit diese dort nach der Uhrzeit verkehren, was trotz Fahrplan ja nicht die Regel ist; oder bei Terminen mit einer europäisch geführten Verwaltung oder Justiz o. dgl. mehr.). Lernen sie sich danach verhalten, werden andererseits auch diese Sätze für sie grammatisch – sie drücken dann keine Erfahrung mehr aus sondern strukturieren vielmehr diese.
Dieses Beispiel macht vielleicht auch die Fruchtbarkeit dieses Grammatikbegriffs für den Fremdsprachunterricht deutlich. Denkt man insbesondere an den Sprachunterricht für Arbeitsimmigranten, so wird sofort klar, wie

Kommen wir jetzt auf unsere Ausgangsfrage zurück, auf einen Sprachunterricht in der Grundschule etwa, wo der Lehrer mit grammatischen Kategorien wie Tempus im entfalteten Sinne als selbstverständlichen Bestimmungen operiert. Der Konflikt oder die Diskrepanz zu den Erfahrungen bzw. Schwierigkeiten seiner Schüler bei einem solchen Unterricht liegt auf der Hand – vor allem handelt es sich um eine Diskrepanz, die dem Lehrer nicht verständlich sein kann, sodaß er für diese Schwierigkeiten andere Gründe suchen muß (etwa Dummheit oder Renitenz bei den Schülern). Ich will es hier bei der Andeutung belassen. Schule hat die Funktion, in die Bestimmungen einzuüben, die für den erfolgreichen Verkehr in dieser Gesellschaft erforderlich sind, und dazu gehört auch der abstrakte Zeitbegriff (dessen Abstraktion aber nicht notwendig die Negation der erfahrenen Inhalte implizieren muß). Das Problem liegt nicht im Ziel, es liegt in der Form, in der es angegangen wird – bei der das Ziel gewissermaßen schon als selbstverständlich erreicht unterstellt wird.

Damit kann ich die Schlußfolgerung aus diesen Überlegungen ziehen: Wenn die grammatischen Robinsonaden die Immunisierung der Lehrer gegenüber den Problemen ihrer Schüler im Sprachunterricht verstärken, so kann die Rekonstruktion der natürlich gewordenen bürgerlichen (im angegebenen Sinne!) grammatischen Kategorien die Lehrer für diese Probleme sensibilisieren. An den zeitbezüglichen Kategorien habe ich versucht die Richtung für eine solche Rekonstruktion aufzuzeigen. Nicht gesagt ist hier, was da im einzelnen in einem „anderen" Sprachunterricht geschehen soll, aber es ist doch eine notwendige Bedingung für einen Sprachunterricht angegeben, bei dem die Schüler Subjekte sein können.

---

unsinnig es ist, etwa einem Arbeitsimmigranten aus einem vorindustriellen Gebiet Namen für Uhrzeiten u. dgl. als Wort – Wort – Übersetzungen lernen zu lassen. Vielmehr sollte es im Sinne einer solchen Grammatikanalyse darum gehen, gemeinsam mit ihnen die Deutungsnotwendigkeiten für ihre neue Lebensweise herauszufinden. (Man denke an die dramatische Dimension dieses Problems bei einer fehlenden Deutung für die Gefahren am technisierten Arbeitsplatz – Hinweisschilder mit einer wörtlichen Übersetzung etwa aus dem Deutschen ins Türkische helfen da weiß Gott nichts, wie die Arbeitsunfallstatistiken hinlänglich belegen).

Postskript

Bei dem Text handelt es sich um das nur stilistisch überarbeitete Manuskript meines Vortrags am 23. Juni 1975 im Studium Generale an der Universität Freiburg i. Br. Die Thesen im Text werden entsprechend nur für die Diskussion plausibel gemacht. Systematischere Ausführungen zu den hier angesprochenen Fragen finden sich in meinem Buch *Kann man Sprache lehren? Für einen anderen Sprachunterricht* (Frankfurt/M.: Syndikat 1976).

Helmut Gipper

SPRACHLICHES WELTBILD, WISSENSCHAFTLICHES WELTBILD UND IDEOLOGISCHE WELTANSCHAUUNG[1]

In der neueren Sprachwissenschaft lassen sich zwei Forschungsrichtungen unterscheiden, die sich unvereinbar gegenüberzustehen scheinen. Die erste betont die **Gemeinsamkeit aller Sprachen** und die Existenz **linguistischer Universalien**, die z. T. bereits angeboren sein sollen. Die zweite hebt die **Verschiedenheit der Sprachen** hervor und behauptet, daß diese auch für **das menschliche Denken** von großer Wichtigkeit sei.

Die erstgenannte Richtung mag hier durch den Namen Noam *Chomsky* markiert werden, dessen generative Transformationsgrammatik in den letzten Jahrzehnten einen ungeahnten Erfolg zu verzeichnen hatte. Für die zweite Auffassung wird in der Regel Wilhelm *von Humboldt* als Kronzeuge genannt, dann aber auch der Amerikanist und *Sapir*-Schüler Benjamin Lee *Whorf,* dessen Auffassungen unter dem Kennwort *Sapir-Whorf*-Hypothese bekanntgeworden sind. Diese gipfelt in einem **sprachlichen Relativitätsprinzip**, wonach das Denken der Menschen abhängig ist vom ‚sprachlichen Hintergrund' bzw. den ‚Grammatiken' der Sprachen, die sie sprechen.[2]

Für beide Auffassungen lassen sich Argumente und Gegenargumente geltend machen, beide führen aber in ihren extremen Formulierungen zu unhaltbaren Konsequenzen. Beide bedürfen der Überprüfung, d. h.

---

[1] Leicht erweiterte Fassung des Vortrages in der Arbeitsgemeinschaft „Sprache und Welterfahrung" des Studium Generale am 14. 11. 1975. Vgl. zum Thema auch: H. *Gipper*: Muttersprachliches Weltbild und wissenschaftliches Weltbild. Sprachforum 2, 1956, 1–10, u. ders.: Die Kluft zwischen muttersprachlichem und wissenschaftlichem Weltbild. Physikalische Blätter 12, 1956, 97–105.

[2] Vgl. H. *Gipper*: Gibt es ein sprachliches Relativitätsprinzip? Studien zur Sapir-Whorf-Hypothese. Frankfurt a. M.: S. Fischer 1972.

einer sprachtheoretischen und sprachphilosophischen Begründung und der Verifizierung an den beobachtbaren sprachlichen Fakten selbst.

Weshalb *Chomsky* zur Annahme linguistischer Universalien gelangte, ist leicht einzusehen. Er stieß bei der Konzeption seiner allgemeinen Grammatiktheorie auf die wohlbekannte Tatsache, daß jeder, der eine Sprache erlernt hat, also als ein kompetenter Sprecher dieser Sprache gelten kann, unendlich – oder besser: unbegrenzt viele nie gesprochene Sätze dieser Sprache erzeugen bzw. generieren und unbegrenzt viele nie gehörte Sätze verstehen kann. Außerdem ist erwiesen, daß jeder neugeborene Mensch jede natürliche Sprache gleich selbstverständlich erlernt, in deren Sprachgemeinschaft er aufwächst. Die Sprachen müssen also in ihrer „Grundstruktur" übereinstimmen, und jeder Neugeborene muß zu deren Aneignung befähigt sein, mit anderen Worten: er muß über angeborene Fähigkeiten zur Erlernung von Sprache verfügen.

Chomsky suchte bekanntlich in der Philosophiegeschichte nach Stützen für diese Annahme, und er glaubte sie zu finden in der Philosophie des Rationalismus, und zwar in Sonderheit in den sog. eingeborenen Ideen (*idées innées*) von *Descartes*. Ferner schien ihm die von den französischen Jansenisten Claude *Lancelot* und Antoine *Arnauld* entwickelte „Grammaire générale et raisonnée", auch „Grammaire de Port-Royal" genannt, ein frühes Beispiel einer auf cartesianischen Prinzipien basierenden allgemeinen Sprachtheorie zu sein.[3] Wir können hierauf nicht näher eingehen, wollen lediglich das leitende Erkenntnisinteresse hervorheben, das hinter diesen Anschauungen steht: Es geht bei *Chomsky* um eine allgemeine Grammatiktheorie, die modernen wissenschaftstheoretischen Anforderungen entsprechen soll, zugleich aber auch um die Formalisierung der Sprachbeschreibung, die eine Voraussetzung für jede Bearbeitung sprachlichen Materials in elektronischen datenverarbeitenden Anlagen ist, also z. B. auch für eine maschinelle Übersetzung. Diese Sprachauffassung selbst kann, einem Vorschlag von K. O. *Apel* folgend, als t e c h n i s c h - s z i e n t i f i s c h bezeichnet werden.[4]

---

[3] Vgl. N. *Chomsky*: Cartesian linguistics. A chapter in the history of rationalist thought. New York / London: Harper & Row 1966; dt.: Kartesianische Linguistik. Ein Kapitel in der Geschichte des Rationalismus. Tübingen: Niemeyer 1972.

[4] Vgl. hierzu K. O. *Apel*: Die Idee der Sprache in der Tradition des Humanismus von Dante bis Vico. Bonn: Bouvier 1963, Einleitung, bes. S. 48 ff., 60 ff., 68 ff., 74 ff.

Demgegenüber ist die Forschungsrichtung, die die Verschiedenheit der Sprachen nicht nur als eine äußere Gegebenheit betrachtet, sondern dahinter eine geistige Verschiedenheit erblickt, die für das menschliche Denken und Handeln folgenschwer sein kann, von einem Erkenntnisinteresse geleitet, das man als t r a n s z e n d e n t a l - h e r m e n e u t i s c h kennzeichnen kann.[5] Es wird hier also letztlich nach den Bedingungen der Möglichkeit von Verstehen überhaupt gefragt.

Bevor ich mich nun meinem eigentlichen Thema zuwende, das mit der zweitgenannten Sprachauffassung in enger Verbindung steht, möchte ich vor einem verbreiteten Irrtum warnen: Wilhelm von *Humboldt* darf zwar, wie wir noch sehen werden, als Wegbereiter der Sprachverschiedenheits-These gelten, es wäre aber ganz falsch, ihn nur auf diese Richtung ‚festnageln' zu wollen. Vielmehr war er – und ich habe dies an anderer Stelle ausführlich dargelegt – auch von der fundamentalen Gemeinsamkeit aller Sprachen überzeugt. Für ihn stand ganz außer Frage, daß es nur ein einziges Menschengeschlecht gibt, daß „der Mensch überall eins mit dem Menschen ist", daß es e i n e gemeinsame Natur der Menschheit und e i n e menschliche Sprachkraft gibt, die Voraussetzung allen Verstehens ist. Alle Sprachen stimmen, so glaubte er, im Wesen überein. Die Sprache (als menschliche Sprache überhaupt) liegt in ihrem ganzen Umfang in jedem Menschen.[6] – Daß hinter dieser Auffassung auch die Postulate der *Kant*ischen Philosophie stehen, denen *Humboldt* verpflichtet war, kann hier nur am Rande hinzugefügt werden.[7]

Aber *Humboldt* blieb dabei weder stehen, noch lag hier sein eigentliches Interesse. Vielmehr ging es ihm bei seinen gesamten philosophischen und künstlerischen Überlegungen letztlich um das Individuelle, um das Charakteristische, das Besondere in den geistigen Bestrebungen und Handlungen der Menschen.

---

5 Siehe K. O. *Apel*, a.a.O.
6 Vgl. u. a. W. von *Humboldt*: Über die Verschiedenheit des menschlichen Sprachbaues und ihren Einfluß auf die geistige Entwicklung des Menschengeschlechts. Gesammelte Schriften, Berlin, Bd. VII, 1. Hälfte, S. 52 ff. (Neudruck Berlin: de Gruyter 1968). Weitere Stellenangaben in H. *Gipper*: Individuelle und universelle Züge der Sprachen in der Sicht Wilhelm von Humboldts. In: K. *Hammacher* (Hrsg.): Universalismus und Wissenschaft im Werk und Wirken der Brüder Humboldt. Frankfurt a. M.: Klostermann 1976, bes. S. 202 f.
7 Vgl. dazu H. *Gipper*: Wilhelm von Humboldt als Begründer moderner Sprachforschung. Wirkendes Wort 15, 1965, 1–20.

Zudem ließen seine ständig neue Sprachen einbegreifenden Sprachstudien in ihm die Einsicht reifen, daß die innere Verschiedenheit der Sprachen doch größer und folgenschwerer sei, als er dies zunächst angenommen hatte. Als Frucht langen Nachdenkens über den Zusammenhang von Sprache und Denken tritt immer klarer ein Gedanke hervor, der in den folgenden oft zitierten, aber ungenügend beachteten Sätzen die Humboldtsche Sprachauffassung *in nuce* enthält.

Durch die gegenseitige Abhängigkeit des Gedankens, und des Wortes von einander leuchtet es klar ein, dass die Sprachen nicht eigentlich Mittel sind, die schon erkannte Wahrheit darzustellen, sondern weit mehr, die vorher unerkannte zu entdecken. Ihre Verschiedenheit ist nicht eine von Schällen und Zeichen, sondern eine Verschiedenheit der Weltansichten selbst. Hierin ist der Grund, und der letzte Zweck aller Sprachuntersuchungen enthalten. Die Summe des Erkennbaren liegt, als das von dem menschlichen Geiste zu bearbeitende Feld, zwischen allen Sprachen, und unabhängig von ihnen, in der Mitte; der Mensch kann sich diesem rein objectiven Gebiet nicht anders, als nach seiner Erkennnungs- und Empfindungsweise, also auf einem subjectiven Wege, nähern . . . (Ges. Schriften, IV, 27)

Wenn in der Seele wahrhaft das Gefühl erwacht, daß die Sprache (d. h. jede natürliche Sprache!) nicht ein blosses Austauschmittel zu gegenseitigem Verständnis, sondern eine wahre Welt ist, welche der Geist zwischen sich und die Gegenstände durch die innere Arbeit seiner Kraft setzen muß, dann ist sie auf dem wahren Wege, immer mehr in ihr zu finden und in sie zu legen. (Ges. Schriften, VII, 176)

Um die Klärung dieses **Kernbegriffes der sprachlichen Weltansicht** bzw. des **sprachlichen Weltbildes** (L. *Weisgerber*) soll es im Folgenden gehen. Er ist in der Diskussion der letzten Jahrzehnte häufig grob mißverstanden worden und hat die gesamte an *Humboldt* anknüpfende inhaltlich orientierte Sprachwissenschaft in Mißkredit gebracht.

Wenn aber *Humboldts* wichtige Einsicht rehabilitiert und für die weitere Forschung wieder fruchtbar gemacht werden soll, so ist es nötig, ihn schärfer gegen die Konkurrenzbegriffe abzugrenzen, mit denen er ständig verwechselt zu werden pflegt. Es sind dies die Begriffe des **wissenschaftlichen Weltbildes** und der **ideologischen Weltanschauung**.

Was unter einem **wissenschaftlichen Weltbild** zu verstehen ist, bedarf keiner langen Erörterung. Wir denken dabei an wissenschaftliche Gesamtentwürfe der kosmischen und terrestrischen Zusammenhänge, wie sie mit Namen wie *Ptolemäus, Kopernikus Newton* und *Einstein* verbunden sind. Diese wissenschaftlichen Weltbilder sind nicht nur abhängig von einem erreichten Wissensstand, auf den ein Forscher zurückgreifen kann, sondern sie sind, was meist übersehen wird, auch intuitiv gewonnenen neuen Auffassungen zu verdanken, die keineswegs immer rational zu begründen sind. Arthur *Koestlers* faszinierendes Buch „The sleepwalkers. A history of man's changing vision of the universe", *Blumenbergs* wichtige Untersuchung „Die Genesis der kopernikanischen Welt" (1975) und das soeben erschienene provozierende Werk von Paul *Feyerabend* „Wider den Methodenzwang. Entwurf einer anarchistischen Erkenntnistheorie" (1976) [8] machen sehr deutlich, daß sich der Nichtfachmann ein viel zu einfaches Bild vom Zustandekommen und von der Geschlossenheit eines solchen wissenschaftlichen Weltbildes macht. Metaphysisch-weltanschauliche Prämissen und die Macht tradierter, als unanfechtbar geltender Überzeugungen standen in langwierigem und schwankendem Kampf mit intuitiv gewonnenen Hypothesen und neuen, aber keineswegs immer unanfechtbaren Beobachtungen. Ich weise deshalb hierauf hin, weil bei diesen wechselvollen, keineswegs gradlinig (monokausal-logisch) ablaufenden Forschungsprozessen auch überkommene, sprachlich bedingte Sehweisen eine wichtige Rolle spielen, die noch bei unseren weiteren Überlegungen zu beachten sein wird.

Wenden wir uns nun dem Begriff „Weltanschauung" zu, den ich zur Verdeutlichung mit dem Beiwort „ideologisch" verbinden möchte.

Unter einer Weltanschauung dürfen wir eine auf persönlicher Überzeugung beruhende Gesamtschau der Zusammenhänge zwischen Mensch und Welt verstehen. Ziel und Aufgabe des Menschen in der menschlichen Gesellschaft und in der Welt werden hier unter Einschluß ethischer und sozialer Wertvorstellungen in einer meist von großen Leitbildern geprägten Sicht zusammengefaßt. Wir sprechen von einer r e l i g i ö s e n (christlichen, islamischen), p o l i t i s c h e n (marxistischen, kapitalistischen) Weltanschauung usw. und müssen bei näherer Prüfung zugestehen, daß sie alle ohne einen irrationalen, d. h. verstandesmäßig nicht begründbaren Hintergrund nicht bestehen können. Das Epitheton „ideologisch" ist hier nicht wertend, schon gar nicht pejorativ, sondern lediglich charakterisierend gemeint. Leider hat es nun auch eine ‚nationalsozialistische Weltanschauung' gegeben, die

---

[8] A. *Koestler*: engl. Original 1959, Penguin Books 1975, dt.: Die Nachtwandler. Das Bild des Universums im Wandel der Zeit. Wiesbaden: Vollmer 1963; *Blumenberg*: Frankfurt a. M.: Suhrkamp 1975; P. *Feyerabend*: Frankfurt a. M.: Suhrkamp 1976.

dem Begriff des sprachlichen Weltbildes nach dem zweiten Weltkrieg schweren Schaden zugefügt hat, weil der sprachwissenschaftliche Begriff – z. T. böswillig – mit dem politischen vermengt wurde.

Mit beidem nun, dem wissenschaftlichen Weltbild und der ideologischen Weltanschauung, darf die sprachliche Weltansicht bzw. das sprachliche Weltbild unter keinen Umständen verwechselt werden.

Worum handelt es sich hier?

Um eine von jedermann jederzeit nachprüfbare Tatsache, nämlich die, daß die Fülle der sinnlich wahrnehmbaren und geistig denkbaren Gegenstände, die uns in unserer Lebenswelt begegnen können, in jeder natürlichen Sprache, wenn überhaupt, dann in verschiedener Weise gegeben und gegliedert ist. Dies zeigt sich in den verschiedenen lexikalischen Sinnbereichen ebenso wie in den Aussagemöglichkeiten, wie sie durch die verfügbaren syntaktischen Mittel, die Satzbaupläne usw., in jeder Sprache unverwechselbar gegeben sind.

Dies hat nichts mit idealistischer Spekulation und nichts mit leichtfertiger Hypostasierung von Phantasieerzeugnissen zu tun, sondern ist eine unleugbare und unübersehbare Gegebenheit. Adam *Schaff*, der polnische marxistische Philosoph, erkennt diesen rationalen Kern ebenso an wie Philosophen, die ganz auf der transzendental-hermeneutischen Seite stehen, so z. B. Bruno *Liebrucks*.[9] Ich habe, um auch positivistisch eingestellten Forschern diesen Gedanken akzeptabel zu machen, eine Definition vorgeschlagen, die sich an die Ausdrucksweise des Logikers Gottlob *Frege* (bei seiner Bestimmung von ‚Sinn' und ‚Bedeutung') anschließt. Unter einem sprachlichen Weltbild ist demnach zu verstehen: „die Art des Gegebenseins von Welt (im weitesten, Mensch und Universum umfassenden Sinne) in den semantischen Gliederungen (des Wortschatzes), den grammatischen Kategorien und den syntaktischen Fügungsweisen einer Sprache."

Nachweise hierfür sind unschwer zu erbringen: es ist bekannt und vielfältig belegt, daß z. B. der Bereich der Farben, der für alle normalsichtigen Menschen in gleicher Weise sinnlich gegeben ist, in den Sprachen der Erde in verschiedener Weise „auf den Begriff gebracht", d. h. verschieden auf Farbwörter verteilt bzw. aufgegliedert ist. Es gibt dabei gewiß außersprachliche Stützen, die sowohl in den elektrophysi-

---

[9] Vgl. A. *Schaff*: Sprache und Erkenntnis. Wien/Frankfurt/Zürich 1964, bes. S. 167 ff., und B. *Liebrucks*: Sprache und Bewußtsein, Bd. 2: Sprache „Wilhelm von Humboldt". Frankfurt a. M.: Akadem. Verlagsges. 1965, bes. Kap. XII, Sprachbau und Weltansicht, S. 322 ff.

kalischen Anstößen als auch in der Struktur des menschlichen Auges und der beteiligten Sehzentren im Hinterhaupt (fissura calcarina) begründet sind. Und es gibt daraus resultierend auch bestimmte Gesetzmäßigkeiten in den einzelsprachlichen Farbwortgliederungen, aber dies alles ändert nichts an der bedeutsamen Tatsache, daß Stellenwert und Reichweite der Geltung der einzelnen Farbwörter von Sprache zu Sprache verschieden sind, so daß sie sich nicht einmal in unseren engverwandten indoeuropäischen Kultursprachen völlig decken. Dies vermag zwar nichts am Seh- und Unterscheidungsvermögen der farbtüchtigen Menschen zu ändern, wohl aber kann es deren Aufmerksamkeit auf die Sehdinge in sprachsystemsprechender Weise steuern, ganz im Sinne des treffenden Goethe-Wortes: „Niemand hört als was er weiß."[10]

Ähnlich steht es mit den Verwandtschaftsbezeichnungen: Das Netz der Verwandtschaftsbeziehungen ist für alle Menschen prinzipiell gleich, und doch ist das sprachliche Netz der Verwandtschaftsbezeichnungen, das über die Wirklichkeit ausgebreitet wird, von Sprache zu Sprache gemäß den kulturellen Gegebenheiten verschieden. Nicht alle Beziehungen werden sprachlich mit besonderen Ausdrücken erfaßt, es gibt grobmaschige und engmaschige Festlegungen des Beziehungsnetzes, bestimmte Zusammengriffe und Unterscheidungen, die von den realen Verhältnissen her weder gefordert noch vorhersehbar sind. Wo keine Einehe herrscht oder die Vaterschaft unerkannt bleibt, können die Verhältnisse noch eigenartiger sein.

In ähnlich verschiedener Weise ist auch die Pflanzen- und Tierwelt in den einzelnen Sprachen gegliedert und bewertet, und zwar gemäß den jeweiligen Bedürfnissen und dem jeweiligen Wissensstand der betreffenden Sprachgemeinschaft. Dafür hat die inhaltbezogene und vergleichende Sprachforschung zahlreiche Belege beigebracht.[11]

---

[10] Dieser Zusammenhang ist näher erörtert in H. *Gipper:* Gibt es ein sprachliches Relativitätsprinzip? S. 16 ff. Zahlreiche weitere Literaturangaben zu Farbwortuntersuchungen finden sich in H. *Gipper* / H. *Schwarz:* Bibliographisches Handbuch zur Sprachinhaltsforschung, Köln/Opladen: Westd. Verlag 1962 ff. Vgl. dazu die Zusammenstellung von K. *Franke* im Beiheft 1, Proberegister zu Teil I, Bd. I–II, A–K, 1974, 54–56. Vgl. J. W. v. *Goethe:* Hör-, Schreib- und Druckfehler, in: Goethes Werke, Sophien-Ausg., Abt. I, Bd. 41, Weimar 1902, S. 184.

[11] Einschlägige Titel sind aufgenommen in H. *Gipper* / H. *Schwarz:* Bibliographisches Handbuch zur Sprachinhaltsforschung. Köln: Opladen: Westdt. Verlag 1962 (erschienen bis Verfassernamen L). Da bisher ein Re-

Noch folgenschwerer aber ist die einzelsprachliche Erfassung des Seelen- und Gefühlslebens, eines Gebietes also, in dem es nicht um die Versprachlichung oder Wortung (L. *Weisgerber*) eines sinnlich-materiell faßbaren Gegenstandsbereiches geht, sondern um die Erfassung von Phänomenen, die kein materielles Korrelat in der Außenwelt haben. Hier aber, z. B. im Sinnbereich des Verstandes, schafft die Sprache allererst kraft ihrer gegenstandskonstitutiven Begriffsbildungen quasi die „geistigen Gegenstände" und ermöglicht es, über etwas, was vorher so nicht da war, zu reden. Zwar müssen auch hier außersprachliche Anstöße gegeben sein, denn es gilt der Satz ‚ex nihilo nihil', aber die Art der Verbegrifflichung ist doch in weit höherem Maße innersprachlich bedingt.[12] Was *klug* in der deutschen Sprache bedeutet bzw. was die darunter verstehen, die Deutsch gelernt haben, ist nicht mit einer Definition auszumachen, zumal eine solche nicht ohne die Verwendung sinnverwandter Wörter möglich wäre, die ebenfalls definiert werden müßten, was zu einem *regressus ad infinitum* zwänge. Auch ist nicht zu erwarten, daß sich äußere Merkmale angeben ließen, die eine Person als eine ‚kluge' identifizierbar machen könnten (ganz abgesehen davon, daß auch diese wieder einzelsprachlich fixiert werden müßten). Weder von den Menschen noch von ihrem Verhalten – von der ‚Sache' bzw. den ‚Sachverhalten' her – läßt sich der geltende Inhalt von *klug* finden.

Prüfen wir, wie wir zu ihm gelangt sind, so ergibt sich, daß er uns im Prozesse der Spracherlernung ‚zugewachsen' ist aus dem sprachlichen Umgang mit Partnern, die bereits das deutsche Feld der Wörter für Verstandesqualitäten in der Begegnung mit Menschen, die es in dieser Hinsicht zu beurteilen galt, erlernt hatten. Das Feld selbst aber ist erwachsen aus dem Miteinander sinnverwandter Ausdrücke einschließlich ihrer Oppositionen, die in konkurrierenden Gebrauchswei-

---

gister nach Sinnbereichen noch fehlt, sei hier nur verwiesen auf L. *Weisgerber*: Grundzüge der inhaltbezogenen Grammatik. Düsseldorf: Schwann ³1962, S. 57, u. ders.: Die sprachliche Gestaltung der Welt, ebda. ³1962, S. 62 f., 89 ff. Aufschlußreich ist auch die Darstellung der Entwicklung der Ordnung der Pflanzen- und Tiernamen (gemeint sind Appellativa und keine Eigennamen) von althochdeutscher Zeit bis zur Neuzeit in: E. *Agricola* u. a. (Hrsg.): Die deutsche Sprache. Leipzig: VEB Bibliographisches Institut, Bd. 2, 1970, S. 738 ff.

[12] Vgl. dazu H. *Gipper*: Der Inhalt des Wortes und die Gliederung des Wortschatzes. Duden: Grammatik der deutschen Gegenwartssprache, ³1973, bes. S. 448 ff.

sen so eingegrenzt und gegliedert wurden, daß jedes zugehörige Wort seine Geltung sowohl aus der Anwendung in urteilender Rede als aus der Stellenwerthaftigkeit in der sprachlichen Gliederung empfing. So pendelte sich die Geltung von *klug* ein in der unmittelbaren Nachbarschaft von *schlau, gescheit, intelligent* und in Opposition zu *dumm, dämlich* usw. Erst im Vergleich mit konkurrierenden Nachbarwerten läßt sich die eigentliche Nuance herausholen, die in *klug* steckt. War *Adenauer klug* oder *gerissen?* Die ihn *gerissen* nennen, billigen ihm sicher Intelligenz zu, aber sie ist mit *Berechnung*, mit *Listigkeit* verknüpft und bekommt dadurch eine pejorative Note. In *klug* steckt mehr: *Intelligenz* plus *Besonnenheit*. Bei diesem Beschreibungsversuch zeigt sich sofort, daß wir weitere Sprachmittel heranziehen müssen, die ebenfalls zum Felde zu rechnen sind. So grenzen wir Sprache mit Sprache ein und vollziehen damit nach, was wir ‚unbewußt' ‚wußten', wenn diese paradox scheinende Ausdrucksweise erlaubt ist.

Worauf es bei diesen noch keineswegs erschöpfenden Überlegungen ankommt, ist die Einsicht, daß in den geistig-seelisch-emotionalen Bereichen, die einen wesentlichen Teil unserer Sprache ausmachen, die Geltung der einzelnen Wörter stärker von innersprachlichen Bezügen geprägt ist als im Bereich der ‚Sachen', und zwar wiederum von Sprache zu Sprache verschieden.

Wir dürfen festhalten:

Das, worüber die Angehörigen einer Sprachgemeinschaft reden können, ist in eigentümlicher Weise vorgeprägt und gegliedert, die von der ‚Art des Gegebenseins der Welt' in einer anderen Sprache verschieden ist. Hier liegt der ‚rationale Kern' des Weltbildgedankens, den die Kritiker fordern dürfen.

Parallele oder analoge Gedanken finden sich bei B. L. *Whorf*. Sie haben zur Aufstellung eines sprachlichen Relativitätsprinzips geführt, das bis heute umstritten ist. Die sog. *Sapir-Whorf*-Hypothese habe ich in meinem Buch „Gibt es ein sprachliches Relativitätsprinzip?" ausführlich behandelt und auch einige Korrekturen an *Whorfs* teilweise überspitzten und irreführenden Formulierungen angebracht.[13]

Whorf gebraucht in dem uns interessierenden Zusammenhang den englischen Ausdruck *view* oder *picture of the world*, der weniger vorbelastet ist als die deutschen Begriffe und deshalb auch weniger Anstoß erregt hat. Allerdings ist bei ihm auch nicht immer klar unterschieden zwischen dem, was wir als sprachliches Weltbild, wissen-

---

[13] a.a.O., bes. 4. und 5. Kapitel.

schaftliches Weltbild und ideologische Weltanschauung auseinanderzuhalten suchen. Dies mag u. a. damit zusammenhängen, daß in den Indianerkulturen, die er erforschte, von wissenschaftlichen Weltbildern noch keine Rede sein kann, während die sprachlichen Weltbilder und die Weltanschauungen dort noch eng miteinander verwoben sind.

Auch in der sprachwissenschaftlichen Tradition wurden diese Unterscheidungen lange Zeit nicht für wichtig gehalten. Der deutsche Sprachforscher Franz Nikolaus *Finck* konnte 1899 noch unangefochten eine Vortragsreihe mit dem Titel versehen: „Der deutsche Sprachbau als Ausdruck deutscher Weltanschauung."[14] Die verhängnisvollen Verquickungen von sprachlichem Weltbild und ideologischen Weltanschauungen traten erst nach dem zweiten Weltkrieg kraß hervor. Hinzu kommt, daß bei der Übersetzung einschlägiger deutscher Texte in andere europäische Sprachen der wichtige Unterschied leicht verwischt wird, weil in den Zielsprachen die entscheidende Differenz zwischen *-bild* und *-anschauung* nicht gerettet wird und manchmal auch kaum gerettet werden kann.

Wie ist nun, so wird man mit Recht fragen, ein sprachlicher Weltbildunterschied konkret nachzuweisen?

Ich habe dies an anderer Stelle an Übersetzungsschwierigkeiten bei Bibeltexten zu zeigen versucht. Drei Beispiele seien hier kurz erwähnt:[15]

Die Übersetzung des sechsten Gebotes mit den Worten „Du sollst nicht töten" stellt eine wesentliche Uminterpretation des hebräischen Originaltextes dar, die sich aus der Verschiedenheit der altjüdischen und unserer kulturellen Gegebenheiten ergibt, die auch sprachlich greifbar sind. Das hebräische Verbum *razaḥ* hat im Felde der Verben des Tötens einen besonderen Stellenwert: es geht um die eigenmächtige Rache für unschuldig vergossenes Blut, also um die Blutrache innerhalb der Sippe. Das Gebot besagt ursprünglich: „Du wirst nicht eigenmächtig Blutrache üben." Es ist klar, daß dieser Sinn weit begrenzter ist, als unsere Übersetzung es erscheinen läßt. Die alten Juden durften, ja sollten in anderen Fällen durchaus töten, z. B. die Feinde Jehovas. Die Ausweitung des Gebotes auf den Schutz menschlichen (und nicht etwa tierischen) Lebens ist nicht nur einem kultur- und

---

[14] Acht Vorträge. Marburg: Elwert 1899.
[15] Vgl. auch H. *Gipper*: Gibt es ein sprachliches Relativitätsprinzip?, a.a.O., S. 122 ff.

sittengeschichtlichen Wandel zu verdanken, sondern auch anderen, sprachlich verankerten Sehweisen. Den althebräischen Sinn vermag die deutsche wie viele andere Sprachen gar nicht wiederzugeben. Hier wäre nur eine umschreibende Annäherung möglich, die das Gebot für die heutigen Menschen aber ganz sinnlos machen würde.

Ähnlich steht es mit dem siebten Gebot „Du sollst nicht ehebrechen!", in dem ursprünglich im hebräischen Text die spezielle Rechtsauffassung der alten Juden ihren Ausdruck fand. Es sollte hier speziell der Besitz des Mannes geschützt werden, zu dem auch die Frau zählte, es handelte sich ursprünglich um ein Gebot zur Wahrung des Besitzstandes des Mannes. Die Deutung, die in unserem ‚ehebrechen' zum Ausdruck kommt, stellt auch eine sprachbedingte Transposition dar, die das Gebot auf unsere Verhältnisse anwendbar macht. Bemerkenswert ist, daß in alten katholischen Katechismen eine zusätzliche, folgenschwere Veränderung vorgenommen wurde, um auch die Kinder mit dem Gebot zu erreichen. Dort hieß es: „Du sollst nicht Unkeuschheit treiben!" Die Folgen für das sittliche Bewußtsein und für die Ohrenbeichte sind offensichtlich.

Ähnlich lassen sich im Neuen Testament sprachsystembedingte Übersetzungsschwierigkeiten nachweisen. Dafür nur ein Beispiel: die dritte Bitte des Vaterunsers: „Dein Wille geschehe!" Im Griechischen liegt eine Imperativform des passiven Aorist von γίγνομαι ‚werden, entstehen' vor, sie lautet γενηθήτο und war – und ist – im Deutschen nicht nachvollziehbar. Die ersten Bibelübersetzungen schwanken zwischen: Dein Wille ‚werde', ‚sei' und ‚geschehe', bis sich ‚geschehe' allmählich durchsetzt. Die romanischen Sprachen folgen enger dem latein. *fiat* vom sog. Deponens *fieri, factus sum, fieri*, das wir mit ‚geschehen, werden' zu übersetzen pflegen. Die Verbindung zu facere ‚machen' ist aber ganz deutlich. Da in den Nachfolgesprachen des Lateinischen im Passiv die Formen des Verbums ‚sein' (*être, ser, essere* usw.) auftreten, kommt es zu den Übersetzungen frz. *Que ta volonté soit faite*, span. *Sea hecha tu voluntad* und ital. *Sia fatta la tua volontà*. Wörtlich müßten wir eigentlich sagen: *Dein Wille sei gemacht*. Daß diese Sehweise nicht unserem *Dein Wille geschehe* entspricht, ist wohl kaum bestreitbar. In unserem *geschehe* kommt nach ‚normalem' Sprachverständnis die Zustimmung des Beters zur Verwirklichung des Willens Gottes zum Ausdruck, eine im Grunde fast überflüssige Einverständniserklärung, denn ändern kann der Mensch daran ohnehin nichts. In den romanischen Wendungen steckt implizit die Frage, wer denn den Willen Gottes ‚machen', ‚vollstrecken', ihm zur Verwirklichung verhelfen soll. Die Antwort kann nur lauten: die Menschen, die Beter selbst! So ist aufgrund der sprachsystembedingten Wertigkeit der betreffenden Verbinhalte und Konstruktionen in den französischen Fassungen eine Aufforderung zu aktivem Mitwirken des Menschen bei der Realisierung des göttlichen Willens wirksam, während in der deutschen Fassung eine mehr passive Hinnahme zum Ausdruck kommt.

Die genannten Übersetzungsschwierigkeiten hängen also sicher mit der verschiedenen Struktur der beteiligten Sprachen, d. h. ihrer Weltbilder, zusammen.

Sie strafen zugleich die weitverbreitete Auffassung Lügen, alles sei in alle Sprachen übersetzbar: Dies gilt vielmehr nur mit erheblichen Einschränkungen: erstens müssen Ausgangssprache und Zielsprache auf einer annähernd gleichen Entwicklungsstufe stehen, und zweitens müssen in beiden Sprachen die Sinnbereiche, um die es jeweils geht, zumindest sprachlich bereits angelegt sein. Ist dies nicht der Fall, befinden sich die Sprachen auf sehr verschiedenen Entwicklungsstufen, wird eine Übersetzung schwierig, ja sie kann in manchen Fällen praktisch unmöglich sein. So darf man ohne Übertreibung sagen, daß *Kant* oder *Hegel* ins Hopi, so wie es sich heute darbietet, (noch) nicht übersetzt werden kann.

Humboldt hat die Schwierigkeiten gesehen, auch wenn er noch optimistischer war als wir heute. Interessant ist aber, wie er die Sprachverschiedenheit in diesem Zusammenhang beurteilt.

Die Erfahrung bei Übersetzungen aus sehr verschiedenen Sprachen, und bei dem Gebrauch der rohesten ungebildetsten zur Unterweisung in den geheimnisvollsten Lehren einer geoffenbarten Religion zeigt zwar, daß sich, wenn auch mit großen Verschiedenheiten des Gelingens, in jeder jede Ideenreihe ausdrücken lässt. Dies ist aber bloss eine Folge der allgemeinen Verwandtschaft aller, und der Biegsamkeit der Begriffe, und ihrer Zeichen. Für die Sprachen selbst und ihren Einfluss auf die Nationen beweist nur was aus ihnen natürlich hervorgeht; nicht das, wozu sie gezwängt werden können, sondern das, wozu sie einladen und begeistern.[16]

Wir haben nun die Begriffe „sprachliches Weltbild", „wissenschaftliches Weltbild" und „ideologische Weltanschauung" sorgsam getrennt

---

[16] W. v. *Humboldt*: Über das vergleichende Sprachstudium in Beziehung auf die verschiedenen Epochen der Sprachentwicklung. Gesammelte Schriften, IV, 3.

und dabei besonders die Eigenart des sprachwissenschaftlichen Begriffes herausgearbeitet.

Nun erfordert es freilich die wissenschaftliche Redlichkeit, daß auch die Rückseite der Medaille, d. h. die Verbindungen zwischen den genannten Begriffen, aufgezeigt wird.

Soviel ist sicher: wissenschaftliche Weltbilder und ideologische Weltanschauungen können erst gedacht und konzipiert werden, wenn vorher ein sprachliches Weltbild erworben, d. h. eine Sprache erlernt ist. Sie bleibt die Bedingung der Möglichkeit aller sekundären Gedankengebäude, ohne sie bereits zu präjudizieren. Man kann als Angehöriger der deutschen Sprachgemeinschaft jedes wissenschaftliche Weltbild ausdrücken und Ptolemäer, Kopernikaner oder Anhänger *Einsteins* sein. Man kann auch als Deutschsprechender Christ oder Marxist sein: die deutsche Sprache vermag alle diese sekundären Gedankengebäude auszudrücken.

Wissenschaftshistorisch läßt sich jedoch nachweisen, daß jeweils bestimmte sprachliche Voraussetzungen gegeben sein mußten, damit auch bestimmte Gedankenentwürfe möglich wurden. Sprachlich gegebene und geltende Begriffe förderten und hemmten die menschliche Erkenntnis. Sprache und Denken zeigen ihre Wechselbezüglichkeit. Dies kann z. B. an dem kosmologischen Übergang vom geozentrischen Weltbild des *Ptolemäus* zum heliozentrischen Weltbild, das zwar schon von *Aristarch* (310 v. Chr.) u. a. vorentworfen wurde, aber doch mit den Namen *Kopernikus*, *Kepler* und *Galilei* verbunden ist, gezeigt werden. Das ptolemäische Weltbild, auf platonischen und aristotelischen Vorstellungen basierend, war wohlbegründet und entsprach insofern dem „gesunden Menschenverstand", als es durch alltägliche Erfahrungen bestätigt wurde. Das heliozentrische Weltbild war demgegenüber viel spekulativer, unwahrscheinlicher und schwer zu beweisen.

Es zeigt sich nun bei näherer Prüfung der Zusammenhänge, daß in der entscheidenden Übergangsepoche, die durch die Namen *Kopernikus*, *Kepler* und *Galilei* gekennzeichnet ist (etwa von der Mitte des 15. bis zur Mitte des 16. Jahrhunderts), mythologisch-religiöse, also in unserem Sinne ideologisch-weltanschauliche, u n d bestimmte sprachliche Voraussetzungen den Forschungsprozeß mitbestimmt haben. Dies sei in aller Kürze an der alten Idee der Kreisbahn der Planeten wenigstens angedeutet: Der Himmel und die Gestirne galten im griechischen Altertum – wie in anderen Kulturen vor- und nachher – als göttliche Schöpfungen. Dieser antiken Auffassung verleiht der sternkundige *Timaios* in *Platons* gleichnamigem Dialog einen klassischen Ausdruck:[17]

Die Welt (Kosmos, Universum: κόσμος, οὐρανός) ist von Gott (Θεός), dem Vater (πατήρ), dem Schöpfer (ποιήτης), als sein Abbild geschaffen, und zwar als ein Lebendiges (ζῷον) mit den göttlichen Eigenschaften des Guten (ἀγαθόν) und des Schönen (καλλόν), ausgestattet mit Seele (ψυχή), Vernunft (νοῦς) und Weisheit (φρόνησις). Ihre Gestalt (σχῆμα) kann nur eine Figur mit idealen Maßen sein, also eine Kugel (σφαῖρα). Die Bewegung (κίνησις) der Planeten (πλανήτης) in ihr kann nur kreisförmig (σφαιροειδής) und gleichförmig (ὁμοῖος) sein, denn auch der Kreis (κύκλος) ist eine ideale geometrische Figur. Als weitere Prädikate werden folgende Adjektive zugesprochen: gleichmäßig (ὁμαλός), unversehrt, ganz (ὅλος), glatt (λεῖος) und makellos, vollendet (τέλεος). Die göttlichen Eigenschaften werden noch superlativisch gesteigert, so daß die Welt als die schönste und beste, die Kugelgestalt als die Gestalt der Gestalten erscheint.

Hier wird ein Weltbild entworfen, das noch völlig weltanschaulich geprägt ist, es nutzt Ausdrücke und Redeweisen, deren praxisnahe muttersprachliche Inhalte in den Wörterbuchangaben gelegentlich noch gegenwärtig sind: σφαῖρα ist jeder kugelförmige Körper, besonders der Spielball, κύκλος ist der Umkreis, das Rund, das Menschen in der Versammlung bilden, σχῆμα ist auch die Haltung, Stellung und Miene. Indem diese dem Weltbild der griechischen Alltagssprache entstammenden Wörter zum Aufbau einer Kosmogonie verwendet werden, kehren sie ihre abstrakten Inhaltsmerkmale stärker hervor und beginnen terminologisch-begrifflichen Charakter zu gewinnen. Es zeigt sich zugleich, daß die Sprachverschiedenheit im Bereich der feldbedingten und kontextgestützten Verstandesbegriffe schwerwiegender ist als in dem der durch Anschauung und Erfahrung gesicherten geometrischen Begriffe. Griech. νοῦς und φρόνησις bleiben im Grunde unübersetzbar. Die Wörterbücher führen für beide Wörter eine ganze Reihe von Bedeutungsangaben auf, die sich z. T. überschneiden und sichtbar machen, daß der spezifisch griechische Inhalt nicht mit einem deutschen Wort aufzuwiegen ist. Für νοῦς findet man: ‚Verstand, Intellekt, Geist, Kopf, Vernunft, Ratio, Sinn, Gesinnung, der gesunde, schlichte Menschenverstand', für φρόνησις ‚Verstand, Vernunft, Besonnenheit, Klug-

---

[17] *Platon*: Timaios. Platonis Opera, I. *Burnet* (Ed.): Oxford: Clarendon 1968, Tomus IV, bes. 33b – 34b; dt.: Platon. Sämtliche Werke. Hamburg: Rowohlt 1971, Griechische Philosophie, Bd. 6, S. 157 f.

heit, Weisheit'. Bei den geometrischen Begriffen macht sich die Sprachverschiedenheit weniger störend bemerkbar, zumal die hier betroffenen Sprachen in diesen Bereichen als gleich leistungsfähig zu betrachten sind.

Die muttersprachlichen Voraussetzungen mußten gegeben sein, damit es möglich wurde, die kosmogonischen Ideen auszudrücken – und an sie zu glauben.

Aristoteles, der einer wissenschaftlichen Denkweise zustrebt, hält an dieser Auffassung noch weitgehend fest und hilft damit, eine Weltanschauung zu stützen, die fast dogmatischen Charakter gewann und noch das christliche Mittelalter weitgehend beherrschte. Sie stellte die aufstrebende Astronomie vor große Probleme. In der Tat: Kugel und Kreis können in Bezug auf Harmonie, Proportion und Symmetrie als ausgezeichnete, vollkommene „schöne" Figuren gelten. – Noch *Kant* sprach in seiner großartigen Schrift vom einzigmöglichen Beweisgrund zu einer Demonstration vom Dasein Gottes von der ‚bewunderungswürdigen' Gestalt des Kreises und schloß aus deren erstaunlichen Eigenschaften auf das Dasein Gottes a posteriori.[18]

Aber schon im Altertum wurden diese Idealvorstellungen der Planetenbahnen weder durch Beobachtung noch durch Berechnung bestätigt. Die Planeten bewegten sich offensichtlich weder gleichförmig noch in Kreisbahnen. Trotzdem versuchten die Astronomen, das „Phänomen" zu retten, und hielten noch lange an der Kreisbahn fest. C. F. *von Weizsäcker* charakterisiert diese Lage in einer Vorlesung über *Kopernikus, Kepler* und *Galilei* treffend mit den Worten:

> Aber für die antike Astronomie und genau ebenso für Kopernikus war es eine heilige Wahrheit, daß Himmelskörper sich auf exakten Kreisen bewegen. Der Kreis war die vollkommenste Kurve, und die himmlischen Körper waren die vollkommensten Körper; in manchen Weltbildern galten sie selbst als göttliche oder engelhafte Mächte. Niemand in unserer Zeit kann sich noch vorstellen, was für eine gotteslästerliche Unmöglichkeit es gewesen wäre, zu meinen, diese vollkommenen Körper könnten unvollkommene Bewegungen ausführen. Dies nötigte den Astronomen Beschränkungen auf, die ihre Systeme weniger flexibel machten als sonst nötig gewesen wäre.[19]

---

[18] (1763) Leipzig: Dürr'sche Buchhandlung 1912, 2. Abteilung; in der 10-bändigen Ausgabe der Werke Kants von W. *Weischedel*, Darmstadt: Wiss. Buchgesellschaft, Bd. 2, 1968, Der einzig mögliche Beweisgrund zu einer Demonstration des Daseins Gottes, 2. Abt., S. 655 ff.

[19] Vgl. C. F. v. *Weizsäcker*: Die Tragweite der Wissenschaft, 1. Bd.: Schöp-

Die Astronomie mußte beim Entwurf eines wissenschaftlichen Weltbildes zwangsläufig mit der noch weltanschaulich bestimmten Kosmogonie der Alten in Kollision geraten. Der Konflikt war sozusagen vorprogrammiert. Die ideologisch-weltanschaulichen Prämissen mußten ein Hemmnis für die Wissenschaft werden. Ein neues wissenschaftliches Weltbild mußte sich von den weltanschaulichen Prämissen freikämpfen.

Es ist nun aufregend, ja geradezu erschütternd, zu verfolgen, wie *Kopernikus*, *Kepler* und *Galilei*, belastet mit der antiken Hypothek und als gute Christen den entsprechenden Postulaten verpflichtet, sich in wechselvollen inneren und äußeren Kämpfen zu einem neuen Weltbild durchrangen. Sprachphilosophisch und sprachwissenschaftlich ist wichtig zu erkennen, wie dabei auch eine neue Beobachtungssprache geschaffen wurde, in der zentrale Begriffe durch neue ersetzt wurden und andere einen neuen Sinn und Stellenwert gewannen.

Wie wechselvoll der Forschungsprozeß tatsächlich verlaufen ist, wie groß dabei die Rolle der Intuition, der schlafwandlerisch instinktsicheren Ahnung, des Zufalls, des Neuerungswillens, der Lust am Abenteuer und anderer irrationaler Faktoren war, schildert besonders A. *Koestler* in seinen ‚Nachtwandlern'.[20] Als markante Gestalt ragt dabei Johannes *Kepler* hervor, weil er seine Forschungsarbeit laufend und ausführlich kommentiert hat. Hier wird bespielhaft deutlich, wie er als überzeugter Christ mit der tradierten Auffassung von der Kreisbahn der Planeten gerungen hat. Jahrelange Beobachtungen und endlose Berechnungen sprachen eindeutig gegen die Kreisbahn und gegen die Gleichförmigkeit der Bewegung. Bei seinen zermürbenden Anstrengungen, die Rätsel der Planetenbahnen zu entschlüsseln, hatte er die Lösung bereits in der Hand, ohne sie doch annehmen zu können: Bei der aufreibenden, mehr als fünfjährigen Berechnung der besonders rätselvollen Marsbahn wiederholten sich die inneren Kämpfe. Es mußte sich um eine ovale, womöglich eiförmige Bahn handeln. Dann war plötzlich die richtige Einsicht da. Aber die Ehrfurcht vor der göttlichen Schöpfung mit ihren idealen Kreisbahnen ließ ihn doch davor zurückschrecken, den treffenden Ausdruck *Ellipse* zu verwenden, der doch genau dem Resultat der Berechnungen entsprach.[21]

---

fung und Weltentstehung. Die Geschichte zweier Begriffe. Stuttgart: Hirzel ⁴1973, S. 102.
[20] Vgl. bes. den 4. Teil über Kepler: The watershed / Die Wasserscheide.
[21] Vgl. a.a.O., Original, S. 317 ff.; Übersetzung, S. 315 ff.

Ebenso eindrucksvoll ist sein Entschluß, bei der Suche nach einer physikalischen Ursache der Planetenbewegungen die antike Seelenvorstellung aufzugeben und an die Stelle des Wortes *Seele* das Wort *Kraft* zu setzen, also die *anima motrix* zur *vis motrix* umzuwandeln. Damit war ein wichtiger Schritt von der weltanschaulichen zur wissenschaftlichen Sehweise auch sprachlich-begrifflich vollzogen.[22]

Dieses tragische Ringen eines großen Forschers um Erkenntnis stellt, sprachwissenschaftlich gesehen, ein eindrucksvolles Beispiel für einen Konflikt zwischen ideologischer Weltanschauung und wissenschaftlichem Weltbild dar und zeigt zugleich, wie dabei das vorgegebene sprachliche Weltbild in den Denkprozeß hemmend und fördernd mit eingreift. Es wird hier sichtbar, auf welch subtile und zugleich folgenschwere Weise die drei Begriffshorizonte, die wir aus gutem Grund sorgsam trennen mußten, doch wieder miteinander in Berührung geraten und sich wechselseitig beeinflussen und durchdringen können.

Was dies an Konsequenzen einschließen kann, ist beim heutigen Stand der Forschung noch gar nicht abzusehen. Sprache ist und bleibt, so dürfen wir abschließend feststellen, eine unabdingbare Voraussetzung, wenn ideologische oder wissenschaftliche Denkgebäude errichtet – oder auch umgestürzt – werden sollen.

So schließt sich der Kreis unserer Überlegungen, in deren Mittelpunkt das sprachliche Weltbild stand, eine Bedingung der Möglichkeit sekundärer Weltbilder und Weltanschauungen.

---

[22] a.a.O., Original, S. 261; Übersetzung, S. 259.

Thomas Luckmann

KOMMUNIKATION UND DIE REFLEXIVITÄT
DER SOZIALWISSENSCHAFTEN*

I.

Kommunikation ist heute große Mode. Bei aller modebedingten Vagheit weisen aber die Denkmuster, die sich in der letzten Zeit mit dem Begriff der Kommunikation verbunden haben, auf eine im Kern nicht neuartige, jedoch immer wichtige Grundeinsicht. Der Mensch ist keine fensterlose Monade; alles in seiner Welt kann dem Menschen etwas mitteilen.

Aus dieser alten Einsicht in die Offenheit der menschlichen Existenz in der Welt bezieht die gegenwärtig so beliebte und breitgetretene kommunikative Generalmetapher ihre Überzeugungskraft. Die Denkfigur „Kommunikation" bietet sich jedenfalls zur Erhellung konkreter Intersubjektivität, der „face-to-face-situation", an.

Ihre Anwendung über diese Situation hinaus ist jedoch in zweierlei Hinsicht irreführend. Die ökologische Basis und die ökonomisch-politischen Hauptsituationen der Gesellschaft haben zwar mit Kommunikation insofern etwas zu tun, als sie sich sowohl voraussetzen wie bedingen. Sie sind aber in ihrer Funktion und in ihrem Aufbau alles andere als kommunikative Systeme.

Und die Formung der Bewußtseinsabläufe, gerade auch jener, die als psychische Grundlage kommunikativer Handlungen selbst dienen, gehorcht nicht den Strukturprinzipien der Kommunikation. Kommunikation kann also am besten nur als Titel für einen Problembereich verstanden werden, der sich auf eine Ebene der menschlichen Existenz

---

* Der Kern des Aufsatzes ist meinem Beitrag *Aspekte einer Theorie der Sozialkommunikation* entnommen, der im von H. P. Althaus, H. Henne und H. E. Wiegand herausgegebenen *Lexikon d. Germanist. Linguistik*, Tübingen, 1973 erschien.

bezieht, die *zwischen* der des Bewußtseins und der der Gesellschaft liegt. Hier ist ein eigenes Strukturniveau von dem ihn konstituierenden des Bewußtseins und dem aus ihm konstituierten der Gesellschaft zu unterscheiden. – Gerade auf dieser Ebene liegt jedoch das erkenntnistheoretische Grundproblem der Sozialwissenschaften. Wenn Gesellschaft in Kommunikation gründet, heißt das, daß die Philosophie sozialwissenschaftlicher Erkenntnis diesen Zusammenhang aufhellen muß. Lassen Sie mich nun skizzieren, wie ich versuchen will, dieser Aufgabe gerecht zu werden. Im ersten Schritt will ich handlungstheoretische mit semiologischen Überlegungen verbinden. Nach einer kurzen Darstellung gewisser formaler Probleme der Beziehung zwischen der Struktur sozialen Handelns und der Produktion von Zeichen und Zeichensystemen werde ich die Konstitution der Sprache in der gesellschaftlichen Alltagswelt im Umriß beschreiben. Im darauffolgenden Schritt werde ich dann versuchen, die gesellschaftsbildende Funktion kommunikativer Systeme, vor allem der Sprache, aufzuweisen, um so zu unserer Ausgangsfrage zurückzukehren. Diese soll nun zunächst etwas deutlicher gestellt werden. Denn die Kommunikationsmetaphorik wird in der gegenwärtigen Diskussionslage sowohl von Verdinglichung und Trivialisierung bedroht. Wenn diese Gefahr nicht gebannt wird, könnte es der kommunikativen Generalmetapher ebenso ergehen, wie vor ihr der organizistischen oder später der mechanisch-homöostatischen Denkfigur. Nach einer steilen Erfolgskarriere als sozialwissenschaftliche Paradigmata wurden diese trotz ihres partiellen Erkenntniswerts in die Rumpelkammer der Wissenschaftsgeschichte verbannt.

Verdinglichung ist eine Eigenschaft der Legitimationsmechanismen, die seit jeher den Aufbau vorwissenschaftlicher Kosmologien und gesellschaftlicher Ideologien bestimmt hat. Aber auch die „galileische" Wissenschaft der Neuzeit hat sich bisher von deutlichen Verdinglichungsspuren nicht freimachen können. Dieser Umstand ist für die wissenschaftstheoretische Begründung der Sozialwissenschaften besonders folgenreich. Die Sozialwissenschaften können ja nicht umhin, ihre eigenen Voraussetzungen zum Thema methodologischer Reflexion zu machen. Ihr Rechtfertigungsmuster ist unausweichlich das einer ständigen Münchhausiade. Sofern sich aber die Sozialwissenschaften ihrer kosmologischen Aufgabe nicht entziehen wollen, den Menschen in seiner Gesellschaftlichkeit und Geschichtlichkeit zu begreifen, – und zwar so, daß sie den Menschen, wie er sich vor, neben und nach der Wissenschaft versteht, nicht aus dem Griff verlieren, – müssen sie sich ihrem wissens-theoretischen Grundproblem stellen. Dieses Problem trifft der Ausdruck „epistemologische Reflexivität". Damit meine ich die menschliche Konstituierung der Sozialwelt als des Gegenstandsbereichs der menschlichen Sozialwissenschaft. Letztlich ist es die Frage nach dem Zusammenhang zwischen Intersubjektivität und Kommunikation. Wenn allerdings Kommunikation, bzw. kommunikative Kompetenz als letzte, nicht mehr fragliche Gegebenheit angesetzt wird, kann die methodologische Reflexion der Sozialwissenschaften nur noch ihre eigene „naive" Theorie rechtfertigen oder sich in eine ideographische Hermeneutik zurückziehen. Der Gang der erkenntniskritischen Vergewisserung, der diese beiden unzufriedenstellenden Lösungen vermeidet, muß die Lebenswelt als „das vergessene Sinnesfundament" der Wissenschaft aufsuchen.[1]

Der Ausgangspunkt jeder Reflexion, die sich über ihre eigenen Voraussetzungen Rechenschaft verschaffen will, ist das eigene Bewußtsein. Nur muß sich das reflektierende Bewußtsein eine Methode geben, die die intentionalen Leistungen des Bewußtseins exakt beschreiben kann, *ohne* sich die infragegestellten wissenschaftlichen und commonsense Theorien als Voraussetzungen einzuverleiben. Die von Husserl entwickelten Methoden der phänomenologischen epoché, der Reduktion usw. geben intersubjektiv überprüfbare Rechenschaft über die Voraussetzungen der Beschreibung der Lebenswelt – einer Beschreibung, die ihrerseits die konstitutiven Strukturen der Bewußtseinsleistungen erhellt, auf die sich zunächst kommunikative Handlungen und endlich die Deutungs- und Erklärungssysteme des commonsense und der Wissenschaften aufbauen.

Der Gang der Vergewisserung beginnt für uns – freiwillig oder unfreiwillig moderne Menschen, die wir uns historisch in einem wissenschaftlichen – nicht in einem mythologischen – „universe of discourse" vorfinden, mit der Einsicht in die gemeinsame kosmologische Aufgabe der Natur- und Sozialwissenschaften. Diese Wissenschaften suchen diese Aufgabe zu erfüllen, indem sie, im teilweisen Gegensatz zu (und teilweiser Ähnlichkeit mit) mythologischen Kosmologien bestimmten Regeln der Rationalität und der Überprüfbarkeit folgen. Die theoretischen Leistungen, welche die Voraussetzung wissenschaftlicher Kosmologien bilden, können parallel zu den theoretischen Leistungen

---

[1] Cf.: *Edmund Husserl, Die Krisis der europäischen Wissenschaften und die transzendentale Phänomenologie*, hrsg. von Walter Biemel, Haag, Martinus Nijhoff, 1962, p. 48.

verschiedener mythologischen Weltsichten in die Praxis der alltäglichen Lebenswelt zurückverfolgt werden. Diese Praxis ist zwar ihrerseits eine kommunikativ-gesellschaftliche und ist dementsprechend sozial strukturiert, verweist aber zuletzt auf das individuelle Bewußtsein: auf die aktiven und passiven Synthesen der Intentionalität. Wenn wir im Normalbetrieb der Sozialwissenschaften Kommunikation als selbstverständlich voraussetzen, müssen wir zumindest im Sondergeschäft erkenntniskritischer Besinnung die Voraussetzungen dieser Voraussetzung in den Griff bekommen.

II.

Wenn die kommunikative Generalmetapher als Aussage über die Struktur der Welt verstanden wird, ist sie nichts als ein Glaubenssatz. Die Auffassung, die die gesamte Welt als Code versteht, gehört in die Theologie. Es ist aber sinnvoll, die Metapher so zu verstehen, daß die *kommunikative Umwelt des Menschen im Kern seiner Lebenswelt in irgendeiner Weise zumindest impliziert ist*. Die Art und Weise dieser Implikation bedarf nun einer näheren Bestimmung in diesem ersten Schritt der eigentlichen Analyse.

Die verschlungene Beziehungsstruktur, die Bewußtsein, Kommunikation, Intersubjektivität, Zeichensystem, Gesellschaft und „objektive" Welt verbindet, ist spezifisch menschlich. Obwohl aber seit einiger Zeit die Überzeugung herrscht, daß die menschliche Sprache nicht vom theologischen oder biologischen Himmel gefallen ist, ist es nicht gelungen, eine völlig zufriedenstellende Theorie der *menschlichen* Erzeugung menschlicher kommunikativer Strukturen zu entwickeln. Bis in die jüngste Zeit findet man sprachtheoretische und semiotische Überlegungen, die kommunikative Systeme und insbesondere Sprache als fertig konstituierte Gegebenheiten einer jeweiligen historisch-gesellschaftlichen Welt schlicht voraussetzen. Die Suche nach den konstitutiven Prinzipien des Verhältnisses zwischen gesellschaftlich konstruierter Wirklichkeit, Kommunikation und subjektiven Bewußtseinsleistungen in der *menschlichen* Lebenswelt ist jedoch eine schwierige Aufgabe. Es soll ja zweierlei geleistet werden. Zum ersten soll phänomenologisch das Fundierungsverhältnis aufgedeckt werden, das zwischen subjektiven Bewußtseinsleistungen und gesellschaftlichen Kommunikationssystemen waltet. Zum zweiten ist aber im erfahrungswissenschaftlichen „universe of discourse" von der empirischen Bestimmtheit des Einzelbewußtseins durch ein konkretes gesellschaftliches System der Wirklichkeitskonstruktion und Realitätsvermittlung auszugehen. Da soll der kausalfunktionale Zusammenhang von Gesellschaftsstruktur, sozialem Handeln und kommunikativen Akten angesprochen werden.

Die Bewußtseinsleistung, die aller Zeichenerzeugung und allem Zeichengebrauch zugrunde liegt, ist die *Appräsentation*. Appräsentation als aktive Bewußtseinsleistung gründet jedoch in primitiveren appräsentativen Bewußtseinssynthesen. Diese beruhen ihrerseits auf den ursprünglichsten passiven Synthesen der Assoziation.

„In einer paarenden Assoziation ist das Charakteristische, daß im primitivsten Fall zwei Daten in der Einheit eines Bewußtseins in Abgehobenheit anschaulich gegeben sind ..." (CM, p. 142).[2] Schon bei dieser Form der Paarung findet sich „ein wechselseitiges Sich-wecken, ein wechselseitiges, überschiebendes Sich-überdecken nach dem gegenständlichen Sinn" (CM, p. 142). „Als ihre (i. e. der Deckung) Leistung vollzieht sich am Gepaarten Sinnesübertragung, d. i. die Apperzeption des einen gemäß dem Sinn des anderen, soweit nicht an dem Erfahrenen verwirklichte Sinnesmomente diese Übertragung im Bewußtsein des *Anders* aufheben" (p. 142 f.).

Appräsentative Paarung und die dabei zustandekommende analogische Sinnesübertragung unterscheiden sich von der einfachen Kopplung. Bei der primitiven Form der Paarung kommt es zur Einheit der Auffassung in gleichzeitiger Präsenz von zwei Daten. Auf der uns hier interessierenden Stufe der „assoziativen Einigung" kommt es hingegen zur Synthese von „Präsentem" und „Nichtpräsentem" (EuU, p. 79).[3] Das ist aber genau jene Grundstruktur des Bewußtseins, die bei der sogenannten Zeichenfähigkeit des Menschen vorausgesetzt werden muß: Ein Zeichen ist auf jeden Fall eine Verweisung von einem präsenten Bewußtseinsdatum – und zwar einem Wahrnehmungsdatum – auf ein nicht präsentes Datum. Diese Verweisungsbeziehung, die nicht urteilend vollzogen wird, wollen wir provisorisch *Bedeutung* nennen. Bevor aber der Begriff der Bedeutung genauer bestimmt wird, muß zunächst die Konstitution von *Sinn* in der Erfahrung und im Handeln beschrieben werden.

Bewußtsein ist immer von etwas. Es besteht aus fortlaufenden Synthesen, in denen sich etwas, das nicht Bewußtsein ist, präsentiert.

---

[2] *Edmund Husserl, Cartesianische Meditationen und Pariser Vorträge*, Haag, 1950, p. 142. Unterstreichung bei Husserl.

[3] *Edmund Husserl, Erfahrung und Urteil, Untersuchungen zur Genealogie der Logik*, 2. Aufl. Hamburg, 1948, p. 79. 1. Aufl. Prag, 1938.

Der Ich-Pol dieser Vorgänge zieht sich schon in den Identitätssynthesen der inneren Zeit als Funktionszentrum aller Bewußtseinsleistung durch. Alle Phasen, die ineinander verschmelzen, die gerade vergangene, die aktuelle und die vorerwartende, sind vom Ich-Pol aus auf etwas gerichtet. Das, worauf sie gerichtet sind, das intentionale Korrelat der ablaufenden synthetischen Vorgänge, enthüllt sich in seiner universalen Struktur, gleichgültig um welche Bewußtseinsabwandlung es sich handelt, wie z. B. wahrnehmende Darstellung, Erinnerung, fiktive Darstellung usw. Die Struktur besteht aus einem thematischen Kern, der in ein thematisches Feld eingebettet ist, das seinerseits von einem offenen Horizont umgeben ist. Im Bewußtseinsstrom konstituieren sich „Erlebnisse" als thematische Kerne aufgrund passiver Synthesen.

Die Erlebnisse enthalten nicht nur die aktuellen Kerne der Erlebnisphasen selbst. Jedes Erlebnis enthält neben aktuellen Themen auch appräsentierte Bestandteile. Bei allen Erlebnissen, die der Wirklichkeitsebene der alltäglichen Lebenswelt angehören, ist ihr jeweiliger „Typus" (d. h. ein Schema zusammengehöriger, hervorstechender thematischer Elemente) *automatisch* appräsentiert. Die inhaltliche Füllung der Typisierung kann wieder als eine Funktion des jeweiligen subjektiven Wissensvorrats aufgefaßt werden.

Manche Erlebnisse zeichnen sich dadurch aus, daß das Ich ihnen seine Aufmerksamkeit zuwendet, sich aktiv mit ihnen beschäftigt. Solche Erlebnisse sind unter anderem durch einen höheren Grad der Bestimmtheit und Abgehobenheit des Erlebniskerns und durch größere thematische Kongruenz des Erlebnisablaufs gekennzeichnet. Sie bilden offenbar nur einen Bruchteil aller Bewußtseinsabläufe, sind aber sowohl für die Handlungstheorie wie für die Zeichentheorie von besonderer Bedeutung. Wir wollen sie *Erfahrungen* nennen.

Erfahrungen sind aktuelle Bewußtseinsabläufe und haben als solche noch keinen „Sinn". Sinn konstituiert sich erst damit, daß sich das Ich seinen Erfahrungen nachträglich zuwendet und sie in einen über die schlichte Aktualität der ursprünglichen Erfahrung hinausgehenden Zusammenhang setzt. Sinn konstituiert sich also in der bewußt erfaßten Relation zwischen der Erfahrung und etwas anderem. Dieses andere kann auch ein ganzes Erfahrungsschema sein, zu dem die reflexiv erfaßte Erfahrung in Bezug gesetzt wird. Es kann aber auch eine höherstufige Typisierung sein, eine Handlungsmaxime, eine Problemlösung, eine moralische Legitimierung, etc., die der Erfahrung ihren Sinn „verleiht".

Aus dem Bewußtseinsstrom heben sich Erlebnisse ab; im Erlebnisablauf konstituieren sich Erfahrungen; manche Erfahrungen sind sinnvoll. Manche Erfahrungen haben nun eine eigenartige Zeitstruktur und dadurch eine Sinndimension, die sie vor allen anderen Erfahrungen auszeichnet: Erfahrungsabläufe, die vom Ich auf ein Ziel hin gesteuert werden, nennen wir Handlungen. Handlungen sind also Erfahrungsabläufe, die motiviert sind, sofern das Motiv die Erreichung eines Ziels ist. Das Ziel der Handlung ist die im aktuellen Erfahrungsverlauf vorweggenommene, phantasierend vorgestellte „Endzustandserfahrung". Jede Handlung hat demnach zumindest den „aktuellen" Sinn, der sich in der bewußten Beziehung zwischen der jeweiligen Erfahrung (als Phase des Handlungsverlaufs) und dem appräsentierten Entwurf konstituiert.

Selbstverständlich kann außerdem jede Handlung wie jede andere Erfahrung nachträglich (das bedeutet natürlich auch, nach irgendeiner Phase, vor ihrem „Ende") thematisiert und so in einen Auslegungszusammenhang gebracht werden, in dem ihr reflexiv ein Sinn verliehen wird – also ein zusätzlicher, abgewandelter, möglicherweise anderer Sinn als der, in dem sich die ursprüngliche Handlung als ein entworfener Erfahrungsverlauf konstituiert hatte.

Eine besondere Form von Handeln ist soziales Handeln. Formal kann soziales Handeln als jenes Handeln bestimmt werden, in dessen Entwurf ein alter ego (oder auch ein Typ von „Anderen" oder eine darauf aufgestufte soziale „Struktur") appräsentiert wird. Aber es interessieren uns hier zunächst nur solche sozialen Handlungen, deren Entwurf auf einen Mitmenschen in einer gemeinsamen Umwelt bezogen ist. Dies ist soziales Handeln in konkreter Intersubjektivität, in der „face-to-face-situation". Der Handlungsentwurf ist hier auf einen besonderen, leiblichen, wiewohl natürlich immer auch in seiner Typik miterfaßten Menschen gerichtet. Zur verwickelten Fundierungsstruktur sozialen Handelns als Handlung, Erfahrung, Erlebnis kommt also noch die spezifische Sinnstruktur der Erfahrung als bewußt auf andere gerichtet und der Handlung als auf einen Anderen hin entworfen. Vor allem kommt aber noch hinzu, daß das Handeln von Anderen nicht nur im Entwurf, sondern auch im faktischen Verlauf in einer gemeinsamen Umwelt mitbestimmt wird. In alltäglicher konkreter Intersubjektivität verbinden sich soziales Handeln und Appräsentation. Aus ihnen bilden sich Zeichen.

Das subjektive Erleben von Lautmustern mag als die elementare Fundierungsschicht gelten. Wir müssen nun im Erleben von Sprachformen zunächst ausklammern, was höherstufigen Konstitutionsstufen angehört, was also Lautmuster erst zu Sprachformen macht. Aber auch dann weist das Erleben von Lautmustern, als Erleben von „natürlichen Vorkommnissen" betrachtet, einige bemerkenswerte Eigenschaften auf. Im Unterschied zum Erleben vieler anderer Gegenständlichkeiten des Alltags präsentieren sich Sprachformen in einer einzigen Sinnesmodalität. Sie werden als Zeitobjekte erfaßt. Im Gegensatz zu vielen anderen Ereignissen in der gemeinsamen Umwelt vergehen sie sofort, obwohl sie im Moment ihrer Erzeugung ein unbestreitbarer Bestandteil der „objektiven" Umwelt sind. Das Erleben von Lautmustern konstituiert sich in fortlaufender Synchronisation von inneren Zeitsynthesen und „äußerem" Ablauf, in verschiedenen Abschattungen der Tonhöhe, Lautstärke, Rhythmus und Melodie. Diese Abschattungen bilden das thematische Feld um den Kern der Lautgestalt.

Diese Erlebnisse konstituieren sich als typische Erlebnisse. Im jeweiligen Situationszusammenhang kommt es infolge der im subjektiven Wissensvorrat gelagerten Vorerfahrungen dazu, daß sich das Ich einem *typischen* Kern der Lautgestalt in einem charakteristischen thematischen Feld solcher Abschattungen zuwendet. Das Erlebnis von Lautmustern wird durch die Ich-Zuwendung in eine wohlumschriebene, erinnerungsfähige Erfahrung verwandelt. Diese Erfahrung dient als Wahrnehmungsgrundlage einfacher, dann aber auch höherstufiger Appräsentationen. In der „face-to-face-situation" beziehen sich die Erlebnisse von Lautmustern auf Ereignisse, die von den Menschen in der Situation als Ereignisse in gemeinsamer Reichweite erfaßt werden. Ich erlebe die Lautfolge als etwas, das mein Partner in der Situation ungefähr gleich erlebt wie ich. In der „face-to-face-situation" habe ich nicht nur das unmittelbar vermittelte Erlebnis meines Partners in der Situation. Ich habe so nicht nur bewußte Evidenz von der polythetischen Konstitution *meiner* Erlebnisse der Lautfolge, sondern auch unmittelbare, durch seinen Leib vermittelte Evidenz für die polythetische Konstitution *seiner* Erlebnisse der gleichen Lautfolge. Die Lautfolge wird als „objektiv" erlebt und kann zugleich als Hinweis auf die subjektiven Erlebnisse des Mitmenschen erfaßt werden.

Wenn ich die Lautfolge als von meinem Partner in der Situation erzeugt erlebe, wird sie als Anzeichen über ihn, als Appräsentation seiner subjektiven Erlebnisse erfaßt. Dabei verliert sie keineswegs ihre Eigenschaft als „objektives" Ereignis in einer gemeinsamen Umwelt.

Die von Mitmenschen absichtlich oder unabsichtlich erzeugten Laute sind mit *anderen* Anzeichen für ihre subjektiven Vorgänge gepaart.

Sie werden von mir zugleich mit den Lautfolgen als appräsentative Verweise auf *seine* Erlebnisse oder Erfahrungen erfaßt. Typische Verbindungen zwischen beobachteten Anzeichensyndromen und inneren Zuständen (Stimmungen, Einstellungen, Motiven, Plänen, etc.) werden im Wissensvorrat des Beobachters als Deutungsschemata abgelagert.

Deutungsschemata, die das „Innenleben" von Mitmenschen appräsentieren, können grundsätzlich auf jede beliebige Wahrnehmungsmodalität, in jeder beliebigen Anzeichenkombination, gegründet sein. Die Bevorzugung des Lautes vor der für Menschen wichtigsten Weltorientierungsmodalität, dem Gesichtssinn, und vor dem Tasten und Schmecken, hängt vermutlich mit dem Bauplan des menschlichen Körpers, der empirischen Natur des Tons und der frühen Ökologie der Gattung zusammen. Wichtig ist aber auch, daß Lautmuster Zeitobjekte sind: ihre polythetische Konstitution ermöglicht in Verbindung mit den Wahrnehmungsabschattungen von Tonhöhe, Tonstärke, Rhythmus usw. eine nahezu unerschöpfliche Zahl von Kombinationen einfacher und komplexer Lautmuster.

Ein anderer Umstand ist noch wichtiger. *Einerseits* sind Lautmuster Ausdrucksformen. Mit diesem Begriff sind Anzeichen gemeint, die als von anderen Wesen erzeugt aufgefaßt werden. Ausdrucksformen werden zu Elementen von Deutungsmustern, die das Bewußtsein von Mitmenschen appräsentieren. *Andererseits* sind sie „objektive" Ereignisse in der gemeinsamen Umwelt der Partner in der „face-to-face-situation". Das heißt, daß ich sie so erlebe, wie ich annehme, daß sie mein Partner ungefähr selbst erlebt. Sie appräsentieren also das subjektive Erleben eines Mitmenschen, dienen aber zugleich als Grundlage des synchronisierten *intersubjektiven* Erlebens der Partner. Dies trifft für den phylogenetisch wichtigsten Konkurrenten des Lauts, den Gesichtssinn, nicht zu.

Obwohl die Ausdrucksformen, auf denen Sprache gründet, in diesem Sinn „objektiv" sind, konstituieren „objektivierte" Ausdrucksformen als solche noch keine Zeichen. Die Konstitution von Zeichen hat noch eine weitere wesentliche Voraussetzung: die Spiegelung des Selbst im Erleben des Mitmenschen. Diese Bedingung ist *nur* in der „face-to-face-situation" erfüllt. Nur da erleben wir Mitmenschen direkt, und zwar nicht nur mittels „objektiver" Deutungsmuster, so wie „natürliche" Ereignisse, sondern auch in Schemata subjektiver Sinnzuordnungen.

Sobald „objektivierte" Ausdrucksformen in den intersubjektiven Widerspiegelungsvorgang, der soziales Handeln in konkreter Intersubjektivität kennzeichnet, eingeflochten werden, sind die Voraussetzungen für die Konstitution prototypischer Zeichen gegeben. Eine Ausdrucksform in gemeinsamer Reichweite der Partner in der Situation kann vom einen wie vom anderen absichtlich hervorgebracht, von beiden gleichartig erfahren und von beiden in gleichartigen Deutungsschemata erfaßt werden. Die Partner drücken nun nicht mehr bloß einen inneren Zustand aus; sie sind auch nicht nur einem Ereignis in der gemeinsamen Umwelt zugewandt; sie handeln nicht nur schlicht im Wechselbezug sozialen Handelns. Vielmehr handeln sie, um etwas auszudrücken, dessen Erfahrung sie am Partner in fortlaufender Gegenseitigkeit erfahren. Sie nehmen die Auslegung ihrer Ausdruckshandlung vorweg und interpretieren gleichartige Ausdruckshandlungen des Partners mit den gleichen Deutungsschemata.

Die Bedingungen für die Konstitution der Sprache in der Lebenswelt des Alltags sind also: „Objektivität" der Lauterlebnisse, Anzeichenhaftigkeit der Lautmuster, Ausdruckshaftigkeit (d. h. appräsentativer Verweis auf „Innenleben") typischer Lautmuster in Handlungen. Aus diesen Bedingungen läßt sich die Konstitution von prototypischen Zeichen ableiten. Bevor aber prototypische Zeichen zu Zeichen im vollen Sinn des Begriffs werden, müssen sie sich von gewissen Bedingungen ihres Ursprungs in der konkreten Intersubjektivität ablösen.

Sprachformen sind von der Aktualität der jeweils augenblicklichen subjektiven Erlebnisse weitgehend abgelöst. *Alle* Ausdrucksformen werden mehr oder minder als Anzeichen typischer, wiederholbarer Erlebnisse erfaßt. Bei *Sprach*formen befördert aber die wechselseitige soziale Kontrolle der Partner im Widerspiegelungsprozeß und die subjektive Kontrolle am „objektiven" Ereignis die Kongruenz von Hervorbringung und Deutung von Sprachformen.

Sprachformen sind ferner von den räumlichen Perspektiven der konkreten „face-to-face-situation" weitgehend abgelöst. Die Idealisierung, die dazu führt, daß die unterschiedlichen Auffassungsperspektiven der Partner ausgeklammert werden, ist eine Anwendung der Annahme der Reziprozität der Perspektiven. In Verbindung mit der zeitlichen Idealisierung, welche die Aktualität der Erlebnisse im appräsentativen Verweis einklammert, kommt es zur weiteren Ablösung der Bedeutung der Sprachform von der Umweltgebundenheit der Erfahrungen.

Ferner sind Sprachformen von der Individualität der Erfahrungen weitgehend abgelöst. Bis zu einem gewissen Grad gilt das schon für die gegenseitige Typisierung und Deutung der Ausdrucksformen. Die darin angelegte begrenzte Anonymisierung von Sprachformen wird nun in Verbindung mit den zeitlichen und räumlichen Ablösungen verallgemeinert. Die Bedeutung wird „objektiv".

Ferner lösen sich Sprachformen von anderen Ausdrucksformen, mit denen sie ursprünglich ein expressives Syndrom bildeten. Für die objektive Bedeutung werden jene Formen grundsätzlich irrelevant. In Situationen konkreter Intersubjektivität, aber auch nur dann, können andere Ausdrucksformen an die Stelle von Sprachformen treten. Außerdem können sie mit ihnen (sozusagen erneut) appräsentative Verbindungen eingehen.

Und schließlich lösen sich Sprachformen aus der konkreten Einbettung in soziales Handeln. Die Bedeutung von Sprachformen wird relativ unabhängig vom unmittelbaren pragmatischen Kontext der Situation. *Das* ist der Vorteil der Sprachformen, die sich in das Planen und die Koordination sozialer Handlungen, die über die Grenzen konkreter Intersubjektivität hinausreichen, bestimmend und stabilisierend eingehen können. Der Gebrauch von Sprachformen, das Sprechen, ist zwar Handlung; aber die Sprache ist als quasi-ideales System die Infra-Struktur von nahezu allen Handlungen, die eine gewisse Komplexität aufweisen oder über längere Zeitspannen hin angelegt sind.

Mit dieser Ablösung von den eigenen Ursprungsbedingungen werden Sprachformen als proto-typische Zeichen im nahezu vollen Sinn des Wortes. „Nahezu", weil noch etwas fehlt: die Systemhaftigkeit der Zeichen. Jede konkrete soziale Beziehung, jede Abfolge sozialen Handelns wird in subjektiven Wissensvorräten sedimentiert. Proto-Zeichen sind selbstverständlich intersubjektiv relevant, so daß sie außerordentlich erinnerungsträchtig sind. Jedes Proto-Zeichen erhält einen angebbaren Ort in der intersubjektiven Überlieferung bzw. Erinnerung in einer mémoire collective. Das erste ist das erste, das zweite ist das zweite, usw. Jedes Proto-Zeichen führt so im eigenen thematischen Feld einen Verweis auf die vorangegangenen intersubjektiv konstituierten Proto-Zeichen. Mit der Konstitution von Proto-Zeichen beginnt der Aufbau eines Zeichensystems.

III.

Sprache ohne Struktur ist also schon aufgrund ihrer intersubjektiven Konstitution als Zeichensystem undenkbar. Jedem Menschen, der

Vorfahren hat, liegt aber Sprache mit einer bestimmten Struktur ohnehin als soziale Vorgegebenheit seiner biographischen Situation vor. Mit anderen Worten: der Mensch ist in eine historische Lebenswelt geboren, in der die Sprache eine konkrete, vorbestimmte Struktur hat. Das Kind „wiederholt" die Schritte der Zeichenkonstitution bis hin zum letzten Schritt, der Konstitution des Zeichen*systems*. Die Vorgänge intersubjektiven Widerspiegelns, in welche Lautmuster als objektivierte Anzeichen subjektiver Vorgänge eingeflochten sind, wiederholen sich beim „normalen" Kind. Mit einem entscheidenden Unterschied. Die subjektive Aneignung der Sprache vollzieht die historische Herausbildung der Sprachstruktur nicht nach. Hingegen geht diese Struktur von vornherein in die Prozesse intersubjektiver Widerspiegelung zwischen Kind und Erwachsenen ein und wird darin nicht erst „neu" aufgebaut. Die Struktur jeder „natürlichen" Sprache ist das Ergebnis einer Abfolge sich sedimentierender sozialer Handlungen, in denen Kommunikation stattfand. Die Sprachstruktur, und allgemeiner, die Struktur „natürlicher" Zeichensysteme, wird unmittelbar von vergangenen kommunikativen Handlungen bestimmt – und somit mittelbar von den Gesellschaftsstrukturen, welche sozusagen den äußeren Rahmen kommunikativer Handlungen bilden. Diese Strukturen können allgemein als institutionelle Stabilisierungen menschlichen Handelns und menschlicher Orientierung in der Welt angesehen werden.

Zeichensysteme, unter denen die Sprache das phylogenetisch, ontogenetisch und gesellschaftlich-funktional bei weitem bedeutendste ist, sind appräsentative Strukturen, die sich intersubjektiv aufbauen, geschichtlich abgelagert sind und gesellschaftlich vermittelt werden. Daran läßt sich die Grundfunktion der Zeichensysteme ablesen. Zeichensysteme wirken als „Brücken" zwischen der aktuellen Erfahrung des Einzelnen und etwas anderem oder gar andersartigem.

Das „andere" sind vergangene Erfahrungen des Einzelnen wie auch seine Handlungsentwürfe für die Zukunft. Schon auf der subjektiven Ebene beruhen alle komplexeren Sinndeutungen, vor allem aber auch Sinnstabilisierungen, auf der differenzierten *Merk*zeichenhaftigkeit der Sprache und der von der Sprache abgeleiteten Zeichensysteme. Es ist selbstverständlich, daß subjektive Erfahrungsspeicherung nicht *prinzipiell* ein Zeichensystem voraussetzt. Aber *empirisch* ist das doch eine wichtige subjektive Funktion sozialer Zeichensysteme. Die semantisch-taxonomische Festlegung von Typisierungsmustern hilft der subjektiven Orientierung und Handlung. Ihr evolutionärer Vorteil für eine instinkt-reduzierte Gattung in einer komplizierten natürlichen *und* sozialen Umwelt liegt auf der Hand.

Die lebensweltlich-subjektive Funktion von Zeichensystemen läßt sich ungefähr wie folgt zusammenfassen. Appräsentative Verweise dienen (um mit Schütz zu sprechen) der Überbrückung lebensweltlicher Transzendenzen räumlichen, zeitlichen und intersubjektiven Charakters. Darüberhinaus haben sozial verfestigte, sozial vermittelte und intersubjektiv verwendete appräsentative Verweisungen eines konkreten Zeichen*systems*, und empirisch vor allem der Sprache, einen eindeutigen Vorteil gegenüber der Vieldeutigkeit und Kurzlebigkeit bloß subjektiver, situationsgebundener appräsentativer Verweisungen und Typisierungsmuster. Die Zeichenhaftigkeit der Kommunikation befördert zunächst die Routinisierung des subjektiven Handelns, besonders des höherstufigen und komplizierteren, dient aber vor allem als Voraussetzung für die selbstverständliche – im zeichenhaften Menschsein im voraus gestiftete – Wechselseitigkeit *sozialen* Handelns.

Diese Leistung der Sprache beruht auf der Festlegung der Darstellungsfunktion der Zeichen, ihrer semantisch-taxonomischen Erstarrung im System. Die Voraussetzung dafür ist die Ablösung der Sprache von den Bedingungen ihres Ursprungs in der konkreten Intersubjektivität. Das hat offenbar Folgen für die Struktur lebensweltlicher kommunikativer Akte. Die *context-sensitivity* der Sprache zeigt sich aber wieder – und nur eigentlich – in der vollen Konkretheit der Situation. Hier verbindet sich Sprache wieder mit anderen, zum großen Teil weniger eindeutig strukturierten, schwächer institutionalisierten und der Situation fest verhafteten Ausdrucksformen. Die Sprachgebrauchsregeln, die Regeln sozialen Handelns und die Regeln des Gebrauchs nicht-verbaler Ausdrucksformen verflechten sich in der „face-to-face-situation" sozusagen historisch-sekundär, nachdem sie in ihrer primären Verflechtung die phylogenetische Basis für die Sprache darstellten. Eines dürfte jedenfalls im Hinblick auf historische menschliche Gesellschaft deutlich sein: die Verflechtung kommunikativer Systeme im sozialen Handeln setzt die Sprache als quasi-ideales System, als Klärungs-, Berufungs- und Vermittlungsinstanz voraus. Das läßt sich auch anders formulieren. Sprache ist das Hauptmedium der gesellschaftlichen Konstruktion jeder *menschlichen* Wirklichkeit; sie ist aber auch das Hauptmedium der *Vermittlung* einer bestimmten, also geschichtlichen, gesellschaftlich konstruierten Wirklichkeit. Unter beiden Aspekten bildet die Sprache eine menschliche Wirklichkeit aus.

Als quasi-ideales Zeichensystem ist sie die Voraussetzung zur Entsubjektivierung, d. h. zur geschichtlich-gesellschaftlichen Bestimmung der subjektiven Orientierung des Einzelnen in seiner Lebenswelt. Als Erzeugnis der konkreten Intersubjektivität ist aber Sprache zugleich auch immer schon in der intersubjektiven Erzeugung jeder geschichtlichen Sozialwelt vorausgesetzt.

IV.

So schließt sich der Kreis der Überlegung über Sprache und die epistemologische Reflexivität der Sozialwissenschaft:

Sprache ist weder mit Bewußtseinsstruktur noch mit Gesellschaft identisch. Irrtümer dieser Art führen zu unüberwindlichen Schwierigkeiten in der philosophischen Grundlegung der Sozialwissenschaft. Um es mit Humboldt zu sagen: „Denn so innerlich auch die Sprache durchaus ist, so hat sie dennoch zugleich ein unabhängiges Äußeres, gegen den Menschen selbst ausübendes Dasein." (Über die Verschiedenheit des menschlichen Sprachbaues, Ausgabe Claasen und Roether, Darmstadt, 1949, p. 18). Übersieht man die „Innerlichkeit" der Sprache, verfällt man einer empirischen Verkürzung der Möglichkeit sozialwissenschaftlicher Erkenntnis. Übersieht man hingegen deren Äußerlichkeit, hat man die Möglichkeit sozialwissenschaftlicher Erkenntnis überhaupt aufgegeben.

Jedenfalls können wir jetzt, am Ende unserer Überlegungen, mit weit größerer Gewißheit als zu Beginn sagen, daß die epistemologische Reflexivität der Sozialwissenschaften ein sprachkritisches Problem ist. Gewiß, Gesellschaft ist nicht Sprache und sozialwissenschaftliche Analyse ist nicht Sprachanalyse: auch ist Bewußtsein nicht Sprache – und Phänomenologie nicht Sprachanalyse – und erst recht nicht Sozialwissenschaft. Aber: gesellschaftliche Wirklichkeit bildet sich als menschliche Realität in Kommunikation aus: Kommunikation konstituiert sich ihrerseits in der konkreten menschlichen Intersubjektivität. Daher führt die erkenntnistheoretische Besinnung auf den Gegenstandsbereich der Sozialwissenschaft notwendig in die Sprachkritik. Und Sprachkritik heißt – wie ich meine –, und wie ich hoffe, gezeigt zu haben, der Aufweis der Konstitution der Sprache – als eines quasi-idealen Zeichensystems – in der alltäglichen Wirklichkeit der Lebenswelt.

Mit anderen Worten:

Nicht nur wird die Erkenntnis der Sozialwelt in den Sozialwissenschaften sprachlich vermittelt und bestimmt – das gilt ja, durch alle Formalisierung hindurch, ja auch für naturwissenschaftliche Erkenntnis – es wird der Gegenstandsbereich selbst im menschlichen Handeln konstituiert. Und menschliches Handeln ist ohne Kommunikation undenkbar, während zugleich menschliche Kommunikation – Medium der Sprache – ihren Ursprung im menschlichen Handeln hat.

Sebastian Goeppert

SPRACHANALYSE UND PSYCHOTHERAPIE

Die Psychoanalyse ist heute vielerorts zu einer angewandten Wissenschaft par excellence geworden, die imstande sein soll, gerade diejenigen unbewußten Bedürfnisse in mehr oder minder sublimierter Form zu befriedigen, die sie selbst seit ihren Anfängen als Ursachen für individuelles und kollektives Fehlverhalten erkannt hat. Vormals angefeindet wegen rigoroser und respektloser Schürferei im menschlichen Triebgeschehen, aber doch eifrig rezipiert – nicht zuletzt aufgrund der ebenso gefällig-manierlichen wie hoch gebildeten Ausdrucksweise ihres Begründers –, vermochte sich die Psychoanalyse inzwischen aktiv den insgeheim an sie schon immer gerichteten Erwartungen des Publikums, zwar kritisiert, zugleich jedoch unterhalten zu werden, in gelungener Weise anzupassen, indem sie nämlich ihre zunächst von außen zugeschobene Rolle als Tabubrecherin mit guten Umgangsformen nicht nur akzeptierte, sondern gleichsam zum gültigen Kanon ihres Wirkens erhob.

Diese Tendenz der Stilisierung der Psychoanalyse zur klassischen Wissenschaft vom unbewußten Seelenleben wird zweifellos begünstigt durch das interdisziplinäre Interesse an ihren Inhalten; so findet der Leser in den einschlägigen Arbeiten der geisteswissenschaftlichen Disziplinen, voran der traditionell ausgerichteten Literatur- und Sprachwissenschaft, zumeist einen wohlausgewogenen und für ein breites Publikum aufgearbeiteten Kommentar zu zentralen Ansichten Freuds über den Traum, das Unbewußte und den Ödipuskomplex (vgl. dazu Bittner, 1969; Gauger, 1970). Darüber hinaus ist ohne weiteres klar, daß sich derartige Bemühungen um die ordnungsgemäße Etablierung verschiedener Möglichkeiten, psychoanalytische Inhalte an der Hochschule autorisiert weiterzugeben, nicht von vornherein mit Bemühungen um die angemessene Darlegung von neueren Forschungsansätzen innerhalb der Psychoanalyse verbinden lassen.

Für die Fortentwicklung der Psychoanalyse jedoch sind heute gerade

Mikroanalysen der psychoanalytischen Situation im allgemeinen und des psychoanalytischen Prozesses im besonderen ganz entscheidend, nicht nur, weil durch sie dann die Elemente der psychoanalytischen Methode, wie Übertragung und Gegenübertragung, deutlicher wahrgenommen und somit genauer therapeutisch eingesetzt werden können, sondern weil mit ihnen auch zu zeigen ist, daß inzwischen nicht mehr so sehr der äußere, gesellschaftlich bedingte Widerstand gegen die Psychoanalyse deren wissenschaftliche Entfaltung behindert, wohl aber die bislang als Problem kaum ins Blickfeld gelangte Tatsache, daß die Person des behandelnden und zugleich beobachtenden Analytikers selbst – zumeist unerkannt und ungewollt – dem durch das psychoanalytische Verfahren in Gang gebrachten Prozeß der kritischen Reflexion auf unbewußte Interaktionsvorgänge im Wege steht.

Für die Klärung des wissenschaftlichen Status der Psychoanalyse sind daher Untersuchungen nötig, die nicht nur den Patienten und seine Krankheit zum Gegenstand haben, sondern von vornherein die Interaktion zwischen Analytiker und Patient zum Ausgangspunkt nehmen.

Die fundamentale Entdeckung von Freud (vgl. 1895, G. W. I.), daß die neurotischen Symptome eine zu entschlüsselnde *Bedeutung* haben, gab den Anstoß zur Entwicklung des psychoanalytischen Verfahrens, das über die Rekonstruktion traumatisch erfahrener lebensgeschichtlicher Ereignisse in der therapeutischen Übertragungsbeziehung unbewußt gewordene und genuin unbewußte Motive und Verhaltensdeterminanten bewußt zu machen und damit die im Kontext einer bestimmten Gesellschaftsordnung krankmachenden Ursachen zu erkennen und zunächst im Individuum aufzuheben sucht (vgl. Kap. 3.4.).

Die Frage nach der *Bedeutung* des neurotischen Symptoms bzw. Verhaltens ist nun jedoch nicht von derjenigen nach dem *Sinn* der therapeutischen Objektbeziehung zu lösen, so daß jede Untersuchung der Neurose (implizit oder explizit) die *pragmalinguistischen* Bedingungen der spezifischen psychoanalytischen *Kommunikationssituation* mit einbeziehen muß. Auf diese Weise verringern sich von vornherein die Möglichkeiten, über ein positivistisch orientiertes wissenschaftliches Vorgehen willkürlich bestimmte Gegenstände der Untersuchung zu isolieren (etwa das neurotische Verhalten des Patienten) und entsprechend zu objektivieren, da die psychoanalytische Situation ja immer als Erhebungs- und Untersuchungs*einheit* erscheint.

Am Beispiel der Verbindung zwischen Redeverhalten und Neurose wollen wir hier kurz und exemplarisch eine praxisbezogene interdisziplinäre Zusammenarbeit zwischen Psychoanalyse und Sprachwissenschaft skizzieren.

Viele von denjenigen, die sich für die Psychoanalyse interessieren, ohne selbst *praktisch* psychoanalytisch tätig zu sein, gelangen zu der Vorstellung, daß der Charakter neurotischer Erkrankungen, wie er sich in der psychoanalytischen Situation aus den Symptomen, Einfällen, Traumberichten und Phantasien der Patienten ergibt, ganz wesentlich von der Möglichkeit des behandelnden Analytikers, der Art und Weise seiner therapeutischen Technik und von den jeweiligen Inhalten der von ihm bevorzugten Konstruktbildungen der metapsychologischen Theorie abhängt. Diese, nicht falsche, aber doch naive Vorstellung über den Zusammenhang zwischen der Manifestation von Neurose und dem psychoanalytischen Geschehen wollen wir jetzt durch eine kritische Betrachtung der psychoanalytischen Situation, die als spezifische Kommunikationssituation zwischen Analytiker und Patient im Kontext von Übertragung und Gegenübertragung aufgefaßt werden kann, noch weiter präzisieren unter besonderer Berücksichtigung des Redeverhaltens von Patient u n d Therapeut.

Unsere erste, den nun folgenden Überlegungen vorausgeschickte These lautet also:

Die psychoanalytische Situation ist eine quasi-experimentelle Situation zur Erforschung der unbewußten seelischen Bereiche. Analytiker und Patient stellen sich in dieser Situation als sprachlich miteinander handelnde Interaktionspartner auf der Grundlage therapeutischer Objektbeziehungen aufeinander ein, wobei alle Berichte und Einfälle des Patienten sowie alle Interpretationen und Deutungsaktionen des Analytikers primär nicht g e n e t i s c h fixiert, also an der Lebensgeschichte des Patienten orientiert werden, sondern vielmehr zunächst a h i s t o r i s c h und d y n a m i s c h im Hier und Jetzt von Übertragung und Gegenübertragung zu ordnen und von Patient und Analytiker gleichermaßen zu reflektieren sind.

Sehen wir uns dazu zunächst ein praktisches Beispiel aus einer fortgeschrittenen Analyse an, deren hier vorgelegter Dialogausschitt etwa der 180. Stunde entnommen ist. Da die Symptomatik sowie irgendwelche Einzelheiten aus der Krankengeschichte des Patienten nicht in unmittelbarem Zusammenhang mit unseren Überlegungen zur psychoanalytischen Situation stehen, werden wir hier auf eine ausführliche Darlegung und Diskussion der Krankheits- und Lebensgeschichte des Patienten verzichten und lediglich gezielt – soweit zum tieferen Verständnis erforderlich – bestimmte Daten anmerken.

Patient: ‚ich habe heute Nacht sehr schlecht geschlafen. Hatte Herzbeklemmungen und wieder das übliche Ziehen hier herauf (zeigt mit beiden Händen auf den Oberkörper und macht eine Bewegung wie beim Ausziehen eines Hemdes); mir war, als säße ein dicker Kloß in meiner Brust, direkt unterm Hals / und wenn ich huste / ja, wenn ich husten würde, könnte dieser Kloß wie ein Korken in einer Flasche hochgedrückt werden / ich würde dann / und ich würde platzen'. (Patient keucht und stöhnt eine Weile).
Analytiker: ‚Ja, ja'. (Es folgt eine Pause von etwa 2 Minuten.)
Patient: ‚Und da dachte ich an die Analyse und an Sie. Ich stellte mir vor / ich dachte / daß Sie ganz ruhig im Bett liegen würden, so richtig / neben ihrer Frau / und Sie würden schlafen, so schlafen, daß niemand Sie stören könnte / Sie schlafen ja sicher in der Nacht wie ein kleiner Säugling, der richtig fett und selbstzufrieden und irgendwie unheimlich satt im Bett liegt (Es folgt eine etwa einminütige Pause). Meine Situation kam mir da richtig beschissen vor und ich dachte, daß Sie Schuld an meinem Zustand sind'.
Analytiker: ‚Und Sie erleben mich *auch* in der Analyse als richtig satt, weil ich nach Ihrer Ansicht ja sicher gut geschlafen haben muß; Sie dagegen kommen buchstäblich hungrig in die Analyse, da Sie schlecht geschlafen haben und Sie wieder in der Nacht Herzbeschwerden hatten'.
Patient: (Schweigt etwa 5–7 Minuten).
Analytiker: ‚Was haben Sie jetzt gedacht, was kam Ihnen in den Sinn, während Sie solange geschwiegen haben?'
Patient: ‚Ich habe an meine Mutter gedacht. Die hatte auch einen herrlichen Schlaf. Sie sagte immer: Den schlechten Schlaf und die schlechte Verdauung, die kämen von meinem Vater, denn in ihrer Familie gäbe es so etwas nicht. Wer nicht richtig schlafe, könne auch nicht richtig arbeiten.'

Der Patient, ohnehin gerade seelisch stark belastet durch sein Juraexamen, schildert nun zum ersten Mal in der Analyse ausführlich die heftigen Auseinandersetzungen mit seiner Mutter, die ihn in seiner Kinder- und Schulzeit überaus stark in allen Belangen seines Lebens (etwa durch die geregelte Einnahme der Mahlzeiten, durch diverse Spielverbote, einseitige Honorierung von schulischen Leistungen und übermäßige körperbezogene Fürsorge) kontrolliert hat; darüber hinaus ist in den darauffolgenden 50 Stunden ausschließlich die Mutter des Patienten Thema der Analyse. Sie gilt einerseits als Prinzip der kalten Strenge, Präzision und leistungsorientierten Kontrolle, andererseits kann der Patient zunehmend bei sich zärtliche Gefühle ihr gegenüber entdecken, und er erinnnert sich etwa daran, daß seine Mutter ihn mit

,schönen Sachen' verwöhnt hat oder mit ihm in Ferien fuhr, wobei sie sich ihm ganz widmete und ihn dann auch wegen seiner für ihn sehr wichtigen sportlichen Leistungen bewunderte.

In dieser Phase der therapeutischen Beziehung verhalten sich Analytiker und Patient nun für den außenstehenden Beobachter so, als sei die Mutter des Patienten in der Analyse das *imaginäre* Objekt mannigfacher Identifikationen und Projektionen beider Kommunikationspartner. In der konkreten psychoanalytischen Situation ist es aber keineswegs zuerst die Mutter des Patienten beziehungsweise seine Erinnerung an sie, und an bestimmte Szenen mit ihr, die ihn zu seelischen Reaktionen veranlaßten, die er jetzt auf den Analytiker als *reales* Objekt überträgt, sondern es ist einzig und allein die Person des Analytikers, auf den sich in dieser Phase (Ebene der Grundstörung) des psychoanalytischen Prozesses die Phantasien des Patienten beziehen. So stellt die konkrete Hier-und-Jetzt-Übertragungsbeziehung in einer bestimmten Phase des psychoanalytischen Prozesses gewissermaßen den Drehpunkt der Behandlung dar, in der sich die Interpretationen und Deutungsaktionen des Analytikers zunächst nach dem situativen Kontext der unmittelbar zwischen ihm und dem Patienten verwirklichten Objektbeziehung richten und lediglich mittelbar an den Inhalten der Lebensgeschichte des Patienten orientiert sind.

An unserem klinischen Beispiel sollte aber erst einmal nur gezeigt werden, daß die Einfälle des Patienten in der psychoanalytischen Situation unmittelbar im Zusammenhang mit der jeweiligen Übertragungsbeziehung zwischen Analytiker und Patient stehen und zugleich ihre lebensgeschichtlich begründbaren Inhalte in *spezifischer* Weise vor allem in Verbindung mit der Person des Analytikers zu interpretieren sind.

In einem nächsten Schritt wollen wir uns jetzt der Frage zuwenden, inwieweit der Analytiker durch seine Interpretationen und Deutungsaktionen die Richtung des psychoanalytischen Dialogs einseitig vorwegbestimmt und insbesondere den Patienten dazu veranlaßt, sein Kommunikationsverhalten gewissermaßen ganz nach dem metapsychologischen Sprachspiel der psychoanalytischen Therapie auszurichten.*

---

* Vgl. zur Illustration des Kommunikationsverhaltens von Patienten in der psychoanalytischen Situation etwa zwei Traumberichte eines von einer Analytikerin behandelten Patienten: „Ich hatte einen ganz großen Penis, mit dem habe ich Frauen den Hintern verprügelt. Ich habe mich stark ge-

Wir stellen wiederum eine These voran:

Die psychoanalytische Theorie ermöglicht es dem Analytiker, seine Wahrnehmungen und Beobachtungen am Patienten in der psychoanalytischen Situation zu ordnen und in einen verständlichen Sinnzusammenhang zu bringen. Darüber hinaus werden durch bestimmte metapsychologische Konstrukte neue Sichtweisen gleichsam erst erschlossen. In dem Maße nun, wie der Analytiker einzelne Hypothesen der psychoanalytischen Theorie am Patienten und dessen Verhalten gleichsam diagnostisch zu verwerten und dann an ihm als Demonstrationsobjekt zu verifizieren sucht, werden die einschlägigen metapsychologischen Inhalte zur verbindlichen Grundlage für jede Interpretation der durch unbewußte Prozesse gesteuerten Arzt-Patient-Beziehung erhoben. Der Patient ist dann gezwungen – vorausgesetzt, daß überhaupt eine tragfähige therapeutische Objektbeziehung in Gang gekommen ist –, die durch die metapsychologische Terminologie vorgegebene und vom Analytiker benutzte Sprachregelung zu übernehmen.

Wir geben dazu ein klassisches Beispiel, nämlich die psychoanalytische Deutung der Giraffenphantasie aus der Behandlungsgeschichte des Kleinen Hans, dessen Analyse seiner Pferdephobie bekanntlich vom eigenen Vater durchgeführt und von Freud (1909, G. W. VII, S. 272–276) kontrolliert und aufgezeichnet worden ist:

„Er: ‚In der Nacht war eine große und eine zerwutzelte Giraffe im Zimmer, und die große hat geschrien, weil ich ihr die zerwutzelte weggenommen hab'. Dann hat sie aufgehört zu schreien, und dann hab' ich mich auf die zerwutzelte Giraffe draufgesetzt". Ich, befremdet: ‚Was? Eine zerwutzelte Giraffe? Wie war das?'

Er: ‚Ja.' (Holt schnell ein Papier, wutzelt es zusammen und sagt mir:) ‚So war sie zerwutzelt.'

Ich: ‚Und du hast dich auf die zerwutzelte Giraffe draufgesetzt? Wie?' ‚Er zeigt mir's wieder, setzt sich auf die Erde.'

Ich: ‚Weshalb bist du ins Zimmer gekommen?'
Er: ‚Das weiß ich selber nicht.'
Ich: ‚Hast du dich gefürchtet?'
Er: ‚Nein, bestimmt nicht.'
Ich: ‚Hast du von den Giraffen geträumt?'
Er: ‚Nein, nicht geträumt; ich hab' mir's gedacht – das Ganze hab' ich mir gedacht – aufgekommen war ich schon früher.'

---

fühlt. Wenn der Penis nur groß genug ist, dann pariert die Frau". Und: „Ich war mit meiner Frau und den Kindern in einem Hof. Da biß mir meine Frau meinen Penis ab. Ich wußte nicht, wie ich das finden sollte. Irgendwie hatte es auch etwas Lustiges an sich".

Ich: ‚Was soll das heißen: eine zerwutzelte Giraffe? Du weißt ja, daß man eine Giraffe nicht zusammendrücken kann wie ein Stück Papier.'
Er: ‚Ich weiß' ja. Ich hab's halt geglaubt. Es gibt's ja eh net auf der Welt. Die zerwutzelte ist ganz gelegen auf dem Fußboden, und ich hab' sie weggenommen, mit den Händen genommen.
Ich: ‚Was, so eine große Giraffe kann man mit den Händen nehmen?'
Er: ‚Die zerwutzelte hab' ich mit der Hand genommen.'
Ich: ‚Wo war die große unterdessen?'
Er: ‚Die große ist halt weiter weg gestanden.'
Ich: ‚Was hast du mit der zerwutzelten gemacht?'
Er: ‚Ich hab' sie ein bißchen in der Hand gehalten, bis die große zu schreien aufgehört hat, und wie die große zu schreien aufgehört hat, hab' ich mich draufgesetzt.'
Ich: ‚Weshalb hat die große geschrien?'
Er: ‚Weil ich ihr die kleine weggenommen hab'.' (Bemerkt, daß ich alles notiere, und fragt: ‚Weshalb schreibst du das auf?')
Ich: Weil ich es einem Professor schicke, der dir die ‚Dummheit' wegnehmen kann.'
Er: ‚Aha, da hast du's doch auch aufgeschrieben, daß sich die Mammi das Hemd ausgezogen hat, und gibst das auch dem Professor.'
Ich: ‚Ja, der wird aber nicht verstehen, wie du glaubst, daß man eine Giraffe zerwutzeln kann.'
Er: ‚Sag' ihm halt, ich weiß es selber nicht, und da wird er nicht fragen; wenn er aber fragt, was die verwutzelte Giraffe ist, kann er uns ja schreiben, und wir schreiben hin oder schreiben wir gleich, ich weiß es selber nicht.'
Ich: ‚Weshalb bist du aber in der Nacht gekommen?'
Er: ‚Das weiß ich nicht.'
Ich: ‚Sag' mir halt schnell, woran du jetzt denkst.'
Er: (humoristisch): ‚An einen Himbeersaft.') ⎫
Ich: ‚Was noch?'   ⎬ Seine Wünsche
Er: ‚Ein Gewehr zum Totschießen.'   ⎭
Ich: ‚Du hast es gewiß nicht geträumt?'
Er: ‚Sicher nicht; nein, ich weiß es ganz bestimmt.'
‚Er erzählt weiter: ‚Die Mammi hat mich so lange gebeten, ich soll ihr sagen, weshalb ich in der Nacht gekommen bin. Ich hab's aber nicht sagen wollen, weil ich mich zuerst vor der Mammi geschämt hab'.'
Ich: ‚Weshalb?'
Er: ‚Das weiß ich nicht.'
Tatsächlich hat ihn meine Frau den ganzen Vormittag inquiriert, bis er die Giraffengeschichte erzählt hat.'
Am selben Tage noch findet der Vater die Auflösung der Giraffenphantasie.

‚Die große Giraffe bin ich, respektive der große Penis (der lange Hals), die zerwutzelte Giraffe meine Frau, respektive ihr Glied, was also der Erfolg der Aufklärung ist.'" (a.a.O., S. 272 ff).

In der Tat stimmt nun der Kleine Hans der vom Vater auf dem Hintergrund sexueller Symbolik gegebenen Deutung seiner Giraffenphantasie zu, wobei er nicht auf die Unterstellung des Vaters, daß die große Giraffe mit ihrem langen Hals ihn an einen Wiwimacher erinnert habe, bestätigt, sondern darüber hinaus sich noch an die nackte Mama erinnert, und dazu bemerkt: „Die Mammi hat auch einen Hals wie eine Giraffe, das hab' ich gesehen, wie sie sich den weißen Hals gewaschen hat" (a.a.O., S. 275). Loch und Jappe (1974, S. 14) weisen aber darauf hin, daß ja der Kleine Hans die von Freud gutgeheißene Deutung des Vaters seiner Giraffenphantasie „als transponierter Schlafzimmerszene mit beiden Eltern" überhaupt an keiner Stelle *richtig* akzeptiert habe, sondern vielmehr selbst ausdrücklich darauf besteht, daß seine kleine Schwester Hanna die ‚zerwutzelte Giraffe' sei. Gerade aus dem Umstand nämlich, daß der Kleine Hans sich schäme, die Giraffenphantasie seiner Mutter zu erzählen, obwohl er dafür keinen Grund angeben könne, deute schließlich darauf hin, daß die Giraffenphantasie des Kleinen Hans als Ausdruck von aggressiven und zugleich libidinösen Wunschregungen seiner Mutter gegenüber aufgefaßt werden müsse, etwa des hier explizit formulierten Inhalts, der Mutter die kleine Schwester wegzunehmen, um wieder selbst ihr einziges, zärtlich geliebtes Kind sein zu können.

An dem gerade vorgestellten Beispiel aus der Analyse des Kleinen Hans können wir also die psychoanalytische Methode als ein spezifisches, sich unmittelbar auf unbewußte seelische Prozesse beziehendes Deutungsverfahren bestimmen, das einmal einem vom jeweiligen Entwicklungsstand der metapsychologischen Theorie abhängigen allgemeinen Interpretationsrahmen verpflichtet ist (wonach z. B. der psychoanalytische Prozeß etwa in Richtung auf die präödipale oder die ödipale Thematik strukturiert wird), zum anderen in der konkreten psychoanalytischen Situation selbst im Kontext von Übertragung und Gegenübertragung ständig einer Überprüfung und Kritik hinsichtlich des Stellenwerts und der Gültigkeit einzelner Deutungsaktionen des Analytikers unterworfen werden muß.*

---

* Vgl. in diesem Zusammenhang auch die lerntheoretisch und verhaltenstherapeutisch orientierte Kritik von Wolpe und Rachman (1960, zit. n. 1963, S. 218 f.) an Freuds Krankengeschichte des Kleinen Hans, deren

Nun gibt es aber gleichwohl mehrere Möglichkeiten in der Psychoanalyse, eine *Korrespondenz* zwischen den Deutungen und Interpretationen des Analytikers auf der einen Seite und den Einfällen, Symptomen und Phantasien des Patienten auf der anderen Seite zu konstruieren. Allerdings wird zumeist bei derartigen Bemühungen die Verbindung von Redeverhalten und Neurose stillschweigend vorausgesetzt, da die Betrachtung der psychoanalytischen Situation in diesem Falle ja immer ausschließlich vom Analytiker ausgeht, dem das Vermögen zugeschrieben wird, den sich in bestimmter Weise *neurotisch* verhaltenden Patienten *diagnostizierend* zu beobachten. Auf dem Hintergrund metapsychologischer Konstruktbildungen lassen sich somit etwa unbewußte Motive im hypothetischen seelischen Apparat ausfindig machen, und werden sodann neurotische Symptome als neurotisch eingestuftes Sprachverhalten mit neurosespezifischen Verhaltens- oder Charakterstrukturen verbunden. Die Deutungsaktionen und Interpretationen des Analytikers beziehen sich ferner – vorausgesetzt, wir bleiben immer auf derselben Ebene der Betrachtung – strikt auf denjenigen Ort im hypothetischen seelischen Apparat des Patienten, an dem das gleichsam pathologische unbewußte seelische *Substrat* anzutreffen und in seiner Struktur zu verändern ist (vgl. dazu besonders Thomä und Houben, 1967). Auf eben diese Weise lassen sich schließlich einzelne Merkmale der Rede des Patienten seiner neurotischen Verhaltensstruktur zuordnen und – wie wir es schon einmal getan haben (vgl. dazu Goeppert, Goeppert, 1973, Kap. 3.3.) – in einem Katalog relevanter neurosespezifischer Redestörungen zusammenfassen. Danach weist die Rede des Zwangsneurotikers quantitativ und qualitativ die geringsten semantischen Störungen auf, jedoch die meisten Störungen mit Redundanzcharakter, während die Rede des Phobikers stärker semantisch gestört ist und insbesondere durch eine Vielzahl

---

Schlußfolgerungen jedoch *allgemein wissenschaftstheoretisch* begründet sind und insbesondere nicht die *spezifischen Voraussetzungen und Bedingungen der psychoanalytischen Situation* in den Argumentationsgang einbeziehen: „It seems clear that although he wanted to be scientific Freud was surprisingly naive regarding the requirements of scientific evidence. Infantile complexes were not *revealed* (demonstrated) behind Hans's phobia: they were merely hypothesized. (...) The demonstrations claimed are really interpretations that are treated as facts. This is a common practice and should be checked, for it has been a great encumbrance to the development of a science of psychiatry."

abgebrochener Sätze und durch die Auslassung von Teilen von Wörtern oder ganze Wörter gekennzeichnet werden kann; darüber hinaus ist bei ihm die Redundanz geringer als beim Zwangsneurotiker und stärker als beim Hysteriker. Die Rede des Hysterikers ist ebenso häufig semantisch gestört wie die des Phobikers, jedoch, im Unterschied zum Phobiker, mehr durch unterbrochene Sätze und durch eine häufige Verwendung von Wörtern privatsprachlicher Bedeutung.

Eine derartige, hier kurz vorgestellte Zuordnung von Redeverhalten und Neurose kann allerdings nur dann gerechtfertigt werden, wenn entweder ein die jeweilige Neuroseform *typologisierender* Standpunkt eingenommen wird oder der einzelne Patient als *objektivierbarer* Beobachtungsgegenstand fungiert. Beide Bedingungen sind jedoch in der Psychoanalyse auf keinen Fall erfüllt, da der Analytiker in der psychoanalytischen Situation niemals als ein den Patienten explorierender und auf diesem Wege dessen Krankheit diagnostizierender Arzt auftritt, sondern immer als *teilnehmender* Beobachter erscheint, dessen Wahrnehmungsfeld und Beobachtungsmöglichkeiten sich ständig mit der Situation, in der er sich ja selbst als aktiv Handelnder befindet, verändern und daher lediglich im Gesamtrahmen der therapeutischen Interaktion gültig sind.

Unsere dritte These, die an die eben gemachten Ausführungen unmittelbar anschließt, lautet nun:

Die Interaktion zwischen Analytiker und Patient vollzieht sich als Prozeß der Entfaltung therapeutischer Objektbeziehungen im Kontext von Übertragung und Gegenübertragung, wobei den einzelnen Phasen des psychoanalytischen Prozesses bestimmte Ebenen von therapeutischen Objektbeziehungen entsprechen. (Vgl. dazu Goeppert, Goeppert, 1975, Kap. 1.2.3. und 1.2.3.4.). Von daher sind bei allen Beobachtungen und Beschreibungen der Vorgänge des psychoanalytischen Geschehens notwendig nicht nur die einzelnen Parameter der therapeutischen Interaktion selbst, sondern auch die Angaben über Stand und Richtung des psychoanalytischen Prozesses zu berücksichtigen. Dies gilt insbesondere für jeden Versuch, das Redeverhalten des Patienten, das nunmehr nicht mehr länger isoliert vom Redeverhalten seines Analytikers betrachtet werden kann, mit spezifischen Formen von neurotischen Erkrankungen zu verbinden.

Sehen wir uns jetzt aber wieder ein Beispiel aus der therapeutischen Praxis an: Es handelt sich nun hier um einen 22-jährigen Studenten, der sich schon lange einer psychoanalytischen Behandlung unterzieht. Sein Vater, ein konservativer Beamter des mittleren Dienstes, ist zuhause sehr streng und autoritär gewesen. An seine Mutter, die an Brustkrebs gestorben ist, als der Patient 10 Jahre alt war, erinnert er sich lebhaft und mit zärtlichen Gefühlen. Er ist als Einzelkind aufgewachsen und zu Beginn seiner Studienzeit zum ersten Mal über längere Zeit von zuhause, der Familie und dem Freundeskreis seiner Kindheit entfernt. Die Vermutung, daß seine abrupt einsetzenden Schlafstörungen und psychosomatischen Beschwerden wie starkes Schwitzen und übermäßiges Herzklopfen, verbunden mit Angstzuständen und Schwindel, mit der Trennung von zuhause zutun haben, motiviert den jungen Studenten dazu, einen Psychoanalytiker aufzusuchen. Er beschreibt sich selbst als unselbständig, arbeitsgestört und nicht fähig, sich an einen Menschen für längere Zeit zu binden.

In der Behandlung sieht er sich dem Analytiker gegenüber oft als ‚Igel‘, der sich einerseits bei Gefahr sofort ängstlich zusammenrollt, dessen Stacheln aber andererseits zugleich sehr wehtun können und sich gefährlich gegen den ‚Partner, an den man sich eigentlich anschmiegen wollte‘, richten.

Patient: ‚Ich weiß nicht, wie ich damit zurandekommen soll. Ich bin heute so verwirrt. Jetzt spreche ich zu Ihnen / zu Ihnen und ich weiß gar nicht, ob Sie mir zuhören, ob Sie wirklich zuhören oder ob ich Ihnen nur einen Gefallen tue / damit / hier /, daß ich irgendetwas rede. Ich liege hier so auf dem Sofa und erzähle, in Wirklichkeit / eigentlich bin ich meilenweit weg.‘

Analytiker: ‚*Wollen* Sie eigentlich mit mir reden oder möchten Sie vielmehr mit sich selbst alleine sein und mit sich ganz alleine umgehen?‘

Patient: ‚Ne, ich weiß nicht, ob ich mit mir ganz alleine umgehen tue. Ich befinde mich auf der Suche nach mir selbst / richtig nach mir selbst. Jetzt habe ich wieder den / die Greifsucht; es sind faßbare Gefühle da, aber ich greife mit beiden Händen in einen Topf, in ein Faß voller Brei. Ich will etwas tun und hätte auch Ihnen einiges zu sagen, aber dann sage ich mir, daß ich mich selbst verloren habe, daß ich hier liege / daß das nur die Hülle ist. Das Innere ist verschollen. Einfach weg. Und das hat irgendwie mit der Analyse zutun / mit Ihnen / Sie geben sich immer so sicher, sagen mir vernünftige Dinge, die ich eigentlich auch anerkenne, aber dann bin ich wieder unsicher und ich krieg eine unheimliche Wut auf Sie. (Patient keucht). Dann nehme ich mir vor, Ihnen das zu sagen und gleich wieder finde ich mich selbst blöd. Und ich habe wieder Angst.‘

Analytiker: ‚Angst davor, daß ich Sie nicht verstehen und akzeptieren will, sondern Sie einfach lenke / und das vielleicht nur solange, wie Sie keine Wut oder Aggressionen auf mich haben‘.

Patient: ‚Ach, ich weiß nicht. (Schweigen etwa 2 Minuten). Das ist der große Widerspruch. Ich habe zwar irgendwie doch die innere Sicherheit, z. B. die Arbeit, die mir gelungen ist, aber wenn ich daran denke, daß ich / daß von mir eine negative Arbeit kommt, dann ist es nicht so, als hätte ich es gewußt, dann / ist es so, als, ach, ich weiß nicht. Dann denke ich Sie ziehen mir den Boden unter den Füßen weg. Es ist wie eine schlimme, schlimme Niederlage, die ich verkraften muß. Ich denke, daß Sie etwas von mir verlangen / daß ich etwas für Sie tuen muß / Sie wollen, daß ich etwas für Sie tue. Wissen Sie, ich muß dann immer der brave Junge sein, der das macht, was die anderen von ihm verlangen und der nicht die Fähigkeit hat, zu widersprechen und zu erkennen, daß ich das alles eigentlich gar nicht tun will'.

An diesem Text lassen sich jetzt – wie wir es an einem ähnlichen Beispiel ausführlich getan haben (vgl. dazu Goeppert, Goeppert, 1975, Kap. 3.4.2.) – etwa die illokutive und propositionale Semantik des Redeverhaltens des Patienten in der psychoanalytischen Situation aktantenanalytisch untersuchen und hernach die Ergebnisse in Verbindung mit der für diesen Patienten charakteristischen narzißtischen Charakterstörung interpretieren. Wir können dann z. B. eine Formel angeben, die typische Merkmale in Äußerungen narzißtisch gestörter Patienten isoliert:

‚Ich frage mich / und Sie / in der Tat /
bezüglich dessen, was in der Therapie
passiert oder passiert ist / –
Wie handle ich in bezug auf Sie
und
Wie handeln Sie in bezug auf mich?'

Eine derartige Analyse des Redeverhaltens des Patienten in der psychoanalytischen Situation ist vor allem immer dann sinnvoll, wenn zugleich die einzelnen Phasen des psychoanalytischen Prozesses unterschieden und jeweils Rolle und Funktion der Sprache in Verbindung mit der Entfaltung therapeutischer Objektbeziehungen untersucht werden. Auf dem Hintergrund einer solchen Betrachtung der psychoanalytischen Situation zeigt sich dann deutlich, daß das Redeverhalten des Patienten, – das in seinen Merkmalen, vom Standpunkt des diagnostizierenden Beobachters aus gesehen, ausschließlich abhängig ist vom Charakter und dem Ausmaß der neurotischen Störung –, überhaupt nicht losgelöst vom Redeverhalten des Analytikers und dem in einer bestimmten Phase des psychoanalytischen Prozesses aktualisierten Übertragungs-Gegenübertragungskontext untersucht werden kann. Denn das Redeverhalten von Patient und Analytiker ändert sich in spezifischer Weise mit den im Kontext von Übertragung und Gegenübertragung in den einzelnen Phasen des psychoanalytischen Prozesses sich einstellenden therapeutischen Bedingungen. So sind wir beispielsweise in der Anfangsphase der psychoanalytischen Behandlung, die wir durch die Phase der *Pseudoödipalität* gekennzeichnet haben (vgl. Goeppert, Goeppert, 1975, Kap. 1.2.3.), durchaus noch in der Lage, aufgrund diagnostischer Daten *Neurosetyp* und *Redeverhalten* miteinander zu verbinden: Entsprechend der für unseren narzißtisch gestörten Patienten angegebenen Formel lautet die Formel der für hysterisch gestörte Patienten typischen Äußerungen etwa: ‚Ich wage kaum / Ihnen zu erzählen / in bezug auf das peinliche Ereignis, geschehen in jenem Jahr, an jenem Tag, zu jener Stunde / – daß mir etwas (Peinliches, Unangenehmes) geschieht und daß ich handle in bezug auf andere und andere handeln in bezug auf mich!'

Und für den phobisch gestörten Patienten:

‚Ich meine / sozusagen / in bezug auf ein zeitlich mehr oder minder unbestimmtes Ereignis / –

daß ich etwas Unbestimmtes tue und etwas erfahre und daß andere etwas mit mir tun, was mir große Angst macht.'

Schließlich für den zwangsneurotisch gestörten Patienten:

‚Es könnte sein / daß man hier in einer derartig definierten Situation gezwungen wäre, anzunehmen, das in jenem Jahr, an jenem Tag und zu jener Stunde geschehene Ereignis in derjenigen Weise zu interpretieren, wie es unser Arrangement hier vorschreibt.'

In diesem Zusammenhang sei noch angemerkt, daß sich unsere Formeln des Redeverhaltens den auf der Grundlage der Beschreibung von Double-Bind-Situationen abgeleiteten Interaktionsformeln zur Seite stellen lassen. So lauten etwa die verkürzten Interaktionsformeln gemäß der Double-Bind-Hypothese:

Für den hysterisch gestörten Patienten:

‚Sei selbständig und unabhängig, aber bedenke, daß es *verboten* ist, die Initiative zu ergreifen'.

Für die Phobie: ‚Sei selbständig und unabhängig, indem du von mir abhängst.'

Und schließlich für die Zwangsneurose:

‚Sei selbständig und unabhängig, obwohl und das weißt du ja auch, du dazu natürlich nicht in der Lage bist.' (Vgl. dazu vor allem Sluzki, Verón, 1971, S. 403–406). Auch für diesen Untersuchungsansatz ist bezeichnend, daß ein neurosespezifisches Interaktionsverhalten – analog dem neurosespezifischen Redeverhalten – nicht isoliert, etwa auf dem Wege individual-psychologischer Erörterungen, festzumachen ist, sondern von vornherein in Verbindung mit den Bedingungen der jeweiligen Interaktions- bzw. Kommunikations*situation* beschrieben werden muß.

Wir haben schon einmal – im Hinblick auf die Bedeutung schichtenspezifischen Sprachverhaltens in Psychoanalysen und Psychotherapien (vgl. Goeppert, Goeppert, 1974, S. 62 ff., vgl. auch Kap. 4.2.) – dargelegt, daß im psychoanalytischen Prozeß lediglich in der ersten Phase der Behandlung, in der Übertragung und Gegenübertragung erst gering wirksam werden, der Sprachgebrauch bzw. das Redeverhalten abhängig ist von der sozialen Struktur sowie der durch sie bedingten Rolle des Patienten einerseits und dem Typ der neurotischen Erkrankung andererseits (Phase der Pseudoödipalität). In den weiteren Phasen des psychoanalytischen Prozesses aber, in denen die Entwicklung therapeutischer Objektbeziehungen zwischen Analytiker und Patient schon fortgeschritten ist, bestimmen die das psychoanalytische Geschehen wesentlich regulierenden Faktoren wie Übertragung und Gegenübertragung sowie einzelne Widerstandsformen die Kommunikationssituation zwischen Therapeut und Patient, und der Kommunikations*modus* selbst wird zu einem metakommunikativ zu handhabenden Indiz für eine gelungene oder mißlungene Kommunikation.*

Von hieraus muß nun das Auftreten einer Kommunikationsstörung zwischen Analytiker und Patient geradezu als Symptom für *phasenspezifische* Konstellationen der therapeutischen Interaktion angesehen werden (vgl. dazu etwa die therapeutische Ebene der Grundstörung, auf der präödipale Beziehungskonflikte zum Tragen kommen). Natürlich ist es dann ganz entscheidend, wie der Analytiker seine Wahrnehmung von Verständigungsschwierigkeiten mit dem Patienten in Verbindung mit der Kontrolle seiner Gegenübertragung auf den Patienten zur Steuerung des analytischen Prozesses einsetzt.

Für unsere Fragestellung nach der Verknüpfung von Redeverhalten

---

* Die einzelnen Phasen des therapeutischen Prozesses:
1. Pseudoödipalität
2. Depressive Position
3. Präödipalität
4. Ödipalität

haben wir an anderer Stelle ausführlich beschrieben; vgl. Goeppert, Goeppert, 1974, S. 62 ff.

und Neurose bleibt aber präzisierend festzuhalten, daß in der psychoanalytischen Situation das Redeverhalten des Patienten weder als Arsenal von Symptomen aufzufassen ist, das während des psychoanalytischen Deutungsverfahrens gleichsam auf unbewußte Motive zurückgeführt werden kann, noch sich nach dem Sprachgebrauch des jeweiligen, die neurotische Erkrankung des Patienten erst festlegenden Analytikers richtet, sondern ausschließlich aus der konkreten therapeutischen Kommunikationssituation begriffen und untersucht werden muß, in der Analytiker u n d Patient, die unter den beschriebenen Voraussetzungen und Bedingungen des psychoanalytischen Prozesses miteinander *sprechhandelnd* umgehen, als Beobachtungs*einheit* zu gelten haben.

Im Gegensatz zum *deterministischen* Modell einer individualpsychologisch ausgerichteten Psychoanalyse, nach dem Redeverhalten und Neurose in der psychoanalytischen Situation einander auf dem Hintergrund der Analyse der sie bedingenden unbewußten Motive zuzuordnen sind, definieren wir also das Verhältnis zwischen Redeverhalten und Neurose *operational* gemäß dem *interaktionistischen* Modell der psychoanalytischen Situation als *Kommunikationssituation*. Danach läßt sich eine Zuordnung von Redeverhalten und Neurose keineswegs von vornherein *statisch* behaupten, wohl aber in Verbindung mit der konkreten psychoanalytischen Situation, in der Analytiker und Patient im Kontext von Übertragung und Gegenübertragung sprechhandelnd miteinander umgehen, in Form einer Hypothese beschreiben, die insbesondere auf die spezifische unbewußte Dynamik der therapeutischen Objektbeziehung abzielt.

Literaturhinweise:

Bittner, G.: Sprache und affektive Entwicklung. Stuttgart, 1969.
Freud, S.: Studien über Hysterie (1885). G. W. I.
Freud, S.: Analyse der Phobie eines fünfjährigen Knaben (1909). G. W. VII.
Gauger, H.-M.: Wort und Sprache. Sprachwissenschaftliche Grundfragen. Tübingen, 1970.
Goeppert, S., Goeppert, H. C.: Sprache und Psychoanalyse. Reinbek: Rowohlt, 1973.
Goeppert, S., Goeppert, H. C.: Einige Bemerkungen zur Bedeutung schichtenspezifischen Sprachverhaltens in Psychoanalysen und Psychotherapien. Confinia Psychiatrica 17 (1974): 53–68.

Goeppert, S., Goeppert, H. C.: Redeverhalten und Neurose. Reinbek: Rowohlt, 1975.
Loch, W., Jappe, G.: Die Konstruktion der Wirklichkeit und die Phantasien. Anmerkungen zu Freuds Krankengeschichte des ‚Kleinen Hans'. Psyche 28 (1974): 1–31.
Sluzki, C. E., Verón, E.: The Double-Bind as a Universal Pathogenic Situation. Family Process 10 (1971): 397–410.
Thomä, H., Houben, A.: Über die Validierung psychoanalytischer Theorien durch die Untersuchung von Deutungsaktionen. Psyche 21 (1967): 664–692.
Wolpe, J., Rachman, S.: Psychoanalytic Evidence: A Critique based on Freud's Case of Little Hans. Zuerst in: J. nerv. ment. Dis. 130 (1960): 135–148. In: Rachman, S. (Hrsg.): Critical Essays on Psychoanalysis. Oxford, London, New York, Paris: Pergamon Press, 1963, S. 198–220.

Dieser Artikel basiert auf dem Beitrag: "Grundkurs Psychoanalyse", Rowohlt Reinbeck, 1976, Kap 5.2.

Helmut Rüßmann

SPRACHE UND RECHT

Sprachtheoretische Bemerkungen zum Gesetzesbindungspostulat

Wer sich vor die Aufgabe gestellt sieht, im Rahmen des Generalthemas „Sprache und Welterfahrung" Gedanken zu „Sprache und Recht" aus der fachlichen Perspektive des Juristen zu entwickeln, mag nach dem ersten Blick in ein ihm einschlägig erscheinendes Buch vor der Schwierigkeit des Unterfangens zurückschrecken. Welche Welten tun sich auf, wenn der Jurist Ernst Forsthoff[1] zu eben diesem Thema schreibt:

„In der Sprache gewinnt der Geist Gestalt, tritt er in die Welt der sinnlichen Wahrnehmungen ein. Durch die Sprache verbindet sich der Geist mit der Welt, wird er waltender Geist unter den Menschen, wird er geschichtlicher Geist" (S. 5). „Sofern in der Rechtsetzung ein allgemeiner Rechtsgedanke gestalthafte Ausprägung erfährt, ist diese als konstitutives Geschehnis schon rein aus der sprachlichen Sphäre betrachtet, unausweichlich und verbindlich. Denn es liegt hier ein schöpferischer Akt vor, welcher sich der Dichtung wohl vergleichen läßt" (S. 9). „Die Begegnung des Interpreten mit dem Text geschieht nicht unvermittelt. Sie wird vermittelt durch das ansprechbare Rechtsempfinden und die Tradition des Rechtsdenkens" (S. 12). „Der Sinnvollzug des sprachlichen Verstehens nimmt das Geschichtliche in sich auf. Der Anteil des Geschichtlichen bildet ein Grundproblem wie allen Verstehens so auch der juristischen Hermeneutik" (S. 12), und mit der Bemerkung schließt:

„In der Bindung des Rechtsdenkens an die Vorgegebenheiten des sprachlichen Ausdrucks wird die Einbettung der Rechtswissenschaft in die Gesamtkultur sichtbar. Mit der Rechtssetzung und der Rechtsverkündung ist dem praktischen Rechtswesen die Sprache in einem

---

[1] Recht und Sprache, Prolegomena zu einer richterlichen Hermeneutik, 1940. Seitenzahlen sind im Text vermerkt.

ausgezeichneten und verpflichtenden Sinne anvertraut. Der schöpferische Gebrauch der Sprache in der Rechtssetzung und die Gemeinverbindlichkeit des öffentlich gesprochenen richterlichen Urteils heben das Rechtswesen über die sonstigen, praktischen Zwecken dienenden öffentlichen Funktionen hinaus in die Wirklichkeit des Geistes. Freilich wohnt nur einer wirklichen Kultursprache eine solche bestimmende Kraft inne, und sie wird nur dem Recht zugute kommen, das ihrer teilhaftig ist. Die Kultur deutschen Rechts ist dem Schicksal der deutschen Sprache unlösbar verbunden" (S. 17)!?

Man fühlt sich überfordert, glaubt nicht über die Geschichts- und Welterfahrung, den philosophisch-hermeneutischen Tiefgang zu verfügen, mit deren Hilfe allein die gestellte Aufgabe scheinbar bewältigt werden kann. Man möchte sich zurückziehen und seine Aufmerksamkeit wieder dem Alltagsgeschäft des Juristen zuwenden. Doch das wäre eine sinnlose Flucht. Denn gerade das Alltagsgeschäft des Juristen wirft in vielfältiger Weise die Frage nach Sprache und Recht auf. Als Richter ist der Jurist gehalten, nach sprachlich gefaßten Rechtsregeln (Gesetzen) in Konflikten Recht zu sprechen, die ihm ebenfalls sprachlich zugänglich gemacht werden, sei es durch Vorträge und Schriftsätze der am Konflikt beteiligten Parteien, sei es durch Aussagen und Stellungnahmen von Zeugen und Sachverständigen. Die mit der Sprache zusammenhängenden Fragen drängen sich praktisch auf: Wie können Gesetze das Entscheidungsverhalten bestimmen? Versteht der Richter die nicht seiner Schicht angehörenden Parteien und Zeugen? Begibt er sich in die Abhängigkeit des eine nicht juristische Fachsprache verwendenden Sachverständigen? Führen mangelnde Sprachkompetenz und schichtenbedingte Sprachunterschiede zu Diskriminierung und Rechtsverkürzung? Wie steht es mit der Volksnähe der Juristensprache? Dürfen wir jemand wegen der Überschreitung eines gesetzlichen Verbots bestrafen, das in einer ihm unverständlichen Sprache abgefaßt ist? Wie anders als über sprachlich geleistete Information läßt sich regelkonformes Verhalten der Rechtsgenossen erreichen? – Diese und viele andere Fragen mehr machen den Problemkomplex „Sprache und Recht" aus.[2] Sie alle verlangen nach eingehender und differenzierter Behandlung. Die Antworten können zum Teil erst

---

[2] Siehe dazu auch die unter dem Generalthema „Rechtswissenschaft und Linguistik" verfaßten Beiträge von Adalbert Podlech und Hannes Rieser in: Dieter Grimm (Hrsg.), Rechtswissenschaft und Nachbarwissenschaften 2, 1976.

nach mühevollen empirischen Untersuchungen gegeben werden. Forsthoffs wie immer gewonnene Einsichten taugen da nicht einmal zur Formulierung forschungsleitender Hypothesen. Man kann sie deshalb getrost dorthin verweisen, wo Forsthoff selbst Parallelen sieht: in den Bereich der Dichtung.

Hier sollen dagegen nicht dichterisch-ästhetische, sondern wissenschaftliche Ziele verfolgt werden. Ich möchte zur Klärung eines Problems beitragen. Unerläßliche Voraussetzung dazu ist es, das Problem präzise zu formulieren, unter Umständen schon im Stadium der Problemformulierung verschiedene Explikationen anzubieten, und insgesamt auf Nachvollziehbarkeit und Überprüfbarkeit der Ausführungen zu achten. Einem verbreiteten Mißverständnis zum Trotz besteht kein Anlaß, begrifflicher Klarheit und formaler Logik den Zutritt zu dem als geisteswissenschaftlich verstandenen Bereich der Rechtswissenschaft zu verwehren. So ungeklärt viele Fragen innerhalb des Bereichs auch sein mögen, die Unklarheit braucht sich nicht der Sprache zu bemächtigen, in der wir über den Bereich zu sprechen beabsichtigen; auch dann nicht, wenn wir über die in diesem Bereich verwendete Sprache sprechen. Nur mit präzisen (metasprachlichen) Formulierungen über die zum Untersuchungsgegenstand gewählte (wie immer unklare) Objektsprache können wir überhaupt hoffen, Probleme so zu beschreiben, daß ihre Lösung möglich wird. Ich empfehle (und praktiziere hoffentlich) eine Haltung, die man die analytische zu nennen pflegt. Sie ist namentlich mit Gottlob Frege, Bertrand Russell und Rudolf Carnap verbunden. Dem deutschen Leser wird sie durch das groß angelegte Werk Wolfgang Stegmüllers[3] zugänglich gemacht. In der deutschen Rechtswissenschaft hat sie keine Tradition. Ob sie in ihr eine Zukunft hat, steht dahin. Denn dies scheint weniger eine Frage der Qualität als eine solche der Quantität jener zu sein, die die analytische Haltung in Wissenschaft und Ausbildung vertreten.[4] Ihre Zahl ist unter den

---

[3] Probleme und Resultate der Wissenschaftstheorie und Analytischen Philosophie, 1969–1973.
[4] Vgl. dazu Thomas S. Kuhn, Die Struktur wissenschaftlicher Revolutionen, Deutsche Taschenbuchausgabe 1973. Auf S. 200 findet sich die aufschlußreiche Äußerung Max Plancks: „Eine neue wissenschaftliche Wahrheit pflegt sich nicht in der Weise durchzusetzen, daß ihre Gegner überzeugt werden und sich als belehrt erklären, sondern vielmehr dadurch, daß die Gegner allmählich aussterben und daß die heranwachsende Generation von vornherein mit der Wahrheit vertraut gemacht ist."

Traditionalisten der Rechtswissenschaft wie unter ihren Reformatoren gleichermaßen gering.[5]

Es wäre vermessen, im Rahmen eines Aufsatzes mehr als einen Teilaspekt des skizzierten Problemkomplexes behandeln zu wollen. Bei meinem Freiburger Vortrag habe ich mich für die Behandlung der Frage entschieden, ob sprachlich gefaßte Rechtsnormen (Gesetze) das Entscheidungsverhalten der Richter bestimmen können. Im Unterschied zu den mündlichen Ausführungen ermöglicht mir die schriftliche Entwicklung durch die Verwendung formalisierter Ableitungen eine präzisere Darstellung. Die thematische Auswahl beruht auf mehreren Gründen. Zum einen läßt sich zu dieser Frage Sinnvolles sagen, ohne daß man zuvor gehalten wäre, eigene empirische Untersuchungen anzustellen, d. h. man kann auf gesicherte Erkenntnisse zurückgreifen und sich im übrigen mit dem bloßen Nachdenken begnügen. Zum anderen ergibt sich hier Gelegenheit, das Bedürfnis nach einer veränderten Juristenausbildung – nach ihrer Öffnung zu den Sozialwissenschaften – einsichtig zu machen, ohne gleich den Vorwurf der Verfassungsfeindlichkeit[6] gewärtigen zu müssen.

Die Frage zielt auf Möglichkeit und Grenzen des Gesetzesbindungspostulats. Sie ist allerdings ihrerseits noch zu unbestimmt, um sinnvoll diskutiert zu werden. Im Anschluß an Hans-Joachim Koch[7] kann man das Gesetzesbindungspostulat in verschiedener Weise explizieren. Nach der ersten Fassung ist es dann realisiert, wenn die Gesetze das

---

[5] Arbeiten einiger jüngerer Vertreter der analytischen Haltung in der Rechtswissenschaft enthält der Sammelband „Juristische Methodenlehre und analytische Philosophie", den Hans Joachim Koch bei Scriptor herausgibt.

[6] Ihn erhebt Püttner gegenüber dem „Wiesbadener Modell", das die vom Grundgesetz (Art. 20 Abs. 3 und 97 Abs. 1) geforderte Bindung an das Gesetz einfach weglasse und damit im Ergebnis negiere (in: Gutjahr-Löser (Hrsg.), Neues Recht durch neue Richter? 1975, S. 87). Andererseits stellt Püttner fest: „Wir haben bisher die gesetzesfreie Verwaltung und nach meiner Meinung auch die gesetzesfreie Rechtsprechung" (Diskussionsbeitrag auf der Jahrestagung der Vereinigung der Deutschen Staatsrechtslehrer 1975, abgedruckt in den Veröffentlichungen der Vereinigung der Deutschen Staatsrechtslehrer Heft 34, S. 120). Sollen daraus etwa für die juristische Ausbildung keine Konsequenzen gezogen werden und künftige Richter gesetzesfrei im Blindflug operieren?

[7] Über juristisch-dogmatisches Argumentieren im Staatsrecht, in: ders., Die juristische Methode im Staatsrecht (erscheint 1977 bei Suhrkamp).

Entscheidungsverhalten steuern (1), nach der zweiten dann, wenn die Entscheidungen aus den Gesetzen logisch folgen (2), und nach der dritten dann, wenn die Entscheidungen im Einklang mit dem semantischen Gehalt der Gesetze stehen (3). Welches Postulat gemeint ist, wenn man die Gesetzesbindung ins Feld führt, bleibt häufig ungeklärt, obwohl die Überprüfung nach höchst unterschiedlichen Untersuchungen verlangt.

(1) läßt sich allein durch empirische (psychologische und / oder soziologische) Untersuchungen des richterlichen Entscheidungsverhaltens[8] überprüfen. Für (2) und (3) reichen Untersuchungen über Sprache und Logik aus. (1) ist in unserem Zusammenhang irrelevant. Hier wie auch anderenorts interessieren für die Postulatserfüllung allein das Ergebnis und nicht die zur Verwirklichung des Ergebnisses führenden Motive. Wir fragen nach der Legalität der Entscheidung, nicht nach der Moralität des Entscheiders. Die letztere Frage überantworten wir den Moraltheologen. Ob aber die richterliche Entscheidung aus dem Gesetz folgt (2) oder wenigstens mit dem Gesetz verträglich ist (3), kann man unabhängig von den die Entscheidung beeinflussenden Realfaktoren allein nach den Regeln für Sprache und Logik beurteilen. Dabei wollen wir der Einfachheit halber von den Problemen der Sachverhaltsermittlung durch den Richter absehen und das Gesetzesbindungspostulat in einer Situation testen, in der der Entscheider auf der Grundlage einer Sachverhaltsschilderung urteilt, die hinsichtlich ihres Wahrheitsgehalts nicht in Frage gestellt wird. Es ist die Situation des Zivilrichters, der das Vorbringen des Klägers auf hinreichende tatsächliche Substantiierung und rechtliche Schlüssigkeit untersucht. Das positive Ergebnis dieser Untersuchung nennen wir den konkreten Sollensatz (r). Das Gesetzesbindungspostulat 2 ist dann erfüllt, wenn dieser Satz aus Sätzen zweier Satzklassen, den Gesetzen (g) einerseits und der Sachverhaltsbeschreibung (s) andererseits, logisch folgt.

Eine präzise Bestimmung der logischen Folgerungsbeziehung zwischen Sätzen verdanken wir der modernen Logik.[9] Sie zeichnet zu-

---

[8] Dazu Hubert Rottleuthner, Richterliches Handeln, Zur Kritik der juristischen Dogmatik, 1973.
[9] Vgl. dazu W. Stegmüller, a.a.O. (N. 3), Bd. I, Wissenschaftliche Erklärung und Begründung, 1969, Kapitel O: Das ABC der modernen Logik und Semantik. Zur Einführung für den mit der modernen Logik nicht ver-

nächst die logisch wahren Sätze als die Sätze aus, über deren Wahrheit allein aufgrund der in ihnen vorkommenden logischen Zeichen entschieden werden kann. Logische Zeichen sind Ausdrücke wie „nicht", „und", „oder", „wenn ..., dann - - -", „alle", „einige"; außerlogische Zeichen sind Individuennamen, Objektskonstante und Prädikate. Wahrheitsfähige Sätze ohne logische Zeichen sind allein die sog. Atomsätze, in denen einem Individuum oder einem Objekt ein einstelliges Prädikat oder mehreren Individuen oder mehreren Objekten ein entsprechendes mehrstelliges Prädikat zugeordnet wird. Alle anderen wahrheitsfähigen Sätze verwenden neben den außerlogischen Zeichen notwendig auch logische Zeichen. Über die Gültigkeit eines Teils dieser Sätze kann nun allein aufgrund der Bedeutung der in ihnen vorkommenden logischen Zeichen befunden werden, was nichts anderes heißt als, daß die in ihnen auch vorkommenden außerlogischen Zeichen unwesentlich vorkommen und ohne Beeinträchtigung des Wahrheitsgehalts des Satzes durch beliebige andere ersetzt werden können. So verhält es sich etwa mit dem Satz: „Julia ist blond oder Julia ist nicht blond." Seine Gültigkeit braucht nicht durch eine empirische Untersuchung von Julias Haarfarbe bewiesen zu werden. Er ist wahr aufgrund der Bedeutung der in ihm vorkommenden logischen Zeichen „oder" und „nicht", und Julia ist in ihm ebenso unwesentlich wie ihre Haarfarbe. Letzteres gilt auch bei umgekehrter Determination: der logischen Falschheit. Über den Satz: „Julia ist blond und Julia ist nicht blond" können wir wiederum ohne Augenscheinsnahme befinden. Die Bedeutung der logischen Zeichen „und" und „nicht" schließen seine Gültigkeit a priori aus. Der logisch falsche Satz wird durch Negation zum logisch wahren: „Es stimmt nicht, daß Julia blond und nicht blond ist".

Beenden wir das Spiel, um die logische Folgerungsbeziehung zu bestimmen! Sie besteht zwischen solchen Sätzen, die in eine Wenndann-Verknüpfung gebracht einen logisch wahren Satz ergeben. Die Folgerungsbeziehung schließt es aus, daß der gefolgerte Satz, die Konklusion, falsch ist, während der Satz, aus dem er folgt, die Prämisse, wahr ist. Man beachte die mehrdeutige Verwendung von „wahr"! Logisch wahr ist die komplexe Wenn-dann-Verknüpfung. Deren Teilsätze, das Antecedens und das Konsequens, können zwar auch, müssen aber nicht logisch determiniert sein. In der Regel sind

---

trauten Leser empfiehlt sich Eike v. Savigny, Grundkurs im logischen Schließen, 1976.

sie es nicht. Dann beurteilt sich ihre Wahrheit nach außerlogischen Kriterien (Korrespondenz, Konsens, Widerspiegelung). Es gibt demnach logisch wahre und falsche (analytische) Sätze und inhaltlich wahre und falsche (synthetische) Sätze. Zwischen ihnen vermittelt die logische Folgerungsbeziehung. Sie nämlich überträgt die (inhaltliche) Wahrheit der Prämisse auf den gefolgerten Satz und die (inhaltliche) Falschheit des gefolgerten Satzes auf die Prämisse. Nichtsdestoweniger handelt es sich bei der Folgerungsbeziehung selbst um eine rein formale Beziehung. Deshalb bietet sich, will man die bei komplexeren Zusammenhängen immer gegebene Gefahr der Täuschung durch inhaltliche Erwägungen vermeiden, zu ihrer Überprüfung das formale und unbestechliche Instrumentarium der modernen Logik an. In ihr sind nicht zuletzt im Hinblick auf die inhaltlichen Funktionen formaler Operationen die Bedeutungen der logischen Zeichen eindeutig festgelegt.[10]

Wir notieren folgende Symbole für außerlogische Zeichen:

p, q, r ...   für ganze Sätze;
a, b, c ...   für Individuen und Objektskonstante;
x, y, z ...   für Personen- und Objektsvariable;
F, G, H ...   für (ein- bis n-stellige) Prädikate, welche Personen und Objekten wie folgt zugeordnet werden können: Fa (a hat die Eigenschaft F), Gcb (zwischen c und b besteht die Relation G).

Die logischen Zeichen teilen wir in die aussagenlogischen „nicht", „und", „oder", „wenn..., dann ---", „immer und nur wenn..., dann ---", für die wir „¬", „∧", „v", „→", „⇄" notieren, und die prädikatenlogischen Quantoren „alle" und „einige", für die wir in Verbindung mit Objektsvariablen „Λx" und „Vy" notieren. Ihre Bedeutungen sind durch die folgenden Bestimmungen festgelegt:

– ein mit „¬" negierter Satz ist dann wahr, wenn der Satz ohne „¬" falsch ist und umgekehrt (Negation);
– ein mit „∧" gebildeter komplexer Satz ist nur dann wahr, wenn die so verbundenen Teilsätze wahr sind; in allen anderen Fällen ist er falsch (Konjunktion);
– ein mit „v" gebildeter komplexer Satz ist nur dann falsch, wenn sämtliche so verbundenen Teilsätze falsch sind; in allen anderen Fällen ist er wahr (Adjunktion, Disjunktion, Alternation);

---

[10] Wir begnügen uns für unsere Zwecke mit der Aussagenlogik und der Prädikatenlogik erster Stufe.

- ein mit „→" gebildeter komplexer Satz ist nur dann falsch, wenn der das Vorderglied (Antecedens) bildende Teilsatz wahr und der das Hinterglied (Konsequens) bildende Teilsatz falsch sind; in allen anderen Fällen ist er wahr (Konditional, materiale Implikation);
- ein mit „⇄" gebildeter komplexer Satz ist wahr, wenn die so verbundenen Teilsätze entweder beide wahr oder beide falsch sind; in den anderen Fällen ist er falsch (Bikonditional, Äquivalenz);
- ein mit „Λx" gebildeter Satz ist dann wahr, wenn der dem Quantor folgende Ausdruck auf alle Objekte des vom Quantor gebundenen Variablenbereichs zutrifft (im Beispiel: „Λx(Fx → Gx)" ist genau dann wahr, wenn für alle x gilt: Wenn x die Eigenschaft F hat, dann hat x die Eigenschaft G – kurz: Alle F sind G);
- ein mit „Vy" gebildeter Satz ist dann wahr, wenn der dem Quantor folgende Ausdruck auf mindestens ein Objekt des vom Quantor gebundenen Variablenbereichs zutrifft (im Beispiel „Vy(Hy ∧ Gay)" ist genau dann wahr, wenn wenigstens ein Objekt des Diskussionsbereichs von y sowohl die Eigenschaft H hat als auch zum Objekt a in der Relation G steht).

Die gegebenen Definitionen versetzen uns in die Lage, Sätze von beliebiger Komplexität auf logische Zusammenhänge zu untersuchen. Um nicht durch die Notierung überlanger Sätze den Überblick zu verlieren, empfiehlt es sich, den Satzkomplex in überschaubare Teilsätze zu zerlegen und diese Teilsätze mit durchlaufender Numerierung in je neuen Zeilen zu notieren. Die Sätze, die nicht aus anderen Sätzen abgeleitet sind, nennen wir Prämissen. Sie sind dadurch gekennzeichnet, daß hinter ihnen dieselbe Zahl erscheint wie vor ihnen. Hinter den abgeleiteten Sätzen vermerken wir die Zahlen der Sätze, aus denen sie abgeleitet sind. Auf diese Weise sparen wir die zwischen den unabhängigen Zeilen sonst zu notierenden Konjunktionszeichen. Zugleich werden die logischen Folgerungsbeziehungen markiert und übersichtlich geordnet. Ob sie auch gegeben sind, muß sich an den Definitionen der logischen Zeichen erweisen.[11]

Rufen wir uns nach diesem knappen Exkurs in die formale Logik unseren Untersuchungsgegenstand in Erinnerung! Das Gesetzesbindungspostulat 2 ist dann erfüllt, wenn die ausgesprochene Rechtsfolge (r) aus dem Gesetz (g) und der Sachverhaltsbeschreibung (s) folgt. Notieren wir die Prämissen:

---

[11] Das möge der Leser jeweils überprüfen.

1. g (1)
2. s (2),

so sehen wir gleich, daß sich in dieser Form eine logische Folgerungsbeziehung zu r nicht herstellen läßt. Wir können versuchen, die Satzstruktur der Prämissen aufzufächern. Für g bietet sich an, zwischen Tatbestand (t) und Rechtsfolge (r) zu differenzieren und statt g die konditionale Verknüpfung von t und r als gesetzliche Prämisse zu notieren:

3. $t \to r$ (3).

Aber auch (2) und (3) ermöglichen keinen logischen Übergang zu r. Dieser wird erst dann möglich, wenn wir als weitere Prämisse

4. $s \to t$ (4)

notieren dürfen. Dann nämlich ergibt sich aus (2) und (4)

5. t (2) (4)

und schließlich aus (3) und (5) die gesuchte Rechtsfolge

6. r (3) (5).

Wann aber dürfen wir die zum logischen Übergang auf die Rechtsfolge (6) neben Gesetz (3) und Sachverhaltsschilderung (2) erforderliche Prämisse (4) notieren? Der Jurist wird antworten: wenn der Sachverhalt dem gesetzlichen Tatbestand als ein Fall unterzuordnen, zu subsumieren, ist.[12] Diese Redeweise ist aber noch sehr ungenau. Sie könnte bedeuten, daß bei der richterlichen Entscheidung ein reales Geschehen, der Sachverhalt, mit einem gedachten Geschehen, dem gesetzlichen Tatbestand, verglichen und bei Übereinstimmung (?) untergeordnet wird. Eine solche Deutung ginge jedoch an der sprachlichen Fassung der „Vergleichsobjekte" und den damit gestellten Problemen vorbei. Sie rücken erst in den Mittelpunkt des Interesses, wenn man nach dem über semantische Regeln bestimmten deskriptiven Gehalt des gesetzlichen Tatbestandes fragt und den Sachverhalt daraufhin untersucht, ob er die so markierten Merkmale enthält. Diese Fragestellung ist namentlich von H. J. Koch[13] verfolgt worden. Seinen Untersuchungen verdanken wir erstmals präzise Beschreibungen der Entscheidungsunsicherheiten, die auf die Beschaffenheit unserer Fach-

---

[12] Vgl. etwa Karl Larenz, Methodenlehre der Rechtswissenschaft, 3. Aufl. 1975, S. 256.
[13] Das Postulat der Gesetzesbindung im Lichte sprachphilosophischer Überlegungen, Archiv für Rechts- und Sozialphilosophie LXI (1975), S. 27 ff. und: Über juristisch-dogmatisches Argumentieren im Staatsrecht, a.a.O. (N. 7).

und Umgangssprache, auf semantische Spielräume der gesetzlichen Begriffe, zurückzuführen sind. Sie bilden die Grundlage und den Maßstab unserer eigenen Entwicklungen, die wir allerdings in einer Hinsicht gegenüber dem Koch'schen Ansatz ändern.

Wir stellen ausdrücklich in Rechnung, daß nicht nur die Gesetze, sondern auch die Sachverhalte sprachlich gefaßt sind. Dies führt zu leichten Akzentverschiebungen. Während sich Koch allein auf den semantischen Gehalt des gesetzlichen Tatbestandes konzentriert und bei (stillschweigender) Unterstellung eines in Beobachtungsprädikaten beschriebenen Sachverhalts zwingend die alleinige Relevanz der den deskriptiven Gehalt ausmachenden semantischen Regeln auch für normative und theoretische Begriffe[14] darlegt, fassen wir zusätzlich die Probleme der Sachverhaltsschilderung ins Auge, für die eine ausschließliche Verwendung von Beobachtungsprädikaten allenfalls Postulat sein könnte.

Da die logische Folgerungsbeziehung, um die es bei der hier untersuchten Fassung des Gesetzesbindungspostulats nach wie vor geht, durch die in den gesetzlichen Tatbestandsformulierungen und den Sachverhaltsschilderungen verwendeten Begriffe gestiftet wird, benötigen wir im folgenden das gerade solche Strukturen erfassende Instrumentarium der Prädikatenlogik. Das bisher verwendete, auf ganze Sätze bezogene Instrumentarium der Aussagenlogik reicht allein nicht aus. Für die weitere Diskussion werden einige, zum Teil idealisierte, Voraussetzungen zur Entscheidungssituation gemacht, welche die hier interessierenden Sprachprobleme in den Mittelpunkt rücken. Die Entscheidungssituaton, in der wir das Gesetzesbindungspostulat testen, sei wie folgt gekennzeichnet: Der Kläger a begehrt den Ausspruch der Rechtsfolge r. Die Rechtsordung kennt nur eine Vorschrift, welche die Rechtsfolge r vorsieht. Die Voraussetzungen werden mit den auf natürliche Personen bezogenen Begriffen F, G und H bezeichnet. Die Rechtsfolge r tritt ein, wenn auf eine Person entweder F und G kumulativ oder H allein zutreffen. Ausgeschlossen ist r durch eine Ausnahmeregel für solche Personen, auf die J zutrifft. In der erläuterten Symbolsprache nimmt die gesetzliche Prämisse folgende Gestalt an:

---

[14] Weder normative noch theoretische Begriffe lassen sich vollständig auf Beobachtungsprädikate zurückführen. Vgl. zu den normativen Begriffen R. M. Hare, Die Sprache der Moral, 1972, S. 109 ff. und zu den theoretischen Begriffen Stegmüller, a.a.O. (N. 3), Bd. II, Theorie und Erfahrung, 1. Halbband 1970, S. 213 ff.

1. $\Lambda x(((Fx \wedge Gx) \vee Hx) \wedge \neg Jx) \leftrightarrows r$ [15]   (1).

Die Beseitigung des Allquantors [16] macht aus der allgemeinen Norm eine spezielle Norm für den Kläger a:

2. $(((Fa \wedge Ga) \vee Ha) \wedge \neg Ja) \leftrightarrows r$ (1).

Die Sachverhaltsschilderung des Klägers können wir auf die konjunktive Zusammenfassung von Atomsätzen und / oder negierten Atomsätzen zurückführen. Das Gesetzesbindungspostulat in seiner zweiten Fassung ist streng genommen nur dann erfüllt, wenn in dieser Konjunktion entweder die Konjunktionsglieder Fa, Ga, ¬ Ja oder Ha, ¬ Ja vorkommen, welche den Schluß auf r erlauben, oder die Konjunktionsglieder ¬ Fa, ¬ Ha oder ¬ Ga, ¬ Ha oder schließlich Ja auftreten, welche den Schluß auf ¬ r gestatten.[17] In allen anderen Fällen kann ohne die Hinzunahme weiterer Prämissen weder auf r noch auf ¬ r geschlossen werden. Diese anderen Fälle aber sind die Regelfälle, in denen die Sachverhalte nicht ausschließlich mit den Begriffen beschrieben werden, die der Gesetzgeber zur Formulierung der Tatbestandsvoraussetzungen verwendet hat. Regelfälle sind sie aus zwei Gründen. Zum einen bilden sie die statistische Regel, zum anderen genügen im allgemeinen nur sie einer Regel, die den Kläger zur Substantiierung seines tatsächlichen Vorbringens anhält.

Der Gehalt der Substantiierungsregel ist nicht sonderlich klar. Im Hinblick auf die die Gerichten vorbehaltene Rechtsanwendungsaufgabe könnte man meinen, sie verlange vom Kläger, den Sachverhalt nur mit solchen Begriffen zu beschreiben, die nicht zur Formulierung der gesetzlichen Tatbestandsvoraussetzungen verwendet worden sind.

---

[15] Auf der linken Seite des Bikonditionalzeichens sind die Voraussetzungen für das Eingreifen von r notiert. Die Verwendung des Allquantors drückt die allgemeine Geltung der Norm aus. Die nur kumulativ zu r führenden positiven Voraussetzungen F und G sind durch eine Konjunktion zusammengefaßt, die allein zu r führende positive Voraussetzung H ist als Alternation notiert, die Ausnahme J mit einem Negationszeichen konjunktiv angefügt. Die Klammern zeigen an, wie die Voraussetzungen zusammenspielen. Die Notierung des Bikonditionalzeichens statt des einfachen Konditionalzeichens ist dadurch gerechtfertigt, daß r *immer und nur* bei der beschriebenen Konstellation eingreift.

[16] Der Schluß beruht auf dem trivialen Grundgedanken, daß etwas, was für alle Dinge eines Bereichs gilt, auch für ein beliebiges konkretes Ding in diesem Bereich gilt.

[17] Die Folgerungsbeziehung ergibt sich jeweils aus der Bedeutung der aussagenlogischen Zeichen.

So verstanden taugt indessen die Regel nicht. Sie wäre einerseits zu streng, andererseits zu liberal – zu streng, weil sie dem um Schadensersatz wegen Sachbeschädigung nachsuchenden Kläger verböte, in der Sachverhaltsschilderung von der in seinem *Eigentum* (Begriff aus § 823 Abs. 1 BGB) [18] stehenden Sache zu sprechen; zu liberal, weil sie dem Kläger erlaubte, ein schädigendes Verhalten ohne weitere Angaben als verwerflich (und damit gegen die guten Sitten verstoßend, § 826 BGB) [19] zu bezeichnen. Die Verwendung des Begriffs Eigentum kann in dem gegebenen Zusammenhang ein Gericht hinreichend über den zu beurteilenden Konflikt informieren, die Verwendung des Begriffs verwerflich leistet das nicht. An der Informationsleistung bemißt sich die Qualität einer Sachverhaltsbeschreibung. Die Substantiierungsregel verlangt informative Sachverhaltsschilderungen. Die Beurteilung einer Sachverhaltsschilderung als informativ oder nicht informativ ist unabhängig von der Einteilung der verwendeten Begriffe in gesetzliche und außergesetzliche. Wovon sie aber abhängt, ist damit nicht gesagt. Immer noch eignet diese Regel eine eigentümliche Vagheit, die es uns nicht erlaubt, alle denkbaren Sachverhaltsschilderungen in regelgerechte und nicht regelgerechte einzuteilen.

Man könnte daran denken, alle und nur die Sachverhaltsbeschreibungen als informativ zu bezeichnen, die (neben den logischen Zeichen) ausschließlich solche Begriffe verwenden, die sich auf unmittelbar Beobachtbares beziehen. Diese Regel wäre sicher nicht zu liberal, aber doch viel zu streng. Daß der Kläger Eigentümer einer Sache ist, kann man ihm nicht unmittelbar ansehen. Dennoch genügt genau diese Angabe, um den Richter hinreichend zu informieren, wenn in einem Schadensersatzprozeß wegen Eigentumsverletzung nur um die Verantwortung des Schädigers gestritten wird. Ebenso deutlich zeigt sich ihr Ungenügen, wenn in dem nämlichen Prozeß auch die Anspruchsberechtigung des Klägers in Frage gestellt wird, weil nicht er, sondern ein anderer Eigentümer der beschädigten Sache sei. Dann nämlich verlangt die Substantiierungsregel die Angabe solcher Umstände, welche

---

[18] § 823 Abs. 1 BGB lautet: „Wer vorsätzlich oder fahrlässig das Leben, den Körper, die Gesundheit, die Freiheit, das Eigentum oder ein sonstiges Recht eines anderen widerrechtlich verletzt, ist dem anderen zum Ersatz des daraus entstehenden Schadens verpflichtet."
[19] § 826 BGB lautet: „Wer in einer gegen die guten Sitten verstoßenden Weise einem anderen vorsätzlich Schaden zufügt, ist dem anderen zum Ersatze des Schadens verpflichtet."

mit den je einschlägigen Gesetzen den Schluß auf das Eigentum des Klägers erlauben. Das Beispiel macht die Abhängigkeit der Substantiierungsregel vom Streitkontext deutlich.

Die unterschiedlichen Kontextgestaltungen sind aber nur ein Grund für die Vagheit der Substantiierungsregel. Ein weiterer Grund liegt in der Spache, deren man sich zur Übermittlung der Sachverhaltsinformation bedient. Er führt in letzter Konsequenz dazu, „informativ" als einen auf den jeweiligen Kommunikationspartner bezogenen Relationsbegriff zu verstehen. Informationsübermittlung durch Sprache ist überhaupt nur möglich, wenn die Kommunikationspartner die sprachlichen Terme nach einheitlichen Regeln verwenden. Dabei liegen jeder sprachlichen Verständigung über die Welt Annahmen zugrunde, die zwar bis zu einem bestimmten Grade überprüft werden können, sich aber letztlich als metaphysisch erweisen. Es sind dies die Annahmen, daß erstens man sich seinerseits der semantischen Regeln der zur Informationsübermittlung verwendeten Terme korrekt erinnert, und daß zweitens auch der Kommunikationspartner die Terme nach eben diesen Regeln verwendet. In der Kommunikation zwischen Kläger und Richter kann der letztere mit der Aufforderung zur Substantiierung die Regelverwendung des ersteren überprüfen. Die Überprüfung führt aber, wenn sie nicht vorher abgebrochen wird, in die nicht akzeptable Alternative eines unendlichen Regresses oder eines logischen Zirkels. Ihr Abbruch markiert den Punkt, an dem der Richter annimmt, daß eine Verständigung erreicht sei. Diese Annahme ist von den geschilderten, nicht weiter überprüfbaren, metaphysischen Voraussetzungen abhängig. Unabhängig ist sie dagegen von Begriffsqualifikationen, d. h. die vom Richter für informativ gehaltene Sachverhaltsschilderung kann (auch nach ihrer Reduktion auf eine Konjunktion von Atomsätzen und / oder deren Negation) Begriffe unterschiedlichster Qualifizierungen in allen nur denkbaren Kombinationen enthalten: gesetzliche Begriffe und außergesetzliche Begriffe, normative Begriffe und deskriptive Begriffe, Beobachtungsbegriffe und theoretische Begriffe.

Mit Ausnahme der außergesetzlichen Begriffe tritt die Begriffsvielfalt auch in den Gesetzesformulierungen auf. Für die Rechtsanwendung und das Gesetzesbindungspostulat in seiner zweiten Fassung bringt das solange keine Probleme mit sich, als zur Formulierung der gesetzlichen Tatbestandsvoraussetzungen dieselben Begriffe verwendet werden wie zur Beschreibung des Sachverhalts. Hier erlauben die Schlußregeln der formalen Logik den Übergang zur Rechtsfolge. Das

Gesetzesbindungspostulat ist in idealer Weise gewahrt. Das ändert sich, sobald – wie im Regelfall – der Sachverhalt auch mit anderen als den gesetzlichen Begriffen beschrieben wird. Notieren wir in Anknüpfung an die oben begonnene Ableitung die Sachverhaltsbeschreibung

3. $\neg$ Fa $\wedge$ Ga $\wedge$ Ua $\wedge$ Ba (3).

Von dieser Sachverhaltsbeschreibung ist uns weder ein Schluß auf r noch ein Schluß auf $\neg$ r möglich. Wir können nur sagen, daß die Voraussetzungskombination (Fa $\wedge$ Ga) zur Begründung von r wegen des Konjunktionsglieds $\neg$ Fa in (3) nicht in Betracht kommt. Der Eintritt oder Nichteintritt von r hängt unter diesen Umständen ab von

4. (Ha $\wedge \neg$ Ja) $\gtreqless$ r (2) (3)
5. Ua $\wedge$ Ba (3)

und von zusätzlichen Prämissen. Diese könnten etwa lauten

6. $\Lambda x(Ux \rightarrow Hx)$ (6)
7. $\Lambda x(Bx \rightarrow \neg Jx)$ (7).

Mit ihnen nähme die Ableitung folgenden Gang bis zur Rechtsfolge r:

8. Ua $\rightarrow$ Ha (6)
9. Ba $\rightarrow \neg$ Ja (7)
10. Ha (5) (8)
11. $\neg$ Ja (5) (9)
12. Ha $\wedge \neg$ Ja (10) (11)
13. r (4) (12).

Was aber berechtigt uns zur Annahme der Prämissen (6) und (7)? Diese Frage führt in den Bereich der Bedeutung sprachlicher Zeichen, denn (6) und (7) sind nichts anderes als semantische Regeln, die die Bedeutung der im Gesetz verwendeten Begriffe H und J partiell festlegen.

Die hier vertretene Auffassung von der Bedeutung sprachlicher Zeichen nimmt Entwicklungen auf, die durch G. Frege[20] initiiert und von R. Carnap[21] vorangetrieben im Verein mit der Wittgensteinschen Gebrauchstheorie zu heute kaum noch bestrittenen Grundlagen einer allgemeinen Bedeutungstheorie geführt haben.[22] Danach unterscheiden

---

[20] Über Sinn und Bedeutung, 1892, wiederabgedruckt in G. Frege, Funktion, Begriff, Bedeutung, 1962.
[21] Meaning and Necessity, 1947, deutsch: Bedeutung und Notwendigkeit. Eine Studie zur Semantik und modalen Logik, 1972.
[22] Eine ausführliche Diskussion der Bedeutungstheorien findet man bei Franz v. Kutschera, Sprachphilosophie, 2. Aufl. 1975, S. 31 ff. Das Verdienst, sie

wir hinsichtlich der deskriptiven Verwendung der Sprache zwei verschiedene Arten der Bedeutung, die wir im Anschluß an Carnap Extension und Intension nennen. Unter der Extension eines Ausdrucks verstehen wir die Gegenstände, die unter den Ausdruck fallen. Man spricht auch vom Begriffsumfang oder der Menge der Designate eines Begriffs. Daß die Extension nicht das ausschöpft, was wir intuitiv unter der Bedeutung eines Ausdrucks verstehen, zeigt die Möglichkeit, identische Extensionen nach unterschiedlichen Ausdrücken zu bilden.

Unter Geltung der empirischen Hypothese, daß alle Paarzeher Wiederkäuer sind und umgekehrt (in der Symbolsprache der Prädikatenlogik: $\Lambda x(Px \gtreqless Wx)$), sind die Extensionen von „Paarzeher" und „Wiederkäuer" identisch. Niemand würde jedoch auf die Idee kommen, die Ausdrücke „Paarzeher" und „Wiederkäuer" als bedeutungsgleich anzusehen. Ein Gegenstand muß ja, wenn ihm das Prädikat „Paarzeher" zugesprochen werden soll, ganz anderen Bedingungen genügen, als wenn ihm das Prädikat „Wiederkäuer" zugesprochen werden soll. Die in Regeln gefaßten Anwendungsbedingungen sind es, welche die Intension eines sprachlichen Ausdrucks ausmachen.[23] Wir nennen sie semantische Regeln. Über sie können Untersuchungen angestellt werden, die sprachimmanent verlaufen. Das ist für die Extension eines sprachlichen Ausdrucks ausgeschlossen. Sie setzt eine Erforschung der außersprachlichen Welt voraus, wobei uns die Intension des fraglichen Ausdrucks sagt, wonach wir überhaupt forschen sollen.

Diese nur skizzenhaften Bemerkungen zur Differenzierung von extensionaler und intensionaler Bedeutung eines sprachlichen Ausdrucks müssen genügen, um deutlich zu machen, daß es bei der Anwendung sprachlich gefaßter Gesetze auf sprachlich gefaßte Sachverhaltsschilderungen allein auf die Intensionen der verwendeten Ausdrücke ankommen kann. Der Richter sucht nach den semantischen Regeln, welche die im gesetzlichen Tatbestand und in der Sachverhaltsschilderung verwendeten sprachlichen Ausdrücke (Prädikate) so miteinander verbinden, daß die Rechtsfolge eine logische Folge aus Gesetzen,

---

für die juristische Diskussion fruchtbar gemacht zu haben, gebührt H. J. Koch, a.a.O. (N. 7).

[23] Ganz ähnlich formuliert Dieter Wunderlich, Grundlagen der Linguistik, 1974, S. 267 f.: „Wir können Intensionen jedoch als Regeln einer bestimmten Sorte verstehen, nämlich als *Bedingungen für die Anwendbarkeit eines Ausdrucks* (bzw. Begriffs) *relativ zu bestimmten Anwendungskontexten*" (Hervorhebungen im zitierten Text).

semantischen Regeln und der Sachverhaltsbeschreibung ist. Die Juristen pflegen diese Suche als Auslegung zu bezeichnen und ihren Problemen mit einem der geisteswissenschaftlichen Hermeneutik entlehnten Kanon von nicht konsistenten Auslegungsregeln zu Leibe zu rücken.[24] Die im Zuge der Entwicklung geschlossene Ehe mit der allgemeinen philosophischen Hermeneutik Heideggerscher und Gadamerscher Provenienz führte in ihrem „glänzendsten (und vermutlich abschließenden) Höhepunkt"[25] durch Winfried Hassemer[26] zu einer derartigen Überproduktion von Zirkeln und Spiralen, daß einem bei der Rechtsanwendung eigentlich ganz schwindelig werden müßte, könnte man nicht der zunächst aufrüttelnden und schließlich doch beruhigenden, jedenfalls auch der Hermeneutikdiskussion sich verdankenden Versicherung Josef Essers[27] gewiß sein, daß letztlich das Vorverständnis einer gerechten Ordnung die Rechtsanwendung steuere. Die juristische Hermeneutik führt in eine Sackgasse. Die Übernahme der dunklen Sprache der philosophischen Hermeneutik verhindert schon die präzise Problembeschreibung, die unablässige Voraussetzung eines jeden Versuchs ist, Problemlösungen zu entwickeln. Produktive methodologische Einsichten läßt die Hermeneutik nicht mehr erhoffen.[28]

Was bedeutet eigentlich die Suche nach semantischen Regeln eines sprachlichen Ausdrucks? Wenn wir nicht nach objektiven Phänomenen einer außersprachlichen Welt fahnden (Extensionsermittlung), suchen wir dann nach etwas Subjektivem, etwa dem Meinen des Sprechers des betreffenden Ausdrucks? Haben die Gesetze dadurch Bedeutung, daß die Gesetzgeber sich bei ihrer Verabschiedung etwas vorstellen? Trotz der aus der juristischen Hermeneutik sattsam bekannten Auslegung nach den subjektiven Vorstellungen des Gesetzgebers ist die Antwort ein klares Nein. Schon G. Frege[29] hatte darauf hingewiesen,

---

[24] Repräsentativ: Helmut Coing, Die juristischen Auslegungsmethoden und die Lehren der allgemeinen Hermeneutik, 1959.
[25] So Dieter Simon, Die Unabhängigkeit des Richters, 1975, S. 95.
[26] Tatbestand und Typus, 1968.
[27] Vorverständnis und Methodenwahl in der Rechtsfindung, 1970. Dazu die Rezension von H. J. Koch, Rechtstheorie 4 (1972), S. 183 ff.
[28] Diesem Urteil D. Simons, a.a.O. (N. 25), S. 95, kann ich nur beipflichten.
[29] A.a.O. (N. 20), S. 44: „Die Bedeutung eines Eigennamens ist der Gegenstand selbst, den wir damit bezeichnen; die Vorstellung, welche wir dabei haben, ist ganz subjektiv; dazwischen liegt der Sinn, der zwar nicht mehr subjektiv wie die Vorstellung, aber doch auch nicht der Gegen-

daß die Bedeutung eines sprachlichen Ausdrucks nicht etwas Subjektives, in den Vorstellungen des Sprechers Begründetes sei, und Ludwig Wittgenstein entwickelte seine Gebrauchstheorie der Bedeutung in unmittelbarer Auseinandersetzung mit der Auffassung, daß der Zusammenhang zwischen Ausdruck und Bedeutung durch einen geistigen Akt des Meinens hergestellt werde. Einige seiner Gedankengänge, die die Meinungs- und Vorstellungstheorie der Bedeutung ad absurdum führen, seien hier wiedergegeben:

„Es ist, als glaubte man, daß etwa die schriftliche Anweisung auf eine Kuh, die mir einer ausfolgen soll, immer von einer Vorstellung einer Kuh begleitet sein müsse, damit diese Anweisung nicht ihren Sinn verliere." [30]

„Denke, ich sagte »a b c d« und meine damit: Das Wetter ist schön. Ich hatte nämlich beim Aussprechen dieser Zeichen das Erlebnis, welches normalerweise nur der hätte, der jahraus, jahrein »a« in der Bedeutung von »das«, »b« in der Bedeutung von »Wetter«, usw., gebraucht hat. – Sagt dann »a b c d«: das Wetter ist schön?" [31]

„Ich bin nicht gewöhnt, könnte ich sagen, statt »das« »a«, statt »Wetter« »b« zu sagen, etc. Aber meine ich nicht, ich sei nicht gewöhnt, mit »a« sofort das Wort »das« zu assoziieren, sondern ich bin nicht gewöhnt, »a *an der Stelle* von »das« zu gebrauchen – also in der Bedeutung von »das«." [32]

Die intensionale Bedeutung eines sprachlichen Ausdrucks ist sein Gebrauch. Nichts Außersprachliches, aber auch nichts Subjektives, sondern die im faktischen Gebrauch einer Sprachgemeinschaft sich manifestierenden (semantischen) Regeln machen die intensionale Bedeutung eines Ausdrucks aus. Nur so kann die Sprache das leisten, was sie tatsächlich in weiten Bereichen leistet: intersubjektive Verständigung. Nur so können aber auch wir mit einer geringfügigen Modifikation am Gesetzesbindungspostulat in seiner zweiten Fassung vorläufig festhalten. Zwar folgt, sobald in der Sachverhaltsschilderung nicht die Ausdrücke verwendet werden, mit denen der Gesetzgeber die gesetzlichen Tatbestandsvoraussetzungen formuliert hat, die richterliche Entscheidung nicht mehr logisch aus dem Gesetz und der

---

stand selbst ist." Frege verwendet „Bedeutung" im Sinne von Extension und „Sinn" im Sinne von Intension.

[30] Philosophische Untersuchungen I, Nr. 449.
[31] Ebenda Nr. 509.
[32] Ebenda Nr. 508 (Hervorhebung im zitierten Text).

Sachverhaltsschilderung (strenge Fassung des Gesetzesbindungspostulats 2). Wenn aber die zur vollständigen Ableitung zusätzlich erforderlichen semantischen Regeln empirisch festgestellt werden können, erhalten wir immer noch ein Gesetzesbindungspostulat, das seinen Namen verdient, weil es den Richter auf nichts anderes als auf feststellbare Sprachregeln verweist: die Regeln für die Verwendung der logischen Zeichen und (zusätzlich) die Gebrauchsregeln der außerlogischen Zeichen (modifizierte Fassung des Gesetzesbindungspostulats 2).[33]

Auch die modifizierte Fassung des Gesetzebindungspostulats 2 läßt sich indes nicht durchhalten. Zum einen bereitet die wissenschaftlich ausgewiesene empirische Ermittlung der Bedeutung sprachlicher Zeichen erhebliche Schwierigkeiten[34], zum anderen gestattet gerade sie nicht, sich am Phänomen semantischer Spielräume vorbeizumogeln. Die Ermittlung von Sprachregeln ist wie jede andere wissenschaftlich-empirische Feststellung von Regelmäßigkeiten darauf angewiesen, Hypothesen aufzustellen und durch die Erfahrungsbasis zu überprüfen. Erfahrungsbasis für semantische Regeln ist der faktische Sprachgebrauch. Welcher Sprachgebrauch aber soll der Bedeutungsermittlung von Gesetzen zugrundegelegt werden: der des Gesetzgebers – des historischen oder des heutigen, der der Allgemeinheit oder der der Juristenzunft? Die Auszeichnung der relevanten Sprechergruppe kann zu erheblichen Bedeutungsverschiebungen führen und ist mit einem

---

[33] In juristischen Auseinandersetzungen findet man häufig eine pejorative Verwendung des Ausdrucks „Begriffsjurisprudenz". Deutlich ist die Distanzierung, weniger deutlich, wovon man sich eigentlich distanziert: „Allen ‚Überwindungen' trotzend ist jenes konstruktive Begriffsdenken noch heute vielfach unreflektiert der feste Rückhalt der Vulgärdogmatik und wird eben deshalb auch im Unterricht von heute als methodologischer Prototyp benutzt" (Josef Esser, Möglichkeiten und Grenzen des dogmatischen Denkens im modernen Zivilrecht, AcP 1972, 97, 99). Die im Text angebotene Explikation des modifizierten Gesetzesbindungspostulats 2 ist eine präzise Bestimmung dessen, was man als Begriffsjurisprudenz bezeichnen könnte. Sie nimmt allerdings nicht für sich in Anspruch, die bekannte Richtung der Rechtswissenschaft des 19. Jahrhunderts zutreffend zu beschreiben.

[34] Dazu insbesondere B. Mates, Zur Verifikation von Feststellungen über die normale Sprache, in: Grewendorf / Meggle, Linguistik und Philosophie, 1974, S. 154 ff. In diesem Buch finden sich weitere Beiträge zu unserem Problem.

(ungeklärten) verfassungsrechtlichen ein politisches Problem. Unterstellt wir hätten das Problem gelöst – vielleicht dadurch, daß wir dem Richter die Lehnstuhlmethode[35] empfehlen, nach der er seinem anerzogenen Sprachgefühl vertrauend die Bedeutung sprachlicher Zeichen durch bloßes Nachdenken ermittelt –, dann kann sich im weiteren zeigen, daß die ermittelten semantischen Regeln den Schluß auf die Rechtsfolge nicht erlauben. In diesen Fällen will ich im Anschluß an H. J. Koch[36] von semantischen Spielräumen sprechen.

Semantische Spielräume verdanken sich der logischen Struktur der fraglichen Sprachregelsysteme. Um dies zu zeigen, knüpfen wir an die oben geschilderte Entscheidungssituation[37] an und übernehmen die dortigen Prämissen: die schon spezialisierte Gesetzesformel

4. $(Ha \wedge \neg Ja) \gtrless r$ (2) (3)

und die Sachverhaltsschilderung

5. $Ua \wedge Ba$ (3).

Die in (6) und (7) eingeführten semantischen Regeln erlauben den Schluß auf r. Wir wissen aber nicht, wie der Richter zu diesen Prämissen gekommen ist. Nehmen wir an, die empirische Ermittlung der semantischen Regeln habe für H im Hinblick auf U und für J im Hinblick auf B folgendes erbracht:

6. $(k_1 \to \Lambda x(Ux \to Hx)) \wedge (k_2 \to \Lambda x(Ux \to \neg Hx))$ (6)

7. $\Lambda x((Px \to Jx) \wedge (Nx \to \neg Jx) \wedge (Bx \to (\neg Px \wedge \neg Nx)))$ (7).

Dann wissen wir auch nach einer Spezialisierung auf a

8. $(k_1 \to (Ua \to Ha)) \wedge (k_2 \to (Ua \to \neg Ha)$ (6)

9. $(Pa \to Ja) \wedge (Na \to \neg Ja) \wedge (Ba \to (\neg Pa \wedge \neg Na))$ (7)

nicht, welche Rechtsfolge ausgesprochen werden soll.

(6) weist H als mehrdeutiges und (7) J als vages Prädikat aus.

Mehrdeutigkeit ist gegeben, wenn ein Ausdruck in verschiedenen Kontexten (k_1 und k_2) unterschiedlich verwendet wird, wie etwa „Star" im Schaugeschäft und in der Vogelkunde. Sie führt zum semantisch bedingten Entscheidungsspielraum, wenn in der gegebenen Situation weder k_1 noch k_2 ausgeschlossen werden können.

Von *Vagheit* eines Ausdrucks sprechen wir, wenn es für den Ausdruck hinreichende Bedingungen des Zusprechens und hinreichende Bedingungen des Absprechens gibt, die zusammen den Diskussionsbereich nicht ausschöpfen. Der semantische Spielraum fällt mit dem

---

[35] Die Charakterisierung übernehme ich von B. Mates (N. 34).
[36] A.a.O. (N. 7).
[37] S. 217

nicht ausgeschöpften Teil des Diskussionsbereichs zusammen. Logisch ausgeschlossen sind semantische Spielräume bei Ausdrücken, die mit einem kontextinvarianten Regelsystem durch das Bikonditionalzeichen „⇌" verbunden sind. Diese Verknüpfung ist Postulat wissenschaftlicher Explizitdefinitionen.[38] In der Gesetzessprache dürfte sie fast ebenso selten anzutreffen sein wie in der natürlichen Alltagssprache. Darum haben ja Richter Schwierigkeiten mit der Beantwortung der Fragen, ob Schallplatten Verlagserzeugnisse[39], das Sitzen auf Straßenbahnschienen Gewaltausübung[40], der stehende LKW in Betrieb[41], Freizeitverlust[42], vertaner Urlaub[43] und Nutzungsentgang[44] Vermögensschäden sind. Die Sprache läßt sie im Stich. Die ermittelbaren semantischen Regeln reichen im Hinblick auf diese Sachverhaltsschilderungen weder für das Zusprechen noch für das Absprechen der gesetzlichen Ausdrücke aus. Semantische Spielräume verhindern die logische Verknüpfung der gesetzlichen Begriffe mit den zur Sachverhaltsschilderung verwendeten Begriffen.

Semantische Spielräume setzen dem Gesetzesbindungspostulat 2 auch in seiner modifizierten Fassung eine unüberwindbare Grenze, wenn der Richter nicht im Hinblick auf das Schweigen des Gesetzes die Entscheidung überhaupt verweigern darf. Das aber darf er unbestritten nicht. Es hilft ihm auch keine Regel aus der Verlegenheit, nach der ein an sich vager Ausdruck auf sämtliche Spielraumfälle entweder angewendet oder nicht angewendet werden soll. Der Richter muß zwischen einer Regel, die das Zusprechen des gesetzlichen Begriffs auf den geschilderten Sachverhalt ermöglicht, und einer solchen entscheiden, die zum Absprechen des gesetzlichen Begriffs führt. Extensional gesehen hat er die Wahl, den Sachverhalt, der nach empirischer Bedeutungsfeststellung zu den neutralen Kandidaten[45] des gesetzlichen Begriffs zählt, entweder dessen positiven Kandidaten[45] oder dessen

---

[38] Vgl. dazu Eike v. Savigny, Grundkurs im wissenschaftlichen Definieren, 3. Aufl. 1973, S. 102 ff.
[39] BGHZ (Amtliche Entscheidungssammlung des Bundesgerichtshofs in Zivilsachen) 46, 74.
[40] BGH NJW (Neue Juristische Wochenschrift) 1969, 1770.
[41] BGHZ 29, 163.
[42] OLG Frankfurt NJW 1976, 1320.
[43] BGHZ 63, 98.
[44] BGHZ 40, 345.
[45] Die Begriffe übernehme ich von Stephan Körner, Erfahrung und Theorie, 1970, S. 44.

negativen Kandidaten[45] zuzuschlagen. Die Wahl erfolgt durch die Festsetzung einer entsprechenden Sprachregel.

Mit der Normierung des Sprachgebrauchs aber tritt der Richter aus der ihn vor Legitimationsanforderungen schützenden Welt der Sprache in die Welt der Erfahrung ein. Denn es ist *seine Wahl*, welche soziale Veränderungen bewirkt oder verhindert. Er kann sie rational nur treffen im Hinblick auf ihren Beitrag zur Erreichung oder Stabilisierung wünschenswerter sozialer Zustände. Er darf sich glücklich schätzen, wenn der Gesetzgeber die Zustände bezeichnet hat, die als wünschenswert gelten.[46] Häufig ist er aber auch hier auf sich gestellt und muß selbst die sozial wünschenswerten Zustände auszeichnen.[47]

Wie immer es um die Hilfe durch den Gesetzgeber bestellt sei, wer Sprachregeln für Gesetzesbegriffe im Hinblick auf die Erreichung oder Erhaltung wünschenswerter Sozialzustände festsetzt, benötigt nomologisches Wissen über die soziale Welt. Denn von ihm wird nichts mehr und nichts weniger verlangt als eine Prognose über die sozialen Wirkungen seiner sprachlichen Festsetzung. Die Prognose aber ist ein Fall der im Hempel-Oppenheim-Schema der wissenschaftlichen Erklärung adäquat erfaßten empirischen Systematisierungen[48], in dem die sprachliche Festsetzung den Platz der singulären Antecedensdaten und der sozial wünschenswerte Zustand den Platz des zu erklärenden singulären Ereignisses einnehmen. Auszufüllen ist zusätzlich der Platz für empirische Gesetzmäßigkeiten, deren Sätze die Sätze über die singulären Ereignisse in einen logischen Ableitungszusammenhang bringen. Das nomologische Wissen mag der Richter aus seiner Alltagserfahrung schöpfen. Ich halte es dagegen für wünschenswert, wenn er es aus den sich mit der sozialen Welt befassenden Erfahrungswissenschaften bezieht, und trete aus diesem Grunde für eine veränderte, den Sozialwissenschaften sich öffnende Juristenbildung ein.[49]

---

[46] Dann gewinnt die Redeweise vom Willen des Gesetzgebers Bedeutung.

[47] Die Redeweise vom Willen des Gesetzes kaschiert das nur.

[48] Dazu eingehend W. Stegmüller, a.a.O. (N. 3), Bd. I, Wissenschaftliche Erklärung und Begründung, S. 75 ff. Das HO-Schema hat folgende Gestalt:

Explanans $\begin{cases} (A_1 \ldots A_n & \text{(Sätze, welche die Antecedensbedingungen beschreiben)} \\ (G_1 \ldots G_r & \text{(allgemeine Gesetzmäßigkeiten)} \end{cases}$

Explanandum $\quad$ E $\quad$ (Beschreibung des zu erklärenden Ereignisses).

[49] Vgl. zur Verwendung empirisch-theoretischen Wissens im Recht auch Karl-Dieter Opp, Soziologie im Recht, 1973.

Um das Gesetzesbindungspostulat 2 ist es schlecht bestellt. In seiner strengen Fassung kann man es nur durchführen, wenn zur Schilderung des Sachverhalts gerade die gesetzlichen Begriffe verwendet werden. Eine solche Schilderung schließt jedoch für den Regelfall die Substantiierungspflicht aus. Die modifizierte Fassung, die den Richter an die empirisch festgestellte Bedeutung der Gesetze zu binden sucht, muß vor den semantischen Spielräumen kapitulieren, welche die gesetzlichen Begriffe lassen. So bleibt aus sprachtheoretischer Sicht allein das Gesetzesbindungspostulat 3, das den Richter dazu anhält, im Einklang mit dem semantischen Gehalt der Gesetze zu entscheiden. Es ließe sich noch dahin ergänzen, daß der Richter, der im Bereich semantischer Spielräume zu Bedeutungsfestsetzungen gezwungen ist, die Festsetzungen im Hinblick auf zu ermittelnde gesellschaftliche Zielvorstellungen des Gesetzgebers vornehmen sollte. Aber auch dieses sprachtheoretisch mögliche Gesetzesbindungspostulat hat die Rechtsprechung nicht respektiert (a), die (traditionelle!) Methodenlehre hat es in ihrem Gefolge liquidiert (b), und die deutschen Staatsrechtslehrer haben ihm jüngst das offiziöse Begräbnis bereitet (c). Dies sei abschliessend mit einigen wenigen Hinweisen belegt.

(a) Wenn nach ausdrücklicher gesetzlicher Vorschrift die Befugnis, als Kläger in einem gerichtlichen Prozeß aufzutreten (P), an die Rechtsfähigkeit geknüpft ist[50], sollte man meinen, daß einer Klägerin (a), die sich selbst zutreffend als nicht rechtsfähig bezeichnet, diese Befugnis nicht zukommt. Das Schlußverfahren ist einfach:

1. $\Lambda x(Rx \rightleftarrows Px)$ (1)
2. $Ra \rightleftarrows Pa$ (1)
3. $\neg Ra$ (3)
4. $\neg Pa$ (2) (3)

Der Bundesgerichtshof[51] aber kommt zu dem genau entgegengesetzten Ergebnis: Pa. Da an der Prämisse $\neg$ Ra nicht zu zweifeln ist, muß er die gesetzliche Prämisse und damit das Gesetzesbindungspostulat 3 aufgegeben haben. Eben dies tut er auch, wenn er Schmerzensgeld bei Persönlichkeitsrechtsverletzungen gewährt[52], eine wegen

---

[50] § 50 Abs. 1 ZPO: „Parteifähig ist, wer rechtsfähig ist."

[51] BGHZ 50, 325 – zur Parteifähigkeit einer als nicht rechtsfähiger Verein organisierten Gewerkschaft.

[52] § 847 BGB nennt das Persönlichkeitsrecht nicht: „Im Falle der Verletzung des Körpers oder der Gesundheit sowie im Falle der Freiheitsentziehung kann der Verletzte auch wegen des Schadens, der nicht Vermögensschaden ist, eine billige Entschädigung in Geld verlangen."

ihres Einsatzes im politischen Meinungskampf recht dubiose Rechtsprechung, die das Bundesverfassungsgericht mit dem Satz absegnet: „Der Richter ist nach dem Grundgesetz nicht darauf verwiesen, gesetzgeberische Weisungen in den Grenzen des möglichen Wortsinns auf den Einzelfall anzuwenden."[53]

(b) Die Grenzen des möglichen Wortsinns stecken nach der traditionellen juristischen Methodenlehre den Bereich der richterlichen Auslegungstätigkeit ab[54]; sie sind aber nicht zugleich Grenzen der richterlichen Entscheidungstätigkeit. Man erhebt vielmehr mit den Regeln zur gesetzesimmanenten Rechtsfortbildung[55] das gesetzgeberische telos zum Herrscher über das Gesetz, dessen Anwendung durch Analogie in den Bereich negativer Kandidaten erstreckt oder durch teleologische Reduktion auch im Bereich positiver Kandidaten ausgeschlossen werden kann, und gestattet schließlich gar die Rechtsfortbildung über den Plan des Gesetzes hinaus[56], falls die Bedürfnisse des Rechtsverkehrs, die Natur der Sache oder ein rechtsethisches Prinzip dies fordern. Selbstverständlich geschieht das alles unter ständiger Beschwörung der Bindung des Richters an Gesetz und Recht.[57]

(c) Die Jahrestagung 1975 der deutschen Staatsrechtslehrer[58] hat Wundersames zu unserem Problem erbracht. Christian Starck stellt als Mitberichterstatter die Frage: „Kann das abstrakte, sprachlich formulierte Gesetz überhaupt normativ auf die Wirklichkeit wirken und damit dem Richter Maßstab bei der Entscheidung von Fällen sein?" (S. 58) und läßt mit dunklen Wendungen zunächst eine positive Antwort erkennen: „Der Sprache wohnt eine vereinigende Kraft inne,

---

[53] BVerfG NJW 1973, 1221, 1225: „Soraya".
[54] Repräsentativ für die von mir als traditionell bezeichnete juristische Methodenlehre ist Karl Larenz, Methodenlehre der Rechtswissenschaft, 3. Aufl. 1975. Die Redeweise von den Grenzen des möglichen Wortsinns findet sich dort auf S. 309. Daß sie solange leeres Gerede ist, als nicht die Sprechergruppe bezeichnet wird, deren Sprachgebrauch maßgebend sein soll, sei nur nebenbei vermerkt. Denn ohne eine solche Festlegung kann ein jeder mit jedem anderen durch schlichte Vereinbarung einem sprachlichen Zeichen jede Bedeutung beilegen, was nur heißt, daß hier von Grenzen nicht gesprochen werden kann.
[55] Larenz, S. 354 ff.
[56] Larenz, S. 402 ff.
[57] Larenz, S. 188, 216, 305, 336 ff., 353 f.
[58] Veröffentlichungen der Vereinigung der Deutschen Staatsrechtslehrer, Heft 34. Seitenzahlen sind im Text vermerkt.

die wesentliche Voraussetzung für die umgangssprachliche Kommunikation und für die Intersubjektivität der Wirklichkeitserfahrung ist. Die semantische Leistung der im Gesetz verwendeten Begriffe ist besonders groß, wenn es sich um neue Gesetze handelt, die möglichst präzise formuliert sind. – Handelt es sich um ältere oder weniger präzise formulierte Gesetze, so ist die Wirklichkeitsreferenz der Begriffe in der Regel aufgrund eines allgemeinen Vorverständnisses herstellbar. D. h. außer den verwendeten Worten spielen eine Rolle: exemplarische Konfliktsfälle in Präjudizien, gemeinsame soziale Erfahrungen, der Traditionszusammenhang und schließlich die Juristenausbildung. Es geht bei der Rechtsanwendung stets um ein soziales, d. h. den meisten gemeinsames Vorverständnis, das prägend auf das einzelne Subjekt wirkt. Soweit also den Begriffen ein Bedeutungskonsens zugrundeliegt, ist der Richter in der Lage, auf der Grundlage des Gesetzes in dem unendlich konkreten Geschehensablauf bestimmte Erscheinungen zu erkennen als Wiederholungen von Erscheinungen, die den Gesetzgeber zur gesetzlichen Regelung veranlaßt haben" (S. 60 f.). Wer nun glaubt, Starck werde auf dieser Grundlage ein Gesetzesbindungspostulat formulieren [59], sieht sich getäuscht. Weil „gesetzliche Regelungen nicht nur im Hinblick auf den Einzelfall mehr oder weniger unvollständig, sondern oft auch in der allgemeinen Regelung selbst unvollkommen, unfertig, unklar oder wegen des Wandels der Verhältnisse unpassend" (S. 69 f.) seien, der Richter aufgrund „der Kenntnis einer Vielzahl von Rechtsfällen, die der Gesetzgeber nicht kennen konnte", in der Lage sei, „ein Gesetz zu verbessern, zu präzisieren, zu differenzieren, kurz gesagt, Richterrecht zu schaffen und damit das Recht fortzubilden" (S. 70), und eine Grenze zwischen Rechtsfortbildung und Auslegung sich nicht finden lasse, hält Starck nur noch dafür, „Grenzen der Rechtsfortbildung zu formulieren, wie sie sich aus der Funktionsbeschreibung von Rechtsprechung und Gesetzgebung ergeben, um das Gespenst der „unbegrenzten Auslegung" und damit die Aushöhlung der Bindungsklausel zu bannen" (S. 70). Er entwickelt eine „Typologie der verfassungsrechtlichen Bindungsintensität des Richters" (S. 77 ff.), die nach meiner Einschätzung ganz und gar nicht in der Lage ist, das besagte Gespenst [60] in Vergessenheit geraten zu lassen.

---

[59] Es müßte unserer Explikation 3 nahekommen.
[60] Dazu Bernd Rüthers, Die unbegrenzte Auslegung, Zum Wandel der Privatrechtsordnung im Nationalsozialismus, Taschenbuchausgabe 1973.

Gerd Roellecke fragt als Berichterstatter dieser Tagung nach der Legitimation des Richters zu verbindlichem Entscheiden (S. 29 ff.). Er vermag sie weder in der Bestellung des einzelnen Richters (S. 30 f.) noch in der Stellung der Gerichte als Institution (S. 31), sondern nur im Volk zu finden: „Da nach dem Grundgesetz das Volk die einzige Quelle des Rechtes ist, muß das Recht durch das Volk definiert werden. Das höchste Recht kann deshalb nur die reale Allgemeinheit aller Bürger sein" (S. 31). Man ist gespannt, wie jetzt die Brücke zur richterlichen Entscheidung geschlagen wird, und liest weiter: „Das Recht als reale Allgemeinheit aller Bürger ist freilich weder Rechtssatz noch gar Realität, sondern nur heuristische Hypothese, die klären soll, welche der Staatsgewalten, von denen keine mit dem Volk identisch ist, nach positivem Verfassungsrecht den Anspruch auf größte Allgemeinheit erheben kann. Das ist unter allen denkbaren Aspekten der Gesetzgeber: unter dem Aspekt der quantitativen Beteiligung der Bürger an der Bestellung der Gesetzgebungsorgane, der Öffentlichkeit der Entscheidungsfindung und der möglichen Dauer und Breitenwirkung der Entscheidungen. Deshalb kann es im Staat Bundesrepublik Deutschland kein höheres Recht und keine vollkommenere Gerechtigkeit geben als die des rechtsstaatlich demokratischen Gesetzes. Wenn aber das rechtsstaatlich demokratische Gesetz das höchste Recht für sich beanspruchen kann, dann kann es außerhalb des Gesetzes und gegen das Gesetz kein Recht geben, und dann kann der Richter das Recht nur aus dem Gesetz nehmen, dann kann es nur das Gesetz sein, das die richterliche Entscheidung legitimiert" (S. 31 f.).

Sollte da jemand das modifizierte Gesetzesbindungspostulat 2 empfehlen? — Weit gefehlt! Für Roellecke ist die Differenz zwischen Richter und Recht, die sich im Wort „Rechtsanwendung" ausdrückt, aus sprachtheoretischen Gründen nicht aufzuheben, „weil die Differenz zwischen Wort und Gegenstand nicht aufzuheben ist" (S. 40 Leitsatz 5). Eine Begründung für den schlicht falschen Weilsatz (Können wir uns etwa nicht sprachlich über Gegenstände verständigen?) fehlt. Statt dessen bietet uns Roellecke unter Berufung auf Thomas S. Kuhn [61] das rechtstheoretische Stichwort *Paradigma* an: „Paradigmen schließen positive Orientierungen, Traditionen ein. Sie können so aufeinander bezogen werden, daß sie sich gegenseitig erläutern und erweitern. Sie zeichnen sich vor allem durch ihren Assoziationsreichtum aus, der es erlaubt, die sprachphilosophische Grundfrage nach der Entsprechung

---

[61] Die Struktur wissenschaftlicher Revolutionen, 1973.

von Wort und Gegenstand: das Anwendungsproblem, zu überspringen" (S. 19 N. 46). So einfach ist es also. Man muß befürchten, daß Juristen unter Verkennung des Kuhnschen Anliegens [62] nach Topik [63], Typus [64], Hermeneutik und Vorverständnis ein neues Zauberwort entdeckt haben, das sie davor bewahrt, ihre Probleme präzise zu beschreiben und zusammen mit anderen nach rationalen Lösungen zu suchen.

Was bleibt vom Gesetzesbindungspostulat?

Als sprachtheoretisch möglich hat sich allein das Postulat in seiner am wenigsten strengen Fassung erwiesen: der Richter soll im Einklang mit dem empirisch ermittelten semantischen Gehalt der Gesetze entscheiden. Doch scheint es selbst in dieser Fassung kein geltendes Postulat zu sein. Seine Verwendung zur Diffamierung von Ausbildungsreformmodellen unter gleichzeitiger Verweigerung der sachlichen Auseinandersetzung mit ihnen möchte man deshalb mit einem Prädikat belegen, das in anderem Zusammenhang Wolfgang Stegmüller geprägt hat: semantische Umweltverschmutzung.[65]

---

[62] Vgl. dazu W. Stegmüller, a.a.O. (N. 3), Bd. II, Theorie und Erfahrung, 2. Halbband 1973, S. 153 ff.
[63] Dazu Theodor Viehweg, Topik und Jurisprudenz, 5. Aufl. 1974.
[64] Dazu Detlef Leenen, Typus und Rechtsfindung, 1971 und die fundierte Kritik von Lothar Kuhlen, Typuskonzeptionen in der Rechtstheorie (zur Veröffentlichung bei Scriptor vorgesehene Frankfurter Dissertation).
[65] Hauptströmungen der Gegenwartsphilosophie II, 1975, Einleitung S. X.

Jörg Zimmermann

ÄSTHETISCHE ERFAHRUNG UND DIE „SPRACHE DER NATUR"

Zu einem Topos der ästhetischen Diskussion von der Aufklärung bis zur Romantik

> Da Worte zu den Symptomen gehören, so ist die Sprache eine poetische Erfindung – so sind auch alle Offenbarungen und *Phaenomène*, als symptomatische Systèmè – poetischen Ursprungs – Poetik der Natur. Der Philosoph wäre am Ende auch nur der innere Dichter – und so alles Wirkliche durchaus poetisch.
>
> *Novalis*

Es liegt nahe, die Frage nach dem Verhältnis von Sprache und ästhetischer Erfahrung in kritischer Auseinandersetzung mit jenen Ansätzen zeitgenössischer Ästhetik zu behandeln, die Produktion und Rezeption der Kunst als einen sprachvermittelten Prozeß thematisieren und von der These ausgehen, daß sich „alles am Kunstwerk ... auf Grund von Zeichen und Bedeutung erörtern läßt" (Mukařovský).[1] Die Vielfalt der Positionen und Argumente läßt jedoch eine differenzierte Diskussion des ganzen Problemkomplexes in dem hier vorgegebenen Rahmen nicht zu. Stattdessen soll versucht werden, die Frage nach dem Verhältnis von Sprache und ästhetischer Erfahrung *historisch* zu betrachten – als ein Beispiel dafür, wie die Tradition aus der für Philosophie und Wissenschaft der Gegenwart charakteristischen Perspektive der Sprachreflexion „neu gelesen" werden kann.

Auch dieses Thema läßt sich hier nicht in allen Aspekten behandeln: Berücksichtigt werden „typische" Argumente der ästhetischen

---

[1] Zit. nach Erlich S. 175.

Diskussion von der Aufklärung bis zur Romantik, soweit sie sich auf die Verschränkung von Natur-, Sprach- und Kunstbegriff beziehen. Der Beginn dieser Periode läßt sich mit Nivelle (S. 3) als Zeit des „ästhetischen Bewußtwerdens" bezeichnen: Trotz mancher Antizipationen im Denken der Renaissance wird der Bereich des Ästhetischen erst im 18. Jahrhundert als mehr oder weniger autonome Dimension menschlicher Welterfahrung anerkannt und diskursiv begründet. Dabei wird eine Reihe von Leitvorstellungen erkennbar, die der ästhetischen Diskussion jener Zeit bei aller Vielfalt miteinander konkurrierender Meinungen einen einheitlichen Charakter verleiht. Zu diesen weithin akzeptierten Vorstellungen gehört der alte Topos einer „Sprache der Natur"[2], dessen Neubestimmung eine für die geistesgeschichtliche Wende zur „Neuzeit" symptomatische *Differenz zwischen ästhetischer und wissenschaftlicher Naturerfahrung* zum Ausdruck bringt, wie sie in ihren allgemeineren Aspekten vor allem von Joachim Ritter dargestellt worden ist.

Um den angedeuteten Problemzusammenhang in einer vom Sprachgebrauch einzelner Autoren oder Schulen relativ unabhängigen Weise analysieren zu können, bedarf es eines systematischen Rahmens, der es gestattet, die Begriffe „Sprache" und „ästhetische Erfahrung" strukturell zueinander in Beziehung zu setzen.

Der Begriff „ästhetische Erfahrung" soll eine *spezifische Form der Subjekt-Objekt-Relation* bezeichnen, die sich als solche signifikant von anderen Formen der Welterfahrung unterscheidet.[3] Als *hermeneutische* Relation, die auf seiten des Subjekts *Verstehen* und *Interpretation*, auf seiten des Objekts *Sinn* und *Bedeutung* voraussetzt, ist ästhetische Erfahrung durch *Sprache* – im weitesten Sinne – vermittelt: Medium intentional ausgerichteter ästhetischer Produktion und Rezeption.

Zur weiteren Differenzierung der Problemstellung bietet sich die von Hans Robert Jauß in seinem „Versuch zur Theorie der ästheti-

---

[2] Vgl. hierzu Curtius S. 306 ff. („Das Buch als Symbol") und Foucault S. 46 ff. (vor allem „Die Signaturen", „Die Schrift der Dinge" und „Das Sein der Sprache").

[3] Mit bekannten philosophischen Weltbegriffen angedeutet: *Ästhetische* Erfahrung der Welt als eines „sich selbst gebärenden Kunstwerks" (Nietzsche); *wissenschaftliche* Erfahrung der Welt als „alles was der Fall ist" (Wittgenstein); *alltäglich-pragmatische* Erfahrung der Welt als „Zugänglichkeit von innerweltlichen Zuhandenem" (Heidegger); *moralische* Erfahrung der Welt als eines „Reichs der Zwecke" für „vernünftige Wesen" (Kant).

schen Erfahrung" begründete Unterscheidung zwischen *Poiesis, Aisthesis* und *Katharsis* an: „Ästhetisch genießendes Verhalten, das zugleich Freisetzung *von* und Freisetzung *für* etwas ist, kann sich auf drei Ebenen vollziehen: für das produzierende Bewußtsein im Hervorbringen von Welt als seinem eigenen Werk (Poiesis), für das rezipierende Bewußtsein im Ergreifen der Möglichkeit, die Welt anders wahrzunehmen (Aisthesis), und schließlich – damit öffnet sich die subjektive auf intersubjektive Erfahrung – in der Beipflichtung zu einem vom Werk geforderten Urteil oder in der Identifikation mit vorgezeichneten und weiterzubestimmenden Normen des Handelns[4] (Katharsis)." (S. 277)

Ich halte es allerdings für zweckmäßig, die beiden im Begriff der Katharsis zusammengefaßten Momente auch terminologisch zu trennen, d. h. zwischen *Katharsis* als kommunikativer Identifikation und *Krisis*[5] als ästhetischer Beurteilung zu unterscheiden. Eine solche Differenzierung legt sich auch deshalb nahe, weil sich die ästhetische Konsensbildung – zumindest in ihrer argumentativ begründeten Form – auf der *Meta-Ebene des ästhetischen Diskurses*[6] bewegt und damit

---

[4] Die Identifikation mit Normen des Handelns bezieht sich natürlich primär auf die literarisch vermittelte ästhetische Erfahrung. Im folgenden berücksichtige ich nur das allgemeinere Moment der emotionalen Identifikation, das sich auch am Beispiel der Musik oder der Malerei exemplifizieren läßt.

[5] Zum Begriff der Krisis als ästhetischer Beurteilung der Musik in der griechischen Musiktheorie im Anschluß an Aristoxenos vgl. Schäfke Kap. 3 („Die Ästhetik der Tonkunst").

[6] Zur allgemeinen Struktur des ästhetischen Diskurses vgl. meinen entsprechenden Beitrag in: „Sprachanalytische Ästhetik".

Der ästhetische Diskurs ist die *Bedingung der Möglichkeit, ästhetische Erfahrung in ihren Voraussetzungen, Inhalten und Zielen begrifflich zu objektivieren* und dadurch überhaupt erst deutlich zu Bewußtsein zu bringen. In seiner sedimentierten Form als überkommener Thesaurus ästhetisch gebrauchter Begriffe und als anerkannter Kanon ästhetischer Normen umschreibt er den Erwartungshorizont, innerhalb dessen sich ästhetische Produktion und Rezeption bewegen – und sei es lediglich ein Vorverständnis von „schön" oder „häßlich". Werden auf diese Weise die Akte der Poiesis, Aisthesis und Katharsis durch die Bestimmungen des ästhetischen Diskurses vorstrukturiert, so wirken sie andererseits auch verändernd auf den Diskurs zurück, dann nämlich, wenn sich Widersprüche zwischen primärer Erfahrung und begrifflicher Artikulation zeigen, die dazu führen, daß der bestehende Konsens aufgekündigt wird, mit dem

reflexiv auf die „primären" Ebenen der Poiesis, Aisthesis und Katharsis zurückbezogen ist.[7]
Im vorliegenden Zusammenhang ist schließlich auch der Begriff der *Noesis* zu berücksichtigen, weil er als Gegenpol zur *Aisthesis*[8] die „sinnenfeindliche" Komponente der antik-mittelalterlichen Kunst-

---

Ziel, die überkommenen Kriterien des Ästhetischen durch neue „adäquatere" zu ersetzen. Das Verhältnis zwischen dem ästhetischen Diskurs auf der einen und den primären Formen ästhetischer Erfahrung auf der anderen Seite ist also durchaus „dialektisch". Der dadurch in Gang gesetzte Prozeß ästhetischer Urteilsbildung bewegt sich zwischen den Möglichkeiten der „Normerfüllung" aufgrund eines selbstverständlichen Konsens, der „Normdurchbrechung" und der „Normbildung" als Versuch, durch exemplarischen Aufweis und argumentative Begründung zu einem neuen Konsens zu gelangen (vgl. Jauß S. 314).

[7] Als eigenständige Argumentationsform konstituiert sich der ästhetische Diskurs im achtzehnten Jahrhundert als „Kritik des Geschmacks". Sieht man von der moralischen Komponente ab, so äußert sich der Geschmack als ästhetisch motivierte Wahl und Wertung (Shaftesbury III S. 164 f.). Während Anhänger des Empirismus die Kriterien ästhetischer Beurteilung (Krisis) als prinzipiell nur „subjektiv" gültig betrachten, deuten Anhänger des Rationalismus das Geschmacksurteil als „vorläufige" Form eines Verstandesurteils, das sich als solches auf objektive Kriterien stützen muß, die „ihren Grund in der unveränderten Natur der Dinge selbst" haben (Gottsched, zit. nach der Textsammlung von Bormann, S. 34). Kant stimmt mit den Empiristen darin überein, daß der „Bestimmungsgrund des Geschmacksurteils *nicht anders* als *subjektiv* sein kann" (Kritik der Urteilskraft A 3); als Ausdruck eines „sensus communis aestheticus" (a.a.O. A 158) fordert das Geschmacksurteil jedoch *„jedermanns* Beistimmung" (a.a.O. A 134). Diese Auszeichnung des normbildenden Charakters bestätigt für Jauß die bleibende Aktualität des Ansatzes von Kant als Begründung der „kommunikativen Funktion" ästhetischer Erfahrung (S. 336 ff.).

[8] Der Gegensatz von Aisthesis und Noesis wurde vor allem von Baumgarten in die ästhetische Diskussion eingeführt, zugleich allerdings rationalistisch harmonisiert: „Wahrheit" kann gleichermaßen ästhetischer und noetischer Natur sein (Aesthetica § 439). Kant führt diesen Ansatz in seiner „Logik" durch die Unterscheidung zwischen logisch-begrifflicher und ästhetisch-anschaulicher Deutlichkeit der Erkenntnis weiter aus (Logik A 85 ff.). Schopenhauer stellt schließlich „Sprache der Anschauung" und „Sprache des Begriffs" gegenüber, jene als Medium der Kunst, diese als Medium von Philosophie und Wissenschaft (II S. 521 ff.).

und Schönheitsauffassung repräsentiert[9], wie sie noch in der Forderung der rationalistischen Ästhetik, daß die Wahrheit Maßstab auch des Schönen sei, zum Ausdruck kommt.

Im Rahmen des für die ästhetische Diskussion des achtzehnten und beginnenden neunzehnten Jahrhunderts verbindlichen metaphysischen und erkenntnistheoretischen Begriffssystems sind die Akte der Noesis, Poiesis, Aisthesis, Katharsis und Krisis in den *anthorpologischen Anlagen des Verstandes, der Phantasie, der Anschauung, des Gefühls und des Geschmacks* zentriert. In globaler Weise wird die ästhetische Dimension menschlicher Welterfahrung *subjektbezogen* durch ein spezifisches teleologisch begründetes Zusammenspiel jener Anlagen[10], *objektbezogen* durch die Begriffe des Natur- und Kunstschönen umschrieben. Den einzelnen anthropologischen Anlagen lassen sich je verschiedene Funktionen der Sprache zuordnen, so daß die ästhetische Subjekt-Objekt-Beziehung auch im Hinblick auf ihre Verwirklichung im sprachlichen Medium bestimmt werden kann. Da der noetischen Sprache des Verstandes im allgemeinen nur eine Hilfsfunktion zugebilligt wird[11] und die kritische Sprache des Geschmacks erst in der Reflexion auf die Kriterien der normativen Geltung des Ästhetischen zur Anwendung kommt, bleiben als *primäre Medien ästhetischer Er-*

---

[9] Am eindrucksvollsten manifestiert sich der noetische Schönheitsbegriff in der harmonikalen Begründung der Musik von Pythagoras bis Kepler; vgl. dazu Schäfke Kap. 2 („Die Noetik der Harmonie") und Zimmermann („Wandlungen des philosophischen Musikbegriffs").

[10] Repräsentativ für eine solche teleologische Bestimmung ist Kants Begründung der ästhetischen Erfahrung als „*freies Spiel* der Erkenntnisvermögen", das sich an der „subjektiven Zweckmäßigkeit" des Gegenstandes orientiert (Kritik der Urteilskraft A 28 ff.).

[11] Nur Anhänger einer konsequent rationalistischen Ästhetik machen die begriffliche Deutlichkeit und Wahrheit zum entscheidenden Kriterium auch der ästhetischen Darstellung. Die Rolle der „Sprache des Begriffs" ist der wesentliche Streitpunkt zwischen „Allegorikern" und „Symbolikern". (Vgl. dazu Sörensen S. 41 ff.) Die herrschende antirationalistische Einstellung formuliert u. a. Schopenhauer: „Die *Ideen* sind wesentlich ein Anschauliches und daher in seinen nähern Bestimmungen Unerschöpfliches. ... Daher ist ein Kunstwerk, dessen Konzeption aus bloßen deutlichen Begriffen hervorgegangen, allemal ein unechtes. ... Ganz befriedigt durch den Eindruck eines Kunstwerks sind wir nur dann, wann er etwas hinterläßt, das wir bei allem Nachdenken darüber nicht bis zur Deutlichkeit eines Begriffs herabziehn können." (II S. 525)

fahrung die „Sprachen" der Phantasie, der Anschauung und des Gefühls.

Zu beachten ist im folgenden die Zweideutigkeit des traditionellen Sprachbegriffs: „Sprache" bezieht sich gleichermaßen auf den „inneren" Vorgang der *monologischen Vergegenwärtigung* von Vorstellungen, Anschauungen und Gefühlen im Bewußtsein des jeweiligen Subjekts wie auf den „äußeren" Vorgang der *intersubjektiv gültigen Mitteilung* jener Bewußtseinsinhalte mithilfe allgemeinverständlicher Zeichen. Die Eigenschaften, die ein Zeichensystem besitzen muß, um die Akte der Poiesis, Aisthesis und Katharsis zum Ausdruck bringen zu können, lassen sich als *Kreativität, Ikonizität* und *Expressivität* bezeichnen. Vor allem die romantische Sprachtheorie versucht, die kreative, ikonische und expressive Funktion als Wesensmerkmale jeder „natürlichen" Sprache zu erweisen und auf diese Weise auch die verschiedenen Formen künstlerischer Darstellung anthropologisch in einer ursprünglichen Sprachkompetenz zu verankern.

Das – im übrigen bemerkenswert vieldeutige – Prinzip der *Mimesis* stiftet darüberhinaus eine grundsätzliche Analogie zwischen der „Sprache der Kunst" und der „Sprache der Natur": Die Suche nach den „natürlichen" Voraussetzungen ästhetischer Erfahrung erscheint daher als einer der entscheidenden Gesichtspunkte, die die Diskussion jener Zeit von der modernen Ästhetik und ihrer Betonung der „konventionellen" Bedingungen ästhetischer Produktion und Rezeption unterscheidet.

NOESIS	Verstand	kognitive Funktion			
AISTHESIS	Anschauung	ikonische Funktion	Sprache der Natur	natürliche Sprache	Sprache der Kunst
KATHARSIS	Gefühl	expressive Funktion			
POIESIS	Phantasie	kreative Funktion			
KRISIS	Geschmack	normative Funktion			

Die Sprache der Natur

Der spekulative Naturbegriff der platonistischen Tradition verbindet die „quantitative" Auffassung der Natur als mathematisch bestimmter Ordnung mit der „qualitativen" Auffassung der Natur als eines ontologisch ursprünglichen Ensembles von Urbildern (Ideen), die von einer Vielfalt phänomenaler Abbilder mehr oder weniger adäquat zum Ausdruck gebracht werden. Diese Einheit von quantitativer und qualitativer Betrachtungsweise als Voraussetzung aller „Wesenserkenntnis" versucht die Naturphilosophie bis ins siebzehnte Jahrhundert hinein gegen die sich entfaltende Naturwissenschaft zu verteidigen. Grundlage ihrer Spekulation ist der *Mythos vom welterzeugenden Logos,* der die mathematische und die eidetische Bestimmtheit der Natur in sich vereinigt. Die eidetische „Lesart" des Logos führt zu einer *hermeneutischen* Auffassung des Zusammenhangs von Wesen und Erscheinung: Die Phänomene gelten als *Zeichen,* die einen *Sinn* enthüllen.[12] Dessen ursprünglicher Ort ist der Logos selbst, wie es u. a. die Eingangsverse des Johannes-Evangeliums formulieren: „Im Anfang war das Wort, und das Wort war bei Gott, und Gott war das Wort." So wird für die Naturphilosophie die erscheinende Natur zu Gottes „außgesprochen Wort": „An der äusserlichen Gestaltnüß aller Creaturen / an ihrem Trieb und Begierde / item, an ihrem außgehenden Hall / Stimm oder Sprache / kennet man den verborgenen Geist ... Ein jedes Ding hat seinen Mund zur Offenbahrung. Und das ist die Natur-sprache / daraus jedes Ding aus seiner Eigenschafft redet / und sich immer selber offenbahret." (Böhme S. 8 f.)

„Äußeres" Abbild und „inneres" Urbild verhalten sich wie Wortform und Wortinhalt; Natur- und Spracherfahrung werden in Analogie gesetzt. Doch ist das Verhältnis von Form und Inhalt vieldeutig: Durch das Ereignis von Babel – durch den Verlust der adamitischen Ursprache – ging der hermeneutische Schlüssel zum unmittelbaren Verständnis der Natur als „Wortung" Gottes verloren; der ursprünglich transparente Sinn hat sich verdunkelt. Unter dieser Voraussetzung erscheint die Natur als ein rätselhafter Text, „in dem jedes Zeichen in Beziehung zu allen anderen die Rolle des Inhalts oder des Zeichens, des Geheimnisses oder des Hinweises spielen kann" (Foucault S. 66).

---

[12] Vgl. hierzu Foucault S. 66 ff.

Gegen eine solche spekulative Hermeneutik wenden sich die Proponenten der neuen empirisch orientierten Naturwissenschaft: Der Sinn des „Buches der Natur" sei kein verborgener, dem man sich nur durch Interpretation nähern könne; er liege vielmehr „offen vor Augen": Das Buch „ist in mathematischer Sprache geschrieben" und „unsere Untersuchungen haben die Welt der Sinne zum Gegenstand, nicht eine Welt von Papier" (Galilei [13]). Dieser Ansatz hat seinen Erkenntnisanspruch zu Beginn des achtzehnten Jahrhunderts allgemein gegen die naturphilosophische Tradition durchgesetzt.[14] Er bildet die Grundlage des neuzeitlichen Erfahrungsbegriffs, wie er von Kant verbindlich formuliert und transzendental gerechtfertigt worden ist: *Natur* ist material der „Inbegriff aller Gegenstände der Erfahrung", formal die „Gesetzmäßigkeit aller Gegenstände der Erfahrung" (Prolegomena A 74 f.); sie ist damit nicht mehr Objekt hermeneutischen Verstehens und Interpretierens, sondern Objekt empirisch-theoretischer Beschreibung und Erklärung.

Die Herausbildung des *wissenschaftlichen Naturbegriffs* betrifft jedoch nur die eine Seite des hier betrachteten Wandels: Fast ebenso signifikant ist die Herausbildung des *ästhetischen Naturbegriffs*, die der qualitativen Auffassung der Natur als anschaulicher Verkörperung von Urbildern eine neue Bedeutung verleiht. So begründet die idealistische Ästhetik des achtzehnten und beginnenden neunzehnten Jahrhunderts [15] ihren Anspruch auf „Wesenserkenntnis" mit der Möglichkeit, durch ästhetische Kontemplation „in ‚anschaulichen' aus der Innerlichkeit entspringenden Bildern das Naturganze und den ‚harmonischen Einklang im Kosmos' zu vermitteln" (Ritter S. 153). Diese erstmals von Joachim Ritter in aller Deutlichkeit herausgestellte *Transformation des metaphysischen in den ästhetischen Naturbegriff* ist allerdings ein Prozeß, in dessen Verlauf verschiedene Begründungsversuche miteinander konkurrieren. Allen ist der Topos von der „Sprache der Natur" geläufig, doch nur die idealistische Ästhetik versucht ihn in seinem ursprünglichen Sinne als Mythos vom welter-

---

[13] Zit. nach Vorländer S. 252.
[14] Die romantischen Restaurationsversuche (Schelling etc.) stehen ganz im Zeichen des ästhetischen Naturbegriffs.
[15] Die Grundzüge der idealistischen Ästhetik sind natürlich schon früher – vor allem in den Kunsttheorien der Renaissance – erkennbar; neu ist jedoch die entschiedene Entgegensetzung von ästhetischer und wissenschaftlicher Naturerfahrung.

zeugenden Logos zu restaurieren. Die neuartige *Auszeichnung ästhetischer Erfahrung* äußert sich dabei in der Überzeugung, daß „der höchste Akt der Vernunft ein ästhetischer Akt" und daß ohne „ästhetischen Sinn" keine wahrhafte Erkenntnis möglich sei [16]; so kann der Künstler als „Naturlehrer" (Herder VIII S. 99), die Welt als ein „ewig sich selbst bildendes Kunstwerk" (F. Schlegel [17]) erscheinen.

Die Begründung dieser im Denken der Romantik kulminierenden Naturauffassung mutet zunächst wie eine bloße Wiederholung altbekannter Thesen an: Die Welt ist „Rede an die Kreatur durch die Kreatur" (Hamann [18]), Resultat einer „semantischen Handlung" Gottes (Baader XI S. 75), eines Schaffens, das „zur Sprache das Dasein der wirklich erscheinenden Dinge" hat (Solger S. 260). Die „sogenannte sinnliche, materielle Natur" gilt als „Symbol und Copie der inneren, geistigen Natur" (Baader a.a.O.). Medium des Verstehens und der Interpretation sind ästhetische Anschauung und kathartische Einfühlung in die Natur, so daß diese als „alter ego" erscheint, das uns anspricht.

So wird „alles, was uns umgiebt, zum Zeichen; es wird bedeutend, es wird zur Sprache." (Moritz S. 202) *„Grammatik.* Der Mensch spricht nicht allein – auch das Universum *spricht* – alles spricht – unendliche Sprachen." (Novalis III S. 267 f.) Eine solche pansemiotische Betrachtungsweise [19] macht die Dinge zu Zeichen und die Zeichen zu Dingen, so daß sich „Sein" und „Bedeutung" hermeneutisch verschränken: „So wie es kein absolutes Zeichen gibt – denn jedes ist auch eine Sache –, so gibt es im Endlichen keine absolute Sache, sondern jede bedeutet und bezeichnet." (Jean Paul S. 182 f.)

Die konkrete Vermittlung von Sein und Bedeutung in der ästhetischen Naturerfahrung formuliert der Begriff des *Symbols:* [20] „Jedes Ding bedeutet, d. i. es trägt die Gestalt dessen, was es ist; die dar-

---

[16] So die Formulierung im „Systemprogramm des deutschen Idealismus" aus dem Jahre 1796 (zit. nach Nivelle S. 235).
[17] Jugendschriften, hrsg. v. J. Minor (1882), Bd. II S. 364.
[18] Schriften, Berlin 1821–43, Bd. II S. 261.
[19] Das moderne Äquivalent dieser Betrachtungsweise ist die Beschreibung der kulturell bedingten Repräsentation von Wirklichkeit durch Zeichen als eines Prozesses „unendlicher Semiose" (Eco S. 74 ff.). Hier allerdings wird der Begriff der Natur durch den der Konvention ersetzt.
[20] Zu den verschiedenen Symboltheorien vgl. Sörensens umfassende Darstellung.

stellendsten, ausdrückendsten, prägnantesten sind ... die *Natursymbole*." (Herder XXII S. 322 f.) Form und Inhalt des Symbols werden platonistisch als Abbild-Urbild-Verhältnis bestimmt: „Jede Gestalt bedeutet ihre Idee, sie durch sich sprechend, natürlich." (Herder XXIII S. 315) Die „natürliche" Beziehung zwischen Bezeichnendem und Bezeichnetem wird auch als Verhältnis von Erscheinung und Wesen, Äußerem und Innerem, Materie und Geist, Realem und Idealem, Endlichem und Unendlichem, Besonderem und Allgemeinem gedeutet.

Gegenüber jedem Versuch einer begrifflichen Fixierung erweist sich das Symbol als *vieldeutig*. Das Extrem solcher Vieldeutigkeit formuliert Novalis durch die These „Alles kann Symbol des Andern seyn – Symbolische Function" (III S. 398). Die „gegenseitige Verkettung aller Dinge durch ein ununterbrochenes Symbolisieren" (A. W. Schlegel II S. 83) macht die Sprache der Natur zum Gegenstand stets sich erneuernder Interpretation.[21] „Die unpoetische Ansicht der Dinge ist die, welche mit den Wahrnehmungen der Sinne und den Bestimmungen des Verstandes alles an ihnen für abgetan hält; die poetische, welche sie immerfort deutet und eine figürliche Unerschöpflichkeit in ihnen sieht." (A. W. Schlegel II S. 81) Die symbolische Funktion kommt zwar auch in der menschlichen Sprache zum Ausdruck, reflektiert jedoch aus romantischer Sicht – ganz im Sinne der spekulativen Naturphilosophie – eine von subjektiver Willkür unabhängige Verwandtschaft aller Dinge[22], die Einheit von Mikro- und Makrokosmos, verborgene Entsprechungen und Sympathien. (A. W. Schlegel II S. 241) Da diese Verwandtschaft letztlich durch den ursprünglichen Logos gestiftet wird, ist der „Natursinn" der Dinge mit ihrem „Geist" identisch; „alles, sagen wir, ist *Geist und Seele*. Das sonst Unbedeutende *symbolisiret*." (Herder XXII S. 324) So verbindet sich in der symbolischen Naturauffassung Aisthesis mit Katharsis in dem Sinne,

---

[21] Der hermeneutische Ansatz Gadamers ist deutlich vom romantischen Symbolbegriff beeinflußt. So repräsentiert für ihn die These von Novalis, daß alles Symbol des andern sein könne, die „umfassendste Formulierung des hermeneutischen Gedankens". Die besondere Auszeichnung des Kunstwerks liege darin, daß es „den Symbolcharakter, der allem Seienden, hermeneutisch gesehen, zukommt, in sich versammelt und zur Sprache bringt". (S. 100 f.)

[22] Die symbolische Funktion wird allerdings von F. Schlegel und Novalis auch als rein artistisches Prinzip der „genialischen Zufallsproduktion" verstanden; als solches hat es vor allem die Theorie des französischen Symbolismus und des Surrealismus beeinflußt.

daß ästhetische Erfahrung die *kommunikative Identifikation mit der Natur als alter ego* voraussetzt. „Drückt nicht die ganze Natur, so gut wie das Gesicht und die Gebärden, der Puls und die Farben, den Zustand eines jeden der höheren, wunderbaren Wesen aus, die wir Menschen nennen? Wird nicht der Fels ein eigentümliches Du, eben wenn ich ihn anrede? Und was bin ich anders als der Strom, wenn ich wehmütig in seine Wellen hinein schaue, und die Gedanken in seinem Gleiten verliere?" (Novalis I S. 389)

Die Natur *spricht* nur unter der Voraussetzung, daß sie als ein Subjekt betrachtet wird, das den Zweck seiner Existenz in sich selbst hat, und der Mensch *versteht* dieses Sprechen nur, wenn er sich als die dem Natur-Subjekt entsprechende Subjekt-Natur begreift. Rückblickend erscheint der außerordentliche Einfluß, den die Idee einer „Sprache der Natur" in der ästhetischen Diskussion jener Zeit gespielt hat, vor allem als ein spekulativ eingekleideter Protest gegen die wachsende Instrumentalisierung des menschlichen Naturverhältnisses angesichts der Expansion von Wissenschaft, Technik, Ökonomie und Verwaltung in der bürgerlichen Gesellschaft.[23] Dieser entqualifizierenden Wirkung einer allgegenwärtigen Zweck-Mittel-Rationalität soll ästhetische Erfahrung entgegenwirken. So stehen sich *sprechende* und *verstummte* wie *freie* und *unterworfene* Natur gegenüber[24], ein Gegensatz, den Schopenhauer am Unterschied zwischen englischen („richtiger chinesischen") und französischen Gärten verdeutlicht: „In jenen nämlich wird der Wille der Natur, wie er sich in Baum, Staude, Berg und Gewässer objektiviert, zu möglichst reinem Ausdruck dieser seiner Ideen, also seines eigenen Wesens gebracht. In (diesen) ... hingegen spiegelt sich nur der Wille des Besitzers, welcher die Natur unterjocht hat, so daß sie statt ihrer Ideen die ihm entsprechenden, ihr aufgezwungenen Formen als Abzeichen ihrer Sklaverei trägt." (II S. 521) Bedenkt man das damals kaum antizipierbare Ausmaß der Zerstörung „freier" Natur in der modernen Industriege-

---

[23] In diesem Sinne deutet Habermas das „Verlangen nach einem mimetischen Umgang mit der Natur" als Ausdruck von Bedürfnissen, „die im materiellen Lebensprozeß der bürgerlichen Gesellschaft gleichsam illegal geworden sind" und als „Sehnsucht nach dem Glück einer kommunikativen Erfahrung, die den Imperativen der Zweckrationalität enthoben ist und der Phantasie ebenso Spielraum läßt wie der Spontaneität des Verhaltens" (S. 110).

[24] Vgl. hierzu Ritter S. 158 ff.

sellschaft, so gewinnt der seltsame Traum, „die ausgestorbene Sprache der Natur von den Todten wieder aufzuerwecken" (Hamann S. 129) ein überraschendes Moment der Aktualität.[25]

Das Naturfundament der Sprache

Der erkenntnistheoretische Aspekt des Verhältnisses von Sprache und ästhetischer Erfahrung betrifft die Frage, wie die Akte der Poiesis, Aisthesis und Katharsis sprachlich repräsentiert und mitgeteilt werden können. Während die rationalistische und empiristische Sprachtheorie strikt zwischen „innerer" und „äußerer" Repräsentation trennt, versucht vor allem die romantische Sprachtheorie, Innen- und Außenseite der Sprache als eine in ihrem Wesen begründete „natürliche" Einheit zu verstehen.[26] Den spekulativen Hintergrund dieser Äußerungen

---

[25] Einflüsse der Lehre von der „Sprache der Natur" zeigen sich innerhalb der modernen Ästhetik vor allem bei Benjamin und Adorno. So hat Benjamin in einem frühen unmittelbar von der romantischen Kunst- und Sprachphilosophie inspirierten Aufsatz gegenüber dem am wissenschaftlichen Naturbegriff orientierten Ansatz Kants einen „vertieften Begriff von Erfahrung" gefordert, der auf das „sprachliche Wesen der Dinge" Rücksicht nimmt. In diesem Zusammenhang schlägt er vor, die verschiedenen Kunstformen „alle als Sprachen aufzufassen und ihren Zusammenhang mit Natursprachen zu suchen" (S. 38 und S. 25). Auch Adorno versucht, den physiognomischen Ausdruck der Kunstwerke in Analogie zur Physiognomie der Natur zu verstehen: „Das Lückenlose, Gefügte, in sich Ruhende der Kunstwerke ist Nachbild des Schweigens, aus welchem allein Natur redet." (S. 115) Kunst ist Mimesis des „Unsagbaren der Sprache von Natur" (S. 114). So verwundert es nicht, wenn Adorno die ästhetische Erfahrung der Natur zur Bedingung eines adäquaten Kunstverständnisses erklärt: „Wer nicht in der Erfahrung der Natur jene Trennung von Aktionsobjekten zu vollbringen vermag, die das Ästhetische ausmacht, der ist der künstlerischen Erfahrung nicht mächtig." (S. 408) An romantische Spekulation erinnert auch die zentrale These vom „Rätselcharakter" aller Kunst, nach der Kunstwerke als „hieroglyphenhafte Schriften" aufzufassen sind, „zu denen der Code verloren ward und zu deren Gehalt nicht zuletzt beiträgt, daß er fehlt" (S. 189).

[26] Zur Geschichte der Sprachtheorie von der Aufklärung bis zur Romantik vgl. Coseriu und Apel, zum Gegensatz von logisch-analytischem und poetisch-hermeneutischem Sprachbegriff Zimmermann („Sprachtheorie und Poetik").

zum Naturfundament der Sprache bildet wiederum die „Sprache der Natur" als Medium der göttlichen Poesie sowie die „heilige Sprache Adams", „dem Gott die göttliche Onomathesia, d. i. Namengebung nach dem wahren Wesen jedes Gegenstandes gewährte" (Vico S. 77). So erscheint der Romantik das durch die Mythologie geprägte erste Stadium der historischen Sprachentwicklung nicht selten als Reminiszenz jenes paradiesischen Zustands. Die postulierte „poetische" Ursprache wird zum Gegenpol der „prosaischen" Sprache neuzeitlicher Wissenschaft, in der „so viel als möglich vom beseelten Hauch zur algebraischen Chiffre herabsinkt" (A. W. Schlegel II S. 243). Zwischen beiden steht die Sprache des täglichen Umgangs, die immerhin noch Spuren ihres ursprünglichen Wesens enthält: „Es bleiben immer poetische Elemente in ihr zerstreut, wenn sie sich noch so sehr verstecken: und die Rückkehr zur Anschaulichkeit, Belebtheit und Bildlichkeit muß immer gefunden werden können." (a.a.O. S. 243)

Während Repräsentanten der Aufklärung den Übergang vom poetischen zum prosaischen Stadium der Sprachentwicklung als Fortschritt der Vernunft begrüßen[27], beklagen Romantiker diesen Prozeß als ein Symptom des Verfalls, durch den die Sprache „in gewissem Maße ihrer Realität beraubt" werde. (Wordsworth[28]) Dem sprachtheoretischen Konflikt entspricht auf erkenntnistheoretischer Ebene die Gegenüberstellung von *empfindendem* und *denkendem* Zustand als primärer Tatsache der menschlichen Existenz. So ist Rousseaus anticartesianische Formel „Exister pour nous, c'est sentir" mit der Vorstellung einer „langue des passions" verbunden, in der sich der „homme sensuel" auf natürliche Weise zum Ausdruck bringt.[29]

In ihrer *expressiven Funktion* ist die menschliche Natursprache ein „Wörterbuch der Seele" (Herder V S. 56). Der natürliche Ursprung der expressiven Zeichen wird u. a. damit begründet, daß sie „durch innere Affektionen veranlaßt werden" (A. W. Schlegel II S. 239); sie werden also als unmittelbare indexikalische Anzeichen verstanden. Die kathartische Identifikation mit dem Seelenzustand anderer Men-

---

[27] Wellek (S. 145) verweist in diesem Zusammenhang auf Fontenelles „Traité de la Poésie en générale".
[28] Zit. nach Wellek S. 669.
[29] Zur Sprachtheorie Rousseaus vgl. Coseriu S. 244 ff.; zur Bedeutung Rousseaus für das Zeitalter der „Empfindsamkeit" siehe Sauder S. 90 ff. und S. 211 ff.

schen wird durch die „Sympathie" aller empfindenden Wesen ermöglicht, die es erlaubt, sich an die Stelle des anderen zu setzen.[30]

Die *ikonische Funktion* betrifft die „anschauliche" Repräsentation der Wirklichkeit mithilfe von Zeichen, deren Beschaffenheit „in der Natur des Bezeichneten" gründet.[31] Obwohl diese Bedingung höchstens von einigen Onomatopoetika erfüllt wird[32], findet sich immer wieder die Behauptung, daß die menschliche Ursprache eine mimetische „Sprache der Bilder" sei. Plausibel wird dies nur vor dem Hintergrund der erwähnten *Semantisierung von Anschauungen als „innerer" Repräsentationen;* als „natürlich" erscheinen dann solche Zeichen, durch die die Wirklichkeit „unsern Sinnen wie unmittelbar vorgestellt" wird.[33] Eine andere Erklärung bietet die These, daß die Ursprache aus *Hieroglyphen* bestanden habe. Als solche bezeichnet Vico „Gesten oder Körper, die eine natürliche Beziehung zu den Ideen haben, die sie ausdrücken wollen" (S. 37; vgl. S. 85 und 99).

Die für die Bestimmung des Verhältnisses von Sprache und ästhetischer Erfahrung zweifellos interessanteste Eigenschaft der postulierten Ursprache ist die in ihrem Wesen begründete Möglichkeit, nicht nur schon existierende Wirklichkeit auszudrücken, sondern auch neue Wirklichkeit zu erschaffen: „In den früheren Epochen ... gebiert sich in und aus der Sprache, aber ebenso notwendig und unabsichtlich als sie, eine dichterische Weltansicht, d. h. eine solche, worin die Phantasie herrscht." (A. W. Schlegel II S. 226) Exemplarisches Produkt dieser sprachlichen Poiesis ist die Mythologie, die eine „Welt für sich" bildet. (Moritz S. 195)[34] Die Mittel, mit denen die *kreative Funktion* der Sprache realisiert wird, sind in erster Linie *Metapher* und *Metonymie*. Durch deren Bestimmung als „Sprechen nach natürlichen Eigenschaften", „wie es den Menschen zu allen Zeiten und überall eigentümlich ist" (Vico S. 94), werden Natur und Sprache auch dort noch in Beziehung gesetzt, wo die Autonomie sprachlich konstituierter Bedeutung

---

[30] Als rein psychologisches Phänomen definiert *Burke* diesen Begriff als „a sort of substitution, by which we are put into the place of another man, and affected in many respects as he is affected" (zit. nach Klein S. 44).

[31] So bestimmt Mendelssohn das „natürliche" Zeichen (cf. Sörensen S. 35).

[32] Nach Vico (S. 91) bildete sich die artikulierte Sprache onomatopoetisch, „so wie noch jetzt die Kinder sich sehr gut auszudrücken verstehen".

[33] Mendelssohn, zit. nach Sörensen S. 35.

[34] Ausführlich diskutiert *Vico* das Verhältnis von Sprache und Mythos, vor allem im zweiten Teil: „Von der poetischen Weisheit".

eher eine Distanz erwarten läßt. Für die Romantik reflektiert jeder Akt sprachlicher Poiesis im Grunde nur jene „eine große Metapher, welche schon in der ursprünglichen Bildung der Sprache liegt, da nämlich das Sinnliche das zu bezeichnende Geistige vertreten muß, wodurch die Gleichheit dieser beiden entgegengesetzten Welten erklärt wird" (A. W. Schlegel II S. 251). Sieht man von diesem spekulativen Ursprung ab, so muß die Sprache in ihrer kreativen Funktion tatsächlich als *autonom* erscheinen, wie es am entschiedensten Novalis betont hat: Das „Eigenthümliche" der Sprache liege letztlich darin, „daß sie sich blos um sich selbst bekümmert". – „Wenn man den Leuten nur begreiflich machen könnte, daß es mit der Sprache wie mit den mathematischen Formeln sei – Sie machen eine Welt für sich aus – Sie spielen nur mit sich selbst, drücken nichts als ihre wunderbare Natur aus, und eben darum sind sie so ausdrucksvoll – eben darum spiegelt sich in ihnen das seltsame Verhältnißspiel der Dinge. So ist es auch mit der Sprache ..." (II S. 672)

Sprache der Natur – Sprache der Kunst

Gilt als „Sprache" „alles, wodurch sich das Innere im äußeren offenbart" (A. W. Schlegel I S. 152), so läßt sich auch die Kunst als Sprache, das Kunstwerk als Träger einer Bedeutung verstehen.[35] Dank der romantischen Identifikation von Natur und Geist bildet die Ebene der platonischen Urbilder das letzte Signifikat der „Sprache der Natur" wie der „Sprache der Kunst". Als „höhere geistige Natursprache" (F. Schlegel X S. 405) bleibt die „umbildende Darstellung" der Kunst (A. W. Schlegel II S. 240) an vorgängige Akte der Aisthesis und Katharsis gebunden: Der Künstler soll „die Sprache der Natur reden lernen" (Carus S. 122), d. h. die anschauliche Physiognomie der Dinge

---

[35] Die idealistische Begründung des semantischen Charakters der Kunst findet sich in pointierter Form noch einmal bei Hegel: „Bei einem Kunstwerke fangen wir bei dem an, was sich uns unmittelbar präsentiert, und fragen dann erst, was daran die Bedeutung oder Inhalt sei." Das Kunstwerk soll „eine innere Lebendigkeit, Empfindung, Seele, einen Gehalt und Geist entfalten, den wir eben die Bedeutung des Kunstwerks nennen" (I S. 30 f.). Bei Hegel lockert sich allerdings die Analogie von „Sprache der Kunst" und „Sprache der Natur", da er die romantische Identifikation von Natur und Geist zurückweist.

und deren Affinität zu den Gefühlszuständen des Subjekts erfahren lernen. Denn es ist seine Aufgabe, die in der Natur verkörperten Ideen „durch Verdeutlichung und reinere Wiederholung zu verdolmetschen" (Schopenhauer II S. 522 f.).

Was die Artikulation von Phantasie, Anschauung und Gefühl in der „Sprache der Kunst" betrifft, so zeigt sich hier die schon erwähnte Zweideutigkeit: Als sprachlicher Vorgang gilt gleichermaßen die monologische „innere" und die intersubjektiv verständliche „äußere" Repräsentation. Die Bedeutung im Sinne der zugrundeliegenden Idee ist Funktion der Poiesis als *„innerer* Produktion der Kunst" (Hegel II S. 7); die medienspezifischen Unterschiede der Realisierung jener Idee erscheinen daher als ein für den semantischen Status des Kunstwerks eher nebensächliches Moment: „Das ursprüngliche Kunstwerk ist das rein Innerliche und das Herausstellen in die Erscheinung ist ein zweiter Act." (Schleiermacher S. 686) Durch diese Semantisierung der „Innenseite" des Kunstwerks treten die konventionellen Voraussetzungen ästhetischer Erfahrung in den Hintergrund. Die These, daß „die Künste sämtlich die Sprache der *Anschauung* reden" (Schopenhauer II S. 522) bezieht sich daher primär auf eine von kulturell bedingten Zeichenkonventionen unabhängige Kontemplation ästhetischer Ideen in der Natur: „Wenn ich z. B. einen Baum ästhetisch, d. h. mit künstlerischen Augen betrachte", so erfahre ich seine „reine Bedeutung", die „sich mir aufschließt und mich anspricht" (I S. 297); um solche Aisthesis intersubjektiv zugänglich machen zu können, muß der Künstler die Sprache der Kunst zum „Medium seiner Mitteilung" wählen (II S. 525). Wie aber läßt sich die einheitliche „innere" ästhetische Erfahrung auf adäquate Weise durch die verschiedenen Zeichensysteme „äußerlich" repräsentieren?

Die romantische Ästhetik versucht dieses Problem durch den Begriff der symbolischen Darstellung zu lösen. Das Symbol gilt als „natürliche" Vermittlung von innerer Bedeutung und äußerer Gestalt nicht nur in der Natur – Herders „Natursymbol" – sondern auch in der Kunst. „Alle Kunst ist symbolisch." (F. Schlegel[36]) Der allgemeine Symbolbegriff erklärt jedoch noch nicht die in der semiotischen Differenzierung der künstlerischen Medien begründete *Spannung zwischen idealer Einheit der Kunst und empirischer Vielheit der Künste*. Die Analyse der Symbolik muß daher durch eine „Naturgeschichte der Kunst" (A. W. Schlegel II S. 230) ergänzt werden. Unter

---

[36] Zit. nach Sörensen S. 232.

der Voraussetzung, daß „das Schöne immer eine bedeutsame symbolische Erscheinung ist und der Mensch die Dinge nur in dem Maße verstehen kann, als sie seiner Natur verwandt sind", gibt es „nur so viele Medien der Darstellung als der Mensch natürliche Mittel des Ausdrucks, der Offenbarung seines Innern im Äußeren hat, und diese sind Gestalt und Gebärden, Töne und Worte" (A. W. Schlegel II S. 104 f.).

Diese „natürlichen Mittel des Ausdrucks" aber sind implicite schon in der „poetischen" Ursprache des Menschen enthalten, so daß die Sprachen der einzelnen Künste als deren allmähliche Ausdifferenzierung nach den Momenten der Ikonizität, Expressivität und Kreativität betrachtet werden können. *Ikonisch* war die Ursprache in ihren bildhaften Hieroglyphen und nachahmenden Gebärden, *expressiv* in ihrem musikalisch-gesanglichen und theatralisch-mimischen Ausdruck, *kreativ* in ihrer Tropik und Metaphorik.

In der ästhetischen Diskussion von der Aufklärung bis zur Romantik werden immer wieder Analogien zwischen der Sprache der Bildenden Künste, der Sprache der Musik und der Sprache der Dichtung hervorgehoben. Schwierigkeiten bereitet dabei von Anfang an die Frage der *Abgrenzung von „natürlichen" und „willkürlichen" Zeichen* der künstlerischen Darstellung.[37] Definiert man Natürlichkeit als eine „Verbindung des Zeichens und der bezeichneten Sache", die „in den Eigenschaften des Bezeichneten selbst gegründet ist" (Mendelssohn), so kann im Grunde nur die bildliche Darstellung der Malerei und Plastik als „natürlich" angesehen werden; die wortsprachliche Darstellung muß demgegenüber als grundsätzlich „willkürlich" gelten, da zwischen Lautform und bezeichneter Sache keine Ähnlichkeit festzustellen ist. Um den Eindruck einer zu großen Entfernung von der Natur zu mildern, wird der Gebrauch von „bildlichen" Ausdrücken als *Nachahmung natürlicher Zeichen* gedeutet. Er ist dies aber allein im Hinblick auf eine als *vorsprachlich* angesehene *Welt der Vorstellungsbilder*, die ihre „Bedeutung" ausmachen, so daß eigentlich nur die dramatische Darstellung durch handelnde und sprechende Akteure „die willkürlichen Zeichen gänzlich zu natürlichen Zeichen macht" (Lessing XVII S. 291).

Die Romantik versucht, die Natürlichkeit der poetischen Darstellung wiederum durch Rekurs auf die unmittelbar „ausdrückenden" und „nachahmenden" Zeichen der Ursprache zu begründen: Die frü-

---

[37] Zu dieser Unterscheidung vgl. Sörensen S. 32 ff.

hen Menschen waren in einem naiven Sinne „Dichter", da sie „natürlich und aus der Macht ihres Gefühls in einer figurativen Sprache schrieben" (Wordsworth [38]). Auf die Darstellungsmittel dieser „Naturpoesie" soll sich die „Kunstpoesie" besinnen und als „Poesie der Poesie" den Prozeß rückgängig machen, durch den sich die Sprache aus einer „Einheit lebendiger Bezeichnung" in eine „Sammlung willkürlicher konventioneller Zeichen" verwandelt hat. (A. W. Schlegel II S. 226 und S. 243) Die ursprüngliche Verwandtschaft der Künste zeigt sich am Beispiel der Dichtung in der Verwendung ikonisch-malerischer und expressiv-musikalischer „natürlicher" Zeichen. Versucht die Romantik auf diese Weise zum letzten Mal *Natur, Kunst* und *Sprache* zu einer Einheit zu verschmelzen, so deutet sich andererseits in der Betonung der *Autonomie* künstlerischer Poiesis eine Auflösung dieser Einheit an: Das „Poetische" aller Kunst liegt in ihrem gemeinsamen Bezug auf eine „Welt der Phantasie"; „Poesie bezeichnet also in diesem Sinne überhaupt die künstlerische Erfindung." (A. W. Schlegel II S. 225) Sie begründet damit neue Möglichkeiten der Aisthesis und Katharsis, die nur noch durch die spekulative Annahme einer im Wirken der Phantasie selbst zum Ausdruck kommenden „durchgängigen Wechselwirkung aller Dinge" (A. W. Schlegel II S. 241) auf den Begriff der Natur bezogen werden kann.

Sinnfälliges Beispiel solcher Autonomie ist die „Sprache der Musik"[39]; denn hier legen die Mittel der Poiesis „ihre Natur ab und *werden selbst, was sie bedeuten*" (Herder XXII S. 325). So schafft die Musik „eine abgesonderte Welt für sich selbst" (Tieck[40]) und wird zum Vorbild einer autonomen Poesie, die als „Ausdruck um des Ausdrucks willen" (Novalis III S. 93) an keine ihr vorgängige Natur mehr gebunden ist.

Von der „natürlichen" zur „konventionellen" Sprache der Kunst

Mit dem Ausklingen der romantischen Bewegung zerfällt auch der spekulative Hintergrund der idealistischen Ästhetik, der die Einheit

---

38 Zit. nach Wellek S. 389; vgl. Hamann (S. 81 und 83): „Poesie ist die Muttersprache des Menschengeschlechts. ... Sinne und Leidenschaften reden und verstehen nichts als Bilder."
39 Zur Deutung der Musik als Sprache vgl. meine Darstellung in „Wandlungen des philosophischen Musikbegriffs" S. 116 ff.
40 Zit. nach Schäfke S. 348.

ästhetischer Erfahrung als Erschließung eines ursprünglichen Zusammenhangs von Natur, Kunst und Sprache durch Akte der Poiesis, Aisthesis und Katharsis zu verbürgen schien. Unglaubwürdig wird damit auch die Deutung des semantischen Verhältnisses von Form und Inhalt künstlerischer Darstellung im Sinne einer „natürlichen" Vermittlung von Erscheinung und Idee im Symbol.

Die Folgen dieses Wandels für die Bestimmung des Verhältnisses von Sprache und ästhetischer Erfahrung dokumentieren sich in Nietzsches Reflexionen zur Ästhetik: Zwar zeichnet sich der „ästhetische Zustand" durch einen „Überreichtum an *Mitteilungsmitteln*" und eine „extreme *Empfänglichkeit* für Reize und Zeichen" aus (III S. 753); diese repräsentieren jedoch nicht Ideen, die der ästhetischen Erscheinung der Natur zugrundeliegen, sie sind vielmehr Ausdruck einer „unendlichen Ausdeutbarkeit" der Welt (III S. 495) im Rahmen kulturspezifischer Interpretationsprozesse, die damit auch festlegen, was die „Bedeutung" eines Kunstwerks sein kann: „Man muß nämlich auch für die geringsten ‚Offenbarungen' der Kunst erst vorbereitet und eingelernt werden: es gibt durchaus keine ‚unmittelbare' Wirkung der Kunst, so schön auch die Philosophen davon gefabelt haben." (I S. 940)[41] Die Sprache der Kunst ist nicht in einer Sprache der Natur oder in natürlichen Zeichen der Sprache verankert, sondern in historisch veränderlichen Konventionen ästhetischer Produktion und Rezeption: „Jede reife Kunst hat eine Fülle Konvention zur Grundlage: insofern sie Sprache ist. Die Konvention ist die Bedingung der großen Kunst, *nicht* deren Verhinderung." (III S. 754) Ein Schein von Unmittelbarkeit und Natürlichkeit entsteht, wenn die Geltung der künstlerischen Sprachmittel so selbstverständlich ist, daß sie nicht mehr als Konventionen wahrgenommen werden.

In der traditionellen Ästhetik unterstützte das Mimesisprinzip und die Annahme einer der Realisierung im jeweiligen Medium vorgängigen „inneren" Produktion des Kunstwerks die Tendenz, den Einfluß der spezifischen sprachlichen Darstellungsform auf die Eigenart

---

[41] Nietzsche exemplifiziert diese These u. a. am Beispiel der „Sprache der Musik": „Die Musik ist nicht an und für sich so bedeutungsvoll für unser Inneres, so tief erregend, daß sie als *unmittelbare* Sprache des Gefühls gelten dürfte; sondern ihre uralte Verbindung mit der Poesie hat so viel Symbolik in die rhythmische Bewegung, in Stärke und Schwäche des Tons gelegt, daß wir jetzt *wähnen*, sie spräche direkt *zum* Inneren und käme *aus* dem Inneren." (I S. 573)

ästhetischer Erfahrung zu vernachlässigen. Mit der Infragestellung des mimetischen Charakters der Kunst seit Ende des neunzehnten Jahrhunderts wächst demgegenüber das Interesse an einer Analyse der ästhetischen Bedeutung des Mediums selbst. Symptomatisch für diese Wendung ist der Ansatz der formalistischen Poetik, die die poetische Funktion der Sprache als „Äußerung mit Ausrichtung auf den (verbalen) Ausdruck" definiert.[42] Sie begründet damit – in Übereinstimmung mit avantgardistischen Strömungen der modernen Literatur – einen neuen Begriff ästhetischer Erfahrung: Die Konzentration auf die Materialität der Sprache, die sich produktiv in verschiedenen Verfahren der phonetischen, syntaktischen und semantischen Abweichung von etablierten Konventionen der Darstellung äußert, soll den Automatismus sprachlicher Codierung und Decodierung aufbrechen und dadurch die auf referentielle Eindeutigkeit der Zeichen vertrauende alltägliche Erfahrung der Wirklichkeit irritieren.

In den letzten Jahren sind zahlreiche Abhandlungen zur Analyse ästhetischer Zeichensysteme erschienen; sie verzichten jedoch in der Regel darauf, einen Begriff von ästhetischer Erfahrung zu entwickeln, der das erkenntnisleitende Interesse derartiger Analysen verdeutlichen könnte. Denn die szientistische Ansicht, daß es allein um eine wissenschaftlich verläßliche Beschreibung und Erklärung ästhetischer Phänomene aus der Perspektive des unbeteiligten Observers gehe, reicht zur Legitimation nicht aus. Eine Untersuchung der „Sprachen der Kunst" kann nur dann Anspruch auf ästhetische Relevanz erheben, wenn sie die hermeneutische Situation reflektiert, aus der heraus Kunstwerke verstanden und interpretiert werden. Dies impliziert auch ein Eingehen auf den ästhetischen Diskurs, in dessen Rahmen darüber entschieden wird, was als ein den Zielen ästhetischer Erfahrung entsprechendes „adäquates" Verständnis anzusehen ist. Am wenigsten taugen daher Methoden, die sich gemäß dem szientistischen Ideal überall in gleicher Weise anwenden lassen – „ob es sich um ein Gedicht oder einen Werbetext, ein Gemälde oder einen Tintenklecks, ein Lied oder das Gackern einer Henne handelt". (Franke S. 15)[43]

Die Tatsache, daß derartige „wertneutrale" Ansätze im Bereich

---

[42] Jakobson S. 31.
[43] Diese Abhandlung mit dem Titel „Phänomen Kunst" ist allerdings bemerkenswert, da sie das Kunst-Stück fertigbringt, das angesprochene Phänomen hinter der empfohlenen informationstheoretischen Methode nahezu *vollständig* zum Verschwinden zu bringen.

der Ästhetik immer häufiger akzeptiert oder gar als entscheidender Fortschritt auf dem Wege zu einer „im strengen Sinne" wissenschaftlichen Kunstbetrachtung ausgegeben werden, ist allerdings auch ein Symptom: Die im szientistischen Habitus zum Ausdruck kommende Distanziertheit und Neutralität entspricht einer Rezeptionshaltung, die als „allseitige folgenlose ‚Ansprechbarkeit'" in zunehmendem Maße das allgemeine kulturelle Bewußtsein bestimmt. (Wellershoff S. 80 ff.) So legitim unter dieser Voraussetzung die Forderung ist, der ästhetischen Erfahrung ihre kommunikative normbildende Funktion zurückzugewinnen (Jauß S. 338), so schwierig ist es doch, sich Möglichkeiten einer praktischen Realisierung in der gegenwärtigen Gesellschaft vorzustellen.

Literaturverzeichnis

Adorno, Th. W.: Ästhetische Theorie, Frankfurt 1970.
Apel, K.-O.: Die Idee der Sprache in der Tradition des Humanismus von Dante bis Vico, Bonn 1963 (Archiv für Begriffsgeschichte Band 8).
Baader, F. v.: Sämtliche Werke, Leipzig 1851 ff.
Baumgarten, A. G.: Aesthetica, Leipzig 1750.
Benjamin, W.: Ausgewählte Schriften Bd. 2 (Angelus Novus), Frankfurt 1966.
Böhme, J.: De signatura rerum, Das ist: Von der Gebuhrt und Bezeichnung aller Wesen, Amsterdam 1682.
Bormann, A. v. (Hrsg.): Vom Laienurteil zum Kunstgefühl, Tübingen 1974.
Coseriu, E.: Die Geschichte der Sprachphilosophie von der Antike bis zur Gegenwart, Teil II, Tübingen 1972.
Curtius, E. R.: Europäische Literatur und lateinisches Mittelalter, 6. Aufl. Bern 1967.
Eco, U.: Einführung in die Semiotik, München 1972.
Erlich, V.: Russischer Formalismus, Frankfurt 1973.
Foucault, M.: Die Ordnung der Dinge, Frankfurt 1971.
Franke, H. W.: Phänomen Kunst, Köln 1974.
Gadamer, H.-G.: Ästhetik und Hermeneutik, in: J. Aler (Hrsg.): Actes du cinquième congrès international d'esthétique, Den Haag 1968, S. 93–101.
Habermas, J.: Legitimationsprobleme im Spätkapitalismus, Frankfurt 1973.
Hamann, J. G.: Sokratische Denkwürdigkeiten – Aesthetica in nuce, hrsg. v. S.-A. Jörgensen, Stuttgart 1968.
Hegel, G. W. F.: Ästhetik, hrsg. v. F. Bassenge, 2 Bde. Berlin/Weimar o. J. (1955).

Herder, J. G.: Sämtliche Werke, hrsg. v. Suphan, Berlin 1877 ff.
Jakobson, R.: Die neueste russische Poesie, in: W. D. Stempel (Hrsg.): Texte der russischen Formalisten Bd. II, München 1972, S. 19–135.
Jauß, H. R.: Negativität und Identifikation – Versuch zur Theorie der ästhetischen Erfahrung, in: H. Weinrich (Hrsg.): Positionen der Negativität, München 1975, S. 263–340.
Jean Paul: Vorschule der Ästhetik (Werke Bd. V), hrsg. v. N. Müller, München 1963.
Kant, I.: Werke in sechs Bänden, hrsg. v. W. Weischedel, Wiesbaden 1956 ff. (zitiert nach der ursprünglichen Paginierung).
Klein, H.: There is no Disputing about Taste – Untersuchungen zum englischen Geschmacksbegriff im 18. Jh., Münster 1967.
Lessing, G. E.: Sämtliche Schriften, hrsg. v. K. Lachmann, 3. Aufl. Stuttgart 1898.
Moritz, K. Ph.: Schriften zur Ästhetik und Poetik, hrsg. v. H. J. Schrimpf, Tübingen 1962.
Nietzsche, F.: Werke in drei Bänden, hrsg. v. K. Schlechta, München 1966.
Nivelle, A.: Kunst- und Dichtungstheorien zwischen Aufklärung und Klassik, Berlin 1960.
Novalis: Schriften, hrsg. v. P. Kluckhohn und R. Samuel, Stuttgart 1960 ff.
Ritter, J.: Landschaft. Zur Funktion des Ästhetischen in der modernen Gesellschaft, in: ders.: Subjektivität, Frankfurt 1974.
Sauder, G.: Empfindsamkeit, Bd. I Stuttgart 1974.
Schäfke, R.: Geschichte der Musikästhetik in Umrissen, Berlin 1934.
Schlegel, F.: Kritische Ausgabe, hrsg. v. E. Behler, Paderborn 1958 ff.
Schlegel, A. W.: Kritische Schriften und Briefe, hrsg. v. E. Lohner, Stuttgart 1962 ff.
Schleiermacher, F.: Vorlesungen über die Ästhetik, hrsg. v. C. Lommatzsch, Berlin 1842.
Schopenhauer, A.: Sämtliche Werke, hrsg. v. W. v. Löhneysen, Stuttgart / Frankfurt 1960 ff.
Shaftesbury, A. A. Earl of: Characteristicks of Men, Manners, Opinions, Times, 3. Aufl. London 1723, Bd. I–III.
Solger, K. W. F.: Vorlesungen über Ästhetik, hrsg. v. K. W. L. Heyse, Leipzig 1829.
Sörensen, B. A.: Symbol und Symbolismus in den ästhetischen Theorien des 18. Jahrhunderts und der deutschen Romantik, Kopenhagen 1963.
Vico, G.: Die neue Wissenschaft über die gemeinschaftliche Natur der Völker, übersetzt v. E. Auerbach, Reinbek bei Hamburg 1966.
Vorländer, K.: Philosophie der Renaissance, Reinbek bei Hamburg 1965.
Wellek, R.: Geschichte der Literaturkritik 1750–1830, Darmstadt / Berlin / Neuwied 1959.
Wellershoff, D.: Die Auflösung des Kunstbegriffs, Frankfurt 1976.

Zimmermann, J. (Hrsg.): Sprachanalytische Ästhetik, Stuttgart 1977.
–: Wandlungen des philosophischen Musikbegriffs, in: G. Schnitzler (Hrsg.): Musik und Zahl, Bonn 1976, S. 81–137.
–: Sprachtheorie und Poetik, in: B. Schlieben-Lange (Hrsg.): Sprachtheorie, Hamburg 1975, S. 287–319.

Tibor Kneif

IST MUSIK EINE SPRACHE?

Die Themenstellung, in der Musik und Sprache miteinander in Verbindung gebracht werden, zeichnet sich nicht gerade durch Originalität aus; vielmehr ist sie im Laufe der neuzeitlichen Musikanschauung zu einer beliebten Façon de parler, auch zu einem wissenschaftlichen Topos geworden. Im Zuge der Erneuerung antiker Rhetorik im 16.–18. Jahrhundert hat sich die Vorstellung verbreitet, auch die Musik müsse ihre Technik der schönrednerischen Veranschaulichung und Überzeugung besitzen. Die rhetorischen Figuren in der Musik, die mündlich tradiert und in Lehrbüchern gesammelt wurden, dienten zumeist dazu, den vertonten Text zu verdeutlichen.[1] Das Wort „tief" etwa wurde durch ein fallendes Motiv, das Wort „Festigkeit" mit Hilfe eines beharrlich ausgehaltenen Tones zum Ausdruck gebracht. Den musikalisch-rhetorischen Figuren lag die für viele Generationen wie natürlich erscheinende Annahme zugrunde, daß die Musik eine Sprache, eine – wie Johann Mattheson in seinem „Vollkommenen Capellmeister" von 1739 es nennt – „Klang-Rede" sei, eine Überzeugung, die erst in der zweiten Hälfte des 18. Jahrhunderts, vor allem bei Guy de Chabanon („De la musique considérée en elle-même" 1785), zu schwinden beginnt, ohne ihre Anhänger um 1800 ganz zu verlieren.

Eine langdauernde Versuchung zu Sprachanalogien bildete hierbei der suggestive Begriff des „musikalischen Satzes". In der kompositorischen Praxis färbte die grammatische Gliederung des vertonten Sprachsatzes auf den musikalischen Verlauf ab, indem dieser als ein sprachliches Gebilde interpretiert wurde; dementsprechend unterschied man auch in der Musik zwischen Satzarten wie Exclamatio und Inter-

---

[1] Wilibald Gurlitt: Musik und Rhetorik. Hinweise auf ihre geschichtliche Grundlageneinheit, in: ders.: Musikgeschichte und Gegenwart – Eine Aufsatzfolge, Teil I, Wiesbaden 1966, S. 62–81.

rogatio, zwischen Satzteilen wie Satz, Halbsatz und Periode. Ursprünglich verband sich der musikalische „Satz" freilich nicht direkt mit dem sprachlichen. „Satz" hieß im 17. Jahrhundert schlicht eine mehrstimmige Komposition, und die Verbformen „setzen", „absetzen", „aufsetzen" und „aussetzen" gehen auf das lateinische „ponere", auch „facere" und „componere" zurück. Für die Angleichung des musikalischen Satzbegriffes an den sprachlichen fehlt eine zeitgenössische Begründung, offensichtlich, weil an ihrer Triftigkeit niemand zweifelte. So wird bei Heinrich Christoph Koch 1782 musikalischer Satz ohne Umstände als „jedes einzelne Glied eines Tonstückes" definiert, „welches an und für sich selbst einen vollständigen Sinn bezeichnet".[2]

Das Thema „Musik und Sprache", besser „Musik als Sprache", hat in der Gegenwart besonders durch zwei Umstände eine neue Aktualität erlangt. Zum einen haben Komponisten der Avantgarde immer wieder den Sprachcharakter der Musik bzw. der neuen Musik angezweifelt. John Cage etwa besteht auf der Ansicht, daß man das spezifisch Musikalische aus den Augen verliere, sobald man hinter Klangabläufen sprachähnliche Mitteilungen sucht und sie womöglich „verstehen" will. Musik stelle einen Teil der Objektwelt dar, stehe also auf der semantischen Nullstufe wie jeder beliebige Naturgegenstand. Ein charakteristischer Satz aus der Essaysammlung „Silence" von Cage (1961) lautet wie eine Abwehr gegen die im 19. Jahrhundert von Hermann Kretzschmar inaugurierte musikalische Hermeneutik: „New music: new listening. Not an attempt to understand something that is being said, for, if something were being said, the sounds would be given the shapes of words. Just an attention to the activity of sounds."[3] Einen zweiten Anlaß zum Thema „Musik als Sprache" liefert der Einfluß semiotischer Gesichtspunkte auch im Bereich der Musik. Gefragt wird unter dem zeichentheoretischen Gesichtspunkt, ob Musik ein Zeichensystem sei und ob bzw. wie sie mit dem Zeichensystem der natürlichen Sprachen zusammenhänge. Bezeichnend ist dabei, daß die semiotischen Aspekte weniger von den Vertretern der traditionellen Musikwissenschaft, als vielmehr von Linguisten an die

---

[2] Heinrich Christoph Koch: Versuch einer Anleitung zur Composition, I. Teil, Rudolstadt 1782, S. 7.
[3] John Cage: Silence – Lectures and writings, Cambridge, Mass., 1961, S. 10.

Musik herangetragen werden.[4] Im deutschsprachigen Bereich hat der Bochumer Ordinarius Roland Harweg diesbezügliche Arbeiten veröffentlicht[5]; aus Frankreich sind Nicolas Ruwet und Jean-Jacques Nattiez als publikationsfreudige Autoren zu nennen.[6]

Wird behauptet, Musik sei eine Sprache oder, wie Theodor W. Adorno in einem Fragment über Musik und Sprache hierauf insistiert, zumindest sprachähnlich[7], so kann damit zweierlei gemeint sein. Die These kann erstens beinhalten, daß auch die Musik, wie jede sogenannte natürliche Sprache, ein Medium bilde, mit dessen Hilfe Vorstellungen und Begriffe, kurz: semantische Inhalte vermittelt werden können; Musik in diesem Sinn stellt ein besonderes Kommunikationssystem dar. Die genannte These kann indes auch in einer anderen Bedeutung gemeint sein. Danach sei Musik ihrer Funktion nach zwar keine sprachliche Mitteilung, doch lasse sie sich wie eine Sprache beschreiben; auf sie lassen sich, mit anderen Worten, gewisse Methoden der linguistischen Analyse anwenden. Im weiteren sollen diese beiden Möglichkeiten näher ins Auge gefaßt werden.

A. *Semantische Aspekte in der Musik*

Üblicherweise werden zwei Kriterien einer Sprache festgehalten: sie verfügt erstens über ein Lexikon, d. h. eine vollständige Sammlung von bedeutungstragenden Elementen, den sogenannten Lexemen. Zweitens werden diese Elemente mit Hilfe eines beschreibbaren Regelsystems, der Grammatik (und der Syntax), untereinander verbunden.

1. Lexeme sind im musikalischen Bereich keineswegs unbekannt, und die Analogie zwischen Musik und Sprache leuchtet dann unmittelbar ein, wenn Intervalle mit festen Bedeutungen versehen werden, wie

---

[4] Musique en jeu, Revue trimestrielle, Paris 1970 ff.; mit musikalischer Semiotik befassen sich die Hefte Nr. 5, 10, 12 und 17.
[5] Roland Harweg: Language and Music – An Immanent and Sign Theoretic Approach, in: Foundations of Language 4 (1968), S. 270–281; ders.: Kann man Musik verstehen? in: International Review of the Aesthetics and Sociology of Music III (1972), S. 173–186.
[6] Nicolas Ruwet: Langage, Musique, Poésie, Paris 1972; Jean-Jacques Nattiez: Fondements d'une sémiologie de la musique, Paris 1975.
[7] Theodor W. Adorno: Fragment über Musik und Sprache, in: ders.: Quasi una fantasia – Musikalische Schriften II, Frankfurt/M. 1963, S. 9–16.

etwa im altchinesischen Musiktheater, wo bestimmte musikalische Motive infolge von langdauernder Konventionalisierung eindeutige außermusikalische Sachverhalte repräsentieren. Ein festgefügtes Repertoire musikalischer Bedeutungen tritt häufig in Kulturen auf, in denen der Musik rituelle Aufgaben zufallen; die Ritualisierung ihrerseits erleichtert die Entstehung konstanter Bedeutungsbezüge. Die Ethnomusikologie hat in dieser Hinsicht ein reichhaltiges Material gesammelt, etwa aus der zeremoniellen Musik der Tépehua im Norden Südamerikas.[8] Sie wird zwar textlos vorgetragen, aber von den Mitgliedern des Stammes dennoch mit ziemlich übereinstimmenden Bedeutungen versehen, zum Beispiel

= nahe dem Altar   = Ankunft, um sich zu entschuldigen

Ausführlich wurde z. B. die Trommelsprache eines westafrikanischen Stammes beschrieben[9]; die gepfiffenen musikalischen Mitteilungen unter den Indianern Mexicos erhielten ebenfalls eine musikethnologische Darstellung.[10]

Auch in der europäischen Musik kennt man Lexeme, von denen die Wagnerschen Leitmotive – und Berlioz' „idée fixe" – am bekanntesten sind. Die in der Wagner-Literatur wiederholt zusammengestellten Verzeichnisse von Leitmotiven, etwa von Walter Jacob, bilden regelrechte Lexika, vergleichbar den Wörterbüchern einer Sprache. Doch gerade solche Leitmotiv-Tafeln veranschaulichen zugleich den Unterschied zwischen dem sprachlichen und dem musikalischen Lexem. Die Bedeutung der Sprachelemente übernimmt die Einzelperson von der Gemeinschaft, welche als die Vermittlerin von Tradition erscheint. Leitmotiv wie Idée fixe dagegen werden in ihrer jeweiligen Bedeutung vom Komponisten als einer Einzelperson gesetzt, und das Kol-

---

[8] Charles Boilès: Les chants instrumentaux des Tepehuas – Un exemple de transmission musicale de significations, in: Musique en jeu 12 (1973), S. 81–99.

[9] George Herzog: Drum-signaling in a West African Tribe, in: World I (1945), S. 217–238.

[10] Juan Hasler: El lenguaje silbado, in: La Palabra y el Hombre, Revista de la Universidad Veracruzana 15 (1960), S. 25–36.

lektiv hat sie zu akzeptieren, sofern es den Sinn des musikalischen Geschehens nachvollziehen will. Die geltunggebende Instanz ist also ein Einzelsubjekt, und dem entspricht, daß auch die Geltung solcher Zuordnungen von musikalischem Motiv und begrifflicher Bedeutung sich auf das vereinzelte Musikwerk – auf ein Musikdrama oder auf eine Programmsymphonie – beschränkt, in welchem das Leitmotiv gesetzt wurde. Das Schwertmotiv in Wagners „Ring" besitzt in einer anderen Komposition entweder keinen außermusikalischen Inhalt, oder seine Bedeutung ist eine andere. Da zwischen gleich klingenden Leitmotiven in unterschiedlichen Musikwerken somit gar keine lexikalischen Beziehungen bestehen – sie bilden die Voraussetzung für jede strukturalistische Semantik –, können sie auch nicht als Homonyme angesehen werden.

Erscheinen bekannte Leitmotive dennoch in einer späteren Komposition so, daß sie ihre ursprüngliche Bedeutung behalten, so werden sie als Zitate aufgefaßt; eine musikalische Kollektivsprache vermögen auch sie nicht zu stiften. In der Dinerszene der Bühnenmusik zu „Der Bürger als Edelmann" von Richard Strauss werden die herumgereichten Tafelgerichte durch Zitate veranschaulicht: der „Salm vom Rhein" durch das Motiv der Wellenbewegung aus „Rheingold", die „Hammelkeule" durch das Blöken der Schafe in der symphonischen Dichtung „Don Quixote" von Strauss selbst.[11] Es besteht Grund, anzunehmen, daß hierbei das Zitat sogar auf einer Metaebene, gleichsam in musikalischen Anführungsstrichen, auftritt. Es ist nicht mehr es selbst in der ursprünglichen Bedeutung, sondern es weist auf das einstige Leitmotiv hin: es „bedeutet" letzteres. Sicherlich entspringt hieraus eine Quelle für hintergründige Anspielungen wie – bei Richard Strauss – für harmlosen Spaß, den jeder Kenner goutiert. Aber das Zitatverfahren verhindert die Herausbildung einer musikalischen Kollektivsprache gerade dadurch, daß es Distanz zur musikalischen Vorlage schafft. Freilich hat Strauss einmal die Erwartung gehegt, in einer künftigen, aufgeklärten Musik werden sich Bedeutungen so allgemein und verbindlich herausbilden, daß jeder Musikhörer sofort erkennen werde, welches musikalische Motiv etwa den Begriff „silberner Löffel" repräsentiert. Nicht, daß sie banausisch ist, stört an dieser utopischen Vorstellung; vielmehr verstimmt die ihr zugrunde liegende Erwartung,

---

[11] Vgl. dazu Zofia Lissa: Ästhetische Funktionen des musikalischen Zitats, in: dies.: Aufsätze zur Musikästhetik – Eine Auswahl, Berlin (Ost) 1969, S. 139–155.

die europäische Kunstmusik werde auf das Niveau einer autoritativ geregelten, starren Tonsprache zurücksinken, Kulturmusik werde wieder auf Kultmusik zurückfallen.

Zu der Schwierigkeit, das Leitmotiv als ein sprachliches Lexem aufzufassen, kommt eine weitere hinzu. Bei dem Versuch, die Leitmotive zu lexikalisieren, gelangt man zu dem paradoxen Schluß, daß einerseits ein und dasselbe Leitmotiv niemals in den vier Partituren des „Ring" notengetreu wiederholt wird, andererseits jedoch die gesamte thematische Substanz der Musik wie aus einem einzigen gewoben erscheint.[12] Die Grenzen der Leitmotive zur musikalischen Umgebung sind sowohl extrem diskret als auch extrem kontinuierlich. Es erscheint gerechtfertigt, die auf Ferdinand de Saussure zurückgehende Unterscheidung von Zeichengestalt und Bedeutetem, von „signifiant" und „signifié", im Bereich der Leitmotive geltend zu machen. Untersucht man dementsprechend in zwei getrennten Verfahren etwa das im „Ring" wichtige rhythmische Motiv

zunächst so, daß Fragen der begrifflichen Signifikate gänzlich außer acht bleiben und nur die musikalisch-internen Beziehungen dieser Signifikanten untereinander verfolgt werden, sodann in einem zweiten Schritt auf die Weise, daß die Relationen zwischen motivischem „signifiant" und textbezogenem „signifié" freigelegt werden, dann wird folgendes Resultat gewonnen: Die betreffenden rhythmischen Motive sind überall dort gegenwärtig, wo die Vorstellung von physischer Kraftanwendung auftritt, so etwa in der Schmiede der Nibelungen. Doch weist der italienische Semiotiker Francesco Orlando auf den irritierenden Umstand hin, daß die wiedergegebenen Motive sklavische Arbeit ebenso untermalen wie das verspielt-neckische Treiben der Rheintöchter begleiten können. Ein Hinweis auf die unbewußte gesellschaftskritische Dialektik bei Wagner ist zwar möglich: demnach könne man in einer entfremdeten Gesellschaft zwischen Spiel, spielend bewältigter Arbeit und unfreier Arbeit kaum unterscheiden, da sie bloß komplementäre Funktionen der Klassengesellschaften seien. Der stark spekulative Charakter dieser Vermutung läßt sich jedoch nicht leugnen, und es beruht auf Gewaltsamkeit, wenn Leit-

---

[12] Francesco Orlando in: Musique en jeu Nr. 17

motiven allzu eindeutige Bedeutung unterlegt werden. Auch hieraus ergibt sich, daß Leitmotive, selbst sie, mit den Lexemen einer Sprache sich nicht ohne weiteres vergleichen lassen.

2. Das Vorhandensein von Lexemen genügt nicht, um von einer Sprache zu sprechen. Sie müssen vielmehr mit Hilfe syntaktischer Regeln miteinander verknüpfbar sein. Während der semantische Aspekt der Leitmotive, trotz der aufgezeigten Besonderheiten, verhältnismäßig einfach ist, bereitet die Verknüpfung mehrerer Leitmotive eine kaum lösbare Schwierigkeit, sobald der Komponist durch solche Verknüpfung, nach Art des Sprachgebrauchs, zusammengesetzte und komplexe Bedeutung konstruieren will.

Hier wird die Frage interessant, ob die Verbindung zweier Leitmotive bedingt sei durch die reale, außermusikalische Beziehung der Sachverhalte, die in den Motiven symbolisiert sind, d. h. ob die Art der musikalischen „Syntax" Aufschluß gibt über einen tatsächlich bestehenden Zusammenhang. Um dies an einem einfachen Beispiel zu veranschaulichen, sei an eine Motivenverbindung aus der zweiten Szene von Wagners „Rheingold" erinnert. Nach Frickas Worten „Die im bösen Bund dich verrieten, sie alle bergen sich nun" tritt das Motiv der Riesen auf, unmittelbar gefolgt vom Vertragsmotiv. Sucht man die motivische Verbindung auf Grund inhaltlicher Kriterien zu deuten, so leuchtet zwar ein, daß zwischen den beiden Riesen und dem Vertrag ein enger Zusammenhang besteht, denn Wotan hat den Vertrag mit Fasolt und Fafner geschlossen. Aber die Reihenfolge der Motive belehrt nicht darüber, welche Art der Verbindung behauptet werden soll. Sie läßt sich mit einem Kausalsatz ebenso interpretieren wie mit einem Finalsatz: Die Riesen sind da, weil sie den Vertrag erfüllt haben. Oder: Die Riesen kommen, um die Erfüllung des Vertrages zu fordern. Der handlungsbezogene Sinn der syntaktischen Anordnung bleibt verborgen, da er so vielfach deutbar ist, daß unter den sprachlichen Übersetzungen sich sowohl grammatisch unrichtige Aussagen, also Nicht-Sätze, finden (etwa „Die Riesen der Vertrag"), wie auch korrekte, aber inhaltlich unwahre Sätze („Die Riesen kommen, um den Vertrag abzuschließen"). Das Ergebnis läßt sich festhalten: musikalische Zeichen – wie Leitmotive – sind in ihren Bedeutungen nicht nur fließend, unpräzis. Sie sind auch nicht imstande, durch Kombination neue, bis dahin nicht vorhersehbare Bedeutungen zu stiften.

B. *Anwendung linguistischer Methoden auf die Musik*

In diesem Bereich lassen sich zwei Arbeitsweisen unterscheiden, je nachdem man von der Botschaft zum Code oder umgekehrt vom Code zur mitgeteilten Botschaft fortschreitet.

1. Manche Ideen des linguistischen Strukturalismus, besonders innerhalb der Phonologie, haben einige französische Forscher angeregt, linguistische Methoden auf die Beschreibung von Musikstücken zu verwenden. Die in der Sprache waltende Beziehung von signifiant und signifié wird hierbei bewußt ausgeklammert; die Frage nach außermusikalischen Bedeutungen wird entweder ausdrücklich verneint oder als irrelevant nicht zum Problem erhoben. Der linguistische Semiotiker rechtfertigt sein Verfahren mit dem Hinweis daaruf, daß auch die Musik, wie jedes von Menschen hervorgebrachte Gebilde, einen Gegensatz zur Natur bilde, sie sei ein Gebiet der Kultur und als solches zugleich schon ein Zeichensystem.

Die erste und hauptsächliche Sorge gilt hier der Frage, wie sich die kleinsten musikalischen Einheiten feststellen lassen, aus denen sich das Repertoire ergibt. Eingebürgerte Begriffe der traditionellen musikalischen Analyse werden dabei nicht ohne weiteres übernommen; aus Mißtrauen gegenüber ihrer Ungenauigkeit werden sogar die zentralen Termini Motiv und Thema abgelehnt. Man sucht stattdessen, die kleinsten Einheiten anhand von Repetitionen festzustellen. Jene Gruppe von Tönen, die im Verlauf des Musikstückes zumindest einmal wiederholt wird, gilt als eine Einheit.

In diesem Verfahren, das von Nicolas Ruwet verschiedentlich vorgeführt worden ist, steht die Segmentation im Vordergrund. Sie vollzieht sich in zwei Schritten, zunächst in der Festlegung der kleinsten Einheiten selbst, sodann in der Unterbringung dieser Einheiten auf der paradigmatischen sowie auf der syntagmatischen Achse. Die paradigmatische Achse ergibt sich anhand der Ähnlichkeit bzw. der Identität der Einheiten, die syntagmatische Achse ist das Ergebnis der aktuellen Verbindung dieser Einheiten im musikalischen Werk.

Ein Beispiel aus Ruwet:[13]

---

[13] Nicolas Ruwet, a.a.O., S. 116.

Ist Musik eine Sprache?

(aus: Paul Runge: Die Lieder und Melodien der Geißler des Jahres 1349 nach der Aufzeichnung Hugos von Reutlingen, Leipzig 1900, S. 9)

Ein Blick auf das simple Notenbild läßt folgende Einwände entstehen:
a) Ruwet läßt den Text des mitgeteilten Geißlerliedes aus dem 14. Jahrhundert außer acht, obgleich der Strophenbau auf die Zeilenstruktur der Musik abfärbt,
b) unbemerkt bleibt auch, daß bei der Zeile B(d_1 + b) Krebsgestalt

vorliegt; solchen typisch musikalischen (ikonischen) Techniken gegenüber erweist sich die linguistische Methode als unangemessen;

c) der Gegenstand der Demonstration ist zu einfach, um deren Brauchbarkeit nachweisen zu können. Es läßt sich vermuten, daß mit dieser Methode komplexe mehrstimmige Sätze nicht oder nur äußerst umständlich dargestellt werden können;

d) das Verfahren macht bereits vorhandene Einsichten in die musikalische Gestalt explizit, es führt aber nicht zu neuen Einsichten – diese negative Eigenschaft seiner Methode hebt Ruwet selbst hervor.

Jean-Jacques Nattiez, selber ein Anhänger des distributiven Verfahrens, hat in selbstkritischer Reflexion den Distributionalisten vorgeworfen, sie trieben Fetischkult mit dem musikalischen Einzelwerk, das sie gerade beschreiben; sie ließen außer acht, daß die relevanten Merkmale einer Komposition aus dieser allein gar nicht herausgelesen werden können, erforderlich sei vielmehr das Studium der stilistischen Umgebung, und nur deren eingehende Kenntnis befähige zu einer Beschreibung des Einzelwerkes.

2. Einen Fortschritt verspricht in diesem Betracht die Anwendung der generativen Grammatik. In Anlehnung an Noam Chomsky ist man innerhalb dieser Richtung an folgender Frage interessiert: Ähnlich der Sprache besteht die Musik nicht aus voneinander isolierten individuellen Leistungen – hier ist nicht von ästhetischer Individualität die Rede –, vielmehr sind die Sprachsätze bzw. die Musikwerke durch beobachtbare Regelmäßigkeiten innerhalb eines stilistischen Bereichs miteinander verbunden. Sind uns die Grundeinheiten sowie die syntaktischen Regeln bekannt (und ihre Kenntnis ist grundsätzlich möglich, da die Anzahl beider ein bescheidenes Inventar nicht überschreitet), so vermögen wir mit ihrer Hilfe unbegrenzt viele und bis dahin nicht voraussehbare Gebilde zu erzeugen. Auf diese Weise hervorgebrachte Kompositionen können dann vom kompetenten Hörer als „richtige Musikwerke", analog den „well-formed sentences" in der Sprache, identifiziert werden. Das ursprünglich untersuchte begrenzte Corpus, dem die verfügbaren Elemente bzw. die Verknüpfungsregeln entstammen, wird unermeßlich übertroffen infolge der beliebig vielen Hervorbringungen „möglicher Musik".

Dieser – hier sehr verkürzt wiedergegebenen – Überlegung schliessen sich die Versuche mit komponierenden Computers an.[14] Ange-

---

[14] Otto-Ernst Laske: Introduction to a generative theory of music, in: Sonological Reports 1 (1973), Institute of Sonology, Utrecht State Uni-

nommen, es würde restlos gelingen, die sowohl aus Kompositionslehren bekannten wie auch bloß intuitiv, durch Werkanalyse, erkennbaren Verknüpfungsregeln zu formulieren und formalisieren, die in J. S. Bachs verstimmigen Chorälen walten, so könnte man beliebig viele Choräle in der Kompositionsart von Bach hervorbringen und durch diese Produktion zugleich beweisen, daß wir auch die kleinsten Geheimnisse eines vergangenen musikalischen Idiolekts durchschaut haben.

Gemessen an der großen Umständlichkeit des Input-Vorganges, erscheinen die bisherigen Ergebnisse allerdings wenig überzeugend. Von der Hoffnung, dem Code eines einigermaßen komplexen Musikwerkes vollständig auf die Spur zu kommen, haben sich Einsichtige mittlerweile freigemacht und sogar die aus ihrem Munde resigniert klingende Behauptung aufgestellt, das einzige, was man über ästhetische Gebilde mit wissenschaftlicher Gewißheit sagen könne, sei, daß man deren Code mathematisch nicht erschöpfend formulieren kann. Geboten erscheint es in jedem Fall, zwischen nichtästhetischen Sprachsätzen, denen Chomskys Interesse galt, und ästhetischen, also nicht vollständig auf einem durchrationalisierbaren Code beruhenden Gebilden zu unterscheiden und Methoden, die im ersten Bereich erfolgreich entwickelt worden sind, nicht mechanisch auf den zweiten zu übertragen.

Theoretisch betrachtet, hat die musikalische Fruchtbarmachung von Chomskys generativer Methode dann einen Sinn, wenn mit ihrer Hilfe nicht etwa schon bekannte historische Musik, sondern stilistisch bislang unverbrauchte hergestellt werden soll. Allerdings muß der gesamte Code dann neu konstruiert werden, da ein irgendwie geartetes Corpus selbstverständlich nicht vorliegt. Man fragt sich allerdings, ob die Herstellung avantgardistischer Computermusik nicht umständlicher sei als die heute übliche Kompositionsweise. Eine Fertigstellung des Input mit syntaktischen Regeln, die nicht ganz primitiv sind, erfordert weit mehr Zeit als selbst die einer umfangreichen Partitur. Gewiß, nach der langwierigen Vorbereitung könnte der Computer dann allerdings massenweise neue Musik hervorbringen. Aber gerade die Vorstellung einer massenhaft produzierten Avantgarde krankt an einem unaufhebbaren Paradox. Auf Grund des wohl auch im ästhetischen Bereich geltenden Mechanismus von Angebot und Nachfrage

---

versity; Lejaren A. Hiller: Informationstheorie und Computermusik, Mainz 1964 (= Darmstädter Beiträge zur Neuen Musik VIII).

wird die maschinell hergestellte Dumping-Musik in künstlerischer Hinsicht rasch unergiebig, das komplizierte Computerverfahren also zuletzt doch unnütz. Vollends uninteressant wird die generative Methode, sobald es darum geht, im Idiolekt von Bach nachträgliche Bach-Kompositionen zu liefern, denn Imitationen eines jahrhundertealten kompositorischen Modells besitzen weder ästhetischen noch historischen Wert. Auch wenn sie dem geschichtlichen Vorbild zum Verwechseln ähnlich sein sollten – was sie erfahrungsgemäß nicht sind –, würden sie am musikalischen Geschichtsbild keinen Deut ändern. Der Historiker hat es mit überlieferten Einzelwerken zu tun, nicht mit synthetischen Nachahmungen. Es scheint daher, daß den Gegenstand einer Semiotik der Musik historisch wirksam gewordene Kompositionen und deren Rezeptionsgeschichte bilden sollten, nicht mögliche Syntaxen von denkbarer Musik.

Hans Holländer

BILDER ALS TEXTE, TEXTE UND BILDER

Die Frage nach dem Verhältnis von Bild und Sprache, Anschauung und Begriff, in Bezug auf die Möglichkeiten und Grenzen der Formulierung von Welterfahrung, ist zu allgemein, als daß sie hier zur Diskussion stehen könnte, denn dann wären auch sämtliche mehr oder weniger begründeten und oft sehr allgemeinen Antworten mitsamt ihren Widerlegungen zu erörtern. Dabei würde sich vermutlich herausstellen, daß man sich in Kreisen und Epizyklen bewegt. Bestimmte Konstellationen kehren wieder, nach schlüssigen Widerlegungen so lebendig wie zuvor, oft unabhängig von ‚Welterfahrung‘, oft abhängig von Konventionen. Ich beabsichtige nicht, mich auf diese Frage einzulassen, obgleich ich einige Exempla auswähle, die sich darauf beziehen. Daher ist zumindest das allgemeinere Problem, wenn auch unvollständig, anzugeben.

1. Anscheinend hängt bereits seine Formulierung von Vorverständnissen und vorausgegangenen Definitionen ab, in denen festgelegt wird, was unter ‚Bild‘ und was unter ‚Sprache‘ zu verstehen sei. Die Formulierung der Frage ist dann selbst schon die Antwort. In den Vorverständnissen und den daraus folgenden Definitionen aber sind Voraussetzungen enthalten, die aus historischen Bedingungen, besonderen Affinitäten der Autoren, auch aus Zufall und willkürlicher Abgrenzung von Spielrevieren folgen, die aber gleichwohl mit dem Anspruch allgemeiner Gültigkeit auftreten. So erscheint denn die Sache nach hinreichender Lektüre gegensätzlicher Aussagen als Scheinproblem, das aus den Bedingungen von Vorverständnissen über Bild und Sprache folgt. Ein Scheinproblem dieser Art ist die Frage, ob Denken nur in Worten oder auch in Bildern möglich sei. Sie wird unterschiedlich beantwortet, oder es werden unterschiedliche Antworten dekretiert, je nachdem, ob Sprache als Oberbegriff für alle hinreichend differenzierten und zur Kommunikation geeigneten Zeichensysteme verstanden oder aber nur auf die ‚Wortsprache‘ (und Schrift)

bezogen wird. Im ersteren Fall können Differenzierungen überspielt werden, die zweifellos notwendig sind, im zweiten Fall wird Bildern nachgesagt, mit Denken hätten sie nichts zu tun. Die Voraussetzung kann dann zu absurden Behauptungen führen, etwa zu der berühmten Sentenz von Ernst Robert Curtius: „Wer europäische Literaturforschung treiben will ... wird erkennen, daß sie eine autonome Struktur hat, die von der der bildenden Künste wesensverschieden ist. Schon deswegen, weil die Literatur, abgesehen von allem anderen, Träger von Gedanken ist, die Kunst nicht." Und: „Da die Literaturwissenschaft es mit Texten zu tun hat, ist sie ohne Philologie hilflos ... Die Kunstwissenschaft hat es leichter, sie arbeitet mit Bildern – und Lichtbildern. Da gibt es nichts Unverständliches. Pindars Gedichte zu verstehen, kostet Kopfzerbrechen, der Parthenonfries nicht."[1]

Die Sätze enthalten in sehr harter Zuspitzung ein durchaus nicht neues und von Vorurteilen sehr stark bestimmtes Problem. Sie sind widerlegbar. Es gibt viele mögliche Widerlegungen. Eine von ihnen hat F. P. Pickering[2] geliefert. Unwiderlegbar sind diese Sätze indessen, wenn man sie als Äußerung einer Glaubensgewißheit betrachtet und darüber hinaus als Symptom. Als Symptom habe ich sie zitiert.

Symptomatisch freilich sind auch Gegenthesen wie etwa die Behauptung Albrecht Fabris: „Was an einem Bild dem Wort zugänglich ist, hat notwendigerweise nur beiläufig etwas mit ihm als Bild zu tun. Dem Wort zugänglich an ihm ist nämlich allenfalls das Anekdotische". „Der Geist eines Malers sind seine Rots, seine Grüns, seine Blaus".[3] Kürzer geht es nicht: Der Gedanke eines Bildes sei ein Bildgedanke oder er hört auf ein Gedanke zu sein. Vergleicht man die zeitlich nicht sehr weit voneinander entfernten Texte von Fabri und Curtius, dann stellen Ähnlichkeiten sich ein in der Forderung nach Reinheit, nach vollständiger Trennung der Bereiche, nach Unvereinbarkeit von Text und Bild. In Thesen dieser Art zeigt sich eine Spaltung, die weiter reicht und älter ist. Denn oft schon wurde das Verhältnis von Bild und Text als Spannungsverhältnis verstanden zwischen Alternativen, die einander ausschließen. Anscheinend ist diese Spannung bestimmend für die europäische Tradition, sie zeigt sich in sehr unter-

---

[1] Ernst Robert Curtius, Europäische Literatur und lateinisches Mittelalter, 3. Auflage, Bern und München 1961, S. 24.
[2] F. P. Pickering, Literatur und darstellende Kunst im Mittelalter, Berlin, 1966.
[3] Albrecht Fabri, Der rote Faden, München, 1958. Vgl. besonders S. 154 ff.

schiedlichen historischen Konstellationen. Sie ist nicht nur ein Thema, sondern genau genommen das Thema der Kunstgeschichte, denn immer sind wir gezwungen, sofern wir über Bilder reden oder schreiben, uns erneut zu vergegenwärtigen, welche besondere Distanz ein Text über ein Bild zu dessen anschaulicher Wirklichkeit hat. Auch ist man immer gezwungen, die Nähe und Distanz von Texten und Bildern zu ermitteln. Der Anlaß von Bildern ist ja oft Literatur gewesen, oft aber nicht mehr als ein Anlaß, doch wenn man's genau machen wollte, so müßte man sämtliche in jeder Literatur vorhandenen unausgeführten evozierten Bilder, ohne die sie überhaupt nicht auskommt, weil sie sonst unlesbar oder unverständlich würde, mit berücksichtigen.

Das Problem ist in Europa nicht neu, anderen Kulturen mag es fremd sein; so sagt man, der chinesischen Kultur eigne seit alters eine Einheit von Sprache und Bild, die bis heute nicht gesprengt worden sei. Das mag sein, zumindest ist ein derartiger Fall ohne Schwierigkeiten denkbar. In Europa aber ist die Spaltung dieser Bereiche charakteristisch, gleich aus welchen Ursachen. Eine der Ursachen ist sicherlich ein Verständnis der christlichen Lehre als allein durch das Wort vermittelte, aber sicher ist das nur eine der Ursachen, denn in den orthodoxen Kirchen hat diese Spaltung von Wort und Bild nicht stattgefunden, jedenfalls nicht in gleichem Maße. Das allgemeine Problemfeld ‚Bild und Sprache' hat viele Facetten und Ansichten. Es scheint, daß es in seiner variantenreichen Allgemeinheit noch zu wenig bedacht worden ist, auch wenn keine Ästhetik, kein Versuch der Klassifikation von Medien, keine Überlegung zur Theorie der Kunstgeschichte darauf verzichten kann, es zu erwähnen. Ob die Semiotik oder die Semiotiken dieses besondere Verhältnis, das in hohem Maße ein historisches ist, in den Griff bekommen, steht dahin, zu vermuten ist aber, daß das noch nicht der Fall ist. Jedenfalls scheint es auch dort um Rangordnungen zu gehen, im Sinne des Curtius-Zitats. So gibt es bei Adam Schaff [4] in der Klassifikation der eigentlichen (künstlichen) Zeichen nicht nur die traditionelle strikte Trennung von Wortzeichen und ‚eigentlichen Zeichen mit abgeleiteter Expression', zu denen die ‚substitutiven Zeichen' (Bilder usw.) gehören, sondern auch eine deutliche Hierarchie mit unbedingtem Vorrang der Wortzeichen vor allen anderen möglichen Klassen, im Besonderen vor allen ikonischen Zei-

---

[4] Adam Schaff, Einführung in die Semantik, Hamburg, 1973. Zur Begründung der Klassifikation bes. S. 166 ff.

chen, den Bildern, Abbildern, Symbolen, Diagrammen, also den sichtbaren, optischen, anschaulichen Zeichen. So überzeugend die Klassifikation ist, so wenig überzeugt die Rangordnung und ihre Begründung.[5]

---

[5] Hier sei besonders auf die Argumente auf S. 194 verwiesen, in denen die gemeinte Konvention ungebrochen gegenwärtig ist:
„Man kann sich mit Hilfe verschiedener ‚Sprachen' verständigen, und die Menschen verständigen sich tatsächlich so. Zeugnisse von Ethnologen besagen, daß es Stämme gibt, die eine mit den Händen, mit Hilfe von Gesten geführte ‚Unterhaltung' der mündlichen vorziehen. Cushing spricht in diesem Zusammenhang von einem speziellen Stil des ‚Denkens mit der Hand', der sich von unserem ‚Sprache-Denken' unterscheidet. An all dem ist nichts Ungewöhnliches oder Unmögliches. Eines aber ist sicher: mit keiner dieser ‚Sprachen' ließe sich das philosophische System Hegels formulieren, die Relativitätstheorie Einsteins, nicht einmal die einfachste Grammatik dieser oder jener Sprache. In der Lautsprache steckt eine besondere Kraft, die die weitere Entwicklung des Denkens ermöglicht, die gestattet, immer höhere Abstraktionsstufen zu erreichen, eine Kraft, die es erlaubt, immer umfassendere und tiefere Gesetze der Welt zu entdecken und zu formulieren, auf Grund dessen die Welt zu beherrschen und dem Menschen unterzuordnen. Man kann sich über die Mehrdeutigkeit und geringe Präzision der Umgangssprache beschweren, aber auch das kann man nur mit Hilfe dieser Sprache und ausschließlich auf dieser Basis tun. Gerade deswegen ist die Lautsprache nicht nur ein besonders geeignetes, geschmeidiges Instrument des Verständigungsprozesses, sondern auch ein für die weitere eigene Vervollkommnung besonders geeignetes Instrument, das einfach unbegrenzte Möglichkeiten seiner Vervollkommnung besitzt. Und das ist einer der wichtigsten Aspekte der Spezifik der Wortzeichen."
Es ist sicherlich richtig, daß unser Denken und unsere Sprachgeschichte in der angegebenen Weise zusammengehören, indessen reicht der Hinweis auf die Subtilität und Entwicklungsfähigkeit der Wortsprache wohl nicht aus. Zur Vervollkommnung sind die ‚optischen' Zeichensysteme nicht weniger geeignet, und sie sind nicht weniger subtil. Indessen ist hier wie in anderen Arbeiten zum gleichen Thema das Maß der Bewertung, die Eignung eines Systems für alltägliche Kommunikation, also für maximale Informationsmenge in kürzester Zeit, bzw. für den kürzesten Weg zur Umsetzung in aktives Handeln. Von der *Entstehung* der Gedanken (von Sprache als ‚ars inveniendi') ist gar nicht die Rede, nur von ihrer Übermittlung. Die Wege der Entstehung von Gedanken, von neuen Gedanken mögen völlig anders beschaffen sein (vgl. Anm. 9). Ein einfacher Trick ist der Hinweis auf die Handzeichen jener Indianerstämme (die als Jäger vermutlich einer lautlosen Übermittlung von Informationen be-

Sie ist freilich nicht willkürlich: in ihr zeigt sich die Macht der europäischen Tradition. Auch Schaff ist, wie Curtius, der Meinung, Denken und die Mitteilung des Gedankens sei wesentlich eine Sache der Wortsprache.

Indessen läßt die bloße *Tatsache*, daß wir in der Regel sprechend denken, in einer Art innerem Dialog, keinerlei Schlußfolgerung zu über die Möglichkeit oder Unmöglichkeit anderer Denkprozesse, die sich anderer *bewußter* Zeichensysteme bedienen.

Zu erwähnen ist freilich auch, daß der Sprachgebrauch selbst, übrigens der ‚gedankenlose‘, dem Bilde und der Anschaulichkeit einen Rang zugesteht, der im Widerspruch steht zu der These, nur in der Sprache sei Denken möglich. Ein flüchtiger Blick ergibt bereits sonderbare Titel; nicht nur ist in mehreren von „Weltbild" die Rede, auch dann, wenn komplizierte, nicht bildhafte, aber auch in der Wortsprache nicht faßbare Gegenstände gemeint sind. So heißt ein Buch von Heisenberg ‚Das Naturbild der heutigen Physik‘[6], ein anderes von Pascual Jordan, „Das Bild der modernen Physik"[7], und Eberhard Buchwald wählte den Titel ‚Das Doppelbild von Licht und Stoff‘[8] – gemeint ist das Vexieren zwischen Welle und Korpuskel. Er besteht auch im Text auf der anschaulichen Formulierung, legt Wert auf Bild und Modell als Methoden der Naturbeschreibung und meint zu Recht, die Anschaulichkeit sei nicht auszutreiben; als elementares Bedürfnis sei sie imstande, sich noch der abstraktesten Gedankendinge zu bemächtigen. Auch die anderen setzen unbedenklich das Wort Bild ein für eine auf andere Weise nicht erreichbare Klarheit der Formulierung von Gedanken.

Entsprechend dieser Erfahrung konnte Arthur Koestler feststellen: „Einer weitverbreiteten aber irrigen Meinung zufolge vollzieht sich der Denkprozeß des Naturwissenschaftlers streng logisch und ohne

---

durften). Mit ihnen könne man schwerlich, so meint Schaff zu recht, aber völlig überflüssigerweise, das System Hegels oder Einsteins Relativitätstheorie formulieren. Das ist trivial und mitnichten ein Einwand gegen ‚anschauliches Denken‘, denn in gleicher Weise könnte man mit ganzen Ketten ebenso unbestreitbarer Sätze antworten, etwa mit der Feststellung, daß Rembrandt die Nachtwache nicht in der Terminologie Hegels hätte ‚formulieren‘ können usw.

[6] Werner Heisenberg, Das Naturbild der heutigen Physik, Hamburg, 1955.
[7] Pascual Jordan, Das Bild der modernen Physik, Hamburg, 1948.
[8] Eberhard Buchwald, Das Doppelbild vom Licht und Stoff, Berlin, 1947.

die sinnliche und visuelle Qualität der poetischen Phantasie. Dagegen brachte eine Umfrage unter amerikanischen Mathematikern zutage, daß fast alle von ihnen, Einstein eingeschlossen, in visuellen Bildern, und nicht in präzisen sprachlichen Begriffen dachten."[9] Offenbar taten sie es, weil die Wortsprache nicht für jeden Gedanken tauglich und oft weniger präzise ist als das Bild. Das entspricht dem Sprachgebrauch. Man sagt ja auch, wenn einem etwas klar geworden ist ‚ich kann mir ein Bild machen', oder ‚ich bin im Bilde', nicht aber ‚ich bin im Text' oder dergleichen. Auch sagt man, etwas sei ‚evident', also anschaulich schlüssig, sichtbar und einleuchtend.

Es scheint also der Sprachgebrauch selbst auf die Gedanklichkeit von Bildern zu verweisen, sie erscheinen sogar als Muster und Vorbilder für die Prägnanz sprachlicher Mitteilung. Der Casus ist sonderbar; einerseits Bilder als schlechterdings ungeeignet zur Formulierung von Gedanken, andererseits die Gleichsetzung von Bild und Gedanken im Sprachgebrauch nicht nur von Naturwissenschaftlern. Entweder haben hier Sprache und Bild einen unterschiedlichen Sinn, oder aber unter Gedanken wird nicht dasselbe verstanden. Dies sind nun einige Stichproben. Curtius und andere Philologen – er war ja nicht der einzige, der die zitierte Meinung vertrat[10] – und auf der anderen Seite diejenigen, denen mit Selbstverständlichkeit Bild und Gedanke ein und dasselbe sind, unter ihnen Paul Klee, dessen Formulierung ‚bildnerisches Denken' schon fast als Herausforderung an gegenteilige Positionen zu verstehen ist, denn er meinte ja nicht nur Klarheit der Formulierung, sondern einen Prozeß, der im Ganzen bildhaft ist und zugleich Denken bedeutet. Es kommt darauf an, was man unter Sprache versteht. Wenn Nelson Goodman[11] allgemein von ‚Sprachen der Kunst' spricht, den Begriff somit auf jedes hinreichend differenzierte Zeichen- und Notationssystem bezieht, so hat er ihn zumindest von seiner traditionellen Begrenzung befreit, und die Möglichkeit der Übersetzbarkeit und Vergleichbarkeit theoretisch begründet, sicher ein Weg, die konventionelle Spaltung zu überwinden. Indessen kann ich damit diese Vorbemerkung abschließen, die mit einigen Stichproben

---

9 Arthur Koestler, Die Wahrheit der Phantasie, Rede zum 47. internationalen PEN-Kongreß, 1976. Abgedruckt in: Die Zeit, 3. 9. 1976.

10 Vgl. Helmut Gipper, Denken ohne Sprache?, Düsseldorf, 1971. sowie: Bausteine zur Sprachinhaltsforschung, Düsseldorf, 1963, 2. Auflage 1969.

11 Nelson Goodman, Sprachen der Kunst, ein Ansatz zu einer Symboltheorie, Frankfurt, 1973.

ein Problem zeigen sollte, das in der Regel als ein anthropologisches erscheint, tatsächlich aber zunächst einmal ein historisches ist, wahrscheinlich begrenzt auf eine relativ kleine Anzahl von Kulturen, zu denen die europäische gehört, andere aber nicht.

Die Voraussetzung also:

Das Verhältnis von Sprache und Bild ist in der europäischen Tradition und in gegenwärtigen Äußerungen alles andere als selbstverständlich, die Indizien verweisen auf einen Konflikt. In der Regel wird angenommen, die Sprache sei der eigentliche Weg zur Formulierung von Gedanken, das Bild aber entweder ein uneigentlicher, oder aber gar ungeeigneter. Grenzfall ist die These von Curtius.

Die Gegenthese kann nun nicht einfach lauten, daß die behauptete Position unsinnig sei. Zwar ist sie es, der Nachweis wurde längst besorgt, denn es gibt seit langem eine historische Semantik, eine Zeichen- und Gedankenlehre der Bilder, die Ikonographie, die von der gegenteiligen Prämisse augeht, nämlich daß Bilder Formulierungen von Gedanken sind, indessen ist nicht dies darzulegen beabsichtigt. Mir geht es eher darum anzudeuten, daß der genannte Konflikt, der heute sichtbar ist, nicht gänzlich neu ist, daß die gegenwärtigen Konstellationen, so wissenschaftlich sie sich gebärden, Resultate einer Tradition sind, der Tradition eines Spannungsverhältnisses zwischen Wörtern und Bildern und der von ihnen gemeinten Realität.

Ich beschränke mich auf drei Exempla, ein frühmittelalterliches, eines aus dem 16. Jahrhundert und eines aus dem 20. Jahrhundert.

Die Zwischenräume von mehreren Jahrhunderten ermöglichen einen gewissen Szenenwechsel, auch bekräftigen sie die Tatsache, daß das Problem zwar immer vorhanden war, seine Beleuchtungen aber sehr verschieden ausfallen.

Es gibt Bilder, sie sind zahlreich, in denen das Verhältnis von Bild und Sprache erst dann wichtig wird, wenn man sich ihnen als Kunsthistoriker mit dem Handwerkszeug des Kunsthistorikers nähert, nämlich mit Worten. Sie sind schwieriger als die hier ausgewählten. Meine Auswahl beschränkt sich auf Fälle, in denen das Thema dieses Versuches Gegenstand des Bildes ist, auf Bilder, die sich in extenso auf das Verhältnis von Sprache und Bild beziehen, oder die selbst als Texte zu verstehen sind.

2. Ich beginne mit einem Werk, das schon seiner Perfektion wegen als Quintessenz der Künste zur Zeit Karls des Großen gilt, und dessen tatsächlich umfassender Bedeutungsgehalt dieser Beurteilung recht gibt: Die Anbetung des Lammes im Evangeliar aus St. Médard in

Soissons, Paris, Bibl. Nat. MS. Lat. 8850, Fol. lv. Man sieht ein Bild, das fast ganz aus Architektur besteht: Vier Säulen, die, durch ein Tuch verbunden, einen Architrav tragen, wobei die Randsäulen das Bild begrenzen. Und darüber der Architrav, der seinerseits nun einen wirklichen Rahmen trägt statt einer architektonischen Form. Das ist auffällig zunächst deswegen, weil ein Bilderrahmen ja ein Bild begrenzt, die Architektur aber, die das Rahmenstück trägt, zugleich abgebildete Architektur ist, die selbst aber den Rahmen der unteren Zone des Bildes bestimmt. In der Mitte: Architektonische Motive, den unteren Säulen entsprechend vierfach gegliedert, und, in Medaillons, Kreisen mit blauem Hintergrund, die vier Evangelistensymbole; darüber ein schmaler Gebälkstreifen. Darin sieht man blaues Wellengekräusel, Wasservögel und Fische, und dann über dieser Architektur, die zugleich die Rahmungen liefert, differenzierte Streifen in den Nuancen Purpur, Violett und Blau mit anbetenden Gestalten – es sind die vierundzwanzig Ältesten der Apokalypse – und über ihnen im Medaillon das Lamm Gottes, dessen umrahmender Kreis sich konzentrisch fortsetzt in den Achtelkreisen, in die der Streifengrund umknickt.

Das Bild ist zunächst rätselhaft und fremdartig, denn nichts, was uns aus näherer Vergangenheit vertraut wäre, ist darin enthalten. Indessen ist es aus seinem Kontext heraus ohne weiteres verständlich und jede Einzelheit hat ihre Bedeutung. Wenn man sie kennt, erweist sich, daß es eine der ersten und präzisesten Weltallegorien des frühen Mittelalters ist. Das Bild gehört in ein Evangeliar, also ein Manuskript, das die vier Evangelien enthält und einige ihrer Aspekte in Bildern zeigt. Das Bild und die Texte, mit denen es zusammenhängt, führen sogleich und ohne Umwege auf die richtige Spur. Denn diesem Bild gegenüber steht die Vorrede des Hieronymus zum Matthäus-Evangelium, ein Text, der in dieser ganzen Gruppe von Werken aus der Hofschule allen vier Evangelien vorangestellt ist, denn dort wird begründet, warum es nur *vier* Evangelien geben könne und nicht fünf oder drei. Warum das so wichtig war? Weil es mehr und andersartige Evangelien gab – sie sind in den Ausgaben apokrypher Schriften gesammelt – vier davon, die ausführlichsten, sich aber allgemein durchgesetzt hatten. Diese vier als die rechtgültigen zu erweisen, war im Sinne der Einheit der Lehre notwendig.

Nach wie vor gilt Irenäus von Lyon als der früheste bekannte Autor, der die Evangelien mit den vier Lebenden der Apokalypse in Verbindung brachte, die offenbar schon vor Irenäus als den Wesen des Tetramorphs, des *Vier*gestaltigen der Hesekiel-Vision als gleichartig betrachtet wurden. In dem Hauptwerk des Irenäus, „Adversus Haereses", Ende des zweiten Jahrhunderts, sind die wichtigsten Motive und Begründungen schon enthalten. Es heißt dort: „Gleichwie es vier Hauptrichtungen und vier Hauptwinde gibt, so müssen auch in der Kirche vier Säulen sein, die nach jeder Seite Beständigkeit offenbaren und die Menschen beleben. Daher ist offenbar, daß der Logos, der Baumeister des Alls, der das All zusammenhält und der den Menschen erschienen war, uns das Evangelium viergestaltig gab, von einem Geiste zusammengehalten, denn die Cherubim sind viergesichtig und ihre Gesichter sind Bilder der Wirkungsweise des Gottessohnes." [12] Vom Universum ist die Rede und den vier Himmelsrichtungen, sowie von den vier Winden, vom Kirchengebäude und seinen vier Säulen, vom Logos als Weltenbaumeister – dem „artifex omnium". Bei Irenäus folgt dann mit dem Hinweis auf die Cherubim Hesekiels wie der Johannes-Apokalypse eine Deutung der vier Wesen, die er ausdrücklich als Bilder, Gleichnisse von Eigenschaften Christi – der dem Weltlogos entspricht – versteht. Irenäus zitierte das ganze Universum, um zu beweisen, daß es nur vier Evangelien geben könne.

Das Sichere und Einleuchtende an der allegorischen Deutung der vier Wesen lag nicht in einer das Wesentliche treffenden Übereinstimmung eines der Evangelien mit einem der Rätselwesen, sondern allein in der gemeinsamen Anzahl. Es lohnt sich, etwas bei Hieronymus zu verweilen. Er versammelt alle bis dahin ausgebildeten Motive. Da zu seiner Zeit die ersten erhaltenen Darstellungen der Evangelisten-Symbole entstanden sind, er selbst dergleichen bereits mit Sicherheit kannte, sind die Abschnitte seines Ezekiel-Kommentars [13], die sich mit der Gottesvision befassen, hier von besonderem Interesse. Der Kommentar wurde wahrscheinlich um 410–415 verfaßt. Die Stellen, auf die es vor allem ankommt, sind einige Verse vom Anfang des Buches Hesekiel.

Vers 1: Im dreißigsten Jahr am fünften Tage des vierten Monats, da ich war unter den Gefangenen am Wasser Chebar, tat sich der Himmel auf und Gott zeigte mir Gesichte." [14] Wichtig der Schluß:

---

[12] Zitat nach Wilhelm Neuss, Das Buch Ezechiel in Theologie und Kunst, Münster 1912; S. 26.
[13] Migne, PL. XXV, 18.
[14] Um die bildhafte Formulierung Luthers zu wählen.

„aperti sunt caeli et vidi visiones dei". Sodann folgt die Beschreibung der Vision Vers 4 bis 28.

Vers 1 bereits gibt Hieronymus Gelegenheit zu einer Warnung, die er dann später mehrfach wiederholt. Nämlich: Das „aperti sunt caeli", es öffneten sich die Himmel, sei auf keinen Fall, schreibt er, als „divisio firmamenti" zu verstehen. Mit diesen Himmeln vielmehr seien rein geistige Realitäten gemeint, die zu beziehen seien auf die Seelen der Gläubigen. Der Unterschied der Formulierung ist ja deutlich: ‚Divisio firmamenti', das wäre Teilung des sichtbaren Firmamentes, so daß etwas, was dahinter liegt, sichtbar wird. ‚Aperti sunt caeli' ist, so meint er, etwas anderes, ist nicht auf kosmische Realität bezogen. Entsprechend muß dann auch der Satz ‚et vidi visiones Dei' verstanden werden; das ‚videre' ist kein körperliches, sondern ein geistiges Sehen, die „visiones" sind keine Bilder, nicht als Bilder vorstellbar.

Hieronymus forderte eine allegorische Erklärung der ganzen Passage, er sucht in dieser Deutung zwei Möglichkeiten auf einmal zu erledigen, zu widerlegen, nämlich die kosmologische Interpretation des Satzes und die Möglichkeit, die Vision als Bild zu betrachten.

Die Kunst aber hat sich immer anders verhalten als er es forderte, und sie hat dabei bereitwillig auf seine Materialiensammlung zurückgegriffen. Sie hat immer visio als Bild betrachtet, hat immer caelum als firmamentum dargestellt und immer ganz tatsächlich genommen, was Hieronymus rein spirituell verstanden wissen wollte, die Anschauung war stärker.

Hieronymus versammelt nun bei der Interpretation der Gottesvision des Hesekiel alle erdenklichen Deutungen, er referiert, was ihm bekanntgeworden ist und befindet sich dabei in einem gewissen Dilemma: Denn einerseits lehnt er die kosmologische Deutung der vier viergestaltigen Cherubim ab, andererseits liegt ihm daran, die Wichtigkeit der Zahl vier mit allen Mitteln allegorischer Beweiskünste zu bekräftigen. Es bleibt ihm daher nichts weiter übrig, als gerade die kosmologischen Deutungen der vier Rätselwesen hervorzuheben. Er zitiert daher die Analogie zu den vier Elementen, aus denen die Welt besteht, die vier Himmelsrichtungen, die vier Jahreszeiten, auch die vier Temperamente, die vier Paradiesflüsse – die sich in die vier Weltrichtungen ergießen und auf die vierfache Gestalt des Gotteswortes sich beziehen usw. Da sich die Vier ursprünglich, als babylonische Tierkreisgötter der vier Weltrichtungen (um 90° verschieden) tatsächlich auf den von Hieronymus skizzierten Sachverhalt bezogen und von dort aus in das Buch Hesekiel gekommen sind, waren diese Analogien auch historisch richtig.

Hinzu kommen andere Deutungen. Hieronymus erwähnt auch die vier Weltorte: 1. den locus infernorum, der Ort der Unterweltlichen, Unterirdischen; 2. den locus terrestrium, der Ort der Irdischen; 3. den locus caelestium, gemeint sind die Planetensphären bis zum Fixsternhimmel, der äußersten Sphäre, dem Firmamentum, dem ‚gläsernen Meer‘; darüber befindet sich 4. der locus supercaelestium, der Ort der über den Himmeln Befindlichen. Vier Weltorte, architektonisch darstellbar in Stockwerken: drei von ihnen sind dargestellt in der Weltarchitektur des Medardus-Evangeliars, der untere, der locus infernorum, spielte hier ja keine Rolle. Andererseits ist dieses Muster der vier Weltorte bezogen auf ein Weltbild, das halbwegs ptolemäisch ist: Die Erde im Zentrum, dann die Planetensphären und die Fixsternsphäre, diese als äußere feste Grenze, als firmamentum. Unter der Erdoberfläche der locus der Unterirdischen und über dem Firmament der locus der Überhimmlischen. Mit dieser Deutung erklärt sich Hieronymus auch ausdrücklich einverstanden. Denn er zitiert dazu aus dem 148. Psalm „Lobet den Herrn" die Wasser über den Himmeln. Und von dem Ort ‚über den Himmeln‘ ist auch sonst, zum Beispiel in der Johannesapokalypse, die Rede.

Zu den *Wassern* über den Himmeln: Es handelt sich um die äußere kugelförmige Schale des Kosmos. „Über den Himmeln" heißt hier: Über den Planetensphären, gemeint ist also die Fixsternsphäre. Da es sich um eine feste Schale handelt, fügt Hieronymus hinzu, der Himmelozean sei bei ungeheurer Kälte zu Eis gefroren. Die Wasser seien leuchtend, weil in sie die Fixsterne eingeschlossen seien.

Der Matthäus-Kommentar des Hieronymus im Soissons-Evangeliar enthält eine Kurzfassung der Argumentation seines Ezekiel-Kommentars, und dieser Text gehört zu diesem Bild, oder besser, auf ihn bezieht sich dieses Bild.

Das bisher Gesagte kann zum Verständnis genügen:

Weltarchitektur – Weltbau – und Kirche sind einander analog. Die vier Säulen bedeuten die vier Evangelien. Zugleich ist darin der Gedanke der vier Weltsäulen enthalten, denn auf die vier Weltrichtungen, in die die vier Evangelien zu verbreiten seien, beziehen sich die vier Säulen, insofern sie an vier Ecken des Gebäudes zu denken sind.

Das sieht man so nicht, aber man muß dabei eine Eigentümlichkeit frühmittelalterlicher – und noch lange danach üblicher Raumprojektion bedenken: Das ganze Bauwerk ist als in die Fläche abgewickelt zu denken. Die Vorstellung von vier Säulen bezieht sich ja auf ein baldachinartiges Gebilde, auf ein Quadrat, auf dessen vier Ecken die Säulen stehen, die ein Dach oder ein oberes Geschoß tragen. In diesem Falle meint daher das obere Geschoß ein umlaufendes Gebälk.

Auch zur Erklärung dieser Zone kommen wir mit den wenigen Hinweisen schon fast aus. Denn wenn unten der Bau als irdischer gemeint ist, dann ist darüber die Grenze des innerweltlichen Kosmos zu denken, denn dieses Weltbild ist ja begrenzt. Die Einzelheiten also: Die Architravzone meint das himmlische Jerusalem der Apokalypse als Entsprechung zur Welt und Kirchenarchitektur. Darin die Medaillons mit den Evangelistensymbolen, die als kosmische Erscheinungen in der Apokalypse und im Buche Ezekiel jenseitige Erscheinungen sind, daher der blaue Grund, die kreisförmige Umrahmung, beides präzise Zeichen, die zeigen, daß die vier Wesen dieser noch architektonisierbaren Grenze *nicht* angehören, sondern der Zone darüber, über diesem Architrav, dessen obere Grenze wiederum eine nähere Bestimmung enthält, nämlich den Streifen mit den Fischen und Wasservögeln, den Hinweisen auf Wasser also. Gemeint ist nicht buchstäblich Wasser, sondern die kristalline Grenze der Weltkugel, der Himmelsozean – eine für das Mittelalter charakteristische und sehr alte Vorstellung, die aber noch bis ins 17. Jahrhundert sich behauptet hat. Und darüber – nun jenseits der Grenze der Welt, genau das meint der Begriff Jenseits, spielt sich eine Szene ab, die in der Johannesapokalypse ebenfalls an diesem Ort angesiedelt ist, nämlich ‚über dem gläsernen Meer'.

An dieser Stelle haben Architekturen nichts mehr abzubilden, der Raum jenseits der kristallinen Weltsphäre ist nicht begrenzt, daher an dieser Stelle der Bilderrahmen, der signalisiert, daß es sich hier um einen Ausschnitt handelt aus einer nicht begrenzbaren Gegend. Soweit also sehr zusammengefaßt die Bedeutung dieses Bildes.

Es handelt sich um eine Allegorie. Sie besteht aus einer Reihe von Symbolen, die nicht von vornherein eindeutig sind. Eindeutigkeit gewinnen sie im Bedeutungszusammenhang, der dem, der die Texte kannte, verständlich war, uns verständlich wird, wenn wir die Texte kennen, ihre Metaphern und ihre symbolischen Verweise.

Das gleiche gilt für viele andere Allegorien, und zwar bis heute. Voraussetzung ist allerdings ein Konsens über die Bedeutungsspielräume der wichtigsten Zeichen, auch wenn ihre Kombination neuartig ist und so vorher nicht vorkam. Fehlt dieser Konsensus – und das ist seit etwa 200 Jahren oft der Fall, wird die Entzifferung schwierig, manchmal unmöglich. In mancher Beziehung sind neuere Werke daher schwerer interpretierbar und umso mehr der Interpretation bedürftig als ältere.

Das Problem hört mit der scheinbaren Vertrautheit also nicht auf zu existieren. Man versteht dieses Bild nicht, wenn man den zugehörigen Text und seinen Zweck nicht kennt. Für uns ist der Text – und ein Feld weiterer Texte – ein notwendiger Kommentar zum Bild. Sicherlich gilt das auch ursprünglich, aber nur wenige kannten die Texte, ohne die man dieses Bild nicht versteht. Für sie indessen hatte der Text eine andere Bedeutung als für uns, und daher auch das Bild. Es ist vom Text her begreifbar als Kommentar, als bildhafter Kommentar zum Text, als dessen wohl notwendige Bekräftigung, denn durch das Bild erst wird auch anschaulich gegenwärtig, was im Text vorgeht. Alle zitierten anschaulichen Elemente des Textes sind nun simultan da, aus der bloßen Zahl – hier der Zahl vier – wird geometrische Figur, architektonische Form, und in ihrem Rahmen wird die Zuordnung anschaulicher Elemente sichtbar: Ein Bild, das als Kommentar zugleich eine Zusammenfassung alles dessen ist, was im Text bildhaft vorstellbar ist, ein memoratives Bild[15], Übersetzung des Textes in ein anderes Zeichensystem, und zugleich mehr als das, denn es enthält Eigenschaften, die kein Text unter keinen Umständen haben kann: Alles ist simultan gegenwärtig in einer Ordnung, die nicht derjenigen des zeitlich gegliederten Textes entspricht, und es enthält nur das Anschauliche, dies aber mit einer Prägnanz, die kein Text zu leisten imstande ist.

Im übrigen aber gelten die Bedingungen des Textes auch für das Bild: Es bedarf der Interpretation, der Allegorese, muß auf das bezogen werden, was es eigentlich meint, nicht auf das, was es zu meinen scheint. Aber diese Bedingung ist nicht sonderlich ungewohnt und keine mittelalterliche allein. Alle neueren Künste der Interpretation gehen davon aus, alle sind überdies säkularisierte Nachfolger der theologischen Allegorese und ihrer Grundlage, der Lehre vom mehrfachen Schriftsinn; wir gehen mit Selbstverständlichkeit, oft ohne uns dieser Genealogie zu vergewissern, davon aus, mit Recht, und selbstverständlich muß es auch analog zum mehrfachen Schriftsinn den mehrfachen Bildsinn geben, Bedeutungsschichten des Bildes.

---

[15] Vgl. Frances A. Yates, The Art of Memory, Harmondsworth, 1969.

3. Der zweite Fall: Das Sprichwörterbild Pieter Breughels des Älteren, 1959 (Staatliche Museen Preußischer Kulturbesitz, Berlin-Dahlem). Breughel hatte nach längerer Tätigkeit im Dienste des Verlegers Hieronymus Cock, für den er Vorzeichnungen zu mehreren graphischen Serien und eine große Zahl von Landschaftsdarstellungen machte, sein malerisches Werk eingeleitet mit einigen sehr bösartigen, spöttischen oder doch mindest distanzierten Bildern, deren Gegenstand die conditio humana in einer Interpretation war, die auf den Bosch-Variationen vorangegangener Blätter und Serien beruhte. Variationen über Themen des Hieronymus Bosch finden sich vor allem in seiner Serie der Tugenden und Laster, in der die Tugenden als bedenklich und die Laster als grotesk und phantastisch dargestellt wurden.[16] Eines der daraus folgenden Bilder ist das bekannte Sprichwörterbild, dessen Titel insofern zu korrigieren ist, als es weniger Sprichwörter darstellt als Redensarten.

Zuvor sei aber ein anderes Bild zitiert. Breughel ist zunächst in vielen Dingen Bosch gefolgt. Ein Sprichwort ist unzweifelhaft dargestellt in dem bekannten Blatt ‚Die großen Fische fressen die kleinen Fische‘, das möglicherweise auf Hieronymus Bosch zurückgeht, jedenfalls aber hält das Blatt eine gewiss Nähe zum Text, der in diesem Falle aus einem einfachen, schwerlich bestreitbaren Satz besteht. Dieser Satz ist aus dem Bilde ohne weiteres ableitbar, aber dennoch keine annähernd angemessene Beschreibung, denn in der Instrumentierung des einfachen Motivs entsteht bei Breughel eine Welt, eine übrigens hypothetische, denn Breughel ergreift den Satz und nimmt ihn beim Wort: Angenommen, dieser Satz wäre so universal, wie er aussieht, wie sähe dann die Welt aus, die allein dieser einen Prämisse ihre Regel verdankt.

Seine Darstellung wird daher zur Weltallegorie. Aus der Universalität des Satzes folgen Prinzipien der Darstellung, so die Wiederholung und die Verschachtelung. Auch wird dem Satz eine entscheidende Pointe hinzugefügt, indessen meinten ja auch im Sprichwort die Fische das Verhältnis von größerer und geringerer Gewalt und zielten auf menschliches Handeln. Eine Rückübersetzung der so entstandenen Welt-Landschaft in Worte kann nur sehr viel wortreicher ausfallen als es der Ausgangssatz war, gleichwohl lassen sich einige Eigenschaften in Sätzen ‚abbilden‘, etwa so:

Auf einer Landzunge liegt ein gewaltiger gestrandeter *Fisch*. Sein

---

[16] Lit.: Charles de Tolnay, Die Zeichnungen Pieter Bruegels, Zürich 1952.

großes Auge glotzt leer, tot, starr und böse. Das Maul ist geöffnet und daraus quellen *Fische* hervor, große *Fische*, aus deren Maul halbverschlungene kleinere *Fische* herausragen, kleinere *Fische*, die noch kleinere *Fische* verschlangen, als sie von dem großen, dem Ungeheuer, dem Leviathan erwischt wurden. Nicht nur *Fische* fressen *Fische*, auch Muscheln fressen *Fische*. Eine Muschel, die einen *Fisch* gefangen, sieht man aus dem Bauche hervorquellen und das andere Tier, das auf schlingenden und verschlungenen *Fischen* aus dem Bauche hervorkommt, ist anscheinend eine Wasserratte. Da ist also versammelt, was sich von *Fischen* nährt. Zunächst die *Fische* selbst, sodann die Muschel und die Ratte, auch eine Wasserschlange und dann der Mensch. Er ist ein Gnom und fährt mit riesengroßem Messer in den Bauch des Riesen*fisches* ein. Ein anderer nähert sich mit einer Leiter von der Rückseite, er ist bewaffnet mit einem Dreizack, den er dem Untier in den Rücken stößt. Beide übrigens sind behelmt und geschient, als ob das nötig wäre, denn das Ungeheuer ist wehrlos. Auch sind beide gesichtslos, denn man sieht nur den Helm. Vorne liegt ein Boot. Ein Mann am Ruder deutet auf das Ereignis am Strande, ein *Fischer* am Bug ist gerade dabei, aus dem Bauch eines *Fisches*, den er gefangen hat, einen weiteren *Fisch* zu holen. Neben dem Boot sieht man auftauchende *Fische*, die einen schwächeren Kollegen gepackt haben und ihn verschlingen. Hinten angelt einer. Ein *Fisch* beißt bereits an. Weiter hinten ist ein *Fischer*boot unterwegs und am Himmel kreuzt ein fliegender *Fisch*. Weitere *Fische* – es geht sehr *fischig* zu auf diesem Blatt – hängen als Dörr*fische* an einem Baum, und ein Mann trägt auf einer Leiter einen frischen *Fisch* hinauf. Ein zweibeiniges Untier, halb Mensch, halb *Fisch*, halb Ratte, läuft vorüber und hat einen *Fisch* im Maul. Die ‚Moral von der Geschicht' ist einleuchtend: Fressen und Gefressenwerden: Die Großen fressen die Kleinen, Kleine und Große frißt der Riese und alle, ob klein, groß oder riesig, fängt, tötet, verarbeitet und frißt der Mensch, der unter den Ungeheuern der Welt nicht das größte, aber das gefährlichste ist, denn er ist zwar klein, aber listig und böse und außerdem bewaffnet, und die Waffen, die er hat, stehen in keinem Verhältnis zu seiner Größe. Derjenige, der das merkt und sieht und daraufhin deutet, ist auch ein Mensch. Er trägt eine Kappe, wie sie Gelehrte trugen, ein Mann, der vielleicht etwas Einsicht in den Lauf der Welt besitzt. Er zeigt und erklärt, spricht zu dem anderen, aber er hört nicht hin. Auch er ist nur ein Mensch. Er denkt nur ans Fressen, das Messer trägt er zwischen den Zähnen, ihn interessiert nicht die Moral.

Das also ist der Lauf der Welt. Breughel stellt das fest, er zeigt es vor. Jeder mag seine Schlüsse daraus ziehen. Doch weiß er, daß die wenigsten es tun werden, das erweist die Bootsszene. Wie ein „Vollzugsorgan irdischer Pläne" wirkt das Messer. Es trägt als Zeichen das Symbol der Planeten Erde, die Kugel mit dem Kreuz darüber. Sonderbar aber, daß der Mensch, der Vollstrecker und Scharfrichter, nicht so ohne weiteres dem Lauf der Dinge sich einfügt. Es stört die Ordnung, denn es scheint ganz in Ordnung, daß in der belebten Welt der stärkere den schwächeren frißt – eine Art Darwinismus des 16. Jahrhunderts – aber es ist nicht in Ordnung, daß der schwächere den stärkeren frißt. Noch dazu frißt er nicht direkt, sondern auf Umwegen. Das erweisen die Instrumente, auch die Dörrfische am Baum. Die Zeichnung, in der das eigentliche Ungeheuer nicht der Fisch oder das Naturgesetz, das er befolgt, ist, sondern der Mensch, geht daher weit über die bloße Darstellung eines Sprichwortes hinaus. Sie betrifft zugleich das Verhältnis des Menschen zur Natur und es ist deutlich, daß der Vergleich zu Ungunsten des Menschen ausfällt.

Das Sprichwörterbild in Berlin setzt dergleichen voraus, ist aber denn doch anders. Häufung des Gleichartigen kann ein Moment des Grotesken sein, Häufung des Ungleichartigen ist etwas mehr. Das Thema ist die Sprache, insofern Sprichwörter dargestellt sind. Sprichwörter kann man natürlich darstellen. Sie enthalten bildliche oder auf Handlungen bezogene Wendungen und man kann das, was ohnehin bildhaft ist, zum Bilde machen. Breughel nimmt also die Sprichwörter beim Wort, beim im Wort enthaltenen Bild und zeigt, was dann geschieht. Er war nicht der erste, der Sprichwortbilder gemalt hat, aber er machte es anders. Keineswegs ist ein bloßes lehrhaftes Stück gemeint, das die bekannten Sprichwörter nun einmal bildlich darstellt, statt sie etwa in Verse zu bringen. Außerdem handelt es sich mehr um Redensarten als um Sprichwörter und weiterhin stellt Breughel unvergleichlich mehr Redensarten dar als seine Vorgänger.[17] Sodann vereinigt er die 92 Bilder in einer Landschaft, in der sich Natur mit abstruser Sprichwortarchitektur vermischt, deren grelle Buntheit das Ganze unwirklich macht. Die Sprichwortlandschaft ist ein Bild der

---

[17] Eine Aufschlüsselung der Elemente dieser ‚Montage' findet sich in jeder Breughel-Monographie. Die Umsetzung von Sprachwelt in Bildwelt und der daraus folgende spöttische Widerschein auf die konventionellen Bilder in der Sprache wurde m. W. noch nicht genügend diskutiert, zumal da Breughel nicht der einzige war, der sich dieses Problems annahm.

verkehrten Welt. Das zeigt das Wirtshausschild mit der Erdkugel, die mit dem Kreuz nach unten aufgehängt ist. In dieser Welt treiben Menschen den absonderlichsten Unsinn. Wenn man nicht wüßte, daß Sprichwörter dargestellt wurden, dann könnte man meinen, dies sei eine Landschaft, in der allein der Irrsinn herrscht, eine Welt als Irrenhaus. Zweifellos ist das auch gemeint. Das Wirtshausschild beweist es. Und dies ist wichtiger noch als die Tatsache, daß Sprichwörter dargestellt wurden. Sie waren weniger das Thema als vielmehr eine Gelegenheit. Denn der Irrsinn war in Sprichwort und Redensart vorgegeben. Die Redensarten enthalten monströse Übertreibungen und abstruse Vergleiche, und die Sprichwörter haben eine Moral, die in bildhafter Übersetzung drastische Deutlichkeit gewinnt und ebenfalls zu absurden Formulierungen führt. Was durch eine Sammlung von bildhaften Wendungen, in der die harmlosen und langweiligen ausgelassen sind, entsteht, ist eine verkehrte Welt. Das mag der Anstoß für das Bild gewesen sein. Breughel fragte sich: Angenommen, es wäre so, wie sähe die Welt dann aus. Die Schlußfolgerung ist eine Welt des Irrsinns, deswegen malte er das Ganze als Landschaft und es entstand ein Sinnbild, ein Zerrbild und Gleichnis der wirklichen Welt. Mit jedem Irrsinn, den Breughel malte, meinte er den tatsächlich vorhandenen.

Diese Sprichwörter nun gehören verschiedenen Gattungen an. Die einen stellen etwas fest. So das Sprichwort von den großen Fischen, die die kleinen fressen. Andere verweisen auf unzweckmäßige Handlungen. So ist es unzweckmäßig, mit einem Aal einen Kabeljau zu fangen, weil man dabei mehr verliert als gewinnt. Dazu gehört auch das Sprichwort von dem, der einen Brunnen zuschüttet, nachdem ein Kalb darin ertrunken ist. Zu den feststellenden gehört das Sprichwort ‚Man muß sich krümmen‘, wenn man durch die Welt kommen will‘. Breughel nimmt es wörtlich, indem er einen Mann darstellt, der durch einen gläsernen Globus kriecht. Das Sprichwort wird so selbst zum Unsinn. Dann gibt es andere Szenen, die einfach Redensarten und bildhafte Vergleiche darstellen. So ist ein Kerl in Harnisch gebracht. Er rennt mit dem Kopf gegen die Wand. Einer sitzt auf heißen Kohlen, und ein anderer streut Rosen vor die Säue. Auf dem Dach versucht jemand, einen Pfeil mit dem nächsten abzuschießen. In einer Klause wird dem Teufel gebeichtet und so weiter. Man sieht, da ist ganz unterschiedliches nebeneinander. Sprichwörter, die etwas verbieten oder fordern, sind nicht sehr zahlreich, häufig sind Wendungen, die auf konkreten Gewinn anspielen, indem sie den Verlust übertreiben oder solche, die einfach unsinniges Handeln meinen. Auffallend häufig sind die einfachen bildlichen Ausdrücke und Redensarten: In Harnisch geraten, auch Ohrenbläser und dergleichen.

Das zeigt, daß Breughel nicht so sehr die Sprichwortmoral meinte als vielmehr das Bildhafte, das in vielfältiger Weise in der Sprache verteilt ist. Zwischen dem Bild und dem in der Sprache Gemeinten aber besteht eine Differenz und genau diese Differenz ist dargestellt. Da Breughel wußte, daß man nur das in der Wendung enthaltene Bild, nicht aber die gemeinte Bedeutung malen kann, führt er die Sprache selbst ad absurdum, indem er sie wörtlich nimmt und den in ihr enthaltenen Unsinn nachweist. Natürlich ist der Unsinn eigentlich keiner. Die bildhaften Wendungen, etwa ‚auf Kohlen sitzen‘, zeigen nur in grotesker Übertreibung, wie unangenehm ungeduldiges Warten ist, und sind dort, wo sie geläufig sind, auch verständlich. Jeder weiß, worauf sich der Ausdruck bezieht und nimmt ihn als anschaulichen Vergleich hin. Etwas anderes ist es, wenn man den Ausdruck nicht kennt. Dann wird er völlig unverständlich, jedenfalls in den meisten Fällen, weil dann eine Übertragung in einen ganz anderen Bereich erfolgt, von dem aus nicht sogleich ein Rückweg möglich ist. Oder aber es bieten viele Rückwege zu möglichen gemeinten Sachverhalten sich an und der richtige gibt sich nicht zu erkennen. Zum Beispiel wird man nicht so ohne weiteres darauf kommen, daß die Redensart ‚Gott einen flächsernen Bart anhängen‘ Betrug bedeutet. Sie könnte auch Gotteslästerung bedeuten und einiges andere.

Daß ein Pfeilerbeißer keineswegs ein Kraftprotz ist, der harte Gegenstände zerkaut oder ein vor Wut Rasender, der sich ohne Sinn für Proportion in alles verbeißt und auch auf Pfeiler zähnefletschend sich stürzt, sondern vielmehr ein Scheinheiliger, der sich an Kirchenpfeilern herumdrückt, darauf kommt man nicht sofort, wenn man nicht der Gesellschaft angehört, in der die Redensart üblich und jedem verständlich ist. Von den zweiundneunzig Wendungen, die man in den meisten Breughel-Monographien findet, sind vielleicht ein Dutzend heute noch bekannt. Ein weiteres Dutzend kann man ungefähr erraten, der Rest ist unverständlich. Dazu braucht man einen Kommentar. Diese Tatsache ist nicht unerheblich. Zwar werden die Zeitgenossen Breughels hier keine Schwierigkeiten gehabt haben, denn die Redensarten waren ihnen bekannt und nach einiger Herumrätselei werden sie alle erkannt haben, aber vielleicht sahen sie gerade deshalb nicht das, worauf es ankommt, für sie war nämlich das Bild dann keineswegs ein Bild des Irrsinns, sondern ganz einfach ein Sprichwörterbild. Auch das auffällige Symbol des Ganzen, die verkehrte Welt, mußte ihnen entgehen, denn es ist ein Bildzeichen unter anderen. Für uns ist dieses Symbol besonders aufschlußreich und zwar nicht etwa deswegen, weil wir aus unserer historischen Distanz etwas ganz naiv gemeintes mißverstehen, sondern weil nur die Zeitgenossen annehmen konnten, es sei naiv gemeint, darin aber irrten. Denn Breughels Verfahren ist nicht naiv. Er suchte sich genau den Standpunkt, den nolens volens wir einnehmen, nämlich den äußerst distanzierten. Er tat so, als ob er die Gleichnisse und Bilder, die ihm vertraut waren, nicht verstünde, gab vor, die Bedeutung sei nicht bekannt. Er distanzierte sich von den Konventionen, die in diesem Falle garantieren, daß man verstanden wird, und kehrte das übliche Verfahren um. Wenn wir eine Redensart gebrauchen, wie Breughel sie darstellte, etwa von einem sagen, er habe es faustdick hinter den Ohren, dann denken wir allein an die gemeinte Bedeutung und nicht an eine gefährliche Geschwulst. Breughel nimmt das Wort beim Bild und läßt den Rest auf sich beruhen, was immer mit dem Bilde gemeint sein könnte. Das Ergebnis ist in nahezu jedem Falle Unsinn. Und darauf kam es ihm an. Nicht umsonst hat er aus den so gefundenen Details eine ganze Landschaft der Verrücktheit mit dem Wirtshausschild der verkehrten Welt geschaffen.[18] Da er das Zeichen schon mehrfach ver-

---

[18] Breughel gehört zur literarischen Tradition der ‚verkehrten Welt‘, in den Bereich zwischen Sebastian Brant und Balthasar Gracian, dessen Varianten bis in die Gegenwart reichen, wobei das Modell zwar variiert wird, aber intakt bleibt: Die alltägliche Welt wird mit fremden Augen gesehen, mit Staunen und Erschrecken vor den absurden Konstellationen im Muster der Gebräuche, Gewohnheiten und Traditionen. Das Selbstverständliche ist den Fremdlingen, die in diese Welt eintreten, nicht selbstverständlich, denn sie stammen aus einer anderen Welt, sei es der Natur, sei es der abgesonderten Erziehung in möglichen und vollkommeneren Welt-Entwürfen, die mit der trivialen Absurdität des Alltäglichen sodann in erhellender Weise kollidieren, sobald der ‚Held‘ seine Fahrt durch die Welt beginnt und ihre Beschaffenheit ‚erfährt‘. Die Erfahrung der Verkehrtheit der Welt ist ein humanistisches Leitmotiv, es gehört zum christlichen Humanismus wie zur antikirchlichen Aufklärung und der subtileren, oft schillernden Literatur der Romantik, die sich eindeutigen Bestimmungen entzieht. Eine Geschichte dieser schöpferischen und erhellenden Negation des gedankenlos Wirklichen, und überwiegend im gedankenlosen Gebrauch der Worte Wirkenden, könnte der Bildkünste nicht entraten, die mit Bosch, Breughel, Callot, Goya dieser Geschichte zugehören, um nur

wendet hat, kann seine Bedeutung hier gar nicht zweifelhaft sein. Aus diesem Grunde sind wir, da wir die Redensarten tatsächlich nicht gleich verstehen, dem Sinn des Bildes näher als die Zeitgenossen Breughels. Wer die Rätsel, die ein Bild, ein Maler, stellt, besser sieht, der Zeitgenosse oder der spätere Betrachter, ist durchaus fraglich. In diesem Falle ist es zweifellos ein Vorteil, wenn man die Gewohnheiten einer Zeit erst mühsam rekonstruieren muß.

Breughels Verfahren und sein Ziel, allein aus den konventionellen bildlichen Vergleichen seiner eigenen Sprache eine verkehrte Welt aufzubauen, ist also deutlich. Daß er damit einen Angriff gegen die Sprache selbst geführt habe, um die Sinnlosigkeit ihrer Ausdrücke nachzuweisen, kann man damit nicht so ohne weiteres behaupten. Es wäre ihm zuzutrauen, denn seine subtile Lieblosigkeit konnte sehr hinterlistige Methoden wählen, und Respekt hatte er am wenigsten vor alltäglichen Gewohnheiten. Zunächst bot ihm die Sprache hier nur das Material und das genügt bereits. Weitergehen kann man nur in einer anderen Richtung: So ist auffällig, daß in diesen Bildern der Dissoziation keiner den anderen sieht, geschweige denn mit ihnen spricht, daß jeder mit Ingrimm und in bodenlosem Stumpfsinn seiner sinnlosen Beschäftigung nachgeht, daß also die Sprache in diesen Bildern nicht im geringsten eine Rolle als Kommunikationsmittel spielt. Um dem naheliegenden Einwand zu begegnen, Bilder seien eben immer stumm und man könne nun einmal nur farbige Formen darstellen und nichts sonst, sei auf Raffaels Schule von Athen hingewiesen, ein Bild, in dem die verstandene Sprache und der beständige Dialog sowohl Inhalt des Bildes sind als auch die Form begründen. Im Breughelschen Sprichwörterbild ist der einzige dargestellte Dialog der mit dem Teufel. Daß ein Bild, das seine Existenz der Sprache verdankt, so sprachlos ist, ist immerhin bemerkenswert. Die Tatsache erklärt sich aus der Distanz Breughels sowohl zur Sprache, als auch zur Welt, die sie gebraucht.

Das Bild steht in einem Zusammenhang mit anderen Bildern Breughels, deren gemeinsames Thema die conditio humana ist. Zu ihren wesentlichen Bedingungen gehört die Sprache. Sie ist hier das Thema. Nicht ein bestimmter Text über die Sprache, sondern sie selbst in einer ihrer alltäglichen Erscheinungsformen, den nicht mehr bedachten metaphorischen Einschlüssen und Redensarten. Mit dem Sprich-

---

einige der zitierbaren Namen zu nennen. Auch haben sie mit der Distanz des bildhaften Denkens und Erfindens die Wörter selbst zum Gegenstand ihrer Überlegungen gemacht.

Abb. 1 Anbetung des Lammes, Medardus Evangeliar aus Soissons, Paris, Bibl. Nat. 8850 1v

Abb. 2 Pieter Breughel d. Ä., Die großen Fische fressen die kleinen Fische

△ Abb. 3 Pieter Breughel d. Ä., Die niederländischen Sprichwörter

△ Abb. 4 René Magritte, Ceci ne pas une pipe (La trahison des images)

◁ Abb. 5 René Magritte, La condition humaine I

△ Abb. 6 René Magritte, Les charmes du paysage

▽ Abb. 7 René Magritte, Le château hanté

wörterbild geht Breughel über frühere Ansätze hinaus mit der sicherlich einleuchtenden Einsicht, daß jede Kritik an der conditio humana anzusetzen hat bei dem wichtigsten Mittel der Kommunikation, eben der Sprache und ihrem Gebrauch. Das Ergebnis seines Bildes, die Moral von der Geschichte ist vernichtend. Die Verkehrtheit der menschlichen Welt zeigt sich vor allem im gedankenlosen Gebrauch der Worte. Wer wollte das bestreiten. Gewiß hat er zur Bekräftigung eine gnadenlose Auswahl getroffen. Es ist daher sicherlich nicht richtig, wenn man diesem Bilde ein übersteigertes Interesse für flandrisches Volkstum unterstellt hat, gar eine Haltung versöhnlichen Humors.[19] Es handelt sich um einen Angriff, hart, scharf, kalt und sehr kalkuliert. Die Wörterjagd folgt nicht aus volkskundlichem Sammeleifer, sondern sie ist wirklich eine Jagd und zwar eine nach Beweisen in einem Prozeß gegen Erscheinungsformen menschlicher Unzulänglichkeit. Sie aber hat Breughel zumal als Unfähigkeit des genauen Erkennens betrachtet, als gedankenlose Distanzlosigkeit des Alltäglichen. Nicht unbedingt ging es ihm um das Thema ‚Kommunikation', sondern sehr viel mehr um Weltorientierung, die nach der Quintessenz dieses Bildes durch das Mittel der Kommunikation nicht erleichtert, sondern oft erschwert ist.

Ein weiterer Zusammenhang kann mit Stichworten angedeutet werden: Dazu gehört der Rangstreit der Künste sowie die Begründung des Ranges der Bildkünste. Der Paragone begann im Quattrocento mit dem Anspruch der Künste des ‚disegno', gleichrangig den ‚artes liberales' zu sein; abgeleitet wurde dies unter anderem aus der Rolle der Mathematik in der Malerei, motiviert durch die Objektivitätsansprüche der Zentralperspektive, der Proportions- und Harmonielehre. Es ging zumal bei Leonardo um die Möglichkeiten der Weltorientierung und Welterkenntnis, im Besonderen aber um den Rangstreit von Malerei und Literatur. Er setzte sich noch lange fort, ich erwähne das als eines der historischen Felder, in denen sich auch Breughel bewegte, dies aber vor allem deswegen, weil bei ihm Weltorientierung eine besondere Rolle spielte, nämlich als optische Anschauung. Blindheit ist ihm wie zuvor Leonardo und den meisten seiner Zeitgenossen das schwerste aller Übel, das den Menschen befallen kann, und gleichbedeutend mit Mangel an Erkenntnisvermögen. Ich zitiere dazu Breu-

---

[19] Einige Autoren wie etwa Leo van Puyvelde scheinen zu dieser Auffassung zu neigen. So hebt Puyvelde in „Die Welt von Bosch und Breughel" (München 1963) immer wieder die Volksverbundenheit und den nachsichtigen „Humor" Breughels hervor.

ghels Blindensturz in Neapel, ein Bild, das unter mehreren Gedanken diesen als Leitgedanken enthält. Eindeutiger ist freilich ein anderes, nämlich ein Bild Rosso Fiorentinos in der Galerie Franz I. in Fontainebleau.[20] Dort ist mit ähnlicher Darstellungsform – Breughel kann einen Stich nach dem Gemälde gekannt haben – Nicht-Sehen-Können (verbunde Augen) als Unwissenheit dargestellt, dies aber im Gesamt des Werkes als Herrscherallegorie, denn der Sehende, der König, durchschreitet die Porta Jovis.

Dies als weitere Nebenbemerkung zur Stellung des Sprichwörterbildes sowohl im Werk Breughels wie des Paragone. Denn die Sprache versagt, wenn sie an den in ihr enthaltenen Bildern gemessen wird. Vor dem Anspruch richtiger Weltorientierung durch präzise Anschauung hält sie nicht stand. So etwa, wenngleich zugespitzt im Sinne des Paragone, die Quintessenz des Sprichwörterbildes.

4. Ein dritter Aspekt gehört dem 20. Jahrhundert an. Ich beschränke mich auf einen einzigen Fall, wiederum aber auf einen, der insofern naheliegt, als in besonders zugespitzter Weise das Verhältnis von Bild und Text und von beidem gemeintem Gedanken zur Realität Thema des gesamten Concettos dieses Malers ist. Ich meine René Magritte.

Er selbst hat von sich gesagt, er betrachte sich in erster Linie als Philosophen, nicht so sehr als Maler. Die Malerei sei ihm nur als das geeignete Mittel erschienen, seine Gedanken mitzuteilen, andere benützten dazu Worte. Auf sie hat er selbst nicht verzichtet, seine Äußerungen übertreffen die seiner Kollegen sowohl an Kürze wie an Prägnanz. Für seine Bilder ist charakteristisch, daß er bestimmte gegenständliche Elemente seiner individuellen Ikonographie immer wieder verwendet, so als seien es Worte, die nun in unterschiedlichen Sätzen vorkommen. Auch ist das Problemfeld bei Magritte genau umrissen, es ändert sich nur unwesentlich.

Immer wird demonstriert, daß Bild und Realität nicht miteinander zu verwechseln sind, immer führt er derartige Verwechslungsabsichten beim Betrachter ad absurdum. Auch ist das Bild kein Vermittler von Sprache und Realität, und die Distanz von Bild und Sprache ist gleicherweise unüberwindlich. Er suchte zu malen, was sich sowohl dem universalen Anspruch der Sprache wie der anschaulichen Erfahrung

---

20 Lit.: Erwin Panofsky, The iconography of the Galerie Francois I at Fontainebleau, in: Gazette des Beaux Arts, 1958.

entzieht, „Unbeschreibliches" und auch Unbegreifliches, dies ganz wörtlich genommen. Dazu genügen einfachste Gegenstände. Zum Beispiel seine Pfeife: Ohne den Text, den „titulus", würde man naiv sagen, das sei eine Pfeife. Die Beschriftung sagt unmißverständlich: Dies ist *keine* Pfeife. Der Betrachter und Leser wird mit der Nase darauf gestoßen, daß es sich um ein Bild handelt, das selbst keinerlei Ähnlichkeit oder gar Identität mit einer Pfeife hat, sondern eine Pfeife nur meint. Natürlich wäre das bei einer abstrahierenden Darstellung ohnehin deutlich, interessanter sind aber die Fälle einer trivialen Ähnlichkeit, die nur bei quasi-photographischer Abbildung sich einstellt. Auf sie hat er es abgesehen. Die Schlußfolgerung: Es gibt eine unüberbrückbare Distanz von Bild und Realität. Realismus beruht auf Unklarheit der Begriffe, es gibt keinen Realismus in der Malerei. Es gibt die Realität von Bildern. Zunächst und vor allem sind seine Bilder kombinatorische Bilder, denn es ging ihm um Gedanken. Er war ein pictor doctus, dem der Gedanke wichtiger war als die Malerei. Für Magritte „rechtfertigt unser alltägliches Wissen von der Welt und ihren Gegenständen nicht hinreichend ihre Darstellung in der Malerei; das nackte Mysterium der Dinge kann in der Malerei unbemerkt bleiben, so wie es in der Realität geschieht ... Wenn der Betrachter findet, daß meine Bilder dem gesunden Menschenverstand Hohn sprechen, wird er sich einer offensichtlichen Tatsache bewußt. Ich möchte aber trotzdem hinzufügen, daß für mich die Welt ein Hohn auf den gesunden Menschenverstand ist." [21]

Das zweite Gebot würde bei Magritte heißen:

Du darfst Dir nur unter der einen Bedingung ein Bild machen, daß Du es niemals mit der Wirklichkeit identifizierst. Wenn Du das kannst, dann mache Bilder. Aber das Abbild ist nicht die Sache und im Bilde spielen sich andere Dinge ab als in anderen Bereichen des Bewußtseins. Auch Bild und Begriff dürfen unter keinen Umständen miteinander verwechselt werden. Das eine kann nicht für das andere eintreten, die Bereiche sind autonom.

Irritierend ist die Konsequenz, mit der er ‚sein' Problem, das ein allgemeines zugleich ist, formuliert hat. Seine Bilder sind tatsächlich schwer beschreibbar. Man hat Schwierigkeiten, Literarisches zu zitieren, vielleicht sind sie nicht „literarisch", sondern wirklich nur Bilder als eigene, eigenwillige und unübersetzbare Realitäten?

Ich greife einige Exempla heraus.

---

[21] Zit. nach: Suzi Gablik, Magritte, München 1971, S. 15.

La Condition Humaine I, 1933. Das Bild, das im Bilde dargestellt ist, bildet die Landschaft, die man durch das Fenster sieht, so ab, als sei es selbst sowohl ein Fenster zur Landschaft als auch ein realer Gegenstand, der einen anderen Gegenstand im Bilde, den Vorhang, überschneidet. Die beiden Landschaften aber sind ein und dieselbe, gesondert nur durch die Kanten des Keilrahmens, nicht durch die Malweise, und die Konturen der im Fenster sichtbaren Landschaft setzen sich im Bilde der gleichen Landschaft fort. Das Bild wie das Bild im Bilde sind in der gleichen quasi-photographischen und etwas plakathaften Manier Magrittes gemalt. Innerhalb des Bildes wird der Wechsel des Realitätsanspruchs von tatsächlicher Landschaft und Bild einer Landschaft zunichte. Es ist dabei gleichgültig, ob die Landschaft von besonderem Interesse ist oder nicht.

Magritte hat damit eine Voraussetzung unterspielt, die eigentlich nicht zu ignorieren ist, aber es kam ihm nur auf die Abbildlichkeit des Bildes an, daher konnte er darauf verzichten, die Komplikationen des Begriffs Abbild zu berücksichtigen. Tatsächlich hat er die Subjektivität des Malers vorsätzlich ausmanövriert. Denn eine gemalte Landschaft ist niemals einer wirklichen gleichartig, weil, und das entspricht ja wieder den Sätzen Magrittes, Wirklichkeit abhängig ist von der Subjektivität des Beobachters und den Konventionen, denen er widerspricht oder die er akzeptiert.

Wenn aber die Wirklichkeit *und* das Bild denselben Autor haben, und das ist hier ja der Fall, dann gibt es derartige Unterschiede nicht, dann ist das Realitätsfragment identisch mit seinem Abbild, denn beides, auch der schmale Rest von Unterschiedlichkeit, ist aufgehoben in einem Bilde, das beides darstellt.

Erinnert man sich, was geschieht, wenn für ein Bild ein Wort eintritt, dann entsteht etwa das, was hier den Titel trägt: „Die Reize der Landschaft". Für sie aber steht ein Wort und ein leerer Bilderrahmen. Die Jagdflinte grenzt den Umkreis des Vermutbaren nur unvollkommen ein. Zu den Reizen der Landschaft gehört demnach, daß man in ihr jagen kann. Sonst bleibt alles offen; viele Landschaften sind denkbar, vorstellbar unter dem einen Oberbegriff Landschaft. Man sieht das Wort wie ein Insekt aufgespießt und aus jedem möglichen Zusammenhang isoliert. Es sagt nichts über das, was innerhalb dieses Rahmens sich ereignen und sichtbar werden könnte. Bilder haben sonst nie diesen Grad von Allgemeinheit. Sie entziehen sich daher den Worten. Dies aber *ist* ein Wort und daher allgemein. Eine Farbe ist immer eine ganz bestimmte Farbe, nicht die Bezeichnung einer

Farbe, usw. Die Farbe kann nur durch sich selbst bezeichnet werden. Wenn man Adjektiva hinzufügt, bleibt immer noch der Spielraum sehr weit. Mit der Bezeichnung ‚winterliche' Landschaft, oder ‚Hochgebirgslandschaft' wären nur die sommerlichen und die flachen ausgeschlossen.

Möglicherweise liegt hier eine der Voraussetzungen der „concept art", obgleich Magritte sie wahrscheinlich verworfen hätte, weil sein Problem anders war. Ich meine etwa Fälle wie Bilderrahmen mit der Aufschrift ‚sunrise' und ‚sunset'. Jeder wird dazu aufgefordert, sich seinen eigenen Sonnenaufgang und Untergang vorzustellen. Sicherlich ein etwas einfaches Verfahren, das Malen zu vermeiden, aber vor allem, und darin liegt denn doch die Bedeutung derartiger Aktionen, wird auf die Differenz zwischen Allgemeinheit von Worten und Bestimmtheit von Bildern hingewiesen. Der Unterschied der Medien und ihre Unübertragbarkeit wäre im Sinne Magrittes, ist aber nur ein Aspekt.

Ein anderes und auch gleicherweise beständiges Revier der Tätigkeiten Magrittes sind die Metamorphosen, nämlich die auf Bilder bezogenen und nur im Bilde möglichen. Im Bilde sind Dinge möglich, die weder in der Sprache noch in der Realität ihr Äquivalent haben.

In der glaubwürdigen Darstellung der Aufhebung der Schwerkraft und der Fiktion von Gestaltverwandlungen zeigt sich, daß Magritte, der die Varianten des Bildes als Fenster gründlich untersucht hat, besonders auf das aufmerksam geachtet hat, das nur im Bilde und sonst nirgends möglich ist. Gerade mit der Darstellung unmöglicher Situationen im Bilde ist die Unvergleichlichkeit der Möglichkeiten des Bildes mit den Grenzen des Wirklichen in besonderem Maße anschaulich demonstrierbar. Selbstverständlich hat Magritte es darauf angelegt, Unmögliches anschaulich zu machen, etwa durch die Möglichkeiten der Metamorphose, der Gestaltverwechslung oder der Umkehrungen des Materialcharakters. So etwa das Bild mit dem Rätseltitel ‚Le château hanté', 1950. Das ‚heimgesuchte Schloß' ist nicht zu sehen, wohl aber eine Seelandschaft mit Felsklippen, in die ein Blitz einschlägt, der steinern ist wie sie, ein Blitz von der materiellen Beschaffenheit eines Fossils. Immaterielles erstarrt zu Stein, unvermittelt Plötzliches gewinnt die Dauer geologischer Zeitmaße. Metamorphosen dieser Art gelangen nur im Bilde zu anschaulicher Evidenz. In der Sprache gibt es derartige Möglichkeiten nicht. Entsprechungen wären entweder sinnlos oder trivial, nicht aber anschaulich evident. Ein steinerner Blitz ist kein Äquivalent zum ‚schwarzen Schimmel', den man schwerlich malen kann, wohl aber in beliebiger Menge mit den Mitteln der Sprache erzeugen kann. Er ist aber auch nicht trivial wie etwa die Wendung ‚Ein Schrei zerriß die Nacht ...', eine Metapher, die immer noch Vorzüge hat vor einer nichtmetaphorischen Feststellung gleichen Inhalts. Den steinernen Blitz aber kann man malen, denn kein Gesetz der Realität gilt für Bilder, es ist lächerlich, dergleichen zu verlangen. Nun kann man das Bild natürlich beschreiben, sogar sehr genau, aber dann verhält sich die Beschreibung zum Bild wie das Bild einer Pfeife zur wirklichen Pfeife. Immer noch bleibt die Distanz, die nicht überbrückbar ist. Auch bliebe es bei einer bloßen Mitteilung, einer Trivialinformation. Wichtiger wären mögliche Äquivalente, die durch das Bild erst in der Beschreibung entstehen könnten. Ich meine Wortfolgen, die dem Eindruck des Bildes entsprechen, ohne ihn in vergeblicher Anstrengung wiederzugeben. Mir drängen sich dabei Wendungen auf wie: ‚erstarrtes Krachen'. Vielleicht gibt es bessere Möglichkeiten. Aber der Drehpunkt dieser Metamorphose ist ja die Verwandlung der Zeitmaße. Ein Blitz, augenblickshaft, grell, verwandelt sich in etwas sehr dauerndes, geologisch dauerndes, in Stein. Doch ist diese Verwandlung nicht gänzlich absurd, denn zum Blitz gehört der Donner, ein gewaltiges akustisches Geröll, eine Krachlawine, und auf diesem Wege mag die Assoziation zustande gekommen sein, die die Wahl des ‚Materials' bestimmte; indessen mag es andere Wege geben. Bildgedanken sind schnelle Gedanken, oft abseits der Bahnen der Sprache, die sie nicht gänzlich meiden, wohl aber oft abkürzen können.

Zu den Bildgedanken, denn diese Bilder *sind* Gedanken, nun die zugehörigen Sätze, denn auch Magritte war nicht imstande, Wortsprache und Bild gänzlich voneinander zu trennen. Er hat sich immer wieder und sehr dezidiert gegen jeden Versuch gewandt, ihn interpretieren zu wollen. Natürlich hat er damit, das ist bei schriftlichen Äußerungen über Bilder unvermeidlich, sich selbst interpretiert, eben indem er nachzuweisen versuchte, warum die Bilder nicht interpretierbar seien, natürlich nicht nur seine eigenen, sondern Bilder überhaupt. Interpretationen sichern uns zwar die Orientierung in den Konventionen, aber eben das ist nach Magritte Täuschung, weil die Beziehungen von Sprache, Bild und Realität Fiktion sind. Es versteht sich, daß in seinem Ansatz der Begriff Wahrheit nicht enthalten ist. In einer Welt, die sich als universaler Zufall erweist, gibt es auch keine Wahrheit, weder als ‚adaequatio intellectus ad rem', noch als ‚adaequatio rei et intellectus', denn eben die adaequatio ist nach

Magritte eine Fiktion. Nichts kann einem anderen wirklich adaequat sein oder werden.

Dazu Magritte: „Wir schreiben meist solchen Dingen Ähnlichkeit zu, die möglicherweise eine gemeinsame Beschaffenheit haben. Wir sagen ‚ähnlich wie ein Ei dem anderen‘, und wir sagen genauso leicht, daß eine Fälschung dem Original ähnelt.

Diese sogenannte Ähnlichkeit besteht aus Vergleichsbezügen, deren Ähnlichkeiten wahrgenommen werden, wenn der Geist sie untersucht, bewertet und vergleicht ... Ähnlichkeit hat nichts mit Bejahung oder Verneinung der Vernunft zu tun, sondern nur mit dem spontanen Zusammensetzen von Gestalten aus der Welt der Erscheinungen in einer durch Inspiration vorgegebenen Ordnung".[22]

Zu den Annäherungen und zu den Fiktionen, auf denen sie beruhen, eine Reihe von Sätzen Magrittes, die knapp und dezidiert sein Programm zusammenfassen:

„Ein Objekt ist von seinem Namen nicht so besessen, daß man nicht einen anderen, der besser dazu paßt, finden könnte.

Es gibt Objekte, die auch ohne Namen auskommen.

Ein Wort dient manchmal nur dazu, sich selbst zu bezeichnen.

Ein Wort kann den Platz eines Gegenstandes in der Realität einnehmen.

Ein Bild kann den Platz eines Wortes in einer Behauptung einnehmen.

Alles das läßt einen denken, daß es wenig Beziehung zwischen einem Objekt und dem, was es darstellt, gibt.

Die Wörter, die dazu dienen, zwei verschiedene Objekte zu bezeichnen, zeigen nicht, was diese Objekte vielleicht voneinander unterscheidet.

Jede beliebige Gestalt kann das Bild eines Objektes ersetzen.

Ein Objekt erfüllt niemals dieselbe Funktion wie sein Name oder sein Bild."[23]

Dazu Suzi Gablik:

„Diese Abhandlung Magrittes enthüllt das Wesen seiner Besessenheit von den Wort- und Bildmalereien. Sie ist aber zugleich eine brillante Analyse der Unbestimmtheit und Mehrdeutigkeit der Sprache. (Diese Unbestimmtheit veranlaßt uns, Wörter zu sehen, deren Sinn

---

[22] Zit. nach: Gablik, S. 145.
[23] Zit. nach: Gablik, S. 141 ff.

wechselt wie Gestalten im Nebel). Sie ähnelt sehr Wittgensteins Auffassung von der Sprache als einer Sammlung von Sprachspielen anstelle eines Bildes der Tatsachen, wobei er voraussetzt, daß es weniger bedeutet, in einer Sprache die Namen zu kennen, als zu lernen, wie man sie spricht, ebenso wie das Lernen der Namen von Spielkarten oder der Teile des Schachspiels noch nicht bedeutet, daß man Bridge oder Schach spielen kann. Ebenso hat ein Name ohne Kriterium für seine richtige Verwendung (d. h., wenn keine Regel dafür existiert) keine Bedeutung, es sei denn in einem Zusammenhang. Der Sinn eines Satzes hängt davon ab, wie er gebraucht wird, und nicht so sehr davon, worauf er sich bezieht. So ist z. B. ein Satz ohne Anwendung, wie ‚rot ist fleißig‘, sinnlos. Wörter haben eine bestimmte Verwendung, und diese Verwendung ist weitgehend durch die Regeln der Sprache und die ganz bestimmten Bezüge der Wörter bestimmt. So ist etwa ‚Übereinstimmung oder Nichtübereinstimmung mit der Realität‘ ewas völlig Unterschiedliches in verschiedenen Sprachen. Nach Wittgensteins Auffassung ist es irreführend, davon zu sprechen, daß Wörter ‚für Dinge stehen‘ oder ‚Bedeutungen haben‘, da alles nicht von den Wörtern selbst abhängt, sondern von der Art, wie wir sie verwenden." [24]

Es gehört zur Sache, daß die Worte bei Magritte unabhängige Systeme bilden, und man nicht so ohne weiteres seine Sätze auch auf seine Bilder beziehen darf, schließlich hat er selbst auf der grundsätzlichen Unterschiedenheit bestanden; und so könnte man seine Formulierungen, seine Sätze auch für sich allein nehmen und sie auf Bilder überhaupt beziehen, als kunsttheoretische Maximen eines Mannes, der nie Bilder gemalt hat. Indessen meint er selbst, er sei Philosoph, und das Mittel, seine Gedanken zu äußern, sei die Malerei. Man muß ihn wohl eher beim Bild nehmen als beim Wort, denn aus seinen Sätzen folgt ja, daß es wahre Sätze über Bilder nicht gibt, also keine Ähnlichkeit, keine Annäherung, keine adaequatio, keine Wahrheit der Aussage über eine Sache. Worte, Begriffe, Sätze und Bilder bewegen sich in ihrer jeweils eigenen nicht übertragbaren Syntax, und die Welt, die sie meinen, folgt unabhängig ihrer Spielregel, die anders ist als die der Sätze und Bilder, keineswegs unvorstellbar, sonst wären auch Sätze und Bilder nicht möglich, aber nicht adäquat in Sätzen und Bildern formulierbar. Autonomie der einzelnen Zonen menschlichen Vorstellungsvermögen erlaubt zwar jegliche Art von subjektiver Er-

---

[24] Suzan Gablik, S. 144.

fahrung, auch die Erfahrung spezifischer Differenzen in der Formulierung von Erfahrungen, sie schließt aber den Begriff ‚Wahrheit‘ aus allen Überlegungen aus. Unter der Voraussetzung Magrittes ist sie ein nicht formulierbares Problem.

Selbstverständlich ist nach Magritte auch Kunstgeschichte, gar Kunstphilosophie nicht möglich, von abgeleiteten Disziplinen, wie Kunstpädagogik, Kunstdidaktik gar nicht zu reden. Denn immer wird ja in einer nichtadäquaten Weise über Bilder geredet und geschrieben, obgleich doch kein Wort ein Bild tatsächlich trifft.

Magritte müßte der Kunstwissenschaft als Schreckensmann erscheinen, leugnet er doch die Möglichkeit ihrer Existenz. Aber da er sich selbst nicht wesentlich anders verhalten hat als ein Kunsthistoriker, fallen seine Worte nicht sonderlich auf. Er formuliert nur das Grundproblem der Kunstgeschichte, das seit ihrer Entstehung eine beständige und nicht aufzuhebende Voraussezung war, eben die Frage nach dem Verhältnis von Sprache und Bild, genauer als das andere taten, auch in einer widerborstigen Manier und gegen die das Problem überspielenden Zugeständnisse an allgemeine Vereinbarungen. Magritte hat die Schwierigkeiten der Kunstgeschichte zum Programm gemacht. Übrigens war er selbst, wie alle anderen Surrealisten, auf die Materialien erpicht, die die Kunstwissenschaften den Künstlern bereitstellten. Mehr als andere hat er dabei gleichzeitig auf Distanz bestanden. So etwa in seiner Bemerkung über Hieronymus Bosch.

„Die Parallele zwischen Hieronymus Bosch und dem Surrealismus scheint mir eine Auffassung zu sein, gegen die man sich wehren muß, weil sie zu einfach und gleichzeitig auch falsch ist. Bosch malte die Vorstellungen, die seine Zeitgenossen von Ungeheuern hatten – Ideen, die auch ohne seine Bilder hätten verbreitet werden können, insbesondere durch die mittelalterlichen ‚Mysterien‘. Bosch war ein ‚religiöser Realist‘, so wie es heute ‚soziale Realisten‘ gibt, die jene Ideen und Gefühle ‚ausdrücken‘, die gerade up to date sind oder der Tradition entsprechen, wie etwa Gerechtigkeit, Atomenergie, Industrie usw. ... Ich male keine Ideen. Ich beschreibe, soweit ich kann, durch meine gemalten Bildnisse Gegenstände und das Zusammentreffen von Gegenständen, mit dem Ziel, daß ihnen eben keine unserer Ideen und keines unserer Gefühle anhaftet. Es ist sehr wichtig, daß man diese Gegenstände oder diese Verbindungen und das Zusammentreffen dieser Gegenstände nicht mit irgendwelchem ‚Ausdruck‘ oder ‚Illustration‘ oder mit ‚Komposition‘ verwechselt oder vergleicht. Das würde nämlich jedes Mysterium vertreiben, während die Beschreibung, die ich male, dem Geist keinen Aufschluß darüber gibt, was eigentlich diese Objekte veranlaßt zu erscheinen, was sie verbindet oder ihre Übereinstimmung verursacht."[25]

Er gesteht freilich den Bildern Boschs etwas zu, das er seinen eigenen Bildern verweigert. Seine Sätze, die vorhin zitierten, gelten aber für Bilder allgemein. Könnte es nicht doch sein, daß auch für ihn gilt, was er Bosch zugesteht? Man sieht, es ist möglich, konsequent zu sein. Ist man es aber wirklich, dann verwickelt man sich rasch in Widersprüche. Um verständlich zu sein, bedient sich Magritte der Sprache. Seine Sätze sind Aussagen über Bilder. Ihr Inhalt ist, daß Aussagen über Bilder nicht möglich sind. Dennoch aber sind sie Aussagen über Bilder.

Magritte nahm für sich in Anspruch, was anderen in anderen Revieren als selbstverständlich zugestanden wird. Es ist selbstverständlich, daß sich ein Sprachphilosoph, oder ein Linguist, oder ein Literarhistoriker im Medium des von ihm zu untersuchenden Gegenstandes bewegt, nämlich in der Sprache. Magritte war in Analogie zum Sprachphilosophen ein Bildphilosoph. Er machte das gleiche wie die anderen: Er äußerte sich im Medium des von ihm zu untersuchenden Gegenstandes, und dies sogar mit dem – übrigens berechtigten – Anspruch, daß Bilder über Bilder so gut sind wie Sätze über Bilder, jedenfalls aber nicht schlechter.

5. Dies nun einige Exempla zum Thema „Bilder und Texte, Bilder als Texte". Sie zeigen drei verschiedene Möglichkeiten der Annäherung oder genauer, sie zeigen, was geschehen kann, wenn Bilder und Texte ‚aneinandergeraten'. Bekanntlich gibt es andere Möglichkeiten, und wahrscheinlich sind alle Varianten schon durchgespielt worden.

Ich habe diese drei ausgewählt, weil sie die eingangs genannte These beweisen, daß das Verhältnis von Bild und Text, oder Bild und Sprache in Westeuropa nie ein harmonisches oder selbstverständliches gewesen ist, sondern ein Konkurrenzverhältnis mit mannigfaltigen Konfliktmöglichkeiten, wobei in der Regel die Sprache in Worten und Texten höher bewertet wurde als die Bilder. Dies aber war zugleich eine Herausforderung an die bildhaften, anschaulichen Denkformen, und es gab Antworten und Gegenzüge.

Im ersten Fall handelt es sich um ein theologisches Problem, im zweiten um ein humanistisches – Breughel – und im dritten Falle, bei Magritte, um eine der möglichen gegenwärtig aktuellen Formulie-

---

[25] Zit. nach: Gablik, S. 14.

rungen, ich zögere zu sagen, es sei die surrealistische Antwort auf das Problem, weil es eine allgemeine surrealistische Doktrin für die Malerei nicht gibt.

In allen diesen Fällen sind Gedanken Gegenstand von Bildern, also sind, vielmehr ist das Verhältnis von Text und Bild selbst Gegenstand nicht einfach Texte als Anweisungen, oder Texte, die zu illustrieren bildnerischen Denkens und anschaulicher Formulierung. Auch sind die Bilder selbst Texte, treten in Konkurrenz zur Wortsprache, behaupten sich, zeigen etwas, das in der Sprache enthalten, aber in ihr nicht formulierbar ist. Es wird in Bildern gedacht, anschaulich kombiniert.

Die Medien sind gleichberechtigt und gleichwertig, die eingangs zitierten Behauptungen, nur in der Sprache sei Denken möglich, sind unsinnig, es ist richtiger zu sagen, jede Formulierung von Gedanken bedarf bestimmter Zeichensysteme, seien sie optisch oder akustisch, und sie müssen, da eines allein nicht genügt, aufeinander verweisen, einander korrespondieren und sich gegenseitig relativieren. Magritte hat auf der Unvergleichlichkeit von Bild, Sprache und Realität bestanden, und mit Bildern als Argumenten das Problem sowohl der Rangordnung wie der Übersetzung ad absurdum geführt und es listig dort sich selbst überlassen. Tatsächlich ist er konsequent gewesen und zwar wohl im Bewußtsein der Tatsache, daß konsequentes ‚zu Ende Denken' in unauflösbaren Paradoxien, also in einer absurden Situation mündet. Auswege aber bieten sich an, einen von ihnen konnte er selbst nicht vermeiden. Nämlich: Er hat seine Ziele schriftlich fixiert, einen Kommentar, einen Text verfaßt, damit eine Übersetzungsanweisung geliefert und so doch die von ihm geleugneten Zusammenhänge von Bild und Text wiederhergestellt, denn: Ein unverständliches Paradoxon, ein als solches nicht Verstandenes, ist keines mehr, es muß also der Betrachter eine Anweisung erhalten, die das Paradox definiert und damit zugleich wieder aufhebt. Auch Magritte konnte nicht auf die Bestätigung der engen Zusammenhänge von Bildern und Texten verzichten, gewiß hat er aber mit einer Deutlichkeit, die singulär ist, darauf hingewiesen, daß von Prioritäten, Ansprüchen auf alleinige Geltung für die Formulierung von Gedanken nicht die Rede sein kann und darf. Sein Postulat der Autonomie sprachlichen und bildnerischen Denkens schließt die üblichen Rangordnungen aus. Denn beide sind notwendig, beide beziehen sich auf eine Realität, die sie dennoch weder abbilden noch darstellen, sondern die sie *erfinden*.

In der Regel ist das Verhältnis von Text und Bild, ‚Wortsprache und Bildsprache', so eng, daß zugleich die nicht überbrückbare Unterschiedenheit sichtbar wird. Sie zeigt sich dann am deutlichsten, wenn sich Bild und Text auf den gleichen Sachverhalt beziehen. Wenn die Wörter nicht ausreichen oder zu allgemein sind, hat das Bild einen nicht einholbaren Vorsprung an Präzision im Konkreten, umgekehrt kann es die Universalität des Begriffs nie erreichen, es sei denn durch die Ausbildung eines Zeichensystems, das nicht mehr in erster Linie ein anschauliches ist, sondern ein Ersatz von Wortkombinationen durch Zeichenkombinationen, die solange in Worte rückübersetzbar sind, als die Konvention allgemein verständlich ist. Die Emblematiken, die Symbolik liefern mannigfaltige Beispiele. Voraussetzung ist, daß die Zeichen, aus denen ein derartiges, der Sprache analoges System zusammengesetzt ist, eindeutig sind. Sie können es nur sein, solange die Übereinkunft gilt und verstanden wird.

In der Regel aber wird diese Kongruenz von Wort und Bild entweder angestrebt und nicht erreicht, oder aber mit einem Verlust an anschaulicher Prägnanz erkauft, auf den es bei ‚Bildgedanken' ankommt. Gerade die präzise Mehrdeutigkeit bei unmittelbar einleuchtender Schlüssigkeit der Form, die anschauliche Evidenz verbunden mit der Unmöglichkeit einer einfachen Übersetzung in eine andere Formulierung, in ein anderes Medium, macht den Gedanken aus, die in Bildern enthaltene ‚Welterfahrung' und ihren Rang unter den Möglichkeiten der Weltinterpretation und der Erkenntnis, der Welterfindung. Die Unterscheidung zur Wortsprache ist sicher notwendig, aber sie kann sich nicht auf die eingangs zitierten Sentenzen oder auf die bekannte Unterscheidung von Anschauung und Begriff beschränken.

Hans Robert Jauß

ÄSTHETISCHE ERFAHRUNG ALS VERJÜNGUNG
DES VERGANGENEN

(Klassik – wieder modern?)*

I.

Angesichts einer allzu großen Frage wie der nach dem Verhältnis von
Sprache und ästhetischer Erfahrung mag es auch schon von Nutzen
sein, auf gesichertem Terrain eine kleinere Frage anzuschneiden und
ihre Tragweite an Beispielen aus der Gegenwartsliteratur zu erproben.
Für die Theorie der ästhetischen Erfahrung erscheint mir die Leitfrage
dieses Bandes darum noch zu groß, weil die Frage nach der ästhetischen Praxis, die alle manifestierte Kunst als hervorbringende, auf-
nehmende und vermittelnde ästhetische Tätigkeit getragen hat, in der
Geschichte der kunstphilosophischen Tradition bisher nur am Rande
behandelt wurde. Die Ästhetik war sowohl vor als auch nach ihrer
Erhebung zur selbständigen Disziplin mehr an der Ontologie des
Kunstwerks, an seiner Konstitution, seinem Verhältnis zur Natur
oder zur Gesellschaft und seinem Wahrheitsanspruch interessiert als an
den Weisen und historischen Formen seiner Erfahrung. Auf deren Bestimmung und konkrete Beschreibung aber käme es an, sollte das Problem methodisch angegangen werden, inwiefern unsere ästhetische Erfahrung durch Sprachlichkeit bedingt und vermittelt ist und ob es sich
wohl auch umgekehrt verhalten kann. Die Umkehrung der gestellten
Leitfrage: ob und wie unser sprachliches Weltverständnis durch ästhetische Erfahrung bedingt sein kann, erscheint mir reizvoller. Versteht
man unter ästhetischer Erfahrung die eigentümliche Einstellung, die

---

* Erweiterte Fassung eines Vortrags, der unter dem Titel: *Klassik – wieder
modern?* am 3. Dezember 1975 an der Universität Basel in der von der
Goethestiftung veranstalteten Reihe: *Präsenz der Geschichte – Le passé
présent* zuerst gehalten wurde.

das ästhetisch produzierende oder rezipierende Subjekt – das heißt den Künstler wie den Betrachter – aus den Gewohnheiten, Zwängen, Pflichten und Rollen der Alltagswirklichkeit lösen kann und sich auf drei Ebenen vollzieht: der *Poiesis* als Hervorbringen von Welt als des Menschen eigenem Werk, der *Aisthesis* als Ergreifen der Möglichkeit, die Welt anders zu sehen, und der *Katharsis* als Freisetzung für kommunikative Identifikation oder für die Beipflichtung zu einem Geschmacksurteil[1] – versteht man ästhetische Erfahrung als eine solche Freisetzung, so liegt auf der Hand, daß das Verhalten zur Kunst auch die Sprache in doppelter Weise, in einer Freisetzung *von* und *für*, von ihren Zwängen und für ihre Möglichkeiten, betreffen kann.

Was leistet ästhetische Erfahrung innerhalb und gegenüber der sprachlich vorgeordneten und immer schon ausgelegten Welt? Zu diesem Problem gibt es eine bedeutende linguistische Theorie von Eugenio Coseriu.[2] Demnach ist die dichterische Sprache nicht als Reduzierung eines allgemeinen Sprachgebrauchs auf eine sogenannte poetische Funktion, sondern gerade umgekehrt die alltägliche Sprache als Reduzierung der dichterischen anzusehen. Die dichterische Sprache stellt allererst die volle Funktionalität der Sprache her: sie ist gegenüber der normierten und weithin automatisierten Alltagssprache der Ort der Verwirklichung neuer sprachlicher Möglichkeiten. Ästhetische Erfahrung in der Sprache geht darin über das Vermögen der Sprache selbst hinaus, daß sie neue Bedeutung zu stiften und andere mögliche Welten hervorzubringen vermag, während die Leistung der Sprache auf die Erfassung und Gestaltung der Welt beschränkt bleibt. Mir kommt es hier auf einen anderen Aspekt dessen an, was ästhetische Erfahrung über das Vermögen der Sprache hinaus bei der Konstitution von Sinn

---

[1] Ausführlich begründet in: *Negativität und Identifikation – Versuch zur Theorie der ästhetischen Erfahrung*, mein Beitrag zu: *Positionen der Negativität* hg. v. H. Weinrich, München 1975 (*Poetik und Hermeneutik VI*), bes. p. 275 ff.; ausgebaut in meinem Buch: *Ästhetische Erfahrung und literarische Hermeneutik*, dessen erster Halbband im Herbst 1977 bei Fink / München erscheinen wird.

[2] *Thesen zum Thema ‚Sprache und Dichtung'*, in: *Beiträge zur Textlinguistik*, hg. v. W.-D. Stempel, München 1971, 183–188; in dieselbe Richtung weist P. Ricœur mit seiner Theorie der Metapher, welcher das doppelte Vermögen der Neuschöpfung von Sinn und der Neubeschreibung der Existenz zukommt; vgl. zuletzt seinen Beitrag zu: *Metapher – Zur Hermeneutik religiöser Sprache*, in: *Evangelische Theologie*, München 1974.

zu leisten vermag. So wenig die Sprache von sich aus mögliche Welten hervorbringen kann, so wenig vermag sie vergangene Welten zu interpretieren und zu verjüngen. Die Sprache ermöglicht zwar, daß wir einen Text der Vergangenheit in unsere Gegenwart übersetzen können; die Übertragung aus dem älteren in den gegenwärtigen Sprachzustand schließt die Kluft zwischen Vergangenheit und Gegenwart aber erst, wenn der vergangene Text in seiner Bedeutung für uns ausgelegt wird, was nicht mehr auf der sprachlichen Ebene geschieht, sondern auf der Ebene des Sinnes der Texte erfolgen muß.

Die Frage, wie Vergangenheit von Gegenwart abgeschieden und wie eine abgeschiedene Vergangenheit wieder vergegenwärtigt werden kann, führt vor einen wesentlichen Unterschied zwischen der Geschichtlichkeit von Sprache einerseits und von Dichtung und Kunst andererseits. Sprachwandel ist – wiederum nach Coseriu – fortschreitende Überwindung vorgegebener Sprache durch Neuerung und Übernahme, Überschreiten des schon Realisierten und Wiederherstellen des synchronischen Gleichgewichts durch neuere Normierung[3], mithin ein Prozeß, in welchem der Sprachwandel ständig Elemente abscheidet und als sprachliche Vergangenheit in wachsender Fremdheit hinter sich zurückläßt. Die ästhetische Erfahrung hat mit Sprache als Energeia, die sich ständig wandeln muß, um weiter zu funktionieren[4], den Dynamischarakter des offenen Systems gemeinsam, doch mit der Besonderheit, daß im Prozeß der fortschreitenden Normierung oder Traditionsbildung der Kunst das ereignishafte Werk nicht nur neue Bedeutung hervorbringt und eine mögliche Welt eröffnet, sondern ineins damit die vergangene Kunst in anderem Licht erscheinen läßt. Der Kanonbildung im Prozeß ästhetischer Erfahrung ist eigentümlich, daß hier die Innovation das Vergangene nicht einfach abstößt, sondern es mit verändert. Der neue Horizont, den das ereignishafte Werk eröffnet, ordnet durch Auswahl, Auslegung und Kanonumbildung immer auch das Vergangene neu auf die Gegenwart zu. Während der Sprachgebrauch einer bestimmten Zeit mehr und mehr in die Ver-

---

[3] *Synchronie, Diachronie und Geschichte – Das Problem des Sprachwandels*, München 1974.
[4] Ib. p. 245; die Analogie zwischen Sprachentwicklung und ästhetischer Erfahrung beruht also einerseits auf ihrem Verständnis als „ständiger Systematisierung", andererseits auf ihrer Synchronisierung mit ihren Sprechern, d h. daß „ihre Geschichtlichkeit mit der der Sprecher zusammenfällt."

gangenheit abrückt und am Ende als eine ‚tote Sprache' verstummt ist, die nur noch zitiert, aber nicht mehr als ganze aktualisiert werden kann, schreitet im Horizontwandel der ästhetischen Erfahrung die Totalisierung des Vergangenen mit jeder Gegenwart weiter fort. Anders gesagt: zwischen Gegenwart und Vergangenheit bleibt auf den Ebenen der ästhetischen Erfahrung ein dialogisches Verhältnis bestehen, das die Rede von der ‚zeitlosen Gegenwart', die aller klassischen Kunst eignen soll, verdeckt hat und das nun erörtert werden soll.

II.

Die Frage nach der Gegenwart des Vergangenen ist für den Literaturwissenschaftler auch heute noch in erster Linie die Frage nach dem Klassischen. Die humanistische Tradition seines Faches hält ihm eine bewährte Antwort parat: „Für die Literatur ist alle Vergangenheit Gegenwart, oder kann es doch werden. (...) Ich kann den Homer und den Platon zu jeder Stunde vornehmen, ich ‚habe' ihn dann und habe ihn ganz".[5] Wenn es sich jemals so verhielt und auch heute noch so verhielte, wie vor bald 30 Jahren Ernst Robert Curtius mit unbestrittener Autorität verkündet hat, dann hätte Zeus (oder wer immer) die Güter der Wissenschaft ungerecht vergeben: wir Philologen könnten sogleich besitzen und unmittelbar genießen, wo dem Historiker, dem Juristen, dem Theologen oder Linguisten erst einmal die Mühsal des Verstehens auferlegt wäre. Ihr Gegenstand ist historischen Quellen, Gesetzbüchern und Kommentaren, kanonischen Texten, Grammatiken oder Wörterbüchern nicht geradezu zu entnehmen; die Bedeutung eines Ereignisses, die Intention einer Gesetzesnorm, der Sinn eines Jesusworts, die Funktion einer vergangenen Rede muß erst rekonstruiert werden, um uns wieder gegenwärtig und erschließbar zu sein. Allein die Dichtung der Vergangenheit ist im Buch – so meinte Curtius, und er gewiß nicht allein – „real gegenwärtig".[6] Daß sie es in Wahrheit nicht ist, daß sie es in der historischen Erfahrung der Kunst immer nur zum Schein war und daß es heute darauf ankommt, diesen Schein einer „zeitlosen Gegenwart" aller klassischen Dichtung aufzulösen, das heißt als eine selbst wieder historische Erscheinung zu er-

---

[5] Ernst Robert Curtius: *Europäische Literatur und lateinisches Mittelalter*, Bern 1948, p. 22.
[6] Ibid.

kennen, wenn vergangene Kunst für uns wieder gegenwärtige Erfahrung werden soll – dieses zu zeigen und an Beispielen gegenwärtiger Rezeption der deutschen Klassik zu erläutern, ist das Ziel, das ich mir mit der folgenden Betrachtung gesteckt habe.

III.

Worauf beruht der Schein, daß im klassischen Kunstwerk Vergangenes zeitlos gegenwärtig, der Abstand der Zeiten immer schon überwunden sei, der in allen anderen Bereichen des geschichtlichen Lebens von uns Anstrengungen des Verstehens, Rekonstruierens und Sich-Aneignens erfordert? Auf diese Frage gibt es eine lange Reihe berühmter Antworten, von denen ich nur zwei hervorheben will, die in ihrer Gegensätzlichkeit die Erfahrung der Kunst in der ganzen europäischen Tradition bestimmt haben. Die eine entspringt der platonischen Metaphysik des Schönen: wer im Umgang mit Kunst das Schöne genießt, hat teil am zeitlos Wahren und Vollkommenen der Idee, die in der Schönheit am meisten hervorleuchtet (*Phaidr.* 250 d 7). Der Schein der zeitlosen Gegenwart klassischer Kunst gründet demnach in der Idee des transzendenten Schönen und Wahren, die im gelungenen Werk selbst zum Erscheinen kommt. Die andere Antwort steckt in der lapidaren aristotelischen Abgrenzung von Kunst und Historie: die Dichtung sei philosophischer als die Geschichtsschreibung, weil sie es mit allgemeingültigen und möglichen Handlungen, die Historie aber nur mit dem Besonderen und Faktischen der Gegebenheiten zu tun habe (*Poet.* 1451 b). Der Schein der Zeitentrücktheit klassischer Dichtung gründet demnach in ihrer Leistung, das Einmalige und Aktuelle einer historischen Situation in ein Allgemeines und Bleibendes zu transzendieren. Auf die platonische Antwort weist gegenwärtig noch die so einflußreiche Hermeneutik von Hans-Georg Gadamer zurück. Sein Prinzip der Wirkungsgeschichte denkt Werk und Wirkung als Einheit eines Sinns, der im „eminenten Text" eine „Ursprungsüberlegenheit und -freiheit" gegenüber anderer Überlieferung gewinnt.[7] Das so aus-

---

[7] Nachwort zu *Wahrheit und Methode*, Dritte Auflage, Tübingen 1973, p. 539/40: „Die ursprüngliche Frage, auf die ein Text als Antwort verstanden werden muß, hat hier (...) von ihrem Ursprung her Ursprungsüberlegenheit und -freiheit an sich." Und weiter: „Die ursprüngliche Frage (...) nimmt in solchem Falle eine Sinnidentität in Anspruch, die

gezeichnete Klassische, die wirkungsgeschichtliche Kategorie par excellence, bedarf darum nicht erst der Überwindung des historischen Abstands: „Klassisch ist, was sich bewahrt, weil es sich selbst bedeutet und sich selber deutet (...) das der jeweiligen Gegenwart etwas so sagt, als sei es eigens ihr gesagt".[8] Die aristotelische Antwort ist gegenwärtig wieder das unausräumbare Ärgernis der neomarxistischen Ästhetik. Ihr Dogma, die Erfahrung der Kunst sei – nicht anders wie jeder ideologische Überbau – von der ökonomischen Basis abhängig, also an den jeweiligen gesellschaftlichen Zustand gebunden, stößt sich am transzendierenden Charakter klassischer Kunst, wie niemand schöner als Karl Marx selbst feststellte, als er seine Bewunderung für die griechische Kunst und das homerische Epos mit den Worten eingestand: „Die Schwierigkeit ist, daß sie für uns noch Kunstgenuß gewähren und in gewisser Beziehung als Norm und unerreichbare Muster gelten".[9]

Nehmen wir den Begriff des überzeitlich Klassischen als eine erste Antwort auf die Frage, in welcher Weise Vergangenheit und Gegenwart in der Erfahrung der Kunst vermittelt sein können, so treten die beiden gegensätzlichen Erklärungen historisch in zwei Einstellungen auseinander, die man mit *Thesaurus der Erinnerung* und *Aneignung des Erbes* umschreiben kann. Curtius krönte seine Forschungen zur Kontinuität lateineuropäischer Literatur, indem er über der unzerreißbaren Traditionskette der Normalklassik jenes „Haus der Schönheit" evozierte [10], „das die schöpferischen Geister aller Generationen immer zusammen bauen". Als Schatzhaus der Erinnerung bewahre es über alle Katastrophen der Geschichte hinweg die edelste Substanz der Kultur und erlaube uns jederzeit, am Gipfeldialog der erlauchtesten Geister teilzuhaben. Neuerdings pflegt man die Einstellung, die literarische Tradition als eine unverlierbare und stets gegenwärtige, sich selbst bewahrende und deutende Substanz anzu-

---

immer schon den Abstand zwischen Ursprung und Gegenwart vermittelt hat."
8 *Wahrheit und Methode – Grundzüge einer philosophischen Hermeneutik*, Tübingen 1960, p. 274; siehe dazu meine Kritik in: *Literaturgeschichte als Provokation*, Frankfurt 1970, p. 186 ff., 233 ff.
9 In seiner *Einleitung zur Kritik der politischen Ökonomie* von 1857 (MEW Bd. 13, p. 641); siehe dazu Vf.: *The Idealistic Embarrassement*, in: *New Literary History* 7 (1975) 191–208.
10 Op. cit., p. 400, mit Bezug auf Walter Pater.

sehen, mit ‚bürgerlich' zu titulieren. Demgegenüber beansprucht die sich als ‚materialistisch' verstehende Einstellung der Literaturtheorie des marxistischen Lagers, daß der sozialistischen Gesellschaft nunmehr das gesamte Kulturerbe der Vergangenheit zufallen müsse, jene Vergangenheit, die der Revolutionär in der schon fernen Stunde der ‚tabula rasa' des Neubeginns zunächst verworfen hatte. So fern sich die beiden Lager zu stehen glauben, haben sie doch eine Voraussetzung gemeinsam. Gleichviel ob man den Klassikern aller Epochen der Weltliteratur zutraut, daß sie von sich aus zu uns sprechen können, als sei es eigens uns gesagt, oder ob man glaubt, daß der im Sozialismus erlösten Menschheit dieser Thesaurus der Weltliteratur als Erbe anheimfalle, was besagt, daß ihr am Ende die „Vergangenheit in jedem ihrer Momente zitierbar geworden" sei [11] – beiden Auffassungen von Tradition ist eine substantielle Einheit von Vergangenheit und Gegenwart gemeinsam, nur daß die idealistische schon anfänglich voraussetzt, was die materialistische am Ende wieder herstellt. Sie setzen sich damit über die eigentümliche Form von Geschichtlichkeit hinweg, der die Literatur und Kunst auch dort nicht entgeht, wo ihre Werke als ein in der Zeit und gegen die Zeit gebildetes Unvergängliches den Schein einer zeitlosen Gegenwart des Vergangenen erwecken.

IV.

Den beiden Einstellungen zur literarischen Tradition – Thesaurus der Erinnerung und Aneignung des Erbes – entgegen vertrete ich den Standpunkt: auch das zeitentrückte klassische Werk antwortet erst und sagt uns etwas, wenn wir es zuvor befragen. Es ist keine ursprünglichere Substanz mit einem identisch bleibenden Sinn, sondern es gewinnt seine Sinnfülle erst durch seine geschichtliche Wirkung. Auch klassische Kunst kann das Unvergangene am Vergangenen nur bewahren, wo sie in geschichtlichen Horizonten sich wandelnder Bedeutung wieder vergegenwärtigt wird. Wer die Tradition der Kunst als ästhetisch verewigte Vergangenheit und dauernd verfügbaren, immer nur anwachsenden Besitz vor anderen Manifestationen des geschichtlichen

---

[11] Walter Benjamin: *Geschichtsphilosophische Thesen*, III; siehe dazu meine Kritik: *Die Partialität der rezeptionsästhetischen Methode*, bei R. Warning (ed.): *Rezeptionsästhetik – Theorie und Praxis*, München 1975 (UTB 303), p. 391.

Lebens auszeichnen will, kann heute gewiß nicht mehr übersehen, daß dieses unvergängliche Erbe einem Prozeß ständiger Kanonbildung und Umbildung, Aneignung und Verwerfung, Auswahl und Verjüngung unterworfen war und noch ist. Traditionsbildung erscheint in der Geschichte der europäischen Kunst von Anbeginn als ein Prozeß der Vermittlung zwischen gegenwärtiger und vergangener Erfahrung, als eine nie zu beendende *Querelle des Anciens et des Modernes*. Die Geschichtlichkeit des Klassischen entspringt in europäischer Tradition dem dynamischen Prinzip, daß das Moderne von heute – wenn es mehr ist als nur ephemäre Innovation – unentrinnbar das Klassische von morgen sein wird, mithin seine überzeitliche Geltung erst im Status des Vergangenseins erlangen kann, so daß jede Epoche wieder neu ihre Antwort auf die Frage suchen muß, wie Klassik wieder modern, Vergangenheit der Kunst wieder in die Gegenwart ästhetischer Erfahrung zurückgeholt werden kann.

Diese Frage hat auf der Literaturszene diesseits und jenseits der Elbe im letzten Jahrzehnt besondere Aktualität erlangt. Voraus ging eine Periode, die der klassischen deutschen Dichtung gegenüber durch wachsende Gleichgültigkeit, vielleicht aber auch durch ein unterdrücktes schlechtes Gewissen gekennzeichnet war. Gleichgültigkeit, die nicht selten dem Verdruß an der Behandlung, sprich: pflichtschuldigen Bewunderung der Klassiker im Schulunterricht entspringt, ist keine für Deutschland spezifische Erscheinung; auch eine französische Enquête kommentierte das Erlöschen des Interesses jenseits der Schulpforte mit der Feststellung: „Nos classiques restent de plus en plus dans les classes".[12] Spezifisch für die innerdeutsche Nachkriegssituation ist hingegen das latente, von Max Frisch 1949 namhaft gemachte Unbehagen an der Tradition des klassischen Individualismus, die als Bildungsmacht die unmenschliche Realität des Hitlerreiches nicht hatte verhindern können, ihr offenbar kaum entgegenstand und darum auch nicht unberührt von der deutschen Katastrophe wieder zum Vorbild erhoben werden konnte.[13] An dieser historischen Einsicht sah Emil Staiger völlig vorbei, als er 1966 das Bild der klassischen Individualität gegen die dekadente Moderne wieder aufrichten wollte. Mit der Forderung, unsere moderne Gegenwart an der klassischen Vergangen-

---

[12] Roger Cousinet, *La Culture intellectuelle*, Paris 1954, S. 154, zitiert nach: Jutta Lilienthal, *Praxis der Literaturvermittlung*. Pädagogischer Apparat französischer literarischer Schulausgaben, Frankfurt 1974, S. 15.
[13] *Kultur als Alibi*, in: *Öffentlichkeit als Partner*, Frankfurt 1967, p. 20.

heit zu messen, war der deutsche Idealismus gewiß am wenigsten zu retten. Daß klassische Dichtung wider Erwarten bald danach wieder modern werden konnte, verdankt sie einem neuen Interesse, das sich zugleich in Kritik und Nostalgie bekundet und eine Welle eigenartiger Reprisen klassischer Sujets hervorgerufen hat. Damit meine ich zum einen, was die studentische Bewegung der 60iger Jahre, ihre von niemand vorhergesagte Marx-Rezeption und die davon übrig gebliebene materialistische Literaturtheorie gegen den Idealismus der deutschen Klassik vorgebracht hat: sie verwarf den Kult der Autonomie von Dichter und Werk wie die Idealisierung der Geschichte und vor allem Schillers Vorstellung von der ästhetischen Erziehung des Menschen, die den schönen Schein einer klassenlosen Gesellschaft mißbrauche, um die Herrschaft des aufgestiegenen Bürgertums zu verschleiern. In die Zeit dieser an Schärfe zuvor nie erreichten Kritik fällt zum andern aber auch die mit dem modischen Schlagwort der *Nostalgie* getaufte Erscheinung, daß im Verhalten zu allen Künsten der ästhetische Genuß gegen die strenge Askese, die ihm die herrschenden Avantgarden mit ihrer Ästhetik der Negativität so lange auferlegt hatten, seine alten Rechte wieder beansprucht. Symptomatisch für dieses nostalgische Bedürfnis ist nicht allein der unglaubliche Erfolg der Caspar David Friedrich-Ausstellung, die Beliebtheit der Musik Bruckners und Mahlers oder die Rückkehr des totgesagten Erzählers. Im Horizont dieser noch nicht überschaubaren Erfahrung zeichnet sich auch ein neues Verhältnis zu klassischer Dichtung ab, das sich von früheren ‚Renaissancen' dadurch unterscheidet, daß der Vorbildcharakter des Klassischen zerbrochen und eben dadurch sein Gehalt gegenwärtiger Erfahrung wieder aufgeschlossen wird.

V.

Die beiden Stücke, die diese neue Weise der Aktualisierung am besten repräsentieren, Hildesheimers *Mary Stuart* und Plenzdorfs *Die neuen Leiden des jungen W.*, sind Beispiele für eine Möglichkeit, die den Prozeß literarischer Traditionsbildung vor anderen Ablaufsformen geschichtlicher Prozesse auszeichnet – für verjüngende Rezeption. Darunter verstehe ich eine Aufarbeitung des Prozesses der Rezeption, der zwischen der Vergangenheit eines Werks und seinem gegenwärtigen Verständnis liegt – eine Aufarbeitung, die notwendig wählend und verkürzend sein muß, aus dieser Not aber die Tugend der Belebung und Verjüngung des Vergangenen gewinnt.[14] Verjüngende Rezeption setzt eine reflektierte Vermittlung zwischen vergangener und gegenwärtiger Bedeutung voraus und kann darum als literarische Form der Totalisierung des Vergangenen angesehen werden, wenn man mit Karel Kosík unter Totalisierung einen „Prozeß der Produktion und Reproduktion, des Belebens und Verjüngens" versteht.[15] Als dialektische Vermittlung zwischen Vergangenheit und Gegenwart hebt die verjüngende Rezeption den Mangel der Einseitigkeit einer nur traditionsgebundenen Wiedergabe oder einer nur formalistischen Erneuerung klassischer Werke auf. Wo sie fehlt, wie in der historisch treuen Rekonstruktion, die nur den ursprünglichen Sinn eines Werkes sucht, oder in der frei sich ablösenden Aktualisierung, die das klassische Vorbild nur noch als eine Materialgrube benützt, wird der Faden zwischen gegenwärtiger und vergangener Erfahrung und damit die Möglichkeit der Regeneration des Klassischen durchschnitten.

Daß die formalistische Erneuerung der klassischen Werke die falsche Antwort auf die traditionsgebundene ist, hat Bert Brecht 1954 anläßlich seiner *Urfaust*-Inszenierung unübertrefflich gerügt.[16] Doch was er sodann als Möglichkeit zwischen Spießertum und Vandalismus, kulinarischer und formalistischer Rezeption proklamierte, mutet merkwürdig undialektisch, wenn nicht gar als Rückfall in einen marxistischen Historismus an: „Wir müssen das Werk neu sehen" heiße „den ursprünglichen Ideengehalt des Werks herausbringen und seine nationale und damit seine internationale Bedeutung fassen und zu diesem Zweck die geschichtliche Situation zur Entstehungszeit des Werks sowie die Stellungnahme und besondere Eigenart des klassischen Autors studieren".[17] Das hätte Emil Staiger kaum anders gesagt. Gewiß kann die Wiederherstellung der historischen Distanz dazu dienen, eine eingetretene Ideologisierung des klassischen Werks abzubauen. Sie läßt es damit aber nicht schon wieder neu, d. h. in seiner Bedeutung für die

---

[14] Diese Definition habe ich schon früher verwendet, ziehe nun aber *Verjüngung* dem mißverständlichen Begriff der *Aktualisierung* vor; vgl.: *Die Partialität der rezeptionsästhetischen Methode*, in: *Rezeptionsästhetik – Theorie und Praxis*, hg. von R. Warning, München 1975, p. 389.

[15] *Die Dialektik des Konkreten*, Frankfurt 1967, p. 148.

[16] *Einschüchterung durch die Klassizität*, in: *Über Klassiker*, Frankfurt 1965 (Sammlung Insel, 2), p. 84 f., wie auch schon 1929 im *Gespräch über Klassiker* mit Ihering, ib. p. 88–97.

[17] Ib. p. 84.

Ästhetische Erfahrung 311

Gegenwart sehen. Das klassische Werk vermag aus der erkannten historischen Ferne erst wieder zu uns zu sprechen, wenn es auf eine Frage antworten kann, die zwischen dem Horizont vergangener Erfahrung und dem Interesse einer neuen Gegenwart die Brücke schlägt. Das heißt nichts anderes als bewußt einen „späteren Gesichtspunkt" gegenüber dem klassischen Werk einzunehmen, was Brecht im Blick auf Molière aus einer „marxistischen Betrachtungsweise" ausschließen wollte [18], ohne zu bemerken, daß er mit dieser Theorie der eigenen Praxis seines epischen Theaters widersprach. Eine bewußt vollzogene Horizontverschmelzung zwischen Vergangenheit und Gegenwart, vorentworfenem Sinn und konkretisierter Bedeutung des klassischen Werks setzt das Gewinnen der neuen Frage oder Erkennen des späteren Gesichtspunkts voraus und ist darum mit dem philologischen Vergnügen des eigenwilligen Uminterpretierens oder mit der bloß formalen Neuerung eines sensationsbedachten Regisseurs nicht zu verwechseln. Hier tritt uns vielmehr das hermeneutische Prinzip der Applikation vor Augen, welches nach H. G. Gadamer für den literarischen Text wie für die Auslegung eines Gesetzes oder für die Botschaft der Bibel besagt: „daß der Text (...), wenn er angemessen verstanden werden soll, d. h. dem Anspruch, den der Text erhebt, entsprechend, in jedem Augenblick, d. h. in jeder konkreten Situation, neu und anders verstanden werden muß".[19] Gadamer hat zur Genüge dargelegt, daß das Gewinnen des angemessenen Fragehorizonts in dem Maße vor Willkür bewahrt bleibt, wie der Interpret aufarbeitet, was die Überlieferung seiner Situation vorgibt und derart das Spannungsverhältnis zwischen Text und Gegenwart bewußt entfaltet. Mir kommt es in den folgenden Interpretationen auch darauf an, eine andere, für die literarische Tradition nicht weniger gewichtige hermeneutische Maxime herauszustellen, nämlich daß nachprüfbares Verstehen die Erkenntnis seiner Partialität – d. h. unseres begrenzten und begrenzenden Gesichtspunkts – einschließen muß.[20] Wenn es Hildesheimer wie Plenz-

---

[18] „Man darf ihn nicht verdrehen, verfälschen, schlau ausdeuten; man darf nicht spätere Gesichtspunkte über die seinen stellen und so weiter. Die marxistische Betrachtungsweise, zu der wir uns bekennen, führt bei großen Dichtwerken nicht zu einer Feststellung ihrer Schwächen, sondern ihrer Stärken" (ib., p. 64).
[19] Op. cit., p. 292.
[20] Siehe dazu *Die Partialität der rezeptionsästhetischen Methode*, op. cit. p. 387.

dorf auf eine so unerwartete Weise gelang, schon totgeglaubte Klassik zu neuem Leben zu erwecken, ist dies gleichermaßen aus einer bewußten Thematisierung der Spannung zwischen klassischem Text und moderner Gegenwart wie aus einem bewußten Verzicht auf integrale Wiederaufnahme geschlossener Werke zu erklären.

VI.

Warum ist gerade in Deutschland das Verhältnis zur nationalen Klassik so problematisch, während in Frankreich die Klassiker gewiß nicht nur dank der ehrwürdigen *Comédie Française* in unangefochtener Tradition weiterleben, als ob sich die Frage nach der Gegenwartsferne Racines oder Molières gar nicht stelle? Sie umzuarbeiten, geschweige denn, die Anatomie eines klassischen Stücks selbst auf die Bühne zu bringen, wie es Hildesheimer für Schillers *Maria Stuart* tat, ist meines Wissens keinem französischen Autor oder Regisseur beigefallen.[21] Giraudoux' oder Anouilhs aktualisierende Wiederholung antiker Sujets rührte nicht an die Substanz der nationalen Klassik. Selbst Jean-Louis Barrault stellte sie nicht in Frage, als er so unklassische Autoren wie Rabelais und Jarry aktualisierte und damit der Tradition des hinfort Klassischen einverleibte. Hildesheimers Stück ist demgegenüber nicht einfach eine neue *Mary Stuart*, sondern auch eine Antwort auf die Frage, welche Barrieren in Deutschland dem unproblematischen Weiterspielen der klassischen *Maria Stuart* entgegenstehen. Es bringt uns ihre Gegenwartsferne zu Bewußtsein, nimmt ostentativ den „späteren Gesichtspunkt" der Kritik am idealistischen Geschichtsdrama ein und leistet eben dadurch, was dem ungebrochenen Bewahren der klassischen Tradition versagt ist – die Wiederaneignung einer abgeschiedenen Vergangenheit. Diese beispielgebende Leistung des Stücks, das am 15. Dezember 1970 in Düsseldorf uraufgeführt wurde, hat eine repräsentative Stimme der Kritik mit dem folgenden Argument gerade verfehlt:

---

[21] Roger Planchon zum Beispiel hat zwar einmal Molières *Georges Dandin* in der Art eines Brecht'schen Lehrstücks inszeniert, doch in den klassischen Text nicht eingegriffen. – Hingegen hat Patrice Chéreau (wie ich nach einer Stuttgarter Aufführung von 1976 nachzutragen habe) *La Dispute* von Marivaux allein durch zusätzliche Pantomimik derart ‚umfunktioniert', daß die (unangetastete!) Fabel gegenläufig zu aller Preziosität in ein archaisches Experiment zurückgespielt werden konnte.

„Von Schiller weit und breit keine Spur. Bis zum Schluß. Da erfährt man beiläufig, Königin Elisabeth sei schlecht bei Laune dieser Tage; Graf Leicester nämlich sei ‚zu Schiff nach Frankreich'. Das ist alles, was an Schiller erinnert. Allenfalls noch das kosmetisch wiederhergestellte Bild der schönen Königin Mary, das freilich sehr flüchtig ist. Im übrigen haben wir es mit einem völlig neuen Stück zu tun".[22] Obschon Hildesheimer die große Handlung zwischen den feindlichen Königinnen auf die eine, allerletzte Szene der Hinrichtung Marias zurückgeschnitten hat (sein Ausschnitt begreift gerade noch die Szenen 6 und 7 der 14 Szenen von Schillers fünftem Akt ein), ist das Werk seines klassischen Vorgängers doch in der Sprache wie in den Personen, in der dramatischen Demontage des hohen Stils wie in der historischen Reduktion der klassischen Tragödie allgegenwärtig. Dies zu erkennen, erfordert vom Zuschauer keine größere Anstrengung als die vom Autor erwartete: „Mary Stuart, die alle aus Schiller kennen, sitzt elend da. Das ist der Kontrapunkt zu einer historischen Sicht".[23] Hildesheimers Untertitel: *Mary Stuart – Eine historische Szene* meint darum weder eine Rekonstruktion noch eine Interpretation der wahren Bedeutung der Geschichte vom Handeln und Sterben der schottischen Königin, sondern die Anatomie eines historischen Ereignisses, durchgeführt, um die Behauptung zu vertreten, „daß Geschichte absurd sei". Als Gegenstück zu Schillers klassischer Tragödie ist Hildesheimers moderne *Mary Stuart* zugleich ein Kontrapunkt zur Idealisierung von Geschichte überhaupt, ein flammender Protest gegen die Verherrlichung historischer Größe und gegen die Entrückung menschlichen Leidens ins Zeitlose und damit eine fulminante Kritik an den Leitbildern der nationalen Schillerverehrung. Wir werden noch sehen, welches neue Verständnis sich für Schiller gewinnen läßt, nachdem ihn Hildesheimer von Rezeptionsbarrieren befreit hat, die vor allem der ästhetischen Bildung des humanistischen Gymnasiums im 19. Jahrhundert zur Last zu legen sind. In der folgenden Interpretation möchte ich zeigen, erstens wie der Kontrapunkt der klassischen *Maria Stuart* das moderne Gegenstück doppelbödig erscheinen läßt, zweitens wie Hildesheimer dem Zuschauer sichtbar macht, was eine klassische Tragödie von den

---

[22] Eo Plunien, in einer Rezension der Düsseldorfer Uraufführung am 15. Dezember 1970.
[23] Wolfgang Hildesheimer, in seinen *Anmerkungen zu einer historischen Szene*, Textbuch von *Mary Stuart*, Frankfurt 1971; nach dieser Ausgabe wird im folgenden zitiert.

Realitäten des geschichtlichen Alltags wegidealisiert hat, drittens was diese Anatomie einer verklärten Vergangenheit von der Psyche großer historischer Personen enthüllt, und viertens wie gerade Hildesheimers Kritik an den Illusionen der klassischen Sprache ihre verlorene Idealität gewollt oder ungewollt wiedererstehen läßt.

VII.

Das dialektische Verfahren Hildesheimers beginnt damit, daß er die schockierend unideale Wirklichkeit der Geschichte nicht einfach der klassischen Idealwelt entgegensetzt, sondern beides in einem Spiel auf zwei Ebenen ständig vermittelt. So wenn Mary aus ihrem makabren Dialog mit dem Henker ausbrechen will mit der Ankündigung: *Ich will jetzt beten*. Im Textbuch, das auch durch ausgiebige Regieanweisungen interessant ist, nimmt sich das so aus: *Mary (wieder ekstatisch): Ja! Beten! (Sie spielt Maria Stuart) Beten, auf daß Gott meinen Widersachern Erleuchtung schenke durch den Heiligen Geist. Und daß er mir die Gnade zuteil werden lasse, ohne Bitternis zu sterben. Ich will die Größe haben, für meine Gegner zu beten* (S. 15 / 16). Die zu einem Häuflein Elend heruntergekommene Delinquentin übernimmt vor den Augen des Publikums für eine Weile ihre klassische Rolle. Sie *will* die ihr zugeschriebene Größe haben, d. h. sie spielt, was sie sein könnte, aber nicht ist und auch nicht war. Eine Märtyrerin zu sein oder im Geruch der Heiligkeit gestanden zu haben, wird durch das Verfahren zitierter Klassik, also allein schon durch das Zitieren von Sprache und Mimik der klassischen Rolle, als ein rollenhaftes Verhalten decouvriert. Die von Hildesheimer gezeigte Mary Stuart fällt immer wieder in ihre vergangene Rolle zurück, Königin und Heilige zugleich sein zu wollen (S. 35), und ebenso wieder aus ihr heraus: *Warten gehört zum Schicksal des Märtyrers, das steht bei ... (Aber es fällt ihr nicht ein, wo)* (S. 11) oder: *ja – ja, an der Tafel der Heiligen werde ich sitzen, neben ... (Aber es fällt ihr nicht ein). Ich werde das weiße Gewand meines Herrn berühren, auch er trägt Weiß. Weiß neben Weiß. Ich werde für meine Mörder beten! Laut, so daß es alle hören müssen – wie eine Heilige – ich war zur Heiligen geboren – ich – (In Schmerzen) Aaaah! (Wütend zu Jane) Paß doch auf, du Ekel* (S. 35). Die königliche Märtyrerin erscheint hier in einer Rolle, in der man stecken bleiben kann, als ob man sie zuvor erlernt hätte, und aus der man leicht in andere, ja sogar in gegenteilige Rollen fällt. Die Demut der Heiligen kann in die Zanksucht der Herrin umschlagen, ja sogar in schlimme Infantilismen zurückfallen. Als Mary die ausgebreiteten Requisiten des Henkers wie gebannt betrachtet und auch angefaßt hat, zieht sie den Henkersknecht mit den Worten zum Block: *Spielen wir, spielen wir! Komm! Du bist der Henker. Das haben wir als Kinder schon gespielt, mit kleinen Beilen, ich wollte immer der Henker sein* (S. 26). So löst sich im Sprachspiel der Ernst des verklärten Schicksals in rollenhaftes Verhalten auf.

Der zitierten Rolle Maria Stuarts entspricht durchgängig die Funktion des im Spiel zitierten Spiels: wenn beim Heben des Vorhangs die Stimme eines Herolds feierlich rühmend zitiert: *SIC EXIVIT MARIA SCOTIAE REGINA (etc)*, dann aber sprachlich entgleist und in sinnlosen Bruchstücken der lateinischen Grammatik verhallt, wenn das Licht des Henkers auf den samtüberzogenen Block fällt, auf dem Mary wider Erwarten schon sitzt, und Jack Bull dies mit makabrem Humor kommentiert: *Aha – da haben wir es schon – das ist es also! Mariechen saß auf einem Stein* (S. 8), wenn Sir Paulet bevor die Gäste kommen die Szene inspiziert (Regie S. 59) *wie ein Regisseur, der vor Aufgang des Vorhangs letzte Anweisungen gibt*, wenn vor der Enthauptung die Mary umgebenden Personen wieder (S. 70) *in ihre Posen gehen: sorgende Diener, liebevolle Posen, immer der Tatsache bewußt, daß sie taxiert werden. Raoul in der Pose des treuen Arztes, alles ein Gruppenbild*, wenn der anglikanische Dekan die Gäste begrüßt *wie bei einer Wohltätigkeits-tea-party* und diese in weitem Halbkreis Aufstellung nehmen *wie bei der Eröffnung einer Ausstellung* (S. 71 / 72). Das zitierte Spiel im Spiel ist von Haus aus ein Verfahren der klassischen Bühne, berühmt aus Shakespeares *Hamlet*. Dient es dort, den Personen der Handlung im schönen Schein der Idealität die tiefere Wahrheit zu offenbaren, so erlangt es nun die kritische Funktion, dem Zuschauer die Idealität der klassischen Tragödie als eine Illusion zu enthüllen. Als eine doppelte Illusion, insofern das Spiel im Spiel zum einen die Identität der klassischen Individualität in ein Spektrum auferlegter oder selbst gewählter Rollen zerfallen läßt, und zum andern, insofern es die idealistische Freiheit des Handelns auf das absurde Spiel der Geschichte zurückführt, daß ihre Akteure eigene Interessen zu verfolgen glauben und doch nur fremden Zwecken dienen – ein Spiel, das heute schwerlich noch jemand als eine Hegelsche List der Vernunft rechtfertigen möchte.

VIII.

Die Degradierung der Geschichte zum absurden Spiel ist nur die eine Seite des Abbaus ihrer Idealität. Die andere Seite ist das Aufzeigen der unidealen, häßlichen, ja brutalen Wirklichkeit der Geschichte, von welcher die verklärende Leuchtkraft klassischer Dichtung so wenig mehr erkennen läßt, daß es einer besonderen Anstrengung gegen den Strich des Idealismus bedarf, um uns daran zu erinnern: „Die Menschen des Absolutismus sind uns fremd und bleiben uns ewig fremd, und zwar sowohl jene, die ihn als ein von Gott gegebenes Privileg ausübten, als auch jene, die ihn als ein von Gott auferlegtes Übel hinnahmen" (S. 76). In dieser Hinsicht kann Hildesheimers *historische Szene* geradezu als ein Lehrstück zu der Frage gelten, wie es in Mary Stuart und um sie herum ausgesehen haben mag, wenn alle Beschönigungen wegfallen, die uns sonst die Identifikation mit dem vorgestellten Leben und der heldischen Größe einer Vergangenheit erleichtern. Nur wenige Hinweise mögen genügen, da dieses kontrapunktische Verfahren kaum einer Interpretation bedarf. Statt in der erwarteten, zur Legende gewordenen Fassung und unberührbaren Schönheit erscheint hier ein menschliches Wrack, ein durch die lange Haft heruntergekommenes, dahinsiechendes, hysterisches, Abscheu und Bedauern zugleich erweckendes Wesen, das höchst aufwendig und künstlich durch Kosmetik wie durch Drogen allmählich wieder aufgebaut werden muß *(Ich mach sie dir so, wie sie ihr Leben lang hat sein wollen,* sagt der Apotheker zum Leibarzt, S. 40), um ihrem unsterblichen Auftritt gewachsen zu sein. Der große historische Augenblick zerfällt kontrapunktisch in lauter uniddeale Details, die uns die offizielle Historie verschwieg. Statt der Prunkgemächer eines feudalen Schlosses wird uns die Realität gezeigt, in der Menschen vor vier Jahrhunderten leben mußten: grabeskalte Räume, Kothaufen, Ratten fangende Diener, inmitten die Gefangene, die den Gestank des eigenen Atems nicht mehr ertragen kann, auf einer ‚chaise percée'. Die hervorgekehrte Körperlichkeit ihres Leidens steht im krassesten Gegensatz zu den zitierten besseren Tagen im Leben der absoluten Monarchin. Doch auch diese sind kaum dazu angetan, uns das Dasein der ‚feineren Leute' vor der Schwelle der Aufklärung näher zu bringen. Denn Hildesheimer korrigiert hier den biographischen Mythus, die Legende von der mehr unglücklichen als schuldigen, dem Parteihaß zum Opfer gefallenen, dabei aber so edel wie schön gebliebenen Königin, indem er die Kluft zu ihren Untertanen vorstellbar macht.[24] Dieses Thema wird nicht allein zwischen absoluter Fürstin und Dienerschaft, sondern auch auf einer Ebene durchgespielt, die das Absurde gewollt oder ungewollt in das Erhabene umschlagen läßt und damit den Begriff des Grotesken erfüllt.

Mit der Reduktion der Handlung auf die letzten Stunden vor der Hinrichtung hat Hildesheimer eine Begegnung in den Mittelpunkt gerückt, die bei Schiller ausgespart bleibt, nun aber geradezu die Stelle der hochdramatischen Begegnung der beiden Königinnen einnimmt: das Zusammentreffen von Mary Stuart und Jack Bull, der königlichen Delinquentin und dem ehrenwerten Henker. Ihn hat die subtile Ironie Hildesheimers nicht allein mit dem Stolz einer ehrenwerten Zunft, sondern auch mit Witz und geschliffenen Sarkasmen ausgestattet, so daß ihm zwischen den kommunikationslosen Klassen der Unterdrücker und der Unterdrückten die Rolle des Weisen zufällt. Als er Mary einmal anfassen muß und sie erschrocken auffährt: *Aahhh – das ist er, der Tod! Der Tod!*, sagt er besänftigend: *Ja – – ja, das kenne ich. Das haben beinahe alle gesagt, wenn ich sie angefaßt habe – ich meine: alle die Feineren. Die anderen kommen nicht auf die Idee* (S. 9). Die Feineren – das sind die Herrschenden, deren für uns unvorstellbares Innenleben in erfundenen Anekdoten, aber auch in wahren Details aus dem fremden Alltag der Vergangenheit vor Augen gestellt wird. Dafür nur zwei für sich selbst sprechende Beispiele. *Mein Onkel, der Kardinal von Lothringen*, erinnert sich Mary, *ließ*

---

[24] Der biographische Mythus ist wohl am schönsten aus der Lexikographie des 19. Jahrhunderts zu entnehmen. Ich zitiere aus der 8. Aufl. des Brockhaus von 1835: *Maria ertrug ihr Schicksal mit Standhaftigkeit und zeigte in ihren letzten Tagen Ergebung in ihr Schicksal, innige Frömmigkeit und die zärtlichste Sorgfalt für ihre Diener. (...) Am 18. Februar 1587, an ihrem Todestage, stand sie sehr zeitig auf und kleidete sich mit mehr Sorgfalt als gewöhnlich an. Sie legte ein schwarzes Samtkleid an, um auch äußerlich wie eine Königin zu erscheinen, und ging darauf in ihr Betzimmer, wo sie sich selbst das Abendmahl reichte (...) Die Zuschauer sahen mit Erstaunen die Fassung der Königin, die in einer vieljährigen Gefangenschaft noch einen Theil ihrer Schönheit behalten hatte. Sie erlaubte nicht, daß der Scharfrichter sie entkleidete. Nachdem sie gebetet hatte, bot sie ihren Hals dar, ohne die mindeste Furcht zu zeigen. Erst auf den zweiten Streich fiel ihr Haupt, das der Scharfrichter von dem Blutgerüst herab zeigte, als das Haupt einer Verbrecherin (...) Marias Geschichte ist durch den Einfluß des Parteihasses verunstaltet worden.*

für die großen Sünder und Lästerer Scharten in das Beil schlagen. Da mußte der Henker mehrmals zuschlagen. Wir Kinder fanden das grausam, aber ihm machte es Freude. Jetzt seht gut zu, sagte er zu uns Kindern, seht gut zu! So ergeht es denen, die anders tun als Gott will! (S. 15) Das andere Beispiel ist die historisch bezeugbare Sprachbarriere, daß ein Untertan dem absoluten Herrscher gegenüber immer nur antworten, nicht aber von sich aus eine Frage stellen darf. Darauf nahm schon Schiller Bezug, als er Elisabeth den Staatssekretär Davison mit den Worten: *Nichtswürdiger! Du wagst es, meine Worte / zu deuten? Deinen eignen blut'gen Sinn / hineinzulegen?* zu Fall bringen ließ. So weist auch Hildesheimers Mary ihren Henker sehr zur Unzeit mit den barschen Worten zurecht: *Sprich zu uns nicht in Rätseln, Kerl! Wir wollen nur Antworten von Dir! Wir haben niemals mit deinesgleichen gesprochen* (S. 17). Für seinesgleichen ist nun aber die Stunde gekommen, es ihr heimzuzahlen. Mary's eigene Dienerschaft schlägt sich hinter ihrem Rücken auf die schamloseste Weise um die letzten Schmuckstücke der Königin; sie wird – wie es in der Regieanweisung heißt – *geplündert wie ein Weihnachtsbaum* (S. 69). Jack Bull hingegen begnügt sich mit der weisen Bemerkung: *Sie hören niemals zu. Vielleicht wären Sie vor mir bewahrt geblieben, wenn sie gelernt hätten, zuzuhören* (S. 25). Der Henker erweist sich ironischerweise als die einzige Person, die bald *sachlich wie ein Klavierstimmer* (S. 18), bald sarkastisch wie ein Shakespeare'scher Totengräber (*Darüber maße ich mir kein Urteil an. Wer darf am Leben bleiben, wer nicht? Ich fälle keine Urteile, sondern Köpfe;* S. 13) einen Rest von Humanität bewahrt, während die Königin mehr und mehr ihre Aura verliert.

IX.

Hat Hildesheimer sein Ziel erreicht, die absolute Fremdheit einer Vergangenheit, näherhin das für uns absurde Innenleben einer absoluten Monarchin auf seiner *historischen Szene* vorstellbar zu machen? Meine Antwort dürfte vielleicht auch Hildesheimer selbst überraschen. Der Schluß dieser modernen *Mary Stuart* geht in meiner Sicht so weit über dieses Ziel hinaus, daß aus der zerstörten Idealität der Geschichte für den Zuschauer, der sich dem Aufklärungsprozeß nicht entzieht, eine gegenläufige Nostalgie einstellt, die in der Tat auch nicht leer ausgeht: Mary Stuart, die durch Drogen – doch was verschlägt's? – ihr Gesicht wiederfindet, gibt der verlorenen Klassik mit ihren letzten Repliken etwas vom Glanz ihrer Idealität zurück. Dem dramatischen

Prozeß, durch welchen die historische, die königliche und nicht zuletzt auch die weibliche Größe der Vielbewunderten gnadenlos vor dem Hintergrund der handwerksmäßig perfekten Vorbereitung des Hinrichtungsrituals abgebaut wird, antwortet am Ende eine gegenläufige Folge von ‚letzten Worten' der Königin, als ob sie mit der Sprache Schillers ihre Souveränität zurückerlangt habe. Man ist versucht zu fragen: wo hat der erhabene Stil der idealistischen Kunstperiode jemals soviel Schlichtheit und Kraft erreicht wie hier nach dem Durchgang durch die Hildesheimer'sche Idealismuskritik? Seine Mary Stuart weist die raffgierigen Diener mit Würde zurück, als sie darauf besteht, ihren Schmuck anzulegen; *Laß das unsere Sorge sein, Andrew! Wir fragen keinen Henker, was wir tun dürfen und was nicht. Auf unserem letzten Weg tragen wir was uns beliebt ...* (S. 54); sie fertigt Lord Kent so schlagfertig wie souverän ab: *wenn Sie mir nichts Wichtigeres zu sagen haben, als was ich ohnehin weiß, schlage ich Ihnen vor, sich mit jemand anderem zu unterhalten (...) Veränderte Zeiten, die sind ein unsterbliches Thema. Doch ich muß jetzt an mein Sterben denken. Ich habe Wichtigeres zu tun, als Vergangenes zu betrachten* (S. 68); sie beschämt ihren Kerkermeister mit den Abschiedsworten: *Leben Sie wohl, Paulet! Sie sehen aus, als gingen Sie zu I h r e r Hinrichtung. Aber wenn ich es mir recht überlege: Sie haben niemals anders ausgesehen* (S. 70). Und sie bereitet dem anglikanischen Dekan, der gekommen ist, den Triumph des einzig wahren Glaubens auszukosten, eine eklatante Niederlage: *Lieber Herr! (...) Sparen Sie sich Ihre Worte! Ich weiß: Sie haben alles mühselig auswendig gelernt (...) diese Leute, die da stehen, sind nicht gekommen, um Sie, lieber Herr, anzuhören, sondern um mich, die Königin von Schottland, sterben zu sehen. Sie sollen ihr Schauspiel haben* (S. 72). Sie behält das letzte Wort in dem grotesken Ausklang, als ihr katholisches Gebet von seiner protestantischen Verfluchung nicht übertönt werden kann – ein Ausgang, der im höchsten Sinne des Begriffs *grotesk* genannt zu werden verdient. Denn der Zusammenstoß des Lächerlichen mit dem Erhabenen entspricht hier einer Funktion, die Wolfgang Preisendanz an den besten, nicht heroisierenden Darstellungen des zweiten Weltkriegs (wie z. B. an Günter Grass' *Blechtrommel*) aufgedeckt hat: die deplazierte Komik verhindert, daß die Absurdität eines geschichtlichen Geschehens einfach wegidealisiert werden kann.[25] Macht man sich

---

[25] W. Preisendanz: *Zum Vorrang des Komischen bei der Darstellung von Geschichtserfahrung in deutschen Romanen unserer Zeit*, in: *Das Komische*,

diese Theorie zu eigen, so kann man aus Hildesheimers historischer Szene entgegen seiner Absicht doch noch etwas mehr lernen als nur, „daß Geschichte absurd sei".

Das anti-idealistische Stück macht Klassik auch in der Hinsicht wieder modern, daß es den deutschen Idealismus nicht bloß negiert. Es räumt vielmehr Barrieren der Rezeptionsgeschichte weg und ermöglicht uns damit, den Idealismus der deutschen Klassik wieder mit anderen Augen zu sehen als durch die Brille einer schnellfertigen Kritik, die verkennt, daß die Ablehnung der idealistischen Geschichtstragödie ungleich mehr durch die Leitbilder der nationalen Schillerverehrung des 19. Jahrhunderts und durch die Normen der klassizistischen Ästhetik als durch die klassischen Werke selbst bedingt ist. Nachdem Hildesheimer diese Rezeptionsbarrieren weggeräumt hat, ließe sich gerade an der klassischen *Maria Stuart* zeigen (wozu mir hier der Raum fehlt), daß Schillers Idealismus keineswegs die Realität der Geschichte entrealisiert und verklärt hat. Vielmehr rückt gerade der idealistische Standpunkt Geschichte in ihrer vernunftfremden Realität, nämlich eines der finstersten Kapitel der Konfessionskriege, unverklärt ins Licht, wie etwa aus dem Munde Elisabeths verlautet:

> Die Sankt Barthelemi sei meine Schule!
> Was ist mir Blutsverwandtschaft, Völkerrecht?
> Die Kirche trennet aller Pflichten Band,
> Den Treubruch heiligt sie, den Königsmord,
> Ich übe nur, was Eure Priester lehren (III, 4).

Nicht allein solche Ausbrüche Elisabeths oder Marias, die dramatische Handlung selbst kehrt hinter dem historischen Konflikt zwischen Glauben, Macht und Recht die Tiefenschicht eines archaischen Kampfes auf Leben und Tod zwischen königlicher und zugleich weiblicher Gewalt und Gegengewalt hervor, der Racines „théâtre de la violence" nicht nachsteht. Derart als Tragödie der Freiheit in der Unfreiheit gesehen ist die klassische *Maria Stuart* für den modernen Zuschauer keineswegs mehr die Heiligenlegende des klassischen Individualismus. Auch hier bewahrheitet sich die These von Friedrich Dürrenmatt, daß für Schiller als sentimentalen Dichter die Szene zum Tribunal wird.[26]

Poetik und Hermeneutik VII, hg. W. Preisendanz u. R. Warning, München 1976, S. 153 ff.

[26] F. Dürrenmatt: *Friedrich Schiller*, in: *Theaterschriften und Reden*, Zürich 1966, S. 222.

Schillers berühmte Formel von 1784: *Die Gerichtsbarkeit der Bühne fängt an, wo das Gebiet der weltlichen Gesetze sich endigt*, gilt nicht allein für den vorrevolutionären, sondern auch noch für den klassischen Dramatiker von 1800. Seine Version von der so ruhmvollen wie grauenhaften Geschichte der Königinnen von Schottland und England appelliert an die Instanz und Moralität eines aufgeklärten Zuschauers, der selbst über Anspruch und Legitimation staatlicher Allmacht und damit über den Widerspruch zwischen Herrschaft und Freiheitsidee urteilen soll – ein Gesichtspunkt, unter dem man gewiß auch heute noch aus der Geschichte lernen, mithin die klassische Geschichtstragödie wieder modern finden kann.

X.

Für unsere Leitfrage nach den poetischen Verfahren der verjüngenden Rezeption des Vergangenen bietet Plenzdorfs Text *Die neuen Leiden des jungen W.* das aufschlußreichste Seitenstück zu Hildesheimers *Mary Stuart*. Während Hildesheimer von der vertrauten Klassik ausgeht, um sie fortschreitend zu verfremden, und erst auf dem Gipfel der entidealisierten Historie die idealistische Sprache als Gegenkraft evoziert, setzt Plenzdorf bei der denkbar größten Gegenwartsferne der Klassik ein, um die fast unverständlich gewordene Sprache Goethes fortschreitend im Medium des Zitats abzubauen, bis am Ende die vergangenen und die gegenwärtigen Leiden des jungen Werther konvergieren. Das klassische Zitat erweist erneut eine ungeahnte Kraft, den gegenwärtigen Zustand der Gesellschaft aus vergangener Erfahrung zu erhellen. Wie im Falle der neuen *Mary Stuart* hat die Kritik auch im Falle des neuen *Werther* das dialektische Verhältnis zum klassischen Vorbild oft verkannt. Auch für dieses in Deutschland diesseits und jenseits der Elbe ungemein erfolgreiche Stück, das schon 1968 entstand, aber erst 1973 zur Erstaufführung gelangte, hat eine repräsentative Stimme der Kritik das Mißverständnis befestigt, „diese Geschichte des siebzehnjährigen Lehrlings und Arbeiters Edgar Wibau (habe) mit dem *Werther*, bei Lichte besehen, nicht viel zu tun"[27]; der klassische Stoff sei nicht mehr als ein „amüsanter Trick", im Vergleich

---

[27] Marcel Reich-Ranicki, in: *Die Zeit* Nr. 19, 4. Mai 1973; der Text wird im f. zitiert nach Ulrich Plenzdorf: *Die neuen Leiden des jungen W.*, Frankfurt 1975.

zu einem zeitgenössischen Vorbild, Salingers *Der Fänger im Roggen* (1951), das Plenzdorf epigonal, obschon geschickt den Verhältnissen in Ostberlin und der DDR angepaßt habe. Der Begriff ‚Epigonentum', ein Ableger der klassizistischen Ästhetik der Meisterwerke, erweist sich indes als untauglich, Prozesse der Vermittlung zwischen Vergangenheit und Gegenwart zu erfassen. Ohne den Rückgriff auf den totgesagten klassischen Werther wäre der Erfolg des modernen Werther nicht erklärbar und auch seine politische Brisanz nicht denkbar gewesen. Nicht der virtuos zur Blue Jeans Poesie gesteigerte Salinger-Ton bestimmt letzten Endes die Geschichte des jungen W., sondern ein auf der Toilette gefundenes Reclamheft ohne Titelseiten und Nachwort, mithin das anonym gewordene Fragment eines von Goethe völlig abgelösten Textes. Edgar Wibeau, der neue Werther, findet *Old Werther* und seine Sprache erst ganz abstrus (*Nach zwei Seiten schoß ich den Vogel in die Ecke. Leute, das konnte wirklich kein Schwein lesen*, S. 36), liest ihn wider Willen dann doch und beginnt hernach daraus zu zitieren, wobei er mehr und mehr gewahr wird, daß in den Zitaten etwas steckt, was ihn seine Umwelt wie seine persönliche Erfahrung plötzlich mit anderen Augen sehen läßt. Diese Erfahrung ist ein ganz eigentümlicher Fall von ‚Klassik – wieder modern'. Was den neuen Werther am *Old Werther* fasziniert, ist weder die Verlockung eines Fluchtraums, in den man ‚aussteigen' kann, noch Dichtung als Nahrung für die Sehnsucht nach einer verlorenen heilen Welt, geschweige denn die literarische Verklärung eines monotonen gegenwärtigen Daseins. Worauf Edgar Wibeau stößt, ist vielmehr die unerwartete Erfahrung eines Anderen, die der seinen vorausliegt und ihm gleichwohl dazu verhilft, das zu werden, was er in einem Schulaufsatz über ‚Vorbilder' einmal mehr provokativ als ernstlich behauptet hatte: *Mein größtes Vorbild ist Edgar Wibeau. Ich möchte so werden, wie er mal wird, mehr nicht* (S. 15). Das Zitat aus dem klassischen Text wirkt hier in umgekehrter Funktion: pflegt es sonst eine Behauptung im Nachhinein, durch Anrufung einer bekannten Autorität, zu sanktionieren, so läuft hier die zitierte Wirklichkeit der erlebten voraus und eröffnet Erfahrungen, die für den neuen Werther erst durch das klassische Zitat aussprechbar und damit realisierbar werden.[28]

---

[28] Die folgende Darstellung übernimmt zum Teil die Interpretation von Franz Waiblinger: *Die ‚Werther'-Zitate in Plenzdorfs ‚Die neuen Leiden des jungen W.'*, in: *Poetica* 8 (1976) 71–88. – Erst nachträglich kam mir

XI.

Zunächst beginnen die neuen Leiden des jungen W. wie ein Allerweltsschicksal, dessen verborgene Analogie zu den alten Leiden seines klassischen Vorgängers nur der literarisch gebildete Zuschauer wahrnimmt. Für ihn schimmert von Anbeginn der blaue Frack und die gelbe Weste durch die Blue Jeans, das vielbeweinte Wertherschicksal durch die neue Geschichte von einem hindurch, der seiner Gesellschaft den Rücken kehrte, um in Einsamkeit und Freiheit seine Welt zu finden, oder im Jargon gesagt: der einfach *ausstieg*, um die vielsagende Metapher zu gebrauchen, die so treffend den Protest gegen Konformismus und Verplantheit einer auf fixen Geleisen in eine illusionäre Vollendung rollenden Gesellschaft artikuliert.[29] Die Analogien sind auch im einzelnen unschwer wiederzuerkennen: eine abbruchreife Wohnlaube der *Kolonie Paradies II* statt der *paradiesischen Gegend* von Wetzlar[30] – das sich verkannt fühlende Genie, das als Maler dilettiert und an *einem* Buch, gleichviel ob Salinger oder Homer, sein Genügen findet – die Begegnung mit Charlie, die als Kindergärtnerin wie Lotte stets von einer kleinen Schar umgeben ist – die Eifersucht auf ihren Verlobten, der an Biederkeit und Pflichteifer dem vernünftigen Albert nicht nachsteht – das Wiedereinsteigen in eine gesellschaftliche *Aktivität*, die bei der Arbeitsbrigade auf dem Bau so wenig zur Versöhnung mit der Gesellschaft führt wie Werthers Episode beim Gesandten – die lang verzögerte Umarmung, zwar nicht durch eine Ossianlektüre, dafür aber durch eine Motorbootfahrt in ossianischer Szenerie ausgelöst – der traurige Ausgang, mit dem hier wie dort die äußere Zerstörung des Idylls, sei es durch die Überschwemmung bei Goethe, sei es durch die Planierraupe bei Plenzdorf, einhergeht – und am Ende das *Gefühl der Freiheit ... daß er diesen Kerker verlassen kann, wann er will*[31], nur daß ihn der neue Werther nicht ganz freiwillig, sondern durch einen Arbeitsunfall verläßt. Dieser ist aber durch

---

Peter Wapnewski: *Zweihundert Jahre Werthers Leiden* (in: *Merkur* 1975, S. 530 ff.) zur Kenntnis, dessen Interpretation unsere Perspektive um die von Plenzdorf ummontierten Zitate bereichern kann.

[29] Vgl. bei Plenzdorf: *Ich stieg immer sofort aus, wenn einer behauptete, Mittenberg, das sollte schon die Welt sein. Und dieser Bruder stieg eben auch aus* (S. 41/42).

[30] Vgl. Goethes *Werther*, Brief vom 4. Mai 1771.

[31] Ibid., Brief vom 22. Mai.

die Verzweiflung über das Mißlingen der Farbspritzpistole dem Selbstmord sehr nahegerückt: *Ich hätte diesen Reinfall sowieso nicht überlebt. Ich war jedenfalls fast so weit, daß ich Old Werther verstand, wenn er nicht mehr weiterkonnte* (S. 147). An dieser letzten Äußerung wird der durchmessene Weg einer Erfahrung sichtbar, die Edgar Wibeau umgekrempelt hat. Denn sein erster Kommentar über den Selbstmord: *Gibt einfach den Löffel ab* (S. 36) war nicht weniger schroff als der über Werthers Liebeskummer: *Wenn er nicht völlig verblödet war, mußte er doch sehen, daß sie nur darauf wartete, daß er was machte, diese Charlotte* (ib.) Er kann sich nicht vorstellen, *daß welche so geredet haben sollen* (S. 37), und rühmt stattdessen seinen Salinger: *Das ist echt, Leute!* Der so unecht und unverständlich gefundene Goethetext wäre danach für immer auf der Toilette verschwunden, hätte sich Edgar nicht den Jux ausgedacht, abstruse Textstellen auszusuchen, um sie mittels seines Recorders auf seinen Freund und dann auch auf andere Personen abzuschießen. Der geniale Einfall Plenzdorfs, die goethische Wertherpistole in umgekehrter Funktion der gegenwärtigen Gesellschaft an die Stirne zu halten, ist ein beispielhaftes Verfahren, um die vermeintlich zeitlose Gegenwart des Klassischen zu entmythisieren. Daß zwischen dem Horizont unserer gegenwärtigen Erfahrung und dem literarischen Erwartungshorizont der ersten Leser von Goethes *Werther* ein nicht mehr zu harmonisierender Abstand zweier geschichtlicher Lebenswelten liegt, wird an der Reaktion des neuen Werther und seiner Mitwelt unübersehbar. Für sie ist die zitierte klassische Sprache so merkwürdig und unheimlich geworden wie ein Text mit unbekanntem Kode. Während es nun aber bei allen anderen Personen bei dieser Befremdung verbleibt, wird dem Außenseiter Edgar der anfängliche Jux allmählich *unheimlich* (S. 9), weil die abgeschossenen Zitate die Sache und bald auch ihn selber unerwartet treffen. Der neue Werther entdeckt im Medium zitierter Klassik, daß ihm die antiquierte Liebesgeschichte von *Old Werher* nicht allein sein Leiden an der modernen Gesellschaft, sondern auch sein für ihn selbst überraschendes Verhältnis zu Charlie, der neuen Lotte, erklären kann.

XII.

Die gesellschaftliche und die private Erfahrung des neuen Werther läßt Vergangenes gegen alle Erwartung wieder aktuell werden: das Muster der klassischen Liebesleidenschaft setzt Gefühle frei, die zuvor nicht artikulierbar waren, und das scheinbar verjährte Leiden am engen Pflichtenkreis des bürgerlichen Daseins wirft ein erstaunliches Licht auf die Verhältnisse der sozialistischen Gesellschaft. Der Prozeß dieser allmählichen Identifikation mit dem klassischen Werther verdiente eine eingehendere Betrachtung als sie mir hier möglich ist.[32] Auf der Ebene der privaten Erfahrung zeigt sich die Umkehrung vor allem darin, daß der Repräsentant der modernen Blue Jeans Generation mit seinen Gefühlen kurzen Prozeß zu machen pflegt (*Ich analysierte mich kurz und stellte fest ...*, lautet Edgars ständig wiederkehrende Floskel)[33], wo sich der Repräsentant der klassischen Innerlichkeit der Unbedingtheit seines Fühlens hingab. Doch schon bald weicht Edgar zu seiner eigenen Überraschung vom Erfolgsschema seiner bisherigen Eroberungen ab: *Zum ersten Mal wollte ich warten damit* (S. 54) bemerkt er, als er die günstige Gelegenheit der Anfertigung von Charlies Schattenriß nicht ergreift. Das literarische Muster, das ihn hier noch unerkannt bestimmt, wird ihm mehr und mehr bewußt, wenn er Kommentare über sein Liebesabenteuer für seinen Kumpel Willi in den Recorder spricht, wenn er sich das Verhältnis selbdritt interpretiert, zum Beispiel als ihn Charlie beim anderen Arm einhängen läßt: *Ich wurde beinah nicht wieder. Ich mußte sofort an Old Werther denken. Der Mann wußte Bescheid* (S. 78), oder wenn er sich an Charlies Kuß erinnert: *Ihr Gesicht roch wie Wäsche, die lange auf der Bleiche gewesen ist* (S. 134). Das letzte Beispiel ragt auch sprachlich aus dem Salingerstil heraus und zeigt damit an, wie weit die ‚éducation sentimentale' Edgars gediehen ist: er vermag nun sogar ohne die Hilfe des Zitats eine Erfahrung ausdrücken, die sich in dem amerikanisierenden Jargon gar nicht hätte formulieren lassen.[34]

Auf der Ebene der gesellschaftlichen Erfahrung erweisen sich die vergangenen Leiden des bürgerlichen Werther für die sozialistische Gesellschaft, in der Edgar W. lebt, wider alles Erwarten als hochaktuell. Die klassischen Zitate aus der Wertherpistole treffen ihren

---

[32] Hierzu sei auf F. Waiblinger (cf. Anm. 28) verwiesen.
[33] Vgl. Plenzdorf S. 54: *Ich war kurz davor, alles zu versuchen. Aber ich analysierte mich kurz und stellte fest, daß ich gar nicht alles wollte. Ich meine: ich wollte schon, bloß nicht gleich. Ich weiß nicht, ob mich einer versteht, Leute. Zum ersten Mal wollte ich warten damit*; ferner S. 31, 84, 118, 134.
[34] F. Waiblinger hat diese Episode zu Recht als Gipfel im Prozeß der wachsenden Identifikation mit Werther interpretiert (a.a.O., p. 84).

wundesten Punkt auf die wirkungsvollste Weise: das Leistungspathos und die damit eingetretene Entfremdung des Arbeitslebens. War es für die Obrigkeit der DDR politisch schon brisant, daß sich bei einer Befragung 77 % der Arbeiterjugend mit einem Helden identifizierte, der als ehemals *bester Lehrling* dem sozialistisch organisierten Lebensweg zum Trotz einfach aussteigt[35], so mußte es das Ärgernis noch verschärfen, daß hinter dieser Weigerung mehr stand als nur eine Flucht in das Gammlerdasein. Das folgende Zitat aus Goethes Werther, mit dem sich Plenzdorfs neuer Held erst gegen Charlies Vorwurf, er scheue richtige Arbeit, und später gegen die Experten wehrt, die seine Arbeitsbrigade inspizieren, klagt etwas bisher schwer Greifbares und Unausgesprochenes, nämlich den von allen stumm hingenommenen Zustand einer Entfremdung an: *Es ist ein einförmig Ding um das Menschengeschlecht. Die meisten verarbeiten den größten Teil der Zeit, um zu leben, und das bißchen, das ihnen von Freiheit übrig bleibt, ängstigt sie so, daß sie alle Mittel aufsuchen, um es los zu werden* (S. 56). Das Wertherzitat, dem klassischen Autor der totgesagten Epoche des bürgerlichen Individualismus entstammend, erweist sich ganz unerwartet als höchst aktuell und wirkt – geschützt durch seine Vergangenheit wie durch seinen fiktionalen Charakter – gerade in seiner vermeintlichen Harmlosigkeit als brisantes gesellschaftskritisches Kryptogramm.[36] Die Kritik, mit der Goethe 1774 in den heroischen Anfängen der bürgerlichen Gesellschaft den hohen Preis ihrer arbeitsteiligen, rationalistischen und asketischen Lebensordnung benannt hat, trifft zweihundert Jahre später – als sei es eigens ihr gesagt – die ihr nachfolgende sozialistische Gesellschaft und dementiert ihren Anspruch, mit den bürgerlichen Verhältnissen sei zugleich die Entfremdung der Arbeit überhaupt aufgehoben. Während Edgar W., der neue Werther unserer Tage, durch seine Aneignung des klassischen Werther zu sich selbst findet, wird in gegenläufiger Ironie die neue Gesellschaft gerade durch das von ihr beanspruchte klassische Erbe, das ihren Selbstwiderspruch hervorkehrt, in ihrer Identität in Frage gestellt.

Ich komme zum Schluß. Wer die schöne platonische Vorstellung von der zeitlosen Gegenwart des Klassischen nicht mehr als die zulängliche Antwort auf die Frage ansieht, was vergangene Dichtung gegenwär-

---

[35] Zur Diskussion um Plenzdorf in der DDR sei auf die Dokumente bei K. Hotz: *Goethes ‚Werther' als Modell für kritisches Lesen*, Stuttgart 1974, und auf F. Waiblinger (p. 71–78) verwiesen.
[36] F. Waiblinger, a. a. O., S. 12, und F. J. Raddatz, in: *Merkur* 12 (1973).

tiger Erfahrung bedeuten kann, dem eröffnet der unverstellte Blick auf das geschichtliche Leben der Kunst ein reiches Panorama von poetischen Verfahren der Wiederaneignung des Vergangenen. Der Umkreis dieser Möglichkeiten läßt sich danach beschreiben, auf welch verschiedene Weise Dichtung zur Klassik kanonisiert und als klassische Lösung von einer neuen Moderne wieder entkanonisiert zu werden vermag. In diesem Prozeß der fortgesetzten Bildung und Umbildung von literarischer Tradition kann der mittelalterliche Faust-Stoff verjüngt werden, wenn ein Dichter wie Paul Valéry einen *Anti-Faust* verfaßt, um zu zeigen, welche Voraussetzungen für Goethes Theodizee durch die technische und wissenschaftliche Entwicklung des 19. Jahrhunderts überholt wurden, aber auch um die von Goethe erneuerte Frage nach der Vereinbarkeit von Glück und Erkenntnis auf seine Weise zu lösen. Oder es kann der unvordenkliche Amphitryon-Mythos durch eine 38. Version übertroffen und gegenwärtigem Interesse neu erschlossen werden, wenn ein Dichter wie Jean Giraudoux es unternimmt, das in der Tradition immer zum Verlierer bestimmte menschliche Paar als *couple parfait* gegen alle transzendenten Ansprüche zum Zeichen menschlichen Glücks zu erheben. Läßt sich ein solches Weiterspielen des Vergangenen mit Hilfe der hermeneutischen Logik von Frage und Antwort erschließen [37], so zeigen die Beispiele der deutschen Literaturszene eine Anwendung des hermeneutischen Prinzips der dialektischen Vermittlung geschichtlicher Horizonte. Für die neue *Maria Stuart* wie für den neuen *Werther* ist charakteristisch, daß sie im dramatischen Vorgang selbst den Schein zerstören, klassische Dichtung vollziehe von sich aus die Überwindung des Zeitenabstands. Hier wird dem Zuschauer abverlangt, sich erst einmal die ganze Fremdheit des Vergangenen bewußt zu machen, bevor er sich die Frage der Wiederaneignung stellt. In der Vergegenwärtigung der von der idealisierenden Tradition unterdrückten Schaffotszene oder in dem Experiment, Goethes ehrwürdigem Text ohne historisches Vorverständnis wie ein anonymes Produkt gegenwärtiger Zeit zu lesen, soll und muß es sich

---

[37] Darauf komme ich in zwei weiteren Abhandlungen zum Thema ‚Klassik wieder modern?' zurück: *Goethes und Valérys ‚Faust'* – *Versuch, ein komparatistisches Problem mit der Hermeneutik von Frage und Antwort zu lösen* (in: *Comparative Literature* 28, 1976, 201 ff.) und *Poetik und Problematik von Rolle und Identität in der Geschichte des Amphitryon* (erscheint als Beitrag zum VIII. Kolloquium von *Poetik und Hermeneutik*, bei Fink / München).

erweisen, ob die Klassik Erfahrungen aufbewahrt, die sie für uns wieder modern machen kann. Ob diese allerletzte Frage bejaht werden kann, entscheidet in höchster Instanz nicht allein der Dialog auf der Gipfelebene der Autoren, sondern in gleichem Maß der ‚consensus omnium' auf der Ebene der ästhetischen Erfahrung. Dafür lassen sich – wie ich hoffe gezeigt zu haben – zwei gute Gründe anführen: der poetologische Grund, daß Vergangenheit in der Tradition der Dichtung nicht ohne die vermittelnde Instanz des Publikums wieder gegenwärtig zu werden vermag, und der hermeneutische Grund, daß alles Verstehen am ehesten über Widerstand und Beipflichtung anderer zur Einsicht führt.

AUTORENVERZEICHNIS

Gernot Böhme (geb. 1937), Dr. phil., Priv.-Doz. an der Universität München und Mitarbeiter am Max-Planck-Institut zur Erforschung der Lebensbedingungen der wissenschaftlich-technischen Welt.
„Über die Zeitmodi" (1966); „Zeit und Zahl" (1974); Hrsg.: „Protophysik" (1976); zus. mit W. v. d. Daele und W. Krohn: „Experimentelle Philosophie" (1977); Aufsätze zu Problemen der Wissenschaftstheorie und Wissenschaftsgeschichte.

Helmut Fahrenbach (geb. 1928), Dr. phil., Prof. für Philosophie an der Universität Tübingen.
„Kierkegaards existenzdialektische Ethik" (1968); „Existenzphilosophie und Ethik" (1970); Hrsg.: „Wirklichkeit und Reflexion" (1973); „Zur Problemlage der Philosophie" (1975); Aufsätze zu Problemen der Sprachphilosophie, Anthropologie und Gesellschaftstheorie.

Helmut Gipper (geb. 1919), Dr. phil., o. Prof. für Allgemeine Sprachwissenschaft an der Universität Münster.
„Sprachliche und geistige Metamorphosen bei Gedichtübersetzungen" (1966); „Bausteine zur Sprachinhaltsforschung" (1969); „Gibt es ein sprachliches Relativitätsprinzip?" (1972); Mithrsg.: „Bibliographisches Handbuch zur Sprachinhaltsforschung" (1962 ff.); Aufsätze zu Problemen der Allgemeinen und Vergleichenden Sprachwissenschaft.

Sebastian Goeppert (geb. 1942), Dr. med., Prof. für Medizinische Psychologie an der Universität Freiburg.
Zus. mit H. C. Goeppert: „Sprache und Psychoanalyse" (1973) und „Redeverhalten und Neurose" (1975); „Grundkurs Psychoanalyse" (1976); Aufsätze zu Themen der psychoanalytischen Theoriebildung und Wirkungsgeschichte.

Hans Holländer (geb. 1932), Dr. phil., o. Prof. für Kunstgeschichte an der Technischen Hochschule Aachen.
„Goya: Los Disparates" (1968); „Kunst des frühen Mittelalters" (1969); „Hieronymus Bosch" (1975); Aufsätze zu Goya, Giacometti, zum Surrealismus und zur Theorie der Perspektive.

Hans Robert Jauß (geb. 1921), Dr. phil., o. Prof. für Literaturwissenschaft an der Universität Konstanz.

„Zeit und Erinnerung in Marcel Prousts ,A la recherche du temps perdu'" (1955); „Untersuchungen zur mittelalterlichen Tierdichtung" (1959); Hrsg.: „Nachahmung und Illusion" (1964) und „Die nicht mehr schönen Künste" (1968); „Literaturgeschichte als Provokation" (1970); „Ästhetische Erfahrung und literarische Hermeneutik" (1977); Aufsätze zur Ästhetik, Hermeneutik, Romanischen und Vergleichenden Literaturwissenschaft.

Tibor Kneif (geb. 1932), Dr. iur. Dr. phil., Prof. für Musikwissenschaft an der Freien Universität Berlin.
„Musiksoziologie" (1971); „Die Bühnenwerke von Leoš Janáček" (1975); Hrsg.: „Texte zur Musiksoziologie" (1975); Aufsätze zu musikwissenschaftlichen Problemen.

Thomas Luckmann (geb. 1927), Dr. phil., o. Prof. für Soziologie an der Universität Konstanz.
„The Invisible Religion" (1970); zus. mit P. Berger: „Die gesellschaftliche Konstruktion der Wirklichkeit" (1969); zus. mit A. Schütz: „Strukturen der Lebenswelt" (1975); „Sociology of Language" (1975); Aufsätze über Sprache, Religion und Wissen, soziale Mobilität.

Utz Maas (geb. 1942), Dr. phil., o. Prof. für Allgemeine und Romanische Sprachwissenschaft an der Universität Osnabrück.
„Grundkurs Sprachwissenschaft I: Die herschende Lehre" (1973); „Argumente für die Emanzipation von Sprachstudium und Sprachunterricht" (1974); „Kann man Sprache lehren? Für einen anderen Sprachunterricht" (1976).

Uwe Pörksen (geb. 1935), Dr. phil., Prof. für Deutsche Philologie an der Universität Freiburg.
„Zum Verhältnis von Erkenntnis und Sprache in Goethes naturwissenschaftlichen Schriften" (Habil.-Schrift); Veröffentlichungen zur deutschen Literatur des Mittelalters und zu Problemen der Wissenschaftssprache.

Paul Ricoeur (geb. 1913), Dr. phil., o. Prof. für Philosophie an der Universität Paris.
„Die Interpretation. Ein Versuch über Freud" (1969); „Die Fehlbarkeit des Menschen" (1971); „Symbolik des Bösen" (1971); „Hermeneutik und Strukturalismus" (1973); „Hermeneutik und Psychoanalyse" (1974); „La métaphore vive" (1975). Aufsätze zu Phänomenologie, Hermeneutik, Strukturalismus und Religionsphilosophie.

Helmut Rüßmann (geb. 1943), Dr. iur., Prof. für Rechtswissenschaft mit den Schwerpunkten Bürgerliches Recht, Zivilprozeßrecht und Verfahrenstheorie an der Universität Bremen.

Jörg Zimmermann (geb. 1946), Dr. phil., wissenschaftlicher Angestellter für Wissenschaftstheorie am Mineralogischen Institut der Universität Tübingen.
„Wittgensteins sprachphilosophische Hermeneutik" (1975); Hrsg.: „Sprachanalytische Ästhetik" (1977); Aufsätze zu Sprachtheorie, Ästhetik, Musiktheorie und Metapsychologie.

NAMENREGISTER

Adorno, Th. W. 245, 259
Agricola, E. 167
Anouilh, J. 312
Apel, K.-O. 7, 10, 13, 21, 23, 161 f, 245
Aristarch 172
Aristoteles 114, 153, 174, 305 f
Aristoxenos 236
Artaud, A. 161
Asimov, J. 113, 117
Austin, J. L. 25, 46

Baader, F. v. 10, 242
Bach, J. S. 267 f
Ballauf, Th. 112, 116
Barrault, J.-L. 312
Baumann, G. 135
Baumgarten, A. G. 237
Benjamin, W. 8, 245, 307
Berger, H. 63
Bergson, H. 82 f
Berkeley, G. 7
Berlioz, H. 260
Bittner, G. 192
Black, M. 48
Bloomfield, L. 91
Blumenberg, H. 164
Böhme, G. 16, 90, 95, 101
Böhme, J. 240
Boilès, Ch. 260
Bollnow, O. F. 39
Borgmann, A. 7
Bormann, A. v. 237
Bosch, H. 282, 287, 297 f
Brant, S. 287
Brecht, B. 310 ff
Breughel, P. 282–290, 298
Brinkmann, H. 137
Bruckner, A. 309
Buchwald, E. 273
Bühler, K. 48, 131, 136 f

Burckhardt, R. 112, 118
Burke, E. 247

Cage, J. 258
Callot, J. 287
Carnap, R. 90 f, 210, 221 f
Cassirer, E. 8, 123
Chabanon, G. de 257
Chéreau, P. 312
Chomsky, N. 160 f, 266 f
Coing, H. 223
Condillac, E. B. de 8, 13
Coreth, E. 32
Coseriu, E. 7, 17, 53 f, 245 f, 302 f
Crosland, M. P. 98
Curtius, E. R. 235, 270 f, 273, 275, 304
Cushing 272

Dagognet 83
Dannemann, F. 118
Dante Alighieri 149
Defoe, D. 142
Derrida, J. 69
Descartes, R. 8, 11, 161
Dilthey, W. 30
Dürrenmatt, F. 320

Eco, U. 242
Eichhorn 118
Einstein, A. 163, 172, 272 f
Engels, F. 26 f
Erckenbrecht, U. 11
Erhard, H. 112, 118
Erlich, V. 234
Esser, J. 223, 225

Fabri, A. 270
Fahrenbach, H. 15, 21, 23, 25, 27, 58
Feyerabend, P. 145, 164
Fichte, J. G. 20 f, 35

Namenregister

Finck, F. N. 169
Fontenelle, B. l. B. de 246
Forsthoff, E. 208
Foucault, M. 8, 10, 235, 240
Franke, H. W. 253
Franke, K. 166
Frege, G. 165, 210, 221, 223 f
Freud, S. 192—207
Friedrich, C. D. 309
Frisch, M. 308

Gablik, S. 291, 295 f
Gadamer, H.-G. 14, 32, 39 f, 223, 243, 305 f, 311
Galilei, G. 8, 172, 174 f, 241
Garfinkel, H. 148
Gauger, H.-M. 123, 125, 192
Gehlen, A. 43, 51
Gipper, H. 17 f, 160, 162, 166 f, 169, 274
Giraudoux, J. 312, 327
Goeppert, H. C. 200 f, 203 ff
Goeppert, S. 16, 200 f, 203 ff
Goerke, H. 114, 116 f
Goethe, J. W. v. 17, 110—140, 166, 321—327
Götz, B. 36
Goodman, N. 274
Gopnik, M. 91 f, 99 f
Gottsched, J. Ch. 237
Goya, F. de 287
Gracian, B. 287
Grass, G. 319
Gurlitt, W. 257

Habermas, J. 16, 23 f, 29, 36, 42, 44, 47 ff, 57 f, 61, 63, 100, 244
Härtel, O. 127
Halbfaß, H. 36
Hamann, J. G. 10, 242, 245, 251
Hare, R. M. 217
Hartmann, P. 123 ff
Harweg, R 259
Hasan, R. 94

Hasler, J. 260
Hassemer, W. 223
Heidegger, M. 27, 30 f, 50, 80, **223**, 235
Heintel, E. 21
Heisenberg, W. 273
Hegel, G. W. F. 34, 40, 87, **171**, 248 f, 272 f
Helvétius, C. A. 10
Hempel, C. G. 228
Herder, J. G. 51, 119 f, 134, 242 f, 246, 249, 251
Herzog, G. 260
Hieronymus 277 ff
Hildesheimer, W. 309, 311—321
Hiller, L. A. 267
Holländer, H. 18
Homer 304, 323
Houben, A. 200
Hotz, K. 326
Humboldt, W. v. 11 ff, 48, 53 f, 104, 160, 162 f, 171, 190
Hundsnurscher, F. 114
Husserl, E. 21, 35, 37 f, 124 f, **179**, 181

Irenäus von Lyon 276

Jacob, W. 260
Jakobson, R. 69, 77, 79 f, 88, 136 f, 253
Janich, P. 90 f
Jappe, G. 199

Jarry, A. 312
Jaspers, K. 27
Jaszi, A. 119
Jauß, H. R. 18, 36, 235 ff, 254, 302, 307, 310 f, 327
Jean Paul 242
Johnson, F. G. 57
Jordan, P. 273

Kainz, F. 136 f
Kamlah, W. 49, 112

Kant, I. 8 ff, 20 ff, 35, 60 f, 101, 162, 174, 235, 237 f, 241, 245
Kepler, J. 172, 174 ff, 238
Kierkegaard, S. 26 f
Klee, P. 274
Klein, H. 247
Kleinschnieder, M. 119, 135
Kneif, T. 18
Koch, F. 119
Koch, H. Ch. 258
Koch, H.-J. 211, 216 f, 222 f, 226
Körner, St. 227
Koestler, A. 164, 175, 273 f
Kopernikus, N. 17, 163, 172, 174 f
Kosík, K. 310
Kretzschmar, H. 258
Krüger, G. 36
Kuhlen, L. 233
Kuhlmann, W. 21
Kuhn, D. 119, 135
Kuhn, Th. S. 210, 232
Kutschera, F. v. 104, 221

Laing, R. D. 36
Lancelot, C. 161
Larenz, K. 216, 230
Larson, J. L. 119
Laske, O.-E. 266
Leenen, D. 233
Leibniz, G. W. 8
Leisegang, H. 119
Leonardo da Vinci 289
Lessing, G. E. 250
Liebrucks, B. 165
Lindman, C. A. M. 117
Linné, C. v. 17, 110—140
Lissa, Z. 261
Loch, W. 199
Lorenzen, P. 49, 94, 112
Luckmann, Th. 16, 38, 63, 177
Luther, M. 277
Lyons, J. 114, 125

Maas, U. 17, 53, 159
Magritte, R. 290—300

Mahler, G. 309
Mallarmé, St. 80
Marcuse, H. 36, 59, 63 f
Marivaux, P. 312
Marx, K. 11, 24, 26 f, 48, 143, 146, 306, 309
Mates, B. 225 f
Mattheson, J. 257
Mead, G. H. 51
Mendelssohn, M. 247, 250
Meyer-Abich, A. 112
Mittelstraß, J. 8, 44
Molière 148, 311 ff
Moritz, K. Ph. 242, 247
Mukařovský, J. 234

Nattiez, J.-J. 259, 266
Neumann, G. 124
Neuss, W. 277
Newton, I. 107, 163
Nietzsche, F. 235, 242
Nivelle, A. 235, 242
Novalis 234, 242 ff, 248, 251

Opp, K.-D. 228
Oppenheim, P. 228
Orlando, F. 262

Panofski, E. 290
Pater, W. 306
Petöfi, J. S. 90, 106
Piaget, J. 23, 43, 51, 60
Picht, G. 40
Pickering, F. P. 270
Planchon, R. 312
Planck, M. 210
Plato 67, 81, 85, 114, 173 f, 304 f
Plenzdorf, U. 309, 311, 321—327
Plessner, H. 27
Plunien, E. 313
Podlech, A. 90, 94, 101 ff, 106, 209
Pörksen, U. 17
Preisendanz, W. 319
Ptolemäus 163, 172

Namenregister

Püttner 211
Puyvelde, L. van 289

Rabelais, F. 148, 312
Rachman, S. 199 f
Racine, J. 312, 320
Raddatz, F. J. 326
Reich-Ranicki, M. 321
Ricoeur, P. 17, 302
Rieser, H. 209
Ritter, J. 235, 241, 244
Roellecke, G. 232 f
Rosso Fiorentino 290
Rottleuthner, H. 212
Rousseau, J. J. 11, 82, 246
Rüßmann, H. 16
Rüthers, B. 231
Russell, B. 210
Ruwet, N. 259, 264 ff

Salinger, J. D. 322 ff
Sapir, E. 104, 160, 168
Sartre, J. P. 27, 30 f
Sauder, G. 11, 246
Saussure, F. de 262
Savigny, E. v. 90, 95, 106, 213, 227
Schaeffler, R. 40
Schäfke, R. 236, 238, 251
Schaff, A. 165, 271 ff
Schelling, F. W. 241
Schiller, F. 312—320
Schlegel, A. W. 11, 243, 246—251
Schlegel, F. 242 f, 248 f
Schleiermacher, F. 249
Schmidt, S. J. 57
Schmitz, H. 118
Schopenhauer, A. 237 f, 244, 249
Schütz, A. 38
Schwarz, H. 166
Schwemmer, O. 94
Searle, R. 42, 46
Shaftesbury, A. A. Earl of 237
Shakespeare, W. 315, 318
Simon, D. 223
Sluzki, C. E. 204

Sörensen, B. A. 238, 242, 247, 249 f
Solger, K. W. F. 242
Staiger, E. 308, 310
Starck, Ch. 230 f
Stegmüller, W. 210, 212, 217, 228, 233
Strauss, R. 261
Ströker, E. 96
Strugger, S. 127

Taylor, G. 99
Thomä, H. 200
Tieck, L. 251
Tolnay, Ch. de 282
Tugendhat, E. 50

Ullmann, St. 123
Ulmer, K. 32
Urban, W. M. 58

Valéry, P. 327
Verén, E. 204
Vico, G. 10, 13, 246 f
Viehweg, Th. 233
Vorländer, K. 241

Wagner, R. 260 ff
Waiblinger, F. 322, 325 f
Wapnewski, P. 323
Weinhandl, F. 118
Weisgerber, L. 163, 167
Weizsäcker, C. F. v. 174
Wellek, R. 246, 251
Wellershoff, D. 254
Whorf, B. L. 54 f, 91, 104, 160, 168
Wimsatt, W. K. 73
Wittgenstein, L. 13 f, 53, 144 f, 157, 224, 235, 296
Wolpe, J. 199 f
Wordsworth, W. 246, 251
Wunderlich, D. 222

Yates, F. A. 281

Zimmermann, J. 9, 14, 17, 236, 238, 245, 251

POETIK UND HERMENEUTIK

"Von einem Gremium von Gelehrten, zu denen einige der besten Köpfe gehören, die man in der Philologie aufzuweisen hat." FAZ

1. **Hans Robert Jauß, Hrsg.: Nachahmung und Illusion**
   Kolloquium Gießen. 2. Auflage. Gr. 8°. 252 S. Ln. DM 32,–

2. **Wolfgang Iser, Hrsg.: Immanente Ästhetik – Ästhetische Reflexion**
   Lyrik als Paradigma der Moderne. Kolloquium Köln. Gr. 8°. 543 S. und 6 Kunstdrucktafeln, Ln. vergriffen, Neuauflage Ende 1978.

3. **Hans Robert Jauß, Hrsg.: Die nicht mehr schönen Künste**
   Grenzphänomene des Ästhetischen. Gr. 8°. 735 S. u. 13 Abb. auf Kunstdruck, Ln. DM 66,–; kart. DM 42,–

4. **Manfred Fuhrmann, Hrsg.: Terror und Spiel**
   Probleme der Mythenrezeption. Gr. 8°. 732 S. und 3 Abb. auf Kunstdruck, Ln. DM 66,–; kart. DM 42,–

5. **Reinhard Koselleck/Wolf-Dieter Stempel, Hrsg.: Geschichte – Ereignis und Erzählung**
   Gr. 8°. 581 S. und 3 Abb. auf Kunstdruck, Ln. mit farbigem Schutzumschlag DM 58,–; kart. DM 36,–

6. **Harald Weinrich, Hrsg.: Positionen der Negativität**
   Gr. 8°. 581 S. mit 16 Abb. auf Kunstdruck, Ln. mit farbigem Schutzumschlag DM 58,–; kart. DM 36,–

7. **Wolfgang Preisendanz/Rainer Warning, Hrsg.: Das Komische**
   Gr. 8°. 465 S. Ln. DM 48,–; kart. DM 19,80

In Vorbereitung:

8. **Odo Marquard/Karlheinz Stierle, Hrsg.: Identität**
   Gr. 8°. Ca. 720 S. Ln. mit farbigem Schutzumschlag ca. DM 58,–; kart. ca. DM 28,–